浮
人
高嘉謙

THE UNCERTAIN REPUBLIC

不確定的國家

Lee Kuan Yew and Singapore

李光耀——與——新加坡

Chia Joo Ming

謝裕民——著

「浮羅人文書系」編輯前言

高嘉謙

島嶼，相對於大陸是邊緣或邊陲，這是地理學視野下的認知。但從人文地理和地緣政治而言，島嶼自然可以是中心，一個帶有意義的「地方」（place），或現象學意義上的「場所」（site），展示其存在位置及主體性。從島嶼往外跨足，由近海到遠洋，面向淺灘、海灣、海峽，或礁島、群島、半島，點與點的鏈接，帶我們跨入廣袤和不同的海陸區域、季風地帶。但回看島嶼方位，我們探問的是一種攸關存在、感知、生活的立足點和視點，一種從島嶼外延的追尋。

臺灣孤懸中國大陸南方海角一隅，北邊有琉球、日本，南方則是菲律賓群島。臺灣有漢人與漢文化的播遷、繼承與新創，然而同時作為南島文化圈的一環，臺灣可辨識存在過的南島語就有二十八種之多，在語言學和人類學家眼中，臺灣甚至是南島語族的原鄉。這說明自古早時期，臺灣島的外延意義，不始於大航海時代荷蘭和西班牙的短暫占領，以及明鄭時期接軌日本、中國和東南亞的海上貿易圈，而有更早南島語族的跨海遷徙。這是一種移動的世界觀，在模糊的疆界和邊域裡遷徙、游移。透過歷史的縱深，自我觀照，探索外邊的文化與知識創造，形塑了值得我們重新省思的島嶼精神。

在南島語系裡，馬來－玻里尼西亞語族（Proto-Malayo-Polynesian）稱呼島嶼有一組相近的名稱。馬來語稱pulau，印尼爪哇的巽他族（Sundanese）稱pulo，菲律賓呂宋島使用的他加祿語（Tagalog）也稱pulo，菲律賓的伊洛卡諾語（Ilocano）則稱puro。這些詞彙都可以音譯為中文的「浮羅」一詞。換言之，浮羅人文，等同於島嶼人文，補上了一個南島視點。

以浮羅人文為書系命名，其實另有島鏈，或島線的涵義。在冷戰期間的島鏈（island chain）有其戰略意義，目的在於圍堵或防衛，封鎖社會主義政治和思潮的擴張。諸如屬於第一島鏈的臺灣，就在冷戰氛圍裡接受了美援文化。但從文化意義而言，島鏈作為一種跨海域的島嶼連結，也啟動了地緣知識、區域研究、地方風土的知識體系的建構。在這層意義上，浮羅人文的積極意義，正是從島嶼走向他方，展開知識的連結與播遷。

本書系強調的是海洋視角，從陸地往離岸的遠海，在海洋之間尋找支點，接連另一片陸地，重新扎根再遷徙，走出一個文化與文明世界。這類似早期南島文化的播遷，從島嶼出發，沿航路移動，文化循線交融與生根，視野超越陸地疆界，跨海和越境締造知識的新視野。

高嘉謙，國立臺灣大學中國文學系副教授，著有《遺民、疆界與現代性：漢詩的南方離散與抒情（一八九五－一九四五）》、《國族與歷史的隱喻：近現代武俠傳奇的精神史考察（一八九五－一九四九）》、《馬華文學批評大系：高嘉謙》等。

THE UNCERTAIN REPUBLIC

不確定的國家

Lee Kuan Yew and Singapore

李光耀——與——新加坡

目次

「浮羅人文書系」編輯前言　高嘉謙　3
推薦序　建國的兩道暗影　高嘉謙　15
〇、裝上翻譯機求存及其代價（一九六五－一九八八）　25
第一章　或者導讀　27
一、你覺得你們李光耀怎樣？　28
（一）棺材裡跳出來的人及其立場（一九八八－二〇一五）　28
（二）自由主義者及其暫停民主規範（一九四七－一九九七）　32
第二章　反英分子　39
二、先看附錄：海外國共合作　40
（三）東南亞民族運動及其左翼色彩（一九一四－一九三九）　40
（四）英軍馬共合作及其實際操作（一九四一－一九四五）　45
（五）戰時已規畫的馬來亞及其目的（一九四二－一九四四）　53

三、逮捕李光耀（一） 58
（六）留英學生前瞻理念及其建國宣言初稿（一九四六—一九五〇） 58
四、還是附錄：最初的民主 64
（七）新馬被分家及其反對聲浪（一九四六—一九四八） 64
（八）新加坡立法局選舉及其局限（一九四六—一九四八） 68
（九）馬共武裝抗爭及其自毀（一九四八—一九五〇） 72
五、初登場 82
（十）五十組織法律顧問及其效益（一九五〇—一九五一） 82
（十一）馬來亞最高專員及其合併倡議（一九五二） 86
（十二）找上李律師的左翼學生及其訴求（一九五四） 89
第三章 第一隻信天翁 97
六、夢幻組合 98
（十三）偷魚者及其完整拼圖（一九五四） 98
（十四）「假洋鬼子」及其同志崛起（一九五五） 107
七、血的洗禮 115
（十五）工潮暴亂及其是否問心無愧（一九五五） 115
（十六）中國新華僑政策及其影響（一九五五） 122

（十七）憲制危機及其促成自治談判（一九五五） 125
（十八）首席部長辭職及其意外旅程（一九五六） 130
八、神救援（一）：首席部長 139
（十九）首席部長「玩弄骯髒手段」及其「以謊言絞殺」對手（一九五六—一九五九） 139
（二十）毛澤東的字典及其改變馬共戰略（一九五七） 149
（二十一）首席部長及其左的試探（一九五七） 155
（二十二）激進左翼及其奎籠密謀（一九五七） 159
（二十三）奪權被捕及其幕後指導（一九五七） 168
（二十四）新市長及其為英官員帶來的噩夢（一九五七） 173
九、神救援（二）：李約翰 183
（二十五）全權代表及其出賣同志（一九五八） 183
（二十六）行動黨籌備執政及其治安政策（一九五八） 203
十、逮捕李光耀（二） 211
（二十七）前後首席部長密會及其荒謬（一九五七—一九五八） 211
十一、首任總理 214
（二十八）教育部長的「政治禮物」及其跨國操作（一九五八） 214
（二十九）行動黨大勝及其左翼對手的一廂情願（一九五九） 220
（三十）行動黨左翼獲釋及其思變（一九五九） 225

（三十一）行動黨執政挑戰及其中國路線（一九五九）234
十二、芳林之戰 243
（三十二）行動黨三角局面及其角力（一九六〇—一九六一）243
（三十三）王永元及其十八字訴求（一九六一）253
（三十四）左右翼的獨立宗旨及其差異（一九六一）257
第四章　第二隻信天翁（一）：回到從前 265
十三、神救援（三）：大馬計畫 266
（三十五）合併的數學題及其幕後團隊（一九六一）266
十四、左右逢源 275
（三十六）行動黨補選失敗及其總理辭職（一九六一）275
（三十七）最高專員及其下午茶（一九六一）279
第五章　第一次分手 285
十五、神救援（四）：最後的女議員 286
（三十八）行動黨戲劇性分裂及其局面（一九六一）286
（三十九）李光耀身邊的特務及其身分（一九六一）289
（四十）社陣成立及其引起的投奔潮（一九六一）292

第六章　第二隻信天翁（二）：一線生機　295

十六、問題兒童　296
（四十一）合併及其情婦（一九六一）　296
（四十二）東姑的「小中國」及其戰爭論（一九六一—一九六二）　304
十七、典範選舉　318
（四十三）只有贊成票的公投及其操作（一九六二）　318
（四十四）廢票等於贊成票及其邏輯（一九六二）　325
（四十五）馬來西亞協議及其內安問題（一九六二）　331
（四十六）　三個選項及其最後成績（一九六二）　337
十八、總理危機　346
（四十七）李光耀訪蘇聯及其會中國大使（一九六二）　346
（四十八）尋找新總理及其公開性（一九六二）　348

第七章　海洋東南亞掀波濤　353

十九、神救援（五）：汶萊叛亂　354
（四十九）北加里曼丹聯邦及其理想（一九六二）　354
二十、冷藏行動　361
（五十）汶萊叛亂及其對新加坡左翼的摧毀（一九六三）　361

（五十一）林清祥及其汶萊朋友（一九六三） 368
二十一、十年核武 375
（五十二）新加坡及其核武基地（一九六二） 375
二十二、印馬對抗 378
（五十三）印菲不滿大馬及其衝擊（一九六三） 378
（五十四）砂沙民調及其關鍵作用（一九六三） 380
二十三、逮捕李光耀（三） 385
（五十五）合併展延及其十五天獨立（一九六三） 385
二十四、一黨獨大 392
（五十六）馬來西亞成立及其立即分裂（一九六三） 392
（五十七）陳六使的公民權及其悲劇（一九六三—一九六四） 402
第八章　第二隻信天翁（二）：種族之亂 411
二十五、打李悍將 412
（五十八）巫統尋找「戰犯」及其不祥預兆（一九六三） 412
（五十九）社陣罷工失敗及其黨員聲明反共（一九六三） 414
（六十）印尼武裝破壞及其對社陣殺傷力（一九六三） 417
二十六、盟友與老友 424

（六十一）行動黨參與馬大選及其折損（一九六四）424
二十七、或者附錄——神救援（六）：李紹祖 437
（六十二）社陣錯誤策略及其自取其亡（一九六四－一九八〇）437
二十八、種族暴亂 444
（六十三）兩次暴亂及其始作俑者（一九六四）444

第九章　第二次分手 457

二十、分手失敗 458
（六十四）第一次分家未成及其原因（一九六四－一九六五）458
（六十五）李光耀訪澳紐及其特權說（一九六五）466
三十、逮捕李光耀（四）474
（六十六）李光耀論馬來人及其風暴（一九六五）474
（六十七）李光耀議院辯論及其促成分家（一九六五年五月二十七日）480
（六十八）逮捕李光耀及其關鍵時刻（一九六五）487
（六十九）東姑生病及其最終決定（一九六五）492
三十一、不流血政變 501
（七十）吳慶瑞與拉薩及其歷史性決定（一九六五）501
（七十一）東姑最後的短箋及其意義（一九六五）509

（七十二）李光耀泣不成聲及其歷史定格（一九六五） 511

第十章　也許導讀 515

三十二、創造價值 516

（七十三）半世紀後回首及其意義 516

第十一章　第三隻信天翁 519

三十三、三隻手指 520

（七十四）納瓦霍族及其俗語 520

〇、不確定的國家及其百年焦慮（二〇〇四－二〇一五） 521

意外的功課：搬字過紙——也是後記 525

資料引用 527

推薦序

建國的兩道暗影

高嘉謙

謝裕民是近年廣泛受到關注的新加坡華文作家之一。一九五九年出生，恰逢新加坡自英殖民政府取得完全自治，同年舉行第一次全國大選，選出立法會民選議員，李光耀則出任自治邦總理。新加坡專有的族群標籤「建國一代」，指稱的就是謝裕民這些出生在新加坡獨立建國之前，參與和見證這座城市在建國工程裡轉型蛻變的世代。謝裕民出道甚早，一九七九年與齊斯合著散文集《六弦琴之歌》，接續出版第一本個人小說集《最悶族》（筆名依汎倫，一九八九）、極短篇《世說新語》（一九九四）、小說集《壹般是非》（一九九九）。《重構南洋圖像》（二〇〇五）則為他首次奪得新加坡文學獎，接著《m40》（二〇〇九）、《甲申說明書：崇禎皇帝和他身邊的人》（二〇一二）、《放逐與追逐》（二〇一五）、《建國》（二〇一八）皆贏得各種讚譽。

新作《不確定的國家：李光耀與新加坡》是他寫作以來，最直接介入當代新加坡歷史的一部著作。這不是小說，卻有文學想像力的標題和章節；這不像歷史書寫，卻有類史學寫作的歷史紀年和事件；這並非報導文學，卻有第三者視角的故事導引。但此書的主導成分是紀實，遊走於各類歷史文獻檔案，或專書紀錄，既像翻閱文獻後整理重述的讀書札記，也是作者報人本色的體現，以說書人或報導者的立場，說好一則關於新加坡建國史材料的故事。

但不可諱言，謝裕民偏愛歷史為素材的寫作，遊走虛實，有前例可循。從《重構南洋圖像》開始，他的「歷史慾望」就藏身於文字。該書最為人熟知的〈安汶假期〉談新加坡華人到印尼安汶尋根的故事，本事來源是一則晚清遊記〈南洋述遇〉。〈島嶼前身〉運用了大量中國對外交通史素材和旅行文獻，勾勒新加坡的來歷。〈民國二十四年的荷蘭水〉則以上海教科書和戰後在新加坡編纂的《新南洋年鑑》為本，將一則教導製作汽水的報導改寫為南來的離散文本。謝裕民的寫作鍾情於歷史趣味，不無可能跟他長期翻查和蒐集舊書文獻的興趣有關。他尤其偏愛字典類書籍，家裡的陳年舊書不比新書少，顯然小說家的考古或考證癖，既是對文字素材的多重提煉與再利用，或自己建構「歷史檔案」供未來的讀者追索。因此有了《甲申說明書》對明朝末代帝王崇禎個案的歷史情境探求；《放逐與追逐》則將眼光回望新加坡華校生世代的成長史；《建國》編纂新加坡建國五十年的辭典語彙，透過新聞剪報，輯成二〇一五年的當下歷史感，以及彰顯建國一代回望新加坡的特有姿態。

但《建國》送別了建國總理李光耀，這位政治巨人的歷史故事還未開演。謝裕民後續有了新加坡歷史人物傳的寫作計畫，應該輪到獨立建國大戲裡的靈魂人物李光耀粉墨登場。坊間關於李光耀的傳記、回憶錄，以及各類訪談汗牛充棟。但謝裕民的用心之處，在於替這段以李光耀為核心的建國史，輯錄種種推進的歷史脈絡，尤其左翼勢力在其中的崛起和消亡，著墨甚多，刻意補充這長期以「非共」思維治國的新加坡歷史敘述缺頁的一章。

當然，這不是新加坡左翼政治史的寫作。環繞於新加坡獨立建國背景下的國際氛圍、英殖民的態度，以及馬來亞的馬來人政治語境，構成了理解新加坡的另一個重要側面。謝裕民如何看待新加坡建國，以及李光耀角色定位的風勢變化，相信會讓這部書引起討論。原因不在於書中素材偏離史實，或褻瀆已故領袖李光耀，又或作者史觀的政治不正確。恰恰因為他聚焦一段李光耀在政治發跡的脈絡，以及貫徹一生的政治實踐。回頭一望，李光耀的新加坡建國史，離不開他在政治生涯裡最引以為傲的實踐：「成功的新加坡」，及其背後兩道暗影——共產主義和馬來西亞。

這是極尖銳，但又平實的新加坡史觀。稍涉略新加坡歷史，大概都略微知曉，也繞不開這兩段歷史脈絡。但細究和微觀這兩道暗影的歷史糾葛，卻少見於其他專著。謝裕民以此來定調自己延續的「建國」寫作，其實別有用意。

非共與左翼的政治勢力在新加坡建國史裡發生的糾葛，是謝裕民特寫這一段歷史的重要動機。箇中應該有些態度。這也是建國一代謝裕民的心曲，在新華文學的歷史書寫上別具意義。儘管這本《不確定的國家》不是文學寫作，也並非歷史小說。但謝裕民是報人出身，也是小說家。關於新加坡的文學與歷史的華文寫作，向來都非學者專利，更多的是作家和報人的書寫。從早期的魯白野、鄭文輝、王振春、韓山元、歐如柏等都是重要的例子。此書以文學的觸角與感受，深入歷史的肌理。建國史娓娓道來，卻透顯著作者的史識，對建國史的一己之見和判讀。

「信天翁」是李光耀及其政治夥伴常用的西方俗諺。政治人物深諳政治語彙的雙關意義，也不乏熟練的政治身段，但謝裕民以此為書內的敘述框架，則另有文學介入政治的張力。如同他所言：「以為——好運——變成——沉重負擔」，箇中矛盾的張力，需要想像力來完成這一段歷史敘述。謝裕民雖然不是史學家，也非政治學者。他的敘史值得期待，恰恰在於他熟悉文學表述的力量。在史的脈絡裡，如何呈現潛藏與浮現的政治因果，勾勒或隱或現的各種線索，剪裁與鋪展詮釋的張力，文學有其可為之處。在資訊氾濫和急速消費的時代，謝裕民對文字構成的歷史記憶尤其敏感。「信天翁」作為政治修辭，在文學框架裡恰恰是謝裕民說好一段新加坡建國歷史的關鍵。

在各類重新評價與定位李光耀的著作裡，謝裕民編採各家論述和文獻素材，對歷史事件及其過程的重新敘述，意味著文字的力量如何在歷史記憶與政治評述裡，尋求可能的平衡，但又不失人性化的情感線條。諸如小說家寫史，紀實寫作裡不忘記錄動盪時代的小人物故事。黃福光和林惠英這對革命伴侶，先後從新加坡被驅逐回中國後，雙方分開數十年歷經的折難，以及晚來尋人的遺憾。謝裕民視其為殺手與革命紅顏的兒女私情，大分裂時代下的流離，令人動容。

因而本書帶有文學框架和筆觸的反思式寫作，也可以看做對新加坡建國史的「製作」。此書以「不確定的國家」為題，體現了一種歷史與情感的共振。這一標題回應了李光耀逝世前的憂思，或對國家未來前途的難以預測。他生前最後一次採訪中與記者的應答是這樣表述：「新加坡百年後還會存在嗎？」，「我不是很肯定。美國、中國、英國、澳洲，這些國家百年後還會在。但新加坡直到最近，從來就不是一個國家。」這句耐人尋味的回答，是基於建國史的特殊背景，還是新加坡位處複雜地緣政治的觀察？這是有感而發，還是另有寓意，我們不得而知。但全球聞名的華人史學者王賡武教授最新的演說裡，也提到相似的命題：

> 我們時不時就會問，新加坡是一個國家，還是別的什麼：它是一個城市國家，一個正在形成的國家，最終成為作為全球城市的民族國家？只要仔細去瞭解這些術語的涵義，你就會發

現它們是自相矛盾的。＊

相對於建國總理的憂思，史學家的提問直接點明了新加坡的微妙性。這個國家創生的獨特背景，及其與周邊的角色互動的關係性，那是歷史夾縫裡的生存。新加坡懸而未解的未來，看實力，也看運氣！

亞洲地區向來對新加坡政治強人李光耀各有不同的情結和觀點。這本書恰恰細緻鋪展了李光耀崛起的大背景，糾纏於左翼社會勢力與政治運動，以及周旋於馬來西亞的複雜過程。這是建國史光譜的色調變化，或李光耀強人政治下的暗影。

二〇二三年恰逢李光耀百歲冥誕，這是一部奠基於史實材料，綜合回憶錄、傳記、訪談資料完成的新加坡建國史寫作，也可當作李光耀的政治運動史來閱讀。

高嘉謙，國立臺灣大學中國文學系副教授。

＊王賡武，〈何謂新加坡華人？〉中篇，《聯合早報》，二〇二三年四月七日。

西諺「掛在脖子上的信天翁」比喻原以為會帶來好運的，卻變成沉重的負擔。

新加坡政治人物喜歡引用這諺語，李光耀將親共分子喻作掛在脖子上的信天翁，他的戰友吳慶瑞也將加入馬來西亞形容為掛在脖子上的信天翁。

無論哪種指涉，信天翁的借喻實際上聚焦新加坡早年的歷史。新加坡建國繞不開共產主義與馬來西亞，須經過這兩個關卡，遊戲才能繼續。

「以為——好運——變成——負擔」充滿戲劇張力的矛盾，過程的轉折更叫人拭目以待。如被遺忘的信天翁。

滾滾長江東逝水，浪花淘盡英雄。
是非成敗轉頭空，青山依舊在，幾度夕陽紅。
白髮漁樵江渚上，慣看秋月春風。
一壺濁酒喜相逢，古今多少事，都付笑談中。

——楊慎（一四八八—一五五九）〈臨江仙〉

〇、裝上翻譯機求存及其代價（一九六五－一九八八）

0.

一九六五年九月十八日，新加坡剛獨立四十天，四十二歲的總理李光耀在農業展覽會開幕典禮上說：「新加坡不會對他人晃動指節套環（brass knuckles），因為我們謙恭有禮。然而，這個島國決心在未來的一千年在東南亞生存，沒有人能阻擾我們。」

東南亞局勢波詭雲譎，剛獨立的島國極需堅毅的決心與意志，特別是領導人；年輕的總理雄心萬丈，以千年之願鼓舞士氣，也向區域大國展表氣魄。

二十三年後的一九八八年十一月十四日，六十五歲的新加坡總理李光耀訪問澳洲，在新南威爾斯總理的晚宴上，卻脫稿感歎：「一百年後重訪澳洲，澳洲依舊風吹草低見牛羊，人們舒適地生活在這片土地上。但是，我無法肯定，這個稱為新加坡的人為國家，是否會依然存在。」

他慣性地直言：「我看著新加坡成為一個更像大都會的國家，卻懷疑最後會是什麼結果。而且，我也不十分肯定，我們為確保生存推行的事物的必要性。」

已治理新加坡二十九年的總理解釋：「我們教導英文以便能謀生，這是個明智的決定。但是，我們也在演變成一個不同民族的過程中。在新加坡，我們在每個人口袋裡裝上一臺翻譯機，所有對外的門戶都敞開。這樣的結果可能是整個價值觀、態度，對事物好惡的總改變。」

他坦承：「因此，我和我的同僚推動的許多事物，還沒有最後的定論。是的，我們看到好處。然而，我不知道它的長期後果，以及未來新加坡人將付出的代價。」

獨立二十三年與獨立四十天不能相提並論，六十五歲異於四十二歲。一千年太遠了，困擾著新加坡的依舊是，一百年後「這個稱為新加坡的人為國家，是否會繼續存在」；亦無從知曉，「未來新加坡人將付出的代價」會是什麼。

這未必是新加坡的宿命，卻絕對是揮之不去的憂思。

第一章　或者導讀

一、你覺得你們李光耀怎樣？

（一）棺材裡跳出來的人及其立場（一九八八－二〇一五）

1.

二〇一五年三月二十三日或更早一點，李光耀意志清醒的最末一瞬，不知道他在想什麼？這麼提問，因為二〇〇九年八十六歲的李光耀接受訪問時說：「新加坡是我至死都關心的地方」（《新加坡賴以生存的硬道理》）。

如此，四年後（二〇一三）——李光耀辭世前兩年，他再度受訪，訪員問他，哪些事會讓他夜裡睡不著？他直說：「我想著我們的人口變化，整體生育率只達一點二，我們不得不引進移民」（《李光耀觀天下》）。半世紀前的一九五九年，他當總理之初，生育率為六點一。

李光耀從不掩飾自己，包括個人脾氣和對新加坡的關切。更早之前，一九八八年，「年輕一點」——六十五歲的李光耀在國慶群眾大會上嚴厲、明確地說：「即使我躺在病床上，即使你將我送入棺材，只要發現哪裡有問題，我還是會從棺材裡跳出來。」他同時質疑批評他的人：「你一天花多少時間牽掛著新加坡？」（《新加坡賴以生存的硬道理》）

從來，沒有人懷疑李光耀對新加坡的付出。

2.

新加坡人遇上外地朋友，最常被問：「你覺得你們李光耀怎樣？」就是如何評價李光耀。

李光耀逝世三天後（二〇一五年三月二十六日），國會召開特別會議，兩小時的特別會議上，國會最大反對黨——工人黨秘書長、五十九歲的劉程強（一九五六—）說：

> 如果沒有李光耀過人的智慧和膽識，遊走於大國之間，推銷新加坡對他們的價值和所能提供的潛在利益，並且獲得大國領導人的尊重，我們在經濟上不會成功，我們在國際政治舞臺上也不會有今天的地位和空間。
>
> 在國內，爭取國家獨立的運動和持續的政治鬥爭，造成新加坡人高度政治覺醒。在參與政治運動和共同奮鬥的過程中，人民和李光耀產生共識，醞釀了共生的關係，也鑄造了共同方向和互相信任。這是新加坡能夠在一代人，從第三世界國家發展為第一世界國家的關鍵。所依賴的，不只是李光耀超乎常人的幹勁，精力和堅韌的毅力，還有他的誠意。
>
> 但是，我不認同人民行動黨一黨專政的政治格局，是新加坡經濟能夠迅速發展，社會能夠保持凝聚力，維持國家團結的關鍵，因為不少新加坡人在建國和制定政策的權衡過程中被犧牲，我們的社會也付出了代價。這也造成建國總理李光耀在一些民眾的心裡成為具有爭論性的人物。
>
> 雖然他制定政策是根據當時的現實情況，以國家的利益為出發點，做理性的判斷，但政策的選擇和施行，不單只是理性，應該還有人性和感性的考量，才能避免在實施政策時，使一些人民積怨或受到傷害，長久累積成為潛伏性的危機，影響人民的團結和對國家的認同感。
>
> 今天的新加坡，能夠不分種族、言語和宗教，團結一致，李光耀功不可沒。我僅此向建國

總理李光耀致以最高的敬意。

是的。這五百四十字裡，我們覓得比較尋常卻中肯的答案。只是，「智慧和膽識」、「超乎常人的幹勁，精力和堅韌的毅力」較抽象，而且耳熟能詳；「第一世界國家」、「經濟迅速發展」、「國家團結」是現狀，容易輕忽。較有feel的，可能是繼「但是」與「雖然」的句子，句子最後的動詞「犧牲」、「傷害」，背後都是眼淚，一些已滴瀝並乾枯於歷史的長卷上。

美國第四十六屆總統拜登（Joe Biden）當選後，於二〇二〇年十一月七日發表全國演講時說：「我們必須停止把對手視為敵人；我們不是敵人，我們都是美國人。」（We must stop treating our opponents as our enemy. We are not enemies. We are Americans.）

逝者已矣，生者謹記，對手非敵；我們不是敵人，我們都是新加坡人。

李光耀從不諱言其強勢與不在乎批評。《新加坡賴以生存的硬道理》訪員問他，希望歷史如何評價他。他直言不諱：「到時我都死了。會有不同的聲音，不同的看法，但是我堅持我的立場。」他重申：「我做出一些強硬的決定，好把事情辦妥。可能有些人不認同，認為我太苛刻。但是存亡關頭，我一定要確保新加坡成功，就這樣。」他反問：「到頭來，我得到什麼？一個成功的新加坡。我付出什麼？我的一生。」似乎預答了劉程強的問題。

同樣的，在《李光耀觀天下》裡，李光耀也回答了許多人想知道的問題：「此生最大的滿足，是曾經花這些年爭取支持、激發民心，打造一個任人唯賢、沒有貪汙、種族平等的地方，並且在我之後還會持續下去。」

你覺得李光耀怎樣？

3.

類似外地朋友們的「你覺得你們李光耀怎樣？」的關切，新加坡人一般都答得不如劉程強。也許甚少思及，且親身體驗，細碎的末節太多，「剪不斷，理還亂」，雖不至「無言獨上西樓」，仍「別是一般滋味在心頭」。

「相見歡」嘛！新加坡人一般開始會「政治正確」地在外地朋友面前評議李光耀與他治理下的新加坡。話題扯遠，卻依然「理還亂」，覺得不能完全表達自己；換個角度，回到自己覺得較舒適的視角，一看，咦，與劉程強的看法相近。

客人或予以回報或真的認同，或大家來到民主的死角，話鋒一轉，可能會聽到一些「常用詞」如：安全、廉潔、乾淨、富裕、效率等。當然，更多的是外地朋友予以沒有「民主與自由」的新加坡人無限的同情。新加坡人通常不上西樓卻無言，不是孔子的「不學詩，無以言」，而是接近白居易的「無以言表」；縱然也看看報紙，翻翻書，梳理近代西方民主制度的發展，知曉這個制度百弊叢生，但也明白朋友們都是「肺腑之言」，感謝關懷之餘，繼續嘗心頭上的滋味，這又與一開始的滋味有別。

朋友一般分英語語系與華語語系（也有以英校生與華校生來區分，俗稱「紅毛派」與「讀唐人冊的」），都追求「民主與自由」。新加坡人赫然發現，華語語系中，除了新加坡，朋友們居住的地方大部分不是聯合國成員。他們可能忽略小島沉浸於馬來海洋中，天空還盤旋著白頭鷹；還有依據不同的政治氣候來過冬的動物，在舒適的陽光下，舒展筋骨與肌肉。是以，李光耀在獨立之初便強調，新加坡不是「第三中國」，後來又有「一個中國」政策。無論是「第三」還是「一個」，數字後的主詞都是「中國」。這是一個 studio apartment 的表白，對馬來鄰居，世界警察，也對由好多建築群組成的文化遺產保留宅園。

宅園一些建築群因「歷史因素」，極力爭取擺脫，追求「民主與自由」。偶爾三小島加半島聚首閒聊，雖都是華語語系，朋友們相互支持，互通氣息。新加坡人要麼也加入，一起支持；要不，成了沉默的少數，沒有著力點，與朋友們的距離在那刻也遠了。偶爾回頭瞧自己的 studio apartment，慶幸小公寓一間，少了「歷史因素」，少了頭緒與情緒；不幸，更沒有「民主與自由」，「獨上西樓」，偶爾還要把嘲諷當笑話，尋找那輪明月的蹤影。英語語系那邊相信一樣，笑話連篇，還好他們不認識杜甫與李後主。

當然，問題最後一定來到：新加坡有民主與自由嗎？

（二）自由主義者及其暫停民主規範（一九四七－一九九七）

4.

一九四七年，二十四歲的英國劍橋大學法律系學生李光耀坦言，為費邊主義吸引，認同平等、公正和公平的社會，成了費邊主義者。維基百科說，費邊主義（Fabianism）主張結合資本主義的自由民主政治與社會主義。

一九五六年，三十三歲的立法議員李光耀在議會上表明，他擁護民主社會主義，追求公正與平等的社會，不靠共產黨的獨裁和列寧主義殘酷無情的手段，實現理想。維基百科又說，民主社會主義（Democratic Socialism）是現代民主憲政和社會主義經濟合為一體的政治意識形態。

民主社會主義其實是費邊主義的改良與延伸。李光耀在倫敦政治經濟學院的老師哈樂德·拉斯基（Harold Laski, 1893-1950）便是費邊主義者，民主社會主義重要理論家，也是當時英國工黨領袖之一。

新加坡自治後，四十一歲的李光耀於一九六四年受邀到比利時首都布魯塞爾出席社會主義國際一百週年紀念，並在開幕儀式中發表演講；隔年新加坡獨立，再一年（一九六六）受邀加入社會主義國際。

維基百科解釋，社會主義國際（Socialist International）於一八八九年在巴黎成立。第一次世界大戰後，社會主義國際分裂，原第二國際左派組建共產國際（第三國際），中間派組建社會黨國際工人聯合會（維也納國際、第二半國際），右派重組社會主義國際（伯恩國際、黃色國際）。

到了一九七〇年代初，李光耀對英國費邊主義者「不諳世事」，「感到絕望」，從此不再訂閱他們的雜誌。

加入社會主義國際十年後，一九七六年五月十日，荷蘭工黨指控新加坡違反人權，政治犯在內部安全法令下，不經審訊便被拘留，動議開除新加坡。人民行動黨秘書，五十三歲的李光耀致函該組織秘書，除非荷蘭工黨收回指責，否則將退會。在五月三十日的會議上，荷蘭沒撤銷提案，新加坡宣布退會。之後，人民行動黨不再參與任何意識形態的組織，也不需要意識形態。

一九八六年，在國慶演講上，六十三歲的總理李光耀坦率地表明：「我們優先處理的事項是什麼？第一，福利和民生；然後，我們將不時暫停民主規範和程序。」

如此再過十年，一九九八年李光耀出版《李光耀和他的思想》，訪員問他，如何形容自己現在的政治信仰？此時距離初到英倫為費邊主義吸引已半個世紀，七十四歲的李光耀說：「我形容自己為……（停頓了很長時間）也許在歐洲的用詞裡，介於社會主義者和保守主義者。我會稱自己為自由主義者，一個相信人人應當有平等機會，可以竭盡所能，爭取最好的成績的人；一個懷有某方面的同情心，希望確保失敗者不會一蹶不振的人。我真的認為自己是個……（停頓）自由民主主義者——不是日本人指自由民主黨時用這個詞的意思，一個自由主義者；我盡可能最有效地推行這個制度，也容忍先天因素跟不上，或者無法加把勁的人。」

訪員認為，李光耀形容自己是個自由主義者，「也許會令一些人吃驚」。

李光耀說：「我指的是經濟意義上的自由主義者，不是美國人用的『自由』中的『自由』。美國人的這個詞，意思是人家認為你應該允許每個人順其意願發展，做他要做的事。因此，那有特別的含義。但是，『自由主義者』經典意義是指我並不固定於世界上或社會中的任何一種理論。我務實，願意面對問題，然後說，好吧！什麼是能夠克服困難的，最讓人稱心及為最多人帶來安樂的方法，你怎麼叫它都行。」

到了二〇一三年，九十歲的李光耀出版《李光耀論中國與世界》，他在書中對美國訪員說：「一個國家如果要發展，更需要紀律，而不是民主。民主過於興旺，會催生無紀律、無秩序的環境，這不利於發展。要檢驗一套政治體制的價值，最終還是要看它能否建立穩定的社會環境，是否有助於改善大多數民眾的生活標準，能否在確保人民和平共處的前提下，享有最大限度的自由。」

他也告訴訪員：「美國文化過於注重個人權利，個人有權根據自己的喜好採取各種行為，但這種個人權利的膨脹，是以犧牲社會秩序為代價……社會的道德基礎被侵蝕及個人責任心的喪失，都與之有著莫大的關係。

「過於強調個人至上的理念，使美國社會難以保持凝聚力……在健全社會裡，年輕的女孩和年老的婦人能夠在夜晚安全出行，年輕人不會再被毒販利用……

「如果你處的社會崇尚自由主義，充斥多樣化的意見和不同的思想，充斥著各種雜訊和騷動，我不認為這種自由主義能自然而然地推動你成功。」

好玩的是，到了二〇二一年，美國總統拜登為了向中國宣揚國威，於十二月九日召開首屆民主峰會（Summit for Democracy），邀請一百一十位領導人出席，新加坡沒受邀，「民主」程度似乎不如印尼、印度、巴基斯坦、伊拉克。四十五年前，新加坡不符合社會主義；四十五年後，李光耀已經離開六年，新加坡還是不夠民主。

民主作為政體形式，若從中世紀後期的英國算起也近千年，經過發展而複雜化，於各異的歷史與文化語境下，實質內涵因此不同。

李光耀的同志、重要夥伴，也是新加坡開國元勛之一的吳慶瑞（一九一八－二〇一〇）在其回憶錄中說，對意識形態探討得越深，發現的謬論就越多。吳慶瑞也是新加坡經濟發展之父、軍事戰略家。

倫敦政治經濟學院畢業生，三十四歲的吳慶瑞在一九六六年的一次演講中說：「如果可以冒昧地給他人提供意見……我要請他們把自第二次世界大戰以來出版的關於經濟增長的書籍全丟掉。」這樣的話語讓人想起李光耀在《李光耀論中國與世界》說的：「任何認為自己是政治家的人，都需要看心理醫生。」

李光耀與吳慶瑞實戰經驗豐富，可以顛覆理論，「書籍全丟掉」，不相信有政治家，也不在乎任何名銜，「實踐是檢驗真理的唯一標準」，不管「民主」或「社會主義」，能捉老鼠的——帶給人民更美好的生活——就是好貓。走自己的路，「摸著石頭過河」，不理別人怎麼說，在實踐中尋找真理。這樣，反而讓李光耀——在別人為他貼的標籤上——解套。其實，李光耀已無套可言，「菩提本無樹」。所以，在為民主課題與西方媒體交手時，李光耀會理直氣壯地總結經驗：「如果自由主義的民主那麼優越，它早就像市場經濟體制，因為證實比計畫經濟體制優越，征服全世界」（《新加坡賴以生存的硬道理》）。

治國大概一套理論不夠，而且大小環境變化太快，經驗歸納成理論後，大小環境又變了。所以，務實的新加坡領導人都沒有太多理論，好處是不需要老是空生名詞，人民不一定搞得懂，知道理論後，也不一定能餵飽肚子；壞處是人民不理解現狀，需要自己總結分析。

只是，無論如何，永遠有人相信民主與自由，而且前仆後繼地追求與爭取。英國哲學家羅素——李光耀在英國留學時聽過他的廣播演講〈權威與個人〉——說：「一個人，如果三十歲以前不相信社會主義是沒有良心；三十歲以後還相信就是沒有頭腦。」李光耀告別費邊主義時已四十多歲。

也不必說人家「沒有頭腦」或「不諳世事」；三十歲以後還是要有良心，甚至是劉程強說的感性。

劉程強領導的工人黨，在選舉期間的群眾大會結束前，總會邀出席者一起唸信約。新加坡信約（Singapore National Pledge）曰：

> 我們是新加坡公民，誓願不分種族、言語、宗教，團結一致，建設公正平等的民主社會。

5.

新加坡模式成功，引起許多討論與質疑，最矚目的，當屬一九九五年八月二十七日美國哈佛大學教授、著名政治學者杭亭頓（Samuel Huntington, 1927-2008）在臺北「全球第三波民主化的鞏固與發展研討會」的演講。

杭亭頓指出：「李登輝在臺灣推行的自由與鼓勵創意的制度，將能延續下去；李光耀為新加坡帶來的誠實與有效率的制度，可能隨他進入墳墓。」

杭亭頓論點引起廣泛討論，李光耀在第二年（一九九六年五月二十二日）的國會上公開回應。時因資政李光耀與副總理李顯龍購買公寓獲折扣，然而兩人都聲稱，不曉得會獲得百分之五至十二的折扣，時任總理吳作棟因此將事件帶上國會辯論。

李光耀在國會上表明：「我們公開討論這次事件，新加坡已讓全世界知道，新加坡政府的新陣容和新領袖將保持同樣的正直標準，這否定了杭亭頓認為新加坡廉潔有效制度無法延續的論調。」他指出：「杭亭頓說，新加坡人有理由誇口自己的政治沒有貪汙。問題是，我們不是在誇口，這是一種生存的需要。」

第二章　反英分子

二、先看附錄：海外國共合作

（三）東南亞民族運動及其左翼色彩（一九一四－一九三九）

6.

一九六一年，新加坡自治邦政府聘請荷蘭經濟學家溫斯敏（Albert Winsemius, 1910-1996）為經濟顧問。溫斯敏二十一年後（一九八二）接受口述歷史中心訪問時憶述，他告訴當時三十八歲的李光耀，「只要做完兩件事便可以高枕無憂」：「第一，消滅共產黨人；第二，豎立萊佛士塑像。」

第二件事很容易辦到，「萊佛士」現在還站在維多利亞紀念堂正前方，抱著雙臂「站」在那裡站好久了。這個銅像是原型，還有一個複製品在新加坡河畔：白色人造石雕像所在，據說是萊佛士登陸的地方。

萊佛士塑像的豎立，不只為促進旅遊業或紀念開埠者。溫斯敏揭示：「讓萊佛士塑像豎立在那裡向世人展示，你接受英國的文化遺產。將來需要英國、美國、德國，以及其他國家協助時，我們要讓他們覺得，他們是受歡迎的。」

第一件事不容易辦到，共產黨伴隨李光耀早年的政治生涯。李光耀無法高枕無憂。這也是中國政局對新加坡，甚至東南亞的第N次影響。

7. 溫斯敏「兩點論」強調的是，新加坡或東南亞無法迴避的問題。西方與中國在本區域角力，考驗個別城邦如何面對突如其來的陌生面孔站在自己家門口，以及其帶來的利害與衝突。

中國人下南洋，文獻始於漢朝（前二〇二－二二〇），卻在明初鄭和（一三七一－一四三三）第七次下西洋於一四三三年回返中國後，缺席東南亞。

七十八年後的一五一一年，葡萄牙駐印度總督阿布奎（Afonso de Albuquerque, 1453-1515）占領馬六甲，開始西方帝國先為香料，再為通往神秘的中國，一路從非洲插旗到中國大門外的澳門、香港與臺灣。從占領馬六甲到第一次世界大戰（一九一四－一九一八）的四百年間，這個區域的反殖民統治不曾停止。

一九一七年，俄國社會民主工黨推翻俄羅斯帝國和臨時政府後，第一個社會主義國家蘇聯誕生。兩年（一九一九）後，共產國際創建，以推翻資本主義和帝國主義統治，實現以社會主義和共產主義為號召，吸引在資本主義和帝國主義統治下，無法自主生活與生存的廣大民眾。

在東南亞，馬克思主義最早由荷蘭人斯內菲特（Sneevliet, 1883-1942）於一九一四年引進印尼，並成立東印度社會民主聯盟（ISDV）。斯內菲特於一九二〇年參加共產國際，化名馬林，一九二一年在上海參與中國共產黨（中共）的創建。

在馬來亞，第一次世界大戰期間，主要活動是來自中國的無政府共產主義者；中共成立後，逐漸有共產黨人南來。李光耀出生的這一年（一九二三），左翼月刊《南洋評論》（*Nanyang Critique*）在吉隆坡出版。

一九二四年中共代表到新加坡後，先後成立南洋華僑各公團聯合會（一九二五－一九二六）、南洋各業總工會（一九二六－一九二七）、南洋共產青年團、中共南洋臨時委員會（一九二六－一九二八）、南洋共產黨（一九二八－一九三〇）等組織。

新加坡許多左翼分子在中國國共合作時加入國民黨，因此時有衝突。一九二七年三月十二日，在新加坡的國民黨舉行孫中山逝世兩週年紀念活動時，共產黨人前來鬧事，滋事的遊行隊伍在牛車水與警方發生衝突，警方開槍鎮壓，造成六死十四傷。

與此同時，這個區域其他共產組織紛紛成立，一九二五年胡志明在廣州創立越南青年革命同志會，一九三〇年菲律賓共產黨創立，接著緬甸共產黨和泰國共產黨也成立。

星星之火。

8.

中國共產黨建立九年後，一九三〇年，馬來亞共產黨（馬共，一九三〇－一九八九）在共產國際上海遠東局派遣越南人阮愛國——本名阮必成，後來稱為胡志明（一八九〇－一九六九）——的協助下成立。同年，南洋共產黨解散，大部分成員轉至馬共。

馬共的十大綱領為：

一、驅逐帝國主義；

二、沒收帝國主義的企業與銀行；

三、經濟權益全歸馬來亞人民；

四、反對帝國主義的戰爭準備；
五、實現馬來亞人民的自決權，建立平等的聯邦共和國；
六、爭取集會、言論、出版、罷工、貿易、教育自由；
七、實現每日八小時工作制度，增加工資，頒布工會法、勞工法、社會保障制度，改善人民生活條件；
八、不屬於地主、王公、官僚和祭司管轄的土地，分發於農民與士兵；
九、廢除帝國主義和地主徵收雜稅，實行統一累進稅；
十、與世界無產者、被壓迫的人民和蘇聯團結一致。

因為新加坡工業較馬來亞其他州發達，馬共便以新加坡為活動中心，中央委員會也設在新加坡。

殖民地政府回應馬共的挑戰，於一九三三年成立政治部（Special Branch Office），隸屬刑事偵察局（Criminal Investigation Department, CID）。

馬共組織鬆散，經驗不足，常發動工運活動，也常被逮捕，從一九三一至一九三五年，共二百二十六名成員被捕；領導人更替頻繁，從一九三〇至一九四〇年，十年間消耗六名總書記，包括黎光遠（一九三〇年四月一日－四月二十九日）、林慶充（一九三〇年五月－一九三一年六月）、符鴻紀（一九三一年六月）、何文漢（一九三三年三月－七月）、劉登乘（一九三五－一九三六）、蔡白雲（一九三六－一九三七）、萊特（一九三九－一九四七）。他們大部分來自中國，當中又以海南人居多，被捕後遭驅逐回返中國。

一九三二年底，馬共未來的總書記萊特（Wright, Lai Teck, 1901-1947）來到新加坡。日後人們始知，萊特早年或者曾留學蘇聯，過後到中國，成為中共上海黨組織成員。萊特於一九二〇年代隨胡志明到越南，成為西貢共產黨的中級幹部，他在越南期間成為法國的間諜，後受僱於英國國家安全局來到新加坡。

萊特先在新加坡當碼頭工人，過後加入工運。一九三四年，殖民地政府逮捕馬共新加坡市委五名領導人，讓萊特有機會於一九三六年進階為總書記蔡白雲的副手。

中國抗日戰爭爆發（一九三七），為馬共提供擴展影響的機會。馬共發起「華僑各界抗敵後援會」，廣泛受到華人支持，但英國人視之為非法團體。馬共於一九三八年另提出十大綱領，包括要求建立馬來亞人民聯合戰線，實行民主政治制度。

一九三九年四月，馬共召開第六次中央擴大會議，萊特成了總書記，再提出十大綱領，包括建立各民族統一戰線、督促英政府立即參加保衛馬來亞安全、制裁法西斯侵略、援助中華民族自衛戰等。也在這個時期，馬共開始走向關鍵性的失敗之路。

9.

一九三〇年代，馬來亞與印尼的左翼馬來族群已提出「大印尼」（Indonesia Raya）或「大馬來由」（Melayu Raya）的概念，將馬來亞、婆羅洲、爪哇、蘇門答臘、菲律賓和泰國南部四府聯組成大聯邦。泰國南部的也拉、北大年、那拉提瓦（陶公）以馬來人為主，一九〇九年英國根據《英暹條約》取得這三地；宋卡部分地區原屬北大年，所以都在「大馬來由」概念內。

到了一九四〇年，日本首相近衛文麿（一八九一－一九四五）提出「大東亞共榮圈」，欲助東南亞殖民地驅走西方帝國主義。這個「新概念」，又是另一回事。民族主義趕不上軸心國德義日的瘋狂「新秩序」，第二次大戰即將爆發，戰後東南亞又是一番「新秩序」。

（四）英軍馬共合作及其實際操作（一九四一－一九四五）

10.

在歐洲，第二次世界大戰正在醞釀。戰敗的德國認為《凡爾賽條約》不公允，於一九三九年九月入侵波蘭，是為第二次世界大戰之始；一九四一年六月德國入侵蘇聯，擴大戰爭範圍。

德國的行徑引起美國和英國關注。兩個月後，兩國為聯合反納粹與法西斯，美國總統羅斯福和英國首相邱吉爾，在大西洋北部的美國巡洋艦「奧古斯塔號」（USS Augusta）上舉行會議；八月十三日，兩國領導人在英國戰艦「威爾斯親王號」（HMS Prince of Wales）上簽署《大西洋憲章》（The Atlantic Charter）。這份宣言於一九四一年九月二十四日由蘇聯和九個被德國占領的歐洲國家——比利時、捷克斯洛伐克、希臘、盧森堡、荷蘭、挪威、波蘭、南斯拉夫與法國——共同簽署。大西洋憲章策畫重建戰後世界和平與秩序的政策，其精神後來成為聯合國憲章的宗旨。憲章共八點，前三點與英國戰後的殖民地政策相關：

一、兩國不尋求任何領土或其他方面的擴張；

二、兩國不希望看見，任何不符合人民自由表達意志的領土變更；

三，兩國尊重所有民族選擇他們願意生活的政治形式，希望曾經被武力剝奪主權及自治權的民族，重新獲得主權與自治。

這意味著，馬來亞「重新獲得主權與自治」於一九四一年八月十三日已定，關鍵是英國人幾時會釋出權利。

11.

在亞洲，日軍突然於一九四一年十二月八日在馬來亞東北部的哥打峇魯（Kota Bharu）登陸，英軍卻從戰爭一開始就節節敗退。十天後（十二月十八日），海峽殖民地第二十二任總督（一九三四－一九四六）珊頓．托馬斯（Shenton Thomas, 1879-1962）與馬共達成協議，共同抵抗日軍。

對於戰事，英國特工部早於一九四〇年七月成立了一個秘密組織——特別行動執行部（Special Operations Executive, 1940-1946），在大戰期間於敵人占領區開發和維護秘密網路。隨著日本對英國在亞洲的殖民地構成威脅，英國在遠東增設遠東特別情報處（Special Intelligence Service Far East）；特別行動執行部也在遠東設兩個分部——德里的「印度任務」（India Mission）和新加坡的「東方任務」（Orient Mission），「東方任務」與「印度任務」又於一九四二年合併為「印度任務」，總部設在加爾各答。

一九四一年，當日軍入侵東南亞時，新加坡的特別行動執行部決定在裕廊河口的丹絨峇萊（Tanjung Balai）設立一〇一特別訓練學校（101 Special Training School, 1941-1942），訓練敵後破壞和游擊戰，之後進入森林展開游擊戰。

從一九四一年十二月二十日開始的一個月，一百六十五名馬共成員在一〇一特別訓練學校接受訓練。另外，十五名成員到吉隆坡和二十五名成員到柔佛居鑾，接受特別情報處的訓練，訓練都不超過兩星期。

這是英國殖民地政府在馬共成立十年後首次合作。

當我們說及一〇一特別訓練學校通常只提到英國人，它其實是個合作項目，合作的另一方是國民黨政府的特務組織「中國國民黨中央執行委員會調查統計局」（中統），雙方同意在東南亞訓練一支華人特別行動部隊，結果，加入的全是馬共。英國意外地撮合了海外的「國共合作」。

戰後，一〇一特別訓練學校原址的裝飾藝術風格洋房，一度成為南風酒店（South Winds Hotel），過後成為新加坡抗結核病協會的療養中心。一九六〇年代裕廊工業區開發，這座別具意義的洋房便湮沒於國家發展的大敘述中。

馬來亞人民抗日軍第一獨立隊成立於一九四二年一月四日，新加坡還是在一個多月後（一九四二年二月十五日）淪陷。六十三歲的珊頓總督也在這一天成了日軍俘虜，拘禁在樟宜監獄，隨後輾轉到日軍於臺灣和滿洲（中國東北三省）的監獄，直到戰爭結束，時珊頓六十七歲，從殖民地政府退休。

新加坡淪陷一個多月後（一九四二年三月二十六日），日軍扣留一名叫黃紹東的男子。拷問下，黃紹東招認是馬共總書記，又名萊特；他願意為日本服務，提供馬共資料以免除酷刑。萊特一個月後獲釋放，開始提供馬共的活動給日軍，證明他是馬共總書記。

馬共領導人同時是英國與日本在馬共的臥底，以出賣馬共為自己的最大利益；然後聯合英軍、日軍，在二戰的馬來亞上演血淋淋的荒謬悲劇。

12.

英國極需要在東南亞的抗日軍事力量，除了成立一〇一特別訓練學校，也與國民黨政府於一九四三年一月簽署協定，共同組織一三六部隊（一九四一－一九四六），中國派人員到印度加爾各答接受軍事訓練。一三六部隊也由中統負責。

一三六部隊於一九四三年八月從馬來亞霹靂西邊的邦咯島北面的丹絨・漢都（Tanjung Hantu）登陸。

馬共負責與一三六部隊接洽的，是日後的總書記陳平（一九二四－二〇一三）。陳平是霹靂人，一九四〇年成為馬共黨員，兩年後（一九四二）霹靂州淪陷，成立人民抗日軍，十八歲的陳平為南區第四中隊黨代表。一九四三年，霹靂州數名領導人被捕，萊特委任陳平為馬來亞人民抗日軍代表，與一三六部隊聯繫。英國又再次撮合「國共合作」。這也再次說明，任何在馬來亞的軍事力量或組織，都繞不開馬共。對於與一三六部隊的合作，陳平在回憶錄《我方的歷史》中坦承：「對兩方面來說，都是與魔鬼共事。」

一九四三年最後兩天，雙方六人在馬共霹靂司令部美羅（Bidor）東北的布蘭丹（Blantan）召開兩天會議，於十二月三十一日簽署「美羅協議」（Bukit Bidor Agreement）——《合作條款》和《建議與決定說明》。

代表英軍的有三十三歲的約翰・大衛斯少校（John Davis, 1911-2006）、二十七歲的布倫上尉（Richard Broome, 1916-?）、三十七歲的查普曼少校（Frederick Chapman, 1907-1971）、三十五歲的林謀盛（化名陳春林，一九〇九－一九四四）。陳平說，查普曼於一九四一年十二月十九日新加坡芽籠的一次會談中，曾見過萊特，知道他是英國特務，查普曼當時沒揭穿萊特的身分。馬共方面的代表是四十三歲的萊特（化名張紅）和十九歲的陳平（化名陳金生）。

協議同意：

一、由盟軍東南亞司令部指揮雙方，並提供抗日軍裝備、資金、藥品和物資。馬來亞人民抗日軍在盟軍反攻馬來亞時，須給予充分合作，遵循盟軍對馬來亞作戰的命令。

二、日本投降後，馬共將協助英國重建其控制的領地，並同意擱置有關英國未來對共產主義的政策。

在談到運作基金時，萊特要求每月五至七萬叻幣。

陳平的回憶錄記述：「當他們在為英國最終重返馬來亞的地位定義時，張紅對英國人用的『重新占領』（re-occupying, re-occupation）提出抗議……最終以『收復』（re-take）解決，納入協議中。」

蘇聯總理列寧（Vladimir Lenin, 1870-1924）在一九二四年提出著名的「統一戰線」核心思想：聯合次要敵人，打擊主要敵人。

馬共與英國合作，應該是一次「聯合次要敵人」的行動，基本上值得肯定。問題是，「聯合」究竟是合作還是僱傭？不同形式的結夥條件不一；歸根究柢，誰更需要誰多一點？英國在馬來亞根本沒有軍隊，一三六部隊只有一百五十人，主要從事敵後蒐集情報，配合英軍反攻。

陳平解釋：「我們需要這一切來裝備我們的游擊隊。」他也知道，「我的聯盟地位只不過是一個過渡性的安排。我知道這前帝國主義主人，最終將再成為我的敵人。」

既然是僱傭，只能說是廉價的僱傭軍；而且沒有將僱傭談成合作。最重要的是，既然已談到「英國最終重返馬來亞的地位」，何不談馬共戰後在馬來亞的地位？而不是止於在心態上矮人一截的被動、不利，「擱置有關英國未來對共產主義的政策」的條件。

由於一三六部隊無法與錫蘭（斯里蘭卡）的總部聯繫，協議遲至一九四五年二月才實行，離日本投降只剩半年。

在日軍投降前的一九四四年十月，馬共召開會議，擬定戰後規畫。馬共認為，日本人戰敗後，英軍必然要馬來亞人民抗日軍解散，交出武器。所以決定將軍隊分為兩支，公開的軍隊繼續與英軍合作，秘密的軍隊則獨立操作，隨時準備與英軍開戰。同時，在盟軍登陸後，人民抗日軍將改為民族解放軍，抗日同盟改為民族解放同盟，游擊隊奪下中小型城鎮。會議由萊特召開，他是英國特務，也是日本特務。

13.

一九四五年八月十五日，日本投降。馬共、英軍、日軍都有各種進取與防禦的策略，最後浮上檯面的是，馬共在日本投降十天後（八月二十五日）發表八點聲明，包括實行民主制度，通過全馬各民族與抗日黨派舉行民主選舉，成立民意機關等，放棄其在一九四四年十月的決定。

「美羅協議」已失去良機，從此刻（八月十五日）到英國軍事政府成立（九月五日）這段權力真空時期，是另一次機會，何況馬共擁有當時馬來亞最大的武裝勢力，而且控制大部分地方；胡志明的越南獨立同盟會，便是利用日本投降後，越南的政治真空期，奪取越南政權。此時，馬共居然要舉行民主選舉，萊特真是英國功臣。

陳平指出，他在日軍投降四天後（八月十九日）接到萊特的八點聲明，但沒見到萊特。原本要一起開會，萊特臨時去了新加坡。萊特以書面擢升陳平為黨內第二號人物，萊特的副手。這時，資深中委阿仲、雪蘭莪州州委書記楊果、南柔佛州州委書記陳勇、霹靂州州委書記陳平，與萊特一起組成戰後中央臨時領導機構。萊特在一封信中指示陳平，這時候適宜採取政治抗爭，反對以軍事對抗；同時跟英國人合作，組織勞工團體，滲透工會。陳平說，他雖不同意總書記的意見，大家仍得執行。

日軍方面，日本天皇雖然投降，在馬來亞的日軍卻不願意這麼做。陳平透露，控制新馬的日軍總司令找他們合作。馬共沒答應，除了總書記的指示之外，日軍也無法完全接受馬共的政治理念與領導。然而，仍有約四百名日軍不願接受投降之辱，投向馬共。

馬共被政治意識形態、敵我意識與絕對的領導權綁架。能與英軍合作，為什麼不能與日軍合作？何況形勢改變，此刻與戰敗的日軍聯手，才是「聯合次要敵人，打擊主要敵人」。在沒有萊特的情況下，馬共又錯失機會。

當我們談論馬共錯失機會時，其實馬共內部比我們更清楚當時的局勢，以及各個握有軍隊的組織、集團之間錯綜複雜的利害關係，但馬共無法擺平這些關係，最終向世人展現的，是各種令人愕然的決定。

二戰盟軍東南亞統帥，四十五歲的蒙巴登勛爵（Lord Mountbatten, 1900-1979）領導的英國軍事政府（British Military Administration, 1945.9.5-1946.3.31）遲了三個星期才到馬來亞。這段權力真空期，各種政治勢力都趁機抬頭，包括馬來半島與印尼的民族主義者，馬來亞人民抗日軍當然也在馬來半島占據各城鎮。

蒙巴登統帥——英女王伊莉莎白二世的丈夫菲利普親王的舅舅，於一九四五年九月十二日，在新加坡市政廳（現國家美術館）舉行盟國東南亞戰區的正式受降儀式。

14. 荷屬東印度、英屬馬來亞、美屬菲律賓、法屬印度支那，或華人稱之南洋的這個區域，直至第二次世界大戰後期，才被稱作「東南亞」，源於盟軍在一九四三年成立東南亞司令部（South East Asia Command, 1943-1946），當時主要對抗日軍。

戰後，同盟國的兩名成員——美國和蘇聯在沒有對手下，成為世界兩個超級大國。兩國當初與其他國家合作，只為擊敗德國、日本與義大利聯手的軸心國。兩國政治體制與意識形態完全不同，戰後各自收編支持者，世界從此分為以美國為首的資本主義陣營，以及以蘇聯為中心的社會主義陣營，近半世紀的冷戰自此展開。

日軍投降後，東南亞眾多殖民地權力暫時懸空。在越南，由胡志明領導的越南獨立同盟會向宗主國法國宣布獨立，並於一九四五年九月二日成立越南民主共和國，成為東南亞首個共產主義國家。

這時，「大印尼」與「大馬來由」的構想再度成為馬來族群追求的理想。英國人與馬來亞（Malaya）領導人東姑於一九六一年提出「馬來西亞」（Malaysia）計畫，引起印尼領袖蘇卡諾極力反對，並與馬來西亞對抗。新加坡於一九六三年成為馬來西亞一州，也遭印馬對抗的破壞。

在菲律賓，被譽為「菲律賓國父」的第一任菲律賓總統（一九三五－一九四四）奎松（Manuel L. Quezon, 1878-1944）提出更廣泛的構想，將緬甸、泰國、越南、馬來亞、印尼與菲律賓組成「馬來西亞聯邦」。

當時形形色色的構想、理想說明，區域領袖正醞釀從宗主國奪回自己的土地。

東南亞眾多殖民地盼望擺脫殖民統治，成了共產黨爭取的對象。美國為防止共產黨勢力在亞洲擴張，駐軍東南亞，牽動整個區域，改寫東南亞的歷史進程。

（五）戰時已規畫的馬來亞及其目的（一九四二－一九四四）

15.

英國部隊遲三個星期才到來，英國政府則早在日軍占領半年後便擬定馬來亞未來的發展計畫，向美國展示，實現《大西洋憲章》的意願，以及結束東南亞殖民統治的決心；主要還是制定一套策略，在結束東南亞殖民後，無損英國利益。

英國殖民部（Colonial Office, 1854-1966）備忘錄顯示，一九四二年七月二十八日，殖民部已討論戰後重建。該部建議將馬來半島、海峽殖民地，以及北婆羅洲合為一體，以新加坡為中心。

但是，這項提案被否決。

一年後（一九四三年七月二十一日），英國發布《遠東憲政重建》備忘錄草案；再過半年（一九四四年一月十四日），殖民部召開東南亞殖民地的未來憲法政策會議，常務副秘書長愛德華・肯特（Edward Gent, 1895-1948）建議，拆散海峽殖民地（Straits Settlements, 1826-1946）三成員，讓新加坡獨立，作為英國在這地區的政策中心，檳城、馬六甲則與馬來聯邦（Federated Malay States, 1895-1946）和馬來屬邦（Unfederated Malay States, 1826-1946）的十一個成員邦，組成馬來亞聯邦（Malayan Union）。

馬來聯邦包括雪蘭莪、森美蘭、霹靂和彭亨，四邦除馬來習俗和回教事務外，其餘都為英國控制；馬來屬邦則有玻璃市、吉打、吉蘭丹、登嘉樓和柔佛，各州只受英國保護。

當日軍還在蹂躪馬來亞蟻民時，英國人已在計算勝利後如何回歸，為重新統治這片土地做「超前部署」。所以，當我們談戰後的馬來亞，其實在戰時已定調。

肯特認為，日軍到來，讓英國有機會重新部署東南亞的殖民地，同時整頓殖民地的行政與軍事管理。英國人明白，無論哪種模式，新加坡都必須獨立於馬來亞半島之外。歷史上，新加坡與馬來半島諸邦關係不良，英國與半島諸邦談判主權，新加坡將節外生枝。此外，新加坡以華人為主，與半島諸邦情況極不一樣。重要的是，新加坡是個自由港，是盟軍與日軍作戰的中心，將長期處於軍事統治。肯特的建議於四個月後（一九四四年五月）獲得英國戰時政府（一九四〇－一九四五）同意，並交予六人的馬來亞策畫小組制定事宜。小組徵詢熟悉馬來亞事務的社會聞人，包括當時在印度避難的市議員、華僑銀行聯席常務董事陳振傳（一九〇八－二〇〇五）；市議員、律師，李光耀未來的老闆黎覺（John Laycock, 1887-1960）；日後馬來西亞華人公會（馬華公會）創始人陳禎祿（一八八三－一九六〇）；陳禎祿的兒子、吳慶瑞的二表哥，後來的馬來西亞財政部長陳修信（一九一六－一九八八），他們都傾向建立一個鬆散的聯邦，而不是統一的國家，更多的是反對分割新加坡。

日本突然投降，英國人沒有太多時間討論，兩個月後（一九四五年十月十一日），殖民部大臣喬治·霍爾（George Hall, 1881-1965）向議會提出新政策，準備在三個月後推出白皮書。英國同時派遣殖民地副秘書長哈樂德·麥克米倫（Harold McMichael, 1894-1986），說服馬來亞各邦統治者簽署馬來聯邦合約。

16.

英國人出乎意料順利地接管馬來亞。經歷三年八個月的日本殘酷軍事統治，以及物資匱乏的日子，人們期盼的是有人收拾爛攤子，恢復正常生活；英國人欠的帳，遲些再算。

這時候最有能力挑戰英國人的仍是馬共。然而，馬共在總書記萊特發表八點聲明後，已轉而接納英軍政府。英國人因馬共抗日有功，承認它的合法性，馬共黨在馬來亞各城鎮公開成立支部。根據「美羅協定」，「在日本投降後，馬共將協助英國重建其控制的領地」。既然英國人已回到「控制的領地」，馬來亞人民抗日軍已失去存在的價值，況且馬共總書記萊特在英國軍政府嚴懲戰犯時，已向英國軍政府自首，尋求庇護。

一九四五年十一月十五日，馬來亞人民抗日軍軍委代表劉堯（一九一五－一九四八）宣布解散馬來亞人民抗日軍，兩個星期後（十二月一日）舉行儀式，交出武器。六千八百名抗日軍在幾個主要城市舉行儀式，解散復員，每人可獲得三百五十元復員費。英國人當然知道，馬共不會交出所有的武器。馬共繳交四千支槍，暗藏五千支。一九四六年一月六日，英國軍政府在新加坡舉行頒贈勳章儀式，現場銅樂隊演奏《天佑吾王》（*God Save the King*），受邀觀禮的包括馬共星洲辦事處主任伍天旺（一九一九－一九七〇）；另外，十六名抗日軍從馬來亞南下新加坡，入住萊佛士酒店，過後獲英國軍政府頒予戰爭勳章；獲頒勳章的還有一三六部隊、三名馬來人和一名星華義勇軍等。陳平獲得緬甸星章（Burma Star）和戰爭勳章（1939-1945 Star），不過勳章兩年後被收回。

馬共在獲頒勳章兩個星期後（一月二十一日），召開第八次中央擴大會議，中央委員會增至十二人。五人組成中央臨時領導機構改為政治局。這次中央擴大會議，通過《新任務新綱領》，推出「馬共當前民主綱領」，提出「根據民主自決原則建立馬來亞自治政府」。

日軍來時投降的英國人，日本戰敗後又回來繼續占有這片土地，從中獲利；在新加坡被日軍占領時抗戰的軍隊——包括馬共與一三六部隊等，則只得一個勳章，繼續為英國人效勞。英國人知道違反常理，開始尋找出口，即戰時已規畫的馬來亞。

這時已傳出萊特是間諜。萊特於一九四七年三月六日內部審判前捲走黨內約兩百萬元潛逃。馬共因萊特一次次錯失歷史契機，這是馬共的不幸；主義無法普世，戰勝人性。

二十三歲的陳平在萊特失蹤後接任總書記。陳平在回憶錄裡記述，四十六歲的萊特於同年八月，被三名泰國共產黨人殺了丟進湄南河。馬共從此進入四十二年的陳平時代。

戰後，區域民族主義領袖都有心無力，只能看著英國人玩他們要的遊戲；最有條件挑戰老牌帝國的，依然是馬共。

三、逮捕李光耀（一）

（六）留英學生前瞻理念及其建國宣言初稿（一九四六－一九五〇）

17.

所有的人，包括朋友、同志和對手，都低估李光耀。

李光耀周旋於英國人、馬來人、講英語的華人、講華語和方言的華人之間，合縱連橫，最終取得成功，並在獲得政權後，成為現當代新加坡奠基人。他的「智慧和膽識」，「幹勁，精力和堅韌的毅力，還有他的誠意」，絕對超越人們對他的認識，以至世界領袖都願意聽他說話。對於治理新加坡，李光耀不需向任何人解釋，他太了解新加坡，優點、缺點，最終是理性與務實地面對，不管你接受與否。成功的李光耀，有特別的時代與「訓練」。

李光耀在回憶錄中表示，三年半的日本人統治，目睹人間諸多不公與荒謬，比任何大學教的還多，這段生活教育相當於大學文憑；戰後一年的見聞，則是研究生課程。

他分析，日本人首先要人們服從，接著強迫人們做出調整，接受日本人會長期統治的事實，讓子女通過教育，適應新制度，以及新制度下的語言、習慣和價值觀，讓自己變得有用，能找到飯吃。最後，日本人要人們確認，日本人是理所當然的新主人。

戰後英國人又回來。李光耀指出，這些官員由英國軍政府臨時拼湊，從拘留所出來——原本在新加坡工作——的英國文官紛紛回國療養。軍政府的官員也有日軍南侵前不在戰地的戰前一代，他們跟形勢脫節；他們的任期只到復員為止，復員後將全被解職。所以，他們跟日本軍官沒差別，總找些容易帶的值錢東西，日後帶回英國。

李光耀闡述的，基本上是一個政權／管理權，以及隨之形成的朝代／組織興盛與衰落的寫照。新政權要改變人們，服從、適應新主人，忘掉自己；戰前，新加坡就是這幅景象。待至政權沒落，連找合適的人履行職責都困難，更別談怠忽職守、貪婪。

從英國人到日本人的統治，李光耀認為：「我從英國人那裡學到如何治理國家、管理人民，也見識日本人如何運用權力」（《李光耀論中國與世界》）。

蹉跎三年半，「社會大學」研究生於一九四六年二十三歲生日那天，自費到英國倫敦政治經濟學院（London School of Economics and Political Science, LSE）深造。

18.

二戰後（一九四六），英國工黨再次執政，倫敦政治經濟學院成了社會主義與馬克思主義知識分子活動的搖籃。李光耀不喜歡這個學習與生活環境，三個月後轉到劍橋大學。這時已是新的一年。

這一年（一九四七）十月，李光耀的女朋友，大他兩歲的柯玉芝（一九二〇－二〇一〇）也到英國留學。女朋友告訴他，他變了，跟以前完全不一樣。男生自剖，自己「變成一個強烈的反英分子」，因為「英國人對推動殖民地的進步毫無興趣」。除此，種族歧視與階級制度也是癥結。

在英國，工黨較保守黨能接受殖民地獨立，李光耀因此渴望接觸工黨領袖。「希望同將來可能在主要政黨裡扮演重要角色的英國學生接觸，在我日後同新加坡和馬來亞的殖民地當局糾纏不清時，這種聯繫自有好處。」因此，李光耀加入劍橋大學工黨俱樂部，出席工黨的部長演講；他也在工黨俱樂部結交一些後來成為英國政治人物的英國朋友。

倫敦有兩個東南亞學生組織，一是馬來亞學生成立的馬來亞論壇（Malayan Forum, 1949-1962），另一是中國和東南亞華族學生組織的中國協會（China Institute）。

馬來亞論壇由吳慶瑞、阿都・拉薩（Abdul Razak, 1922-1976）、莫里斯・貝克（Maurice Baker, 1920-2017）發起，論壇在布賴安斯頓廣場（Bryanston Square）四十四號的馬來亞廳（Malaya Hall）開會。

李光耀遠在劍橋，偶爾也過來。這裡有許多馬來亞留學生，當時就有李光耀在萊佛士書院的同學杜進才（一九二一－二〇一二）、貝恩（Kenny Byrne, 1913-1990）、巴克（Edmund W. Barker, 1920-2001）等。吳慶瑞與杜進才後來都成了李光耀的副總理，巴克與貝恩出任部長；阿都・拉薩則成為馬來西亞第二任首相。吳慶瑞與阿都・拉薩十八年後將分別代表新加坡與馬來西亞為分家談判。

吳慶瑞在其媳婦陳淑珊（Tan Siok Sun）出版的《吳慶瑞傳略》中說，馬來亞論壇也引起英殖民地政府的注意，不斷監視他們的行動；吳慶瑞放在西裝裡的通訊錄甚至不翼而飛又失而復得。

馬來亞論壇的新加坡同學討論爭取獨立，馬來亞同學也加入。討論都達成同一結論，必須採取行動，擺脫英國人的統治。問題是怎麼進行？

中國協會則帶給李光耀不小的麻煩。《李光耀回憶錄》披露，他後來在政治部檔案裡發現一些報告，指他和女友柯玉芝經常去中國協會，以便與來自中國的親共分子打交道；有一份報告甚至聲稱，柯玉芝比李光耀更激進。

一九四七年聖誕假期，二十四歲的李光耀和二十六歲的柯玉芝悄悄地在英國中南部的艾文河畔斯特拉特福（Stratford-upon-Avon）小鎮結婚。

一九四九年六月畢業後，他們加入倫敦的中殿法學協會（Middle Temple），經鑑定取得律師資格。

19.

畢業後的李光耀沒有立刻離開英國，他應馬來亞論壇之邀，於一九五〇年一月二十八日發表演講〈回國的學生〉，激勵留學英國的馬來亞學生參與政治，爭取獨立。這篇三千多字的演講稿，翻譯成華文近七千字，演講提出：

- 目前明顯的，能迫使英國人離開的唯一政黨是共產黨。
- 如果在一個馬來亞共產共和國與一個留在英聯邦的馬來亞之間做選擇，英國人會選擇傷害較小的，留在英聯邦的馬來亞，雖然它由反帝國主義者領導。
- 馬來亞獨立的先決條件，是一個馬來亞社會的存在，不是馬來亞的馬來人、華人、印度人、歐亞人的，而是馬來亞人的社會，一個所有已在這國度裡的民族的社會。

這篇演講稿後來收入李光耀於一九六七年出版的《新嘉坡之路：李光耀政論集》附錄中，篇目改成〈十七年前看今朝〉。

這是一個二十七歲的年輕人對自己未來國家的前瞻性理念，幾乎是提前的建國宣言；日後他爭取的馬來西亞，以及他治理的新加坡，都沿著這些政策前進。

20.

李光耀在英國的這段期間，見了馬來亞共產黨駐倫敦代表，三十二歲的林豐美（一九一七－一九九五）。李光耀認為，林豐美「完全脫離現實，生活在自己編織的美夢中」。六年後的一九五六年，李光耀的主要對手林清祥也在倫敦見了林豐美，一樣覺得「他們似乎太脫離現實」。陳平則在其回憶錄中澄清：「林豐美是新聞工作者……他一直只是黨的同情者，不曾是黨員。」

馬共星洲工委會委員、馬來亞民族解放同盟印尼副團長余柱業（一九一八－一九九五）對林豐美有不一樣的看法，他在其口述歷史檔案《浪尖逐夢》裡形容，林豐美「高尚正直」，「為理想奮鬥，不重視名利」，「個人做出很大的犧牲，後半生過得很艱苦。」

離開英國前，李光耀意外地見了一個人。新加坡警察總監（一九四六－一九五一）福爾傑（R. E. Foulger）回英國度假，他是李家的朋友，知道李光耀在倫敦，找李光耀到他老家作客，「順便」告訴李光耀，李光耀已引起新加坡政治部注意。

果然，李光耀與柯玉芝於一九五〇年八月一日回到新加坡時，移民官最後才檢查兩人的護照。他們懷疑李光耀於一九四九年八月出席在匈牙利布達佩斯的世界青年大會（World Festival of Youth）。事實上，當時參加的新加坡人是吳慶瑞、貝克、林豐美、約翰・伊峇（John Eber, 1916-

1994），還有李光耀的弟弟李金耀。李光耀與李金耀英文名簡寫都是K. Y. Lee，李光耀是Harry Kuan Yew Lee（H. K. Y. Lee），李金耀是Dennis Kim Yew Lee（D. K. Y. Lee），政治局誤把李金耀當作李光耀。

另外，李光耀也發現，總督府於一九四九年六月二十八日的一份會議文件，記錄當時政治部主任（一九四八－一九五〇）莫里斯（Nigel Morris）建議，李光耀與柯玉芝回新加坡時，立刻扣留他們。福爾傑不同意，總督詹遜、英軍總司令和輔政司也不同意。《李光耀回憶錄》引述會議記錄：「他們認為我們兩人出身名門，如果逮捕我們，公眾反應一定很壞。相反的，他們表示如果善待我們，並把我們爭取過去，那就有利無弊。」會議認為，最高專員麥唐納是最適當的東道主，他經常邀請學生共進晚餐。李光耀說：「事實上，我們返家幾個月後，麥唐納便邀請我們到他府上做客。」

這是李光耀第一次在逮捕名單上，最後一次是一九六五年，新加坡獨立前夕，中間還有兩次——逮捕李光耀！

成功留給準備好的人。李光耀到英國學法律，加入劍橋大學工黨俱樂部，出席政治演講，渴望接觸工黨領袖；與馬來亞同學聚首，會見馬共駐倫敦代表，發表具前瞻性演講，他已在為其政治抱負熱身。儘管他的名字在政府的監視名單中，但也是政府爭取的對象。

四、還是附錄：最初的民主

（七）新馬被分家及其反對聲浪（一九四六－一九四八）

21.

英國人重返之初，除了共產黨，最有能力挑戰英國人的，是受英文教育的新加坡菁英分子。英國人回到新加坡三個月後，這群菁英成立本地第一個政黨——馬來亞民主同盟（Malayan Democratic Union, 1945-1948），成員包括主席、土生華人律師何亞廉（Philip Hoalim, 1895-1980）、林建才（何亞廉外甥）、伍天旺、約翰．伊峇、郭鶴齡、狄克．魯斯（Gerald de Cruz）、余柱業等約兩百人，包括共產黨人。

陳平回憶錄透露，馬共秘密支持馬來亞民主同盟。《戰後星洲馬共重要人物志》編撰者葉鍾鈴引用何亞廉的回憶錄，指出何亞廉「同意馬共的統一戰線，因為馬盟（馬來亞民主同盟）需要馬共的群眾支持」。

《李光耀回憶錄》則憶述：「老菲利普．何亞廉……是我家的朋友，因為認識他，我偶爾會到民主同盟走動」，「菲利普．何亞廉協助起草憲法。我雖然看過草稿，卻沒參與其事」。另外，人民行動黨創始人吳慶瑞、拉惹勒南（Sinnathamby Rajaratnam, 1915-2006）與楊玉麟都是馬來亞民主同盟成員。

馬來亞民主同盟於一九四五年十二月二十一日下午五時三十分，在橋北路三三一號的「自由歌舞廳」（Liberty Cabaret Hall，今奧迪安大廈〔Odeon Towers〕）召開創黨大會，李光耀說：

「（馬來亞民主同盟）總部設在……自出舞廳內舞池上方的幾個破舊房間裡。」

《馬來亞論壇報》（*Malaya Tribune*, 1941-1951）報導，馬來亞民主同盟主張，「馬來亞留在英聯邦（Commonwealth of Nations，由前英國殖民地及其屬地成立）內實現自治。」《海峽時報》（*The Straits Times*, 1845-）則報導，超過五百人出席成立大會，包括三十名女性，數名軍人，還有一個和尚。何亞廉致辭時說：「未來馬來亞民主同盟的口號是：馬來亞人的馬來亞（Malaya for Malayans）。」

馬來亞民主同盟雖是新加坡第一個政黨。但是，新加坡馬來人聯合會（Singapore Malay Union, 1926-1961）比它更早成立。不過，馬來人聯合會主要促進馬來人的社會與經濟地位，它只於一九五五年和一九五九年參加選舉。馬來人聯合會由馬來記者、官員、商人等組成，主席為馬來領袖莫哈末・友諾士・阿都拉（Mohammad Eunos Abdullah, 1876-1933），他是《馬來前鋒報》編輯，一九二四年成為海峽殖民地第一位馬來議員，友諾士區便以他命名。

22.

李光耀到英國念書的一九四六年，是戰後新一年。新一年新氣象，英國人開始在新加坡與馬來亞實施政治改革，新加坡也開始其二十年自我定位的追尋與追逐；每一名政治參與者都在寫歷史，塑造今日的新加坡。

開年的一月二十四日，英國發布《馬來亞新憲制白皮書》，整合馬來半島十一州為馬來亞聯邦（Malayan Union, 1946-1948）。

二月七日，英國通過「海峽殖民地（廢除）條例草案」（The Straits Settlements [Repeal] Bill），解散海峽殖民地，新加坡獨立成為直轄殖民地（Crown colony，也作皇家殖民地），檳城和馬六甲則加入馬來亞聯邦。新條例從四月一日開始生效，英國人太幽默了。

三月三十一日，英國結束軍事政府，第二天由倡議馬來亞聯邦的愛德華・肯特出任第一任總督。

《馬來亞新憲制白皮書》經報章報導與分析後引起譁然。英國人擅長法律語言，當初遊說馬來亞各邦統治者簽署合約的哈樂德・麥克米倫涉嫌誘騙與施壓。對馬來人而言，馬來亞聯邦剝奪蘇丹主權，等於重新殖民。非馬來人則對其公民權條例不滿，讓馬來人自動成為公民，非馬來人則須符合三條件：

一、十八歲，一九四二年二月十五日起，十五年內至少十年在新馬居住；

二、馬來亞聯邦成立前出生並定居者；

三、馬來亞聯邦成立或之後，不在新馬出生者，其父為聯邦公民。

日軍攻城時撤退的人，這時扮演裁定者角色，定義誰該成為這塊土地的主人。公民身分的問題從此刻開始，到新加坡與馬來西亞分家之前，一直是兩地最尖銳的政治問題。

白皮書坐實人們質疑英國為馬來亞龐大利益組織聯邦，對英國的誠信大打折扣。

馬來人為維護權益，於五月成立馬來民族統一機構（巫統，United Malays National Organization）。系列的不滿與抗爭，讓英國人不得不修正憲法，白皮書後有藍皮書。一九四六年結束前（十二月二十三日），《馬來亞憲制藍皮書》出爐，新方案計畫一年後（一九四八年一月三十日）以馬來亞聯合邦（Federation of Malaya）取代馬來亞聯邦，但新加坡依舊不在馬來亞聯合邦內。意外的是，不要新加坡的，是馬來領袖；納入新加坡後，華人人口超越馬來人。這也是日後新馬合併，東姑的顧慮。

馬來亞聯合邦恢復蘇丹的主權地位，保障馬來人的特權，卻對非馬來人的公民權設下更高的標準：

一、在聯邦出生，過去十五年連續十年在聯邦居住；

二、移民者過去二十年連續十五年在聯邦居住；

三、品行良好，懂得馬來語和英語，聲明效忠馬來亞，有意久居，以馬來亞為故鄉。

彼時大多數華人或印度人仍以出生地為祖國，沒有太多人在意公民的法律定義，或強烈的國籍與國家的觀念。新加坡《南僑日報》於一九四七年三月至五月的一項調查顯示，百分之九十六的華人願意當馬來亞公民，但不脫離中國國籍。

英國戰後對新馬分而治之，是新馬分家之始，新馬的當代史則在雙方離合較勁中前進。

23.

馬來亞民主同盟第一個大型運動，是在馬來亞聯邦計畫出爐後的一九四六年十月，要求政府任命一個能為各界接受的委員會，共同討論新憲法。

馬來亞十多個組織——主要為非馬來人組織——於一九四六年十二月十四日成立泛馬聯合行動委員會（Pan-Malayan Council of Joint Action），第二年八月改名全馬聯合行動委員會（All

Malaya Council of Joint Action），展開系列活動，包括抗議遊行、發表文章，反對分割新馬的馬來亞聯合邦計畫。

委員會領導人為陳禎祿，草案起草人為郭鶴齡與約翰・伊峇。郭鶴齡（郭炳清，一九二三－一九五三）為東南亞首富郭鶴年二哥，他於一九四八年走入森林，一九五三年在森美蘭與彭亨交界被英軍殺害。約翰・伊峇是新加坡出生的歐亞裔，劍橋大學畢業的律師。

委員會於一九四七年九月發表《人民憲章草案》（The People's Constitutional Proposals for Malaya），以替代《馬來亞憲制藍皮書》，強調一個統一，包括新加坡在內的馬來亞。

殖民地政府無視《人民憲章草案》的建議，草案發布團體聯合中華總商會，於一九四七年十月二十日發動全馬罷市（hartal，印度語罷工）。

英國人仍以馬來人意願為主，採用《馬來亞憲制藍皮書》。

（八）新加坡立法局選舉及其局限（一九四六－一九四八）

24. 新加坡於一九四六年四月一日成為直轄殖民地。這一天，新加坡戰後第一任總督（一九四六－一九五二）詹遜（Franklin Charles Gimson, 1890-1975）上任。詹遜本於一九四一年出任香港總督，因日軍攻打香港，其任命被中斷，還成了戰俘。戰後，詹遜成立香港臨時政府，宣布自己為「代理總督」。不久香港為軍事政府接手，此時，詹遜又沒事幹，八個月後，出任新加坡總督。

一九四六年二月七日海峽殖民地廢除法案通過後，新加坡成為英國直轄殖民地，由新加坡市政委員會授予新憲法《一九四六年新加坡樞密令》（Order in Council），並於兩年後的一九四八年三月一日生效，同年三月二十日立法議會（Legislative Council of Singapore）舉行首次立法選舉。過渡期間，保留軍政府時期由官方與非官方組成的新加坡諮詢委員會。

《新加坡立法委員會選舉法規》（The Legislative Council Election Ordinance）於一九四七年七月十八日推出。新加坡唯一的政黨馬來亞民主同盟認為，新憲法和立法局缺乏真正民主，與該黨原則牴觸，絕不參選。

受英文教育菁英及生活在新加坡的英國人，在選舉法出爐一個半月後成立進步黨（The Singapore Progressive Party, 1947-1956），宣布參加選舉。

進步黨由幾名律師組成，黨秘書陳才清（Tan Chye Cheng, 1911-1991）為新加坡諮詢委員會成員之一；黨主席黎覺與會長馬拉（Nazir Ahmad Mallal）都是一九二〇年代的官委議員。該黨最初的成員多來自海峽英屬華人公會（Straits Chinese British Association）和新加坡協會（Singapore Association）；日後出任新加坡第二任首席部長的工會領袖林有福（一九一四－一九八四）也是黨員。

進步黨主張新加坡與馬來亞合併之前，先實現自治；他們最先起草建立中央公積金法律，為退休工人提供財務保障，並於一九五四年得到政府批准。進步黨因親英國，獲殖民地政府認同。

25\. 新加坡首次立法議會選舉於一九四八年三月二十日舉行。立法局共二十二個議席，只開放六席供競選，不到三分之一，殖民地政府穩控立法局。

選民限英國僑民。當時新加坡人口約九十四萬，註冊選民兩萬兩千三百三十四人，占總人口的百分之二點四。但只有一萬四千一百二十六人投票，投票率為百分之六十三點二，只占總人口的百分之一點五；廢票一千三百二十一張。投票選民中，百分之四十五為英籍印度人，百分之二十五為英籍華人。雖然如此，這仍是新加坡民主選舉之始。

馬來亞民主同盟不參選，進步黨成了唯一參選的政黨。只有十五人參加選舉，進步黨六人，無黨籍九人；十五人中，八人為印度人。從候選人與選民，可見印度人參選之積極。

開票結果，進步黨和無黨籍各三人當選，六人都是律師。進步黨三當選人是陳才清、黎覺與馬拉。無黨籍三當選人是：

- 斯里希·詹德拉·柯荷（Srish Chandra Goho, 1891-1948），加爾各答出生，當選四個月後在加爾各答去世。
- 薩登·朱比爾（Sardon Zubir, 1917-1985），柔佛出生，過後回馬來西亞，出任馬來西亞的交通、衛生、通訊部長等。
- 莫哈默·加化·納馬齊（Mohamed Javad Namazie），波斯人，馬來社群領袖。

這樣的選舉沒看頭，華文報章並不積極地報導。《南洋商報》於選舉第二天（三月二十一日）只有一則概括性的報導，對華文報讀者來說事不關己，所以《南洋商報》的標題強調的是，「淒風苦雨警衛森嚴下，進行初度普選；選民二萬餘投票者略超半數，吾僑中選者為陳才清」。

一群受英文教育的工會領袖在選後半年（九月一日）組成新加坡勞工黨（Singapore Labour Party, 1948-1960），準備參與下一屆競選；成員主要是受英文教育的印度工會領袖，包括蒂凡那（Devan Nair, 1923-2005）。林有福也跳槽到新加坡勞工黨，另一黨員是日後人們熟悉，來自英國的教師湯姆斯（Francis Thomas, 1912-1977）。蒂凡那與湯姆斯都是聖安德列學校（St Andrew's School）的教師。關注新加坡自主的受英文教育新加坡人，都開始書寫他們和新加坡的新篇章。

26.

同一時間，同一片土地上，受華文教育與受英文教育的華人各自平行發展。

一九四六年六月二十六日，中國內戰全面爆發。在新加坡，受華文教育的左翼分子與國民黨人因此開始交戰。一九四六年四月十五日，受華文教育的左翼知識分子成立中國民主同盟馬來亞支部（一九四六－一九四九），由胡愈之出任主任委員，成員包括薛永黍、汪金丁、洪絲絲、胡偉夫、張楚琨、葉帆風等，他們要對抗的是國民黨人。胡愈之於一九三三年九月秘密加入中國共產黨，一九四〇年底被派來新加坡。

中國民主同盟與馬來亞民主同盟都強調「民主同盟」，但完全沒有關係；與較草根的馬共雖同屬左翼，但各自為政。共產國際雖於一九四三年解散，此刻的馬共尚未聯繫上毛澤東領導的中共。一九四六年十一月，中國民主同盟在陳嘉庚的支持下出版《南僑日報》，編輯與記者就有隸屬馬共的余柱業與方壯璧（一九二四－二〇〇四）。

中國內戰爆發不久，馬共總書記陳平於一九四六年七月中旬前往香港，在香港與中共取得聯繫，第二年開始把中央委員送到中國治病，這些中委後來都成了駐北京代表。

（九）馬共武裝抗爭及其自毀（一九四八－一九五〇）

27.

一九四八年二月一日，馬來亞聯合邦成立，一九四八年三月二十日新加坡首次立法議會選舉都不是偶然。另一非偶然來自對手陣營，一九四八年三月十七至二十一日，馬共在新加坡奎因街——Queen Street，女王街——二一八號的辦事處，召開第九次會議四中全會，會議達成馬共今後路線：

> 爭取民族獨立，武裝鬥爭將是不可避免的過程，將是最主要的鬥爭形式。

馬共改變策略有五個因素：

一、陳平接手總書記後，與中共取得聯繫，不斷地派中委到中國學習；

二、一九四八年中共於內戰中取得優勢，激勵馬共；

三、馬來亞聯合邦成立，馬共不得不重新評估前景；

四、中委會開會期間，澳洲共產黨總秘書勞倫斯・夏基（Laurence Sharkey, 1898-1967）到訪，武裝抗爭受到鼓勵；

五、印度共產黨在印度海德巴拉省（Hyderabad）起義鼓舞馬共。

陳平回憶錄坦承：「當時，我們還缺乏經驗……我們承認，我們對運動還很陌生……我們向澳洲、印度、荷屬東印度群島、印度支那和中國『取經』。」

無論如何，日後證實馬共的武裝抗爭是個錯誤，英國人以緊急法令反制，致使馬共崩潰，一蹶不振，從此處於挨打的處境。陳平也從一九四八至一九五九年，在森林裡生活十一年，開始其從霹靂金寶（Kampar）到泰南勿洞（Betong）的「長征」。

28.

一九四八年六月十六日，馬來亞霹靂州三名歐洲種植園丘經理被殺，這是馬共武裝抗爭最初的勝利。

四天後（六月二十日）殖民地政府宣布馬來亞進入緊急狀態（The Malayan Emergency, 1948-1960），新加坡於六月二十三日跟進，所有左翼政黨在一夜間成為非法組織，陳平成了通緝犯，懸賞通緝獎金二十五萬元；具有三十六年歷史的國民黨支部，也列為非法團體。

緊急法令頒布同一天，馬來亞民主同盟因為「政府享有特殊權力，無法自由表達政治意見」，於六月二十三日宣布解散。

從一九四一年十二月八日殖民地政府與馬共達成協議，共同抵禦日軍，至一九四八年六月二十日，殖民地政府宣布馬共為非法組織，馬共在漫長的五十九年裡，只有六年半屬於合法組織，包括二戰時。

這是個不祥的開端，雙方極端政策繼續延伸，以及後來不同執政者的延續，最終對社會、族群，甚至文化與語文／言造成衝擊及偏見。這也是六十七年後，反對黨領袖劉程強於二〇一五年三月二十六日國會特別會議上說的，「不少新加坡人在建國和制定政策的權衡過程中被犧牲，我們的社會也付出了代價」。

緊急法令即緊急狀態條例（Emergency Regulations Ordinance），允許政府在不經審訊，逮捕可能對內部安全構成威脅的可疑分子，拘留期不超過一年。然則，緊急法令不因換人上臺而取消，它是掌權者的政治良藥與在野者的夢魘。

一九五五年勞工陣線上臺，於當年十月十二日，通過「維護公共安全法令」（Preservation of Public Security Ordinance, PPSO），以取代緊急法令。法令辯論時正值福利巴士工潮，原本需要每三個月宣布一次的，連續七年如此，一九五五年將有效期改成三年；拘留期則從三十天改成十四天。

一九六三年新馬合併，新加坡採用馬來亞於一九六〇年制訂的「內部安全法令」（Internal Security Act, ISA），拘留期改十四天為二十八天。可延長拘留期改成每次不超過十二個月，隔年（一九六四）改成兩年。

新加坡一九六五年獨立後，沿用「內部安全法令」至今。

從一九五九年人民行動黨開始執政至一九九〇年，三十年來共兩千四百六十人被拘捕，一千零四十五人遭拘禁。緊急法令實施後換了四個政府，三個名字，仍保持一九四八年的精神。英國人一定會笑說：See, it's a necessary evil（看吧！這是必要之邪惡）。

29. 中國《人民日報》也在七月二日報導新加坡進入緊急狀態的消息：

（一九四八年六月）二十三日，所謂「緊急措施」更擴及於新加坡市，該地之新民主青年同盟總部及新加坡職工會亦被搜查，全市並有六人被捕。

當時還是《南僑日報》編輯的余柱業指出，胡愈之不贊成馬共武裝抗爭，認為馬來亞的條件不成熟，欲速則不達，因此不支持馬共。

馬共在新加坡除了設在奎因街的公開「星洲辦事處」，同時存在地下的「星洲市委會」。馬共在新加坡的成員，從原有的三、四百人，在列為非法組織後，轉入地下，減至四、五十人。僅存的馬共星洲市委會不得不改組，市委會從六人減至五人；原來的指導委員會，改為四個區委會——西區、北區、大坡和小坡，以分散目標。雖然如此，仍難以生存，星洲市委會最後於一九五七年解散。

一九四八年九月，星洲市委成立「星洲人民抗英同盟會」，尋求學生和工人加入組織，以應對緊急法令帶來的衝擊。一九一九年創校的華僑中學，成立第一個星洲人民抗英同盟會小組，成員包括易潤堂、陳新嶸等，左翼明星林清祥兩年後（一九五一）加入。英語組抗英同盟小組第二年（一九五〇）成立，成員包括余柱業、沙瑪（P. V. Sharma）、蒂凡那、詹姆斯・普都遮里（James Puthucheary, 1922-2000）等。

馬共中央隨陳平回馬來西，也從此遷到馬來西。在緊急法令下被追殺的馬共，於同年十二月通過〈馬來亞革命戰爭的戰略問題〉：

建立馬來亞人民共和國

學習毛澤東同志對革命戰爭的戰略

第二年（一九四九）二月一日，馬共改馬來亞人民抗日軍為馬來亞民族解放軍。馬來亞不是中國，英國不是國民黨，馬共也不是中共。六年前（一九四二）英國人被日本人打敗，主要以歐洲戰場為重，如今「西線無戰事」，英帝國雖開始沒落，但應付馬共綽綽有餘。親英國的馬來亞華人公會（馬華）也成立於一九四九年二月二十七日，以「馬華」對抗「馬共」。馬華當中，不少是國民黨成員。

一九四九年十二月十八日《人民日報》第四版以「馬來亞共產黨新加坡市委，號召團結鬥爭結束英帝統治」為題，九百字的新聞有「幽默」的開端：

（新華社北京十七日電）新加坡遲到消息：馬來亞共產黨新加坡市委會於十一月七日蘇聯十月革命三十二週年紀念日，發表告全新加坡同胞書，號召馬來亞人民團結一致，展開鬥爭，結束英帝國主義的統治。

這一年，國民黨政府戰敗遷至臺灣，中共成立中華人民共和國，馬共更受鼓舞，積極推動武裝抗爭。除了國民黨人之外，海外許多華人都倍感歡欣，特別是一九四九年十月一日，毛澤東在天安門城樓上宣告：「中國人民站起來了。」海外華人則以：「中國人站起來了！」為新中國高興，也為自己打氣。是的，中國也邁進新篇章。

30.

中華人民共和國成立三個月後，一九五〇年一月六日，英國與中華民國斷交，承認中華人民共和國，成為第一個承認中華人民共和國的歐洲國家。可是，英國也聲稱，與美國一起「反對共產主義的長期目標」不會改變，並繼續與中華民國政府「保持實際聯繫」。英國人再發揮其務實的政策及明晰兼模糊的外交手腕。

英國駐東南亞最高專員（High Commissioner, 1948-1955）麥唐納（Malcolm MacDonald, 1901-1981），在同一天晚上向新加坡人廣播時強調：「英國承認共產中國，並不意味著馬來亞政府對共產主義恐怖分子採取更寬容的態度。」

面對本區域共產勢力崛起，新加坡與中國的關係越走越遠。一九五一年七月，英國向美國看齊，禁止馬來亞的橡膠與錫出口到中國。一九五六年，馬來亞禁中國五十三家出版社與香港三家出版社的書籍入口；兩年後（一九五八），再禁中國四十三家書局與香港十家書局的書籍入口。

31. 馬共採取武裝抗爭後，新加坡市委改組，阿今（阿金）出任市委書記，阿夏（陳夏、阿蘭）為市委副書記，負責統戰。市委委員為：何聖（郭仁惠）、顏峰（負責學委）。學委委員有：陳克（陳淑雅）、吳平（黃茂宗）、阿彬（黃明強、張堅）、裕香（黃石、阿民）。阿今也要鐵鋒（黃福光）原本的工人保護隊改為「城市武工隊」，以進行暗殺行動。

一九五〇年四月二十八日晚近十二時，總督詹遜於「快樂世界」遊樂場為一場業餘拳擊賽擔任頒獎嘉賓，步出遊樂場的室內體育館時，突然一顆三六式手榴彈飛向他，打中他的腿部，滾出數尺外的門外，接著爆炸；由於手榴彈陳舊，只裂成數片。總督只是小腿微受削傷。

恐怖分子襲擊總督之前，已發生六起拋擲手榴彈案件。殖民地政府加緊掃蕩馬共分子，四月三十日在芽籠三三巷一亞答屋逮捕八男一女，包括阿今、陳夏、何聖，投擲手榴彈的嫌凶也被捕，同時搜出大量文件。阿今、何聖後來投誠；陳夏坐牢，一九五六年被驅逐出境到中國。

陳平在回憶錄中記述當時新加坡的情況：「從一九四八年至一九五三年，殖民地政府共逮捕一千兩百名馬共分子，重要的領導人都逃離新加坡，使馬共重創……由於鎮壓行動不斷升級，我立即指示身分已經公開暴露的黨員，撤退到就近的任何一個安全地點。」余柱業便於一九五三年轉到印尼。馬共星洲市委幾經破壞，已沒有領導人。只剩下學委負責人黃明強與馬共星洲市委機關報《自由報》編輯方壯璧，雙方取得聯繫後，開始領導新加坡的馬共。

32. 馬共新加坡市委的資料極少，只知道兩人。

根據馬來西亞二十一世紀網站的一篇文章〈馬共優秀幹部——陳夏同志逝世〉，陳夏原名陳錦香（又名陳瑞香、陳楚鳴、梁亞蘭，一九一七－二〇一三），生於福建集美，與新加坡華人領袖陳嘉庚同鄉；一九三六年集美師範學校畢業後，赴上海升學並加入共產黨，一九三七年到馬來亞後加入馬共，是陳平的重要幹部。戰後調任新加坡市委副書記，一九五六年回中國繼續為馬共從事海外工作。一九七六年定居澳門，為共產黨在澳門的領導人，一九九八年返回集美。

新加坡市委裡，負責「城市武工隊」的黃福光（一九二五－二〇〇六）的人生較其他人「精采」。

根據陳順明與吳玉美的研究〈鐵鋒：共產主義殺手的故事〉，黃福光是馬共「E」支部司令，幹過許多殺戮事件，一九五二年六月十一日被捕，但沒證據證實他殺人；被判五年徒刑，是因為他擁有宣揚共產主義的文學作品。黃福光希望與母親一起回中國，因此刑期改為兩年。黃福光等不及兩年，於一九五三年三月四日越獄，英殖民地政府懸賞兩千美元逮捕他。他在逃亡期間與大他十一歲的同志林惠英（一九一四－二〇〇三）結婚，三十九歲的林惠英不久也被捕，並在獄中生下女兒林小燕；黃福光則在一年四個月後（一九五四年七月九日）再度被捕。林惠英於一九五五年出獄，被驅逐回中國，黃福光則於一九五六年六月二十日出獄，被驅逐回中國。

二〇〇四年一月二十日中國《海南日報》報導，一名八旬老人欲尋找當年的「紅色戀人」。這名「八旬老人」正是黃福光，他被驅逐回福建福清，最後在一家供電公司任職至離休。七十九歲的黃福光要找五十年前離散的太太林惠英及女兒林小燕，但他只知道林惠英是海南人，回中國後改名林飛燕。黃福光則在回中國後再婚，育有一對兒女，但於一九八〇年離婚。《海南日報》幫黃福光找到林惠英時，她已於一年前（二〇〇三年一月十四日）逝世，終年八十九歲；林小燕則下落不明。《海南日報》也揭示林飛燕的身分，十九歲的林飛燕於一九三三年與瓊劇小生邢德新結婚，育有三子。抗戰期間，林飛燕與三個兒子隨丈夫到東南亞表演。一九四〇年邢德新在泰國病逝，二十六歲的林飛燕帶著三個兒子在新加坡靠洗衣及朋友接濟過日子。林飛燕後來加入馬共，第二與第三兒子被家婆接回海南，大兒子則留在新加坡工作。一九五五年，四十一歲的林飛燕回家鄉後創辦幼稚園，一直擔任園長至一九八〇年代。文革時期，全家挨批鬥。失望的黃福光於二〇〇六年在福清去世，結束在動盪的大時代裡，殺手與革命紅顏的兒女私情。

33. 中華人民共和國成立九個月後，一九五〇年七月韓戰爆發。陳平在回憶錄中披露：

北京開始構想應急方案，以防萬一戰事從朝鮮半島蔓延到中國境內。應對這個不測局面的其中一個反擊戰略，就是中國人民解放軍強行推進東南亞，進而使整個亞洲大陸陷於相當於第三次世界大戰的局面。

還好，在這場冷戰的第一回大戰中，大家都沒有輸。瘋狂的政治人物幾乎要毀掉整個東南亞。但是，東南亞仍在冷戰最前線，中南半島各國無法避開一場戰爭。

五、初登場

（十）五十組織法律顧問及其效益（一九五〇－一九五一）

34.

一九五〇年八月李光耀回國時，新加坡外部正值韓戰爆發，內部殖民地政府正征剿馬共。這一年年底，馬共新加坡支部瓦解，《南僑日報》也於九月二十日被查封。

李光耀受土生華人律師王長輝（Ong Tiang Wee, 1864-1950）之邀，加入他與黎覺合開的黎覺及王律師館（Laycock & Ong），成為見習律師。王長輝的父親王文達與祖父王三龍皆為著名殷商，文達街便以王文達命名。李光耀兩個月後與柯玉芝舉行婚禮，黎覺知悉後，也聘用柯玉芝。

回國後，李光耀「決定做點事」，根據《吳慶瑞傳略》透露，李光耀回國後不久加入進步黨；他也與同為劍橋畢業的律師約翰·伊峇、林建才接觸，互相了解狀況，批評政治現狀。

幾個月後（一九五一年一月五日），殖民地政府以涉嫌散播共產主義為由，警察總監福爾傑指示突擊馬來亞大學，逮捕七名學生和一名老師。三天後（一月八日）再逮捕二十六人，包括前馬來亞民主同盟成員、公務員、律師、國會議員等；與李光耀見過面的約翰·伊峇也在內，其他還有沙瑪、蒂凡那、詹姆斯·普都遮里，馬來文日報《馬來前鋒報》編輯主任沙末·伊斯邁（Abdul Samad Ismail, 1924-2008）等。

一九五一年年底，十八歲的林清祥因為抵制會考，第一次被捕，扣押一個星期，過後被學校開除。

35. 李光耀回來八個月後（一九五一年四月），新加坡立法議會舉辦第二屆選舉，增至二十五個議席，即增加九個選舉議席。

黎覺再度參選，由李光耀當競選代理人。這是李光耀在本地的第一堂政治實習課。在老闆操作下，李光耀「僱用一批助手在選區內張貼競選標語」，安排「馬來職業舞女跟男人配搭，跳爪哇舞」，「確保馬來甘榜的村長得到適當的報酬」。

四月十日投票，註冊選民比上屆多一倍，四萬八千一百五十五人，但只兩萬五千零六十五人投票，投票率為百分之五十二；人數多一倍，投票率則少於百分之十。

進步黨成了大贏家，九席中贏得六席，陳才清、黎覺與馬拉再度當選，其他三人為張泉美（Thio Chan Bee, 1904-1978）、帕拉格（C. J. Paglar, 1894-1954）與吉拉星哈（H. J. C. Kulasingha, 1900-1982）。新加坡勞工黨兩席為該黨主席林有福和拉吉（C. R. Dasaratha Raj）。無黨籍一席由梅農夫人（Mrs. Vilasini Menon）贏得，她是新加坡第一位女性立法議員；她也是一名律師，由於和丈夫在印度被控失信，第二年九月辭去議員。再過一年，她被判無罪，但未重返政壇。

這一次當選的立法議員，有四人是英籍印度人。三名英籍華人中，除了陳才清與林有福，另一人是張泉美，生於印尼棉蘭，為英華學校（Anglo-Chinese School）副校長。九名當選議員中，有五名律師，醫生、校長、商人、工運領袖各一名。

年輕的李光耀與柯玉芝不久後結束見習生涯，取得律師資格。

36.

李光耀於一九五二年正式「出道」。

新加坡的郵差要求改善待遇，找上市議員A. P.拉惹律師（A. P. Rajah, 1911-1999）。A. P.拉惹沒時間，推薦他們到黎覺及王律師館，律師館安排李光耀負責。對「新加坡的政治灰心喪氣，甚而義憤填膺」的李光耀而言，這是「做點事，改變這種可悲的局面」的時機。

二十九歲的李光耀代表擁有五百名會員的郵電制服職工聯合會（The Postal and Telecommunications Uniformed Staff Union）跟政府談判，最後攤牌，並於五月十三日罷工。在新加坡和馬來西亞，五月十三日不是個好日子，一些不幸的事件都在這一天發生。

罷工前，三十四歲的吳慶瑞從英國回來，介紹李光耀認識《新加坡虎報》（*Singapore Standard*, 1950-1959）副總編輯、三十七歲的拉惹勒南。兩人日後都成為李光耀內閣的核心成員超過二十年。

反殖民主義的拉惹勒南報導與評論，為這場罷工助力，當然還有罷工引起的效應；兩個星期後，政府答應工會的要求。這是自一九四八年緊急法令實施以來的第一場罷工。

罷工勝利抬高李光耀的聲望，過後找李光耀當法律顧問的工會和會館不下五十個，包括小販、三輪車夫、挑糞工人等團體。李光耀坦言：「當時所有毫無希望或近乎絕望的案件，最後都找上我。」而且，幾乎都是免費的。他實說：「即使收費，錢是給公司的。我為什麼要收費？黎覺並不知道。如果他知道，必然會制止。」當然，李光耀清楚地知道，「我們可以在工會中建立群眾基礎，並因而進一步獲得政治力量。」

37.

郵差工潮四個月後（一九五二年九月），來找李光耀的，是已被查封的《馬來前鋒報》（*Utusan Melayu*）總編輯兼董事經理尤索夫·依薩（Yusof Ishak, 1910-1970）。四十二歲的尤索夫請李光耀當《馬來前鋒報》編輯主任沙末·伊斯邁的辯護律師，沙末一年多前被拘留。

李光耀認為，沙末涉及的不是法律問題，而是政治判斷。最好的辦法是，「勸說政府相信，這個政治拘留人士多半是民族主義者，雖然暫時可能跟共產黨人在一起，最終即使不成為共產黨的敵人，也會成為共產黨的競爭對手。」李光耀為沙末辯護，開庭開不到二十分鐘便結束。半年後（一九五三年四月）沙末和當時被拘留的人都被釋放。

這期間，李光耀與從英國歸來的吳慶瑞、杜進才、拉惹勒南、貝恩正討論組織政黨，也邀沙末參加，「因為他可以讓我們跟說馬來語的世界溝通」；沙末過後再引介蒂凡那。

這是李光耀「政治力量」收穫豐富的一次。尤索夫在新加坡獨立後（一九六五）受邀出任新加坡首任總統（一九六五－一九七〇）；蒂凡那則是第三任總統（一九八一－一九八五）。

38.

在講華語與方言的華人圈裡，人們憂心的是公民權的問題。

一九五一年二月二日，中華總商會向總督詹遜要求，授予華僑新加坡公民權。殖民地政府與英籍華人都反對，認為新加坡是英國殖民地，要獲得公民權得入英國籍。華僑不願放棄中國國籍，要求無國籍的新加坡公民權，將導致新加坡華僑擁有雙重國籍。

華僑國籍的問題有源可溯。根據清朝宣統元年（一九〇九）頒布的《大清國籍條例》：

> 只要父母其中一人是中國人，不論是否生於中國，都屬中國國籍。

一九一二年中華民國成立後，沿用清朝的《大清國籍條例》，因此，所有海外華人都屬中華民國國籍。一九四九年中華人民共和國成立後，也沿用這條例。

外國華人公民權的問題，要等到四年後（一九五五），中國總理周恩來與印尼外長蘇納里約（Soenario, 1902-1997）在萬隆簽署兩國雙重國籍條約，才解除英殖民地政府對華僑雙重國籍的顧慮，也解除新加坡華人的雙重國籍的弊端。

（十一）馬來亞最高專員及其合併倡議（一九五二）

39.

一九五一年十月六日，英國派駐馬來亞最高專員（一九四八－一九五一）亨利・葛尼（Henry Gurney, 1898-1951）在彭亨被馬共游擊隊殺害。

亨利・葛尼被殺二十天後（十月二十五日），英國舉行大選，保守黨擊敗工黨重新執政，邱吉爾再度出任首相。三個月後（一九五二年一月）邱吉爾任命傑拉德・鄧普勒（Gerald Templer, 1898-1979）為最高專員（一九五二－一九五四），處理馬來亞事務。邱吉爾曾說，如果馬來亞落入馬共手中，整個遠東會相繼淪陷。所以，為了結束馬共，邱吉爾賦予鄧普勒極大的權力，以全力對付馬共。

五十四歲的鄧普勒曾參與兩次世界大戰，並出任英國陸軍部和帝國總參謀部軍事情報處處長、副總參謀長；因鎮壓馬共，鄧普勒登上美國《時代》雜誌一九五二年十二月十五日的封面。出於防務和內部安全，鄧普勒提出要求馬來亞和新加坡合併。馬來亞和新加坡才分開六年，新上任的最高專員又要求兩地合併。新馬本就不分你我，在英國人操作下，從第二次大戰開打後，便為著各種思維「分久必合，合久必分」。但是，六年一點都不久。

已知的歷史是：

- 一九四二年：英國殖民部建議將馬來半島、海峽殖民地，以及北婆羅洲合為一體。
- 一九四四年：英國殖民部建議，分割新加坡，馬來亞十一邦組成馬來亞聯邦。
- 一九四六年：馬來亞聯邦成立。

一九四六年歷史的細節還有：根據安東尼．史托韋爾主編的《英帝國終結文件．馬來亞卷》，馬來亞聯邦成立一個月後，英國前殖民地大臣麥唐納出任馬來亞、新加坡及婆羅洲總督。麥唐納傾向於馬來亞、新加坡及婆羅洲三地合併，並召開地方政府會議，鼓勵當地政府考慮合併。這是麥唐納的「宏偉設計」（Grand Design）。

一切似乎又傾向一九四二年英國殖民部建議。

- 一九四八年：馬來亞聯邦廢除，以馬來亞聯合邦取代，東姑出任首相。

一九四八年的歷史細節是：麥唐納轉任英國駐東南亞最高專員（一九四八—一九五五），「宏偉設計」於是暫告一段落。

● 如今——一九五二年：新上任的最高專員鄧普勒又要求馬來亞和新加坡合併。幾乎每兩年——一九四八至一九五二年例外，英國的最高專員——不論是駐哪裡的，都會提出一些建議，不外是「分久（兩年）必合」或「合久（兩年）必分」。這不禁讓閱史者猜疑，他們是為建議而建議，以便在做個人評估時，拿得出「政績」，顯示有「做工」。英國政府肯定知道這是為官之道，除了看表演，似乎也不起勁，於隔年（一九五三）成立聯合協調委員會，討論合併的可能性。

問題是，一九五四年鄧普勒便滿約，出任英國總參謀長去了，合併之事便再次不了了之。這樣的表演太露痕跡了。

留下的「爛攤子」聯合協調委員會，由新加坡總督詹遜和馬來亞最高專員——提出「宏偉設計」的英國駐東南亞最高專員——麥唐納收拾，雙方的「討論」僅限於書信間的往來。然後，然後第三次不了了之。以往的表演僅限於英國官員，這一次多了東姑。東姑肯定反對，原因只有一個，東姑往後不斷強調的，新加坡是個「小中國」。當然，表面的理由是需要的：新加坡是英國基地，與馬來亞合併有困難。

已知的歷史也告訴我們，新加坡要十年後——一九六三年才合併。這期間，偶爾有個別政黨提出類似議題，都得不到各方的積極回應；新加坡繼續順著其議程往前走，反殖民統治、民族自主自然也成了各政黨在這時期不可或缺的口號。

真正有回應要等到一九五五年，新加坡開始爭取自治。

（十二）找上李律師的左翼學生及其訴求（一九五四）

40.

新加坡戰後第二任總督（一九五二－一九五四）尼誥（John Fearns Nicoll, 1899-1981），於一九五三年委任英國駐比利時前大使林德（George William Rendel, 1889-1979）領導一個委員會，進一步修改憲法，以於兩年後（一九五五）制定《新加坡憲法》。

委員會委任伯明罕大學法學院院長歐文．菲利斯教授（Owen Hood Phillips, 1907-1986）為顧問，委員共九人，除了林德之外，有三名英籍公務員，還有五名非官方新加坡立法委員：

- 陳振傳：銀行家，立法局副主席。
- 馬拉：律師，進步黨成員。
- 林有福：工會領袖，勞工黨成員。
- 陳才清：律師，進步黨成員。
- 阿末．莫哈默．依布拉欣（Ahmad Mohamed Ibrahim, 1916-1999），律師。

《林德報告書》第二年提呈，對議會方面的建議有：

- 一九五五年正式成立立法議會，取代原有的立法局。
- 在新加坡出生的英籍公民自動成為合格選民。
- 通過議會選舉，成立在英國管制下的自治政府，內政與外交由英國管理。
- 議會總議席三十二席，二十五席民選，四非官方議席由總督委任，三席分別由布政司

（Chief Secretary，政務部長，地位僅次於總督）、律政司（Attorney General）和財政司（Financial Secretary）所有，一席由總督提名的非官方議長。

- 總督之下設首席部長（Chief Minister），由立法議會多數黨領袖出任，與總督分掌權力。

報告書也提供社會與民生方面的警戒：

- 新加坡無法自供自足食物與食用水，須由馬來亞聯邦提供。
- 新加坡有再被共產化的危機。

41. 一九五四年二月通過林德憲制（The Rendel Constitution），意味著下屆大選——一九五五年四月將是首次自治政府選舉。

新加坡勞工黨因政見相異分裂，一九五三年十二月，林有福、湯姆斯籌備成立勞工陣線，他們找了著名律師大衛．馬歇爾（David Marshall, 1908-1995）加入。三人知道李光耀等人也在籌組政黨，雙方於一九五四年一月二十一日首次接觸。這是一次不愉快的會面，馬歇爾在日記裡形容，自尋無趣，讓對方覺得自己膚淺。《李光耀回憶錄》則表明，「那是我們做政治探索過程的部分」，「我們發現很難認真對待馬歇爾，他浮誇多變」。

無論如何，這是一場歷史性的會面，日後的發展顯示，新加坡後來的首任首席部長、次任首席部長、總理都出現在這一場會議上。

林有福、湯姆斯與馬歇爾不再自找苦頭，一九五四年八月二十一日成立勞工陣線（Labour

Front, 1954-1960）。

42\.

李光耀與夥伴們希望一九五五年之前組成政黨，投入一九五五年的選舉。這時候，又有生意找上門——兩批不同的學生，從此改變李光耀，或新加坡。

先找上李光耀的，是受英文教育的馬來亞大學社會主義俱樂部學生。李光耀是俱樂部的法律顧問。俱樂部出版的《華惹》（*Fajar*，馬來文「黎明」之意）雜誌，於五月十日刊登一篇題為〈對亞洲的侵略〉的文章，八名學生被控煽動：

- 詹姆斯・普都遮里，三十一歲
- 傅樹介，二十二歲
- 柯武山，二十四歲
- 拉惹・古瑪（M. K. Rajakumar），二十二歲
- 林冠傑，二十一歲
- 阿拉蘇迪（P. Arudsothy），十九歲
- 瓦奇（Thomas Varkey），二十一歲
- 唐愛文（Edwin Thumboo），二十一歲

他們先找馬歇爾，馬歇爾「不替共產黨辯護」，年輕人轉而找俱樂部法律顧問李光耀。

李光耀認為，學生面對的問題與沙末・伊斯邁的案件相似，不是法律問題，而是政治問

題。他建議學生們請英國女王律師布里特（Denis Pritt, 1887-1972）來新加坡訴訟。女王律師（Queen's Counsel）是英國與一些英聯邦國家中，資深訟務律師的資格頭銜。

布里特在新加坡法庭上指出，學生們的罪名——誹謗女王，或誹謗政府，或煽動新加坡人民，或引起惡意——一項控狀中包含許多不同的替代性罪名，肯定不適當，要求撤銷控狀。法庭最後裁定，八名學生全無罪釋放。

李光耀與夥伴籌組政黨，急需社會菁英加入。《華惹》官司後，馬來亞大學的這八名學生，李光耀全要了。雜誌委員之一、陳嘉庚的外孫傅樹介（一九三〇－）在回憶錄《生活在欺瞞的年代》中說：「李光耀幾乎每兩週一次，請我到他家喝啤酒，討論成立政黨。」傅樹介表明，他是人民行動黨創黨黨員。

43.

一九五二年有五一三事件，一九五四年也有五一三事件。

一九五四年五月十三日，五百名華文中學學生抗議政府實施國民服役，與警方發生衝突，造成二十六人受傷，四十八名學生被捕。七名學生——包括兩名女生，被判妨礙警方執行任務，坐牢三個月。

學生們知道李光耀為《華惹》打贏官司，被控學生全無罪釋放，決定找李光耀為同學辯護。五名學生到李光耀家裡去，包括孫羅文（一九三四－二〇一〇）、史立華，還有三個綁辮子的女學生，他們都穿校服；其中一個女生來自印尼，會說英語和馬來語，開一輛漂亮的粉紅色雪佛蘭

（Chevrolet），李光耀印象深刻。他們希望通過李光耀，請布里特在十月學潮案再審時，代表七名同學上訴。

針對此次事件，《南洋商報》於九月二十日引述李光耀的談話：「當局至今仍無絲毫證據，證明華校內有共產活動的跡象；當局把學生反對政府拒絕批准他們緩期服役，指為共產黨在搞破壞，藉此對華校實施更嚴厲的控制。」

李光耀在回憶錄裡指出：「當時我無知、愚蠢，容易上當，不知道共產黨人做事效率那麼高，也不知道他們的觸角已伸到所有反政府組織，並對它加以控制。」

由馬來西亞二十一世紀出版社編輯部選編的《二十世紀五六十年代新加坡地下文件選編》（簡稱《新加坡地下文件選編》）收入多篇新加坡馬共的文件，以及馬共成員與左翼分子的文章，包括馬共星洲工委會書記黃明強（一九三〇－）於二〇二〇年的口述文章〈一九五〇－一九八〇年張堅親身經歷的馬共星洲地下組織活動簡述〉（簡稱〈黃明強口述文章〉）。張堅為黃明強化名，黃明強於一九五〇年加入馬共，任星洲學委成員，一九五四年領導學委，一九五七年領導星洲工委會。

黃明強口述文章坦承：「學委工作組在『五．一三』學運事件中，以黨和抗英同盟的名義，做了大量的工作，掌握主動權，培養學運骨幹，對整個運動起推動作用。」

六十七歲的女王律師答應為學生上訴。在布里特的歡迎會上，學生們宣布成立全星華校中學生聯合會（中學聯），委任李光耀為法律顧問之一。中學聯在註冊時遭拒絕，直到第二年（一九五五）十月才獲准。

七名學生被控暴動的案件，上訴法官維持原判，案子送到英國樞密院（Her Majesty's Most Honourable Privy Council，英國君主諮詢機構）再上訴。一九五五年二月樞密院審理並駁回上訴。

從一九五二至一九五四年，李光耀在三年裡歷經工人罷工、釋放政治犯、學生暴亂案件的處理，幾乎是當時政治課不可少的課業，而且不斷擴大他的政治領域，後二者更是親共或左翼分子，最後還把觸角伸向陌生的講華語領域。

44.

當英國人修改新加坡憲法，為新加坡的自治鋪路；新加坡各有政治抱負的年輕人在籌組政黨時，在中南半島，法軍與胡志明領導的越南民主共和國的戰事有新發展。

一九五四年，越南民主共和國在中國支持下，於越南西北的奠邊府大敗法軍，並於日內瓦議和會議簽訂法軍撤出越南，北方由越南民主共和國統治，南方由越南國治理。

美國不能讓東南亞赤化。第二年，在美國支持下，越南國首相吳廷琰（一九〇一—一九六三）罷黜越南最後一個王朝阮朝君主保大帝（一九一三—一九九七），改國號越南共和國（南越），從此與越南民主共和國（北越）對峙。

北越的勝利鼓舞東南亞的共產勢力，特別是法國在中南半島的另兩個殖民地柬埔寨和寮國。各帝國也亮起警訊，一九五四年四月七日，美國總統艾森豪在記者會上說：

在東南亞，如果有一個國家落入共產黨手中，這個地區的其他國家就會像骨牌一樣，一個接一個地倒下去。

這便是所謂的骨牌效應理論（Domino Effect Theory）。

英國在東南亞有五個殖民地：新加坡、馬來亞、汶萊、沙巴、砂拉越和緬甸，特別是在中南半島的緬甸，最為危險。英國人不會坐以待斃，剿滅不了共產勢力，英國人也不必在東南亞混。

英國人在暗中布置。

第三章　第一隻信天翁

六、夢幻組合

（十三）偷魚者及其完整拼圖（一九五四）

45.

信天翁（Albatross）是世界上最大的海鳥，大概很早就與人類接觸，所以留下許多以牠為象徵的比喻、詩歌與諺語。

法國詩人波特萊爾（Charles Baudelaire, 1821-1867）便以信天翁象徵詩人，詩云：「雲霄裡的王者，詩人與你相似。」

英國浪漫主義詩人柯立芝（Samuel Taylor Coleridge, 1772-1834）的敘事長詩〈古舟子詠〉（The Rime of the Ancient Mariner, 1798）則敘述，一艘航船在暴風中遇上冰山，這時信天翁出現；水手們視信天翁為葬身大海的同伴亡靈，認為信天翁象徵好運。果然，在信天翁引導下，航船離開冰封的海域。一名老水手卻在事後射殺一隻信天翁，水手們深信，他們將惹禍上身。此後天氣大變，航船無法靠岸，水手們摘下老水手的十字架，把死去的信天翁掛在他脖子上，以示懲罰。然而，船上的人卻陸續死亡，最後只剩下老水手。老水手恐懼與痛苦地生活在船上，最終真心地懺悔，跪下為死去的信天翁祈禱，這時老水手脖子上的信天翁屍體突然滑落，他卸下折磨他的重負，航船也得以回家。

隨著這首詩歌廣泛流傳，albatross也含「沉重的負擔」的比喻。「掛在脖子上的信天翁」（An albatross around one's neck）則有多種比喻，其一是：原以為會帶來好運的，卻變成沉重的負擔。

新加坡政治人物喜歡「掛在脖子上的信天翁」的比喻。李光耀在回憶錄中比喻：「The pro-communists had been an albatross around our necks.」可直譯為：「親共分子一直是纏繞在我們脖子上的信天翁。」回憶錄中文版譯為：「親共分子一直是我們的心腹之患。」李光耀的同僚拉惹勒南與吳慶瑞也愛用這比喻，我們將繼續欣賞他們如何引用這諺語。「以為——好運——變成——沉重負擔」充滿戲劇張力的矛盾，過程的轉折更叫人拭目以待。如被遺忘的信天翁。

46\. 多年後，當我們翻閱新加坡的建國史，回溯人民行動黨內，非共與左翼兩陣營激烈搏鬥的資料，立即的反應是，為原本的夢幻組合——理解受華文教育與講華人方言的年輕人，以及懂得受英文教育的各族群的年輕人——從雙贏的合作，最後拆夥，互不相容，反目成仇，一方淪為階下囚感歎不已。夢幻的近義詞可作虛幻。人民行動黨內非共與左翼的結合，從現實角度觀察，是互不信任，互相利用，互取所需，互相搏鬥，最終分道揚鑣。

像處理馬來亞大學的案件，華文中學學潮案件告一段落後，李光耀把人留下來。一九五四年下半年，李光耀要求見「大人」——學生背後的領袖。

李光耀在回憶錄裡屢次稱讚這些學生，認為自己對華校生世界的認識剛開始：「有那麼多活躍分子，個個生龍活虎；有那麼多理想主義者，他們不自私，準備為更好的社會犧牲自己的一切。」在與學生的接觸後，他的結論是，「如果我駕馭不了其中一些幹勁十足的年輕人，使他們為我們的事業服務，為我和我的朋友們，這些英校生所代表的事業服務，我們就永遠不會成功。」「嗯！是服務，不是合作。這是還沒有開始就定的調子。李光耀也為此比喻：「這個池塘裡的魚由共產黨人餵養大了，我要偷捕，要盡可能釣取。」

兩年後——一九五六年十月二十四日，林有福政府的第一次逮捕行動之後，李光耀對這些「幹勁十足的年輕人」有不同的看法。他在回憶錄裡指出：「這種競相表現無私精神的做法，像洪流一樣席捲一代人……在這一切清教徒式的熱忱中，也不乏女郎登場。在密駝路工會總部的後房裡，被視為革命婦女的年輕女郎大搞男女關係，而且都巴不得有林清祥和方水雙這樣的風頭人物做伴侶。那些姿色較差的女郎，只好去找其他各個工會支部的領導人。」

一九九八年李光耀七十五歲生日時出版《李光耀回憶錄》。其實，三十七年前李光耀也曾解釋為什麼會和共產黨合作。

一九六一年，李光耀為爭取新馬合併，做了一系列十二講的「爭取合併的鬥爭」廣播。在第九講中，李光耀向聽眾解釋：「我們知道，他們要建立一個獨立的共產主義馬來亞；他們也知道，我們要建立一個獨立的民主制度馬來亞。我們都抱著不同的目標；但是，如果英國人不走，我們哪一方的目標都沒法達到。所以，為了爭取獨立，我們必須先趕走英國人。這是我們的共同目標。」

李光耀在廣播中表示：「在我們為自由而鬥爭的歷史中，這種廣泛的反殖民主義統一陣線，是不可避免的階段……但是，我們知道，而且共產黨也知道，有一天，當英國勢力撤退後，我們之間會產生爭執，就是說，要以什麼形式的馬來亞，代替已經被打倒的英國殖民地統治制度。」

多年後，李光耀的重要同志拉惹勒南在回憶錄中說得更坦白：「我們一方面得跟英國人鬥爭，另一方面又要面對強大的共產勢力……我們只能決定先跟共產黨人組成統一陣線，對付帝國主義，然後才去解決共產黨的勢力。」基本上，就是「聯合次要敵人，打擊主要敵人」。

更早一點，在一九五〇年，李光耀在倫敦的馬來亞學生會的演講已強調，「目前能迫使英國人離開的唯一政黨是共產黨。」

非共分子不擔心英國人誤解。拉惹勒南在回憶錄中說：「英國人分得出什麼是『策略』，什麼是『信仰』。英國政府上層懂得我們不是共產主義者。」

所以，在英國人、左翼與非共的三角關係中，後者占盡上風。

左翼分子也應該計算過。他們籌碼不多，新加坡的馬共已瓦解，許多左翼分子被捕，非共分子提出合作，是意外的禮物，而且「這種廣泛的反殖民主義統一陣線，是一個不可避免的階段」。

然而，人民行動黨創黨黨員，左翼的方水雙仍在其回憶錄展現其初心：「作為發起人，我們檢討了過去和當今的政黨，得到一個說法：新政黨性質是左翼社會主義群眾性政黨」，「我們能團結在一起，是因為我們都很年輕而充滿理想」，「我們信仰社會主義……李光耀和他的同伴服膺於民主社會主義，類似英國費邊社的社會主義；林清祥、蒂凡那、曾超卓和我則傾向激進的政治革命。我們的共識是在長期建立一個社會主義，包括新馬的民主社會主義和非共社會。我們也主張通過憲制實現目標。」

47. 李光耀與林清祥如何認識？

還記得那個「來自印尼，會說英語和馬來語，開一輛漂亮的粉紅色雪佛蘭」的女生嗎？她叫蔡石君，五十四年後的二〇〇八年，她寫了一篇〈帶林清祥與李光耀認識的經過——憶半個多世紀前鮮為人知的一段往事〉，記述她們如何安排李光耀與林清祥見面。

文章載錄，一九五四年下半年，有一天李光耀主動向聚在他家的學生說，他想組織政黨，已有馬來族、印度族和受英文教育的人才，唯缺少受華文教育、在華族群眾中有影響力的人才。他想和華族工會接觸，希望學生們介紹。

蔡石君離開李家後，「立即把他（李光耀）的要求，如實地向我的頂頭上司彙報」。過幾天，蔡石君的上司要她到烏節路的光藝戲院門口和林清祥接頭。「我沒預約，便把清祥帶到李光耀位於歐思禮路（Oxley Road）的家，介紹他倆認識。」接著，蔡石君又按上司的指示，帶另一名學生——曾超卓到李光耀家。蔡石君解釋，為什麼分開帶他們去見李光耀：「按當時保密的要求，可以讓清祥知道曾超卓是我帶去的，但不必讓曾超卓知道清祥也是我帶去的。」

後來，林清祥帶方水雙去見李光耀。

黃明強口述文章記敘：「張堅委派學運幹部蔡石君先後帶林清祥、方水雙、曾超卓去見李光耀，商談建立人民行動黨。」

48.

三十一歲的李光耀見了二十一歲的林清祥（一九三三－一九九六）和二十三歲的方水雙（一九三一－二〇一七），對兩人印象極佳，《李光耀回憶錄》指出，「林清祥和方水雙看來正是適當的人選：他們彬彬有禮，熱切誠懇，衣著簡單」，「是我們一直在尋找的助手」。嗯！再確定，是助手，不是合作。

一九五一年林清祥離開學校，一九五三年加入新加坡巴士工友聯合會，擔任樟宜分會秘書，第二年出任新加坡各業工廠商店職工聯合會（簡稱「各業」，Singapore Factory and Shop Workers' Union, SFSWU, 1954-1957）秘書長；一九五五年「各業」有三萬名會員。方水雙比林清祥早一年（一九五二）離開學校，在綠色巴士公司當剪票員，兩年後成為新加坡最大的巴士工人工會——新加坡巴士工友聯合會（Singapore Bus Workers' Union, SBWU）秘書長；一九五五年，巴士工友聯合會屬下有六家華人巴士公司，一萬名工人。兩人都是當時最有實力的工會領袖。

李光耀開門見山，對二人說打算組政黨，「代表工人和被剝奪權利的人，尤其是受華文教育者」。

這正是兩人奮鬥的目標。《李光耀回憶錄》記述，「他們不置可否」，「大約兩個星期後，他們帶另一個通譯前來。行，他們準備跟我們一起組織政黨。」

這時已在印尼的余柱業於回憶錄中表示，他事先完全不知道，方壯璧則參與討論成立政黨的事。方壯璧是馬共在新加坡的地下領導人，後來被李光耀封為「全權代表」。然而，方壯璧的回憶錄沒提林清祥、方水雙和李光耀等人組黨的事。

參與其事的方水雙，在回憶錄中仍舊充滿昔日的熱情與幹勁：「我們深信，有政黨可作為動員人民和殖民地主義者展開鬥爭。此外，李光耀和他受英文教育同僚給我們留下深刻的印象，是適合的夥伴，共同對付殖民地主義者和其同路人。」

對於李光耀，方水雙說：「清祥和我的看法一致，李光耀將在黨內扮演關鍵性的角色。他具備領袖的素質，思路敏捷，能言善道，意志堅強，坐言起行。」

另一關鍵人物林清祥沒留下紀錄。不過，林清祥的弟弟林清如（一九三七－）在回憶錄《我的黑白青春》裡說：「第一次會面，李光耀對他（林清祥）說：『會坐牢的，你怕嗎？』」

49.

人民行動黨於一九五四年十一月二十一日成立，千餘人參與成立大會，《李光耀回憶錄》估計，約三分之二來自工會；馬來亞巫統領袖東姑與馬華公會主席陳禎祿都受邀出席。

三十一歲的秘書長李光耀在成立典禮上說：「人民行動黨認為，只有取消緊急法令，民主政治才能產生。我們對取消緊急法令的要求沒有妥協的餘地。」行動黨主張新馬統一，反對新憲法，特赦馬共。

《南洋商報》在第五版——本地新聞首版，幾乎以整版報導行動黨成立的消息；六千五百字的新聞，配合四張人頭照——李光耀、杜進才、東姑與陳禎祿，再加兩張場面照，標題為：

人民行動黨成立大會二千人參加／李光耀宣布建黨宗旨／爭取馬來亞獨立／緊急法令亟應早日取消／候選人語言絕不宜限制／陳禎祿、東姑．阿都．拉曼、杜進才亦先後致詞。

《星洲日報》也在第五版——本地新聞首版，以頭條新聞報導，不過比較「客氣」，新聞約占半版；一張合成照——東姑、陳禎祿的演講人頭照，加上來賓場面照，配合約四千字的報導。標題為：

> 人民行動黨昨成立大會／李光耀致詞／宣述組黨目的／為人民謀福利／馬華公會及巫統聯盟領袖／陳禎祿、阿都・拉曼出席演講。

英文的《海峽時報》則在封面報導，該版的唯一照片為人民行動黨成立的來賓場面照，標題為：Young And Old-They All Look For Some Action（年輕和資深——他們都在尋找一些行動）；另有新聞，標題為："Freedom Now" -New Party／"people's Action" Launched in Singapore with a no compromise demand（新政黨：即刻獨立／「人民行動黨」以不妥協的訴求在新加坡成立）。

參與成立大會人數各報報導不一，《南洋商報》報導「二千人」，《星洲日報》報導「不下千人」，《海峽時報》報導「超過千人」。從各主要中英文報章的新聞處理與標題呈現方式可見，中英文報章都極重視人民行動黨的成立。

人民行動黨沒讓人失望，提供一份完美的發起人名單：

- 李光耀：華人，律師，留學英國。
- 杜進才：華人，大學教員，留學英國。
- 拉惹勒南：印度人，新聞工作者，留學英國。
- 沙末・伊斯邁：馬來人，新聞工作者，左翼分子，前拘留者。

- 蒂凡那：印度人，中學教員，工會領袖，左翼分子，前拘留者。
- 哥文達三美（P. Govindasamy Pillai）：印度人，郵差，工會領袖。
- 伊斯邁．拉欣（Ismail Rahim）：馬來人，郵差，工會領袖。
- 卡魯比亞（A. K. Karuppiah）：印度人，日薪工人，工會領袖。
- 莫法拉迪（Mofradi Haji Mohamed Noor）：馬來人，雜工，工會領袖。
- 李玉成：華人，文書，工會領袖。
- 方水雙：華人，工會領袖，左翼分子。
- 陳經忠：華人，律師，工會領袖，留學英國。
- 陳經維：華人，教員，工會領袖，陳經忠胞弟。
- 曾超卓：華人，教員，工會領袖，左翼分子。

這份名單照顧不同種族、階級，由留學的學者與律師領導，希望引起知識分子、官方關注；引入馬來人與英文新聞工作者在社會發聲；特別照顧藍領工人，每個工會領袖背後都有上千的工人；認同左翼，爭取講華語與方言華人的選票。

名單展示人民行動黨欲突顯的調性：以藍領階級為主，爭取各種族支持。

吳慶瑞與貝恩都是高級公務員，不在名單內。《李光耀回憶錄》表示：「林清祥暫不參與。真正原因何在，我不曉得。」林清如在回憶錄裡解釋：「林清祥覺得曾遭警方拘留，不便出面。」

畢竟是年輕人的政黨，成立大會上還開了英國人一個玩笑。他們在臺上放了一張空椅子，上面寫著：

Special Branch Office, CID
（刑事偵察局政治部辦事處）

當時的政治部主任（一九五〇－一九五七）為布列斯（Alan Blades）。在英國人眼中，人民行動黨與李光耀都是左翼，人民行動黨成立，政治部一定有人盯場；與其隱沒於人群中，反正是公開的秘密，不如大方上臺當嘉賓。李光耀還在臺上廣播：「如果政治部人員不列席，我們將把座位讓給記者。」

然而，為什麼是李光耀成為人民行動黨最高領導人？

在《白衣人：新加坡執政黨秘辛》一書裡，沙末．伊斯邁告訴該書訪員：「哈里（李光耀）鶴立雞群，他有個性、精力和智慧。」杜進才則遺憾自己是個學者，沒有群眾基礎，李光耀贏得工運分子支持，因此是黨最高領導的當然人選。吳慶瑞讚揚李光耀運用律師的特長，洞悉對手論據上的弱點，緊咬議題不放，讓對方的立場站不住腳。大家都知道自己的優缺點，並共推李光耀為領導人，這讓人民行動黨免去許多無謂的內鬥。

（十四）「假洋鬼子」及其同志崛起（一九五五）

50.

新加坡將於一九五五年舉辦首次立法議會（Legislative Assembly of Singapore, 1955-1965）選舉投票，意味著新加坡更進一步的朝獨立邁進。

議會唯一的政黨進步黨主席陳才清在大年除夕（一月二十三日）接受馬來亞電臺訪問時說：「新加坡可在一九六三年獲得獨立，到時新馬將共商兩地合併及其他商貿課題。」

馬來亞巫統主席東姑年初二（一月二十五日）回應：「新加坡與馬來亞大選獲勝的兩個政黨應立即舉行會議，討論兩地的一般福利。在新馬未獨立之前，合併無法實現。」

陳才清為自己鋪路，他是當時檯面上唯一的未來首席部長人選，但是歷史告訴我們，永遠有異軍突起；東姑則保持其一貫的立場。

首次立法議會選舉於四月二日投票。選舉前兩個月，中華總商會成員由於林德憲制廢除商會議席，組成民主黨（Democratic Party, 1955-1956），代表華商發聲。

八個政黨加上無黨籍共七十九人，競選二十五個立法議會議席。八個政黨為進步黨、人民行動黨、勞工陣線、民主黨、勞工黨、馬華公會、巫統和新加坡馬來人聯合會，後三個政黨組成華巫聯盟。這八個政黨將在未來十年，於新加坡政壇不斷地合併與分裂成不同的政黨；四名新加坡政壇主要人物，李光耀、林清祥、馬歇爾與林有福也都在此時現身。

人民行動黨派出五名候選人：三十二歲的李光耀、二十二歲的林清祥、三十二歲的蒂凡那、六十二歲的吳秋泉（一八九三－一九七一）和二十八歲的阿末·依布拉欣（Ahmad Ibrahim, 1927-1962）試水溫，競選綱領包括：即刻獨立、廢除緊急法令、廢除國民服役等。

吳秋泉是貝恩的朋友，住在榜鵝的承包商，所以選榜鵝－淡濱尼區；阿末·依布拉欣是軍港的消防員，也是工運分子；獲軍港工友聯合會秘書長兀哈爾（Sidney Woodhull, 1932-2003）支持，所以選軍港區。

李光耀競選的丹戎巴葛區，有兩個工會在此活動，李光耀是這兩個工會的法律顧問。這個選區讓李光耀大開眼界，他在回憶錄中憶述：「我訪問填海路新加坡海港局馬來日薪工人宿舍，到處都是木屋，沒有汙水處理設施，沒有排水系統，臭氣熏天，我一到這裡就想嘔吐。」市區的街道也好不到哪裡。「店屋年久失修，溝渠給小販留下的垃圾堵住，不時發出食物腐爛的臭味。胖大的老鼠光天化日之下在溝渠裡出沒，全然不把附近的貓放在眼裡。每到這裡，我也會作嘔，回家光洗手不行，非得沖涼，把衣服全換過，才能坐下來吃飯。」

丹戎巴葛區是一場三角戰，三十二歲的李光耀的競選對手分別是，民主黨商人藍天（二十八歲）和進步黨的教員林識忠（三十二歲）。藍天是客家人，李光耀也是客家人，藍天挑戰李光耀以華語或客家話公開辯論。李光耀是峇峇，不會說客家話，華語也不流利，不予回應。藍天因此嘲弄李光耀是「二毛子」、「假洋鬼子」。然而，李光耀卻得到客屬總會的支持。

拉票、買票賄選與私會黨活動在殖民地時代的選舉屢見不鮮。李光耀在群眾大會演講時，有人丟石頭，他的助理兼保鏢——人民行動黨丹戎巴葛支部秘書——二十三歲的陳志成（一九三二—）擁有柔道黑帶，也不乏門路，找到鬧事者的老大，雙方取得諒解後，果然不再有人丟石頭。陳志成後來成為人民行動黨議員，並被委任為高級政務次長。

在丹戎巴葛，廬江何氏公會負責人何美水是李光耀的支持者，他是商人，也是私會黨「一零八」的老大。同在丹戎巴葛，另一宗親會館負責人支持藍天，這人是另一私會黨「二四」的老大。無論「一零八」或「二四」，都源出洪門。兩個黨派為自己的支持者談判，交涉失敗後火併。選舉結果，李光耀遠勝兩名對手。兩個會館則繼續械鬥，直至一九五七年，李光耀再贏得丹戎巴葛區。

倒是馬歇爾與林有福偏向左翼的勞工陣線沒太多人注意，他們的競選綱領包括新馬合併，迅速獨立；賦予二十二萬在中國出生的華人移民新加坡公民權；施行多種官方語言的政策等。

51.

一九五五年的選舉，因在新加坡出生的英籍公民自動成為合格選民，選民增至三十萬人，其中百分之六十是說華語與方言的華人。上一屆的選民只有四萬八千人。

本屆選舉共十五萬八千零七十五人投票，占總選民的百分之六十三。最大贏家是由四十七歲的馬歇爾領導的勞工陣線，競選十七席，贏得十席，獲得最多席位。總票數達百分之二十五，居第二。總票數最多（百分之二十七）的「老」政黨進步黨，是最大輸家。這個由講英語的社會菁英組成的政黨，競選二十二席，只贏得四席；連續兩屆勝選的陳才清、黎覺與馬拉皆落選，打敗陳才清的正是馬歇爾，兩人因上屆大選結下恩怨。

進步黨贏得最多總票數，卻不能執政，選民結構改變是主因，說英語的社會菁英畢竟是社會的少數，他們當中，馬拉與陳才清都參與林德憲制的制定。顯然的，這群菁英不是「政治動物」，否則當安排讓說英語的菁英過渡到說華語與方言的世界，再來讓三十萬人投票；或者積極採取對應策略，面對這三十萬票。一下子增加七倍以上的選民，無論如何，都是高風險。

由中華總商會組成的民主黨本應該贏得那百分之六十的選民；競選二十席，結果只贏得兩席。他們能說華語和各種方言，更能為中下層華人爭取公民權，「頭家」卻無法取得人心。有分析認為，進步黨與民主黨互相搶票，分散選票，兩敗俱傷。

結果是，這兩個南轅北轍的政黨為了生存，第二年合併成自由社會黨（Liberal Socialist Party, 1956-1963）。「紅毛」（洋人）、峇峇（土生華人）與「頭家」（華人老闆）還是沒放下身段，只準備跟家人和親戚拉票。

人民行動黨只有蒂凡那落選，李光耀在回憶錄裡披露：「我放下心中的大石。沒有蒂凡那，林清祥在說純英語的立法議會不可能有效地發揮作用。」李光耀則獲最高選票（六千零二十九票，百分七十八）。

林清祥已顯露演說才華。李光耀說：「在這次選舉中，林清祥崛起成為善於打動人心的演講者。他年紀輕輕，長得清瘦，個子不高，娃娃臉，說起福建家鄉話來娓娓動聽。女孩們對他崇拜得五體投地，尤其是在工會裡。……競選活動結束時，在人們眼裡，他已經是個魅力四射的人物，是新加坡政壇不容忽視的人物，更是人民行動黨內不容忽視的人物。」

對於當晚開票後的現場，《南洋商報》第二天（四月三日）有欣喜的報導：

> 全新各族民眾都以歡欣的心情於昨晚十二時，迎接勞工陣線獲勝的消息。在維多利亞紀念堂中，萬餘民眾的視線都注視在勞工陣線領袖馬歇爾和人民行動黨秘書長李光耀身上。在場電影組對他們瞄準鏡頭，攝取歡呼歌頌的一幕，馬歇爾和李光耀相互握手慶賀，掌聲歡呼聲在交響……
>
> 李光耀昨晚以興奮的心情慶賀馬歇爾：「他是一個政壇奇蹟，而且又是忠實的勞工領袖，

我們全家人都是他的支持者。」

如果一九五四年一月二十一日人民行動黨與勞工陣線合作成功，人民行動黨便在此次大選執政。馬歇爾大概因為人民行動黨當初嫌自己膚淺，沒有找他們合組政府；勞工陣線於四月六日與獲得三席的華巫聯盟組成聯合政府，主席馬歇爾成為新加坡史上首任首席部長。馬歇爾人生中有許多讓他驚喜之旅，首席部長是其中一段。

勝選的李光耀過後在《南洋商報》刊登鳴謝啟事，感謝支持者：

李光耀鳴謝啟事

光耀此次競選立法議員，承蒙全星各界人士幫助殊多。獲選之後，復蒙各會館，各工團，各界人士，同鄉親友，或登報道賀，或來函致意，或設宴招待，或開會慶祝，隆情厚誼，不勝感激，只以公務蝟集，不克登門道謝。今後當加奮勵，為人民服務，以答各界之雅意。謹借報端，藉申謝意，諸希原鑑。

一九五五年四月廿四日　李光耀啟

選後，李光耀與他的老闆黎覺越走越遠，四個月後（一九五五年九月一日），李光耀與弟弟李金耀、夫人柯玉芝成立李及李律師館（Lee & Lee）。

對於這次的選舉，李光耀在回憶錄中指出，當年許多言論「失之天真」，包括特赦馬共、結束緊急法令等，「幸好行動黨沒打算組織政府，因此不必落實自己的建議。」

無論非共與左翼，憶及當年都感歎自己天真、太傻，錯了。年輕歲月雖失之成熟、圓融，仍教人嚮往與緬懷。問題是，雙方都互指被對方利用，歷史便在「天真、太傻，錯了」中，翻過一頁又一頁，留下決定性的足跡。

無論如何，從一九五二年代表郵電員工與政府談判，正式「出道」，到一九五五年當選為立法議會議員，李光耀只花三年的時間。

52.

勞工陣線在勝選當天（四月二日）發表十四則宣言，第六則闡明：「勞工陣線爭取建立一個與鄰邦和平共處的統一馬來亞。」這是選定的新加坡自治政府的目標。原本是進步黨主席陳才清的獨立宏願，現在讓給了馬歇爾。

三天後（四月五日），馬來亞輔政司（Colonial Secretary of Malaya, 1952-1957）大衛・華德斯頓（David Watherston, 1907-1977）對勞工陣線的宣言發表評議：「新馬合併的任何計畫，涉及對馬來亞協定的修改，首先得由英女王與馬來蘇丹提出討論與通過，提出法案，獲得邦議會通過。」婉拒了勞工陣線的要求。

這也是多年來，英國官方第一次針對新馬合併發表談話，明顯地，英國人不贊成作為軍事與經濟中心的新加坡與馬來亞合併。

東姑對合併從不鬆口，直至一九六一年。這一次，也開啟新馬合併的馬拉松談判。

53.
新加坡舉行立法議會選舉的這一年，美國正式介入越南的戰爭，十年越戰開打；繼韓戰之後，冷戰在中南半島蔓延，幾乎每個國家都不得安寧。

美國主導成立東南亞條約組織（Southeast Asia Treaty Organization, 1954-1977），目的在於制止亞洲的共產主義勢力延伸，防止中國和北越的勢力往南擴張。可是八個成員國——英國、美國、泰國、菲律賓、澳洲、法國、紐西蘭和巴基斯坦，只有泰國、菲律賓屬於東南亞。之後，隨著巴基斯坦和法國退出，東南亞條約組織也於一九七七年解散。

七、血的洗禮

（十五）工潮暴亂及其是否問心無愧（一九五五）

54.

非共與左翼結成「一家人」後，問題才真正開始。

左翼雖在大環境中沒占優勢，但是非共卻難免要引起英國人質疑。李光耀在共產黨的「池塘」裡「釣」了兩條「大魚」，只是「願者上釣」的「大魚」「活蹦活跳」，「動員人民和殖民地主義者展開鬥爭」，弄得釣魚人啞子吃黃連。講英語的工運分子也被左翼影響、吸收。李光耀坦承：「這都是我的過錯，我太天真了。」要命的是，「他們現在有個合法的政治工具——人民行動黨」。

大選後的三個星期（一九五五年四月二十四日），福利巴士工人罷工。當時所有巴士公司的員工都參加由方水雙領導的新加坡巴士工友聯合會，福利巴士公司不同意，讓新員工加入巴士工友聯合會的敵對工會——屬於林有福的新加坡職工總會（Singapore Trades Union Congress, STUC）的——福利僱員聯合會。

巴士工友聯合會不滿，由法律顧問李光耀起草罷工通知書，於四月二十二日轉達福利巴士公司，限福利巴士公司於十四天內解決糾紛。兩天後（四月二十四日），福利巴士公司開除二百二十九名屬於巴士工友聯合會的員工，巴士工友聯合會立即展開罷工行動。

華僑中學與中正中學的學生也加入罷工隊伍。華中學生、十八歲的林清如也參與，他在回憶錄中說：「五一三事件期間，工友鼎力支持同學，雙方有了患難與共的情誼。從此，全島各地若有罷工場面，總有華校中學生前往慰勞、支援。」

各業工廠商店職工聯合會秘書長林清祥，在警方以強力的水柱射向罷工人群後，聲援工人；巴士工友聯合會屬下其他巴士公司工友也罷工，導致公共交通癱瘓。

約三個星期後，五月十二日下午，對峙的雙方開始相互攻擊，接著大批學生與工人到現場支援。

第二天（五月十三日）黎明——又一個五月十三日，罷工與對峙演變成暴亂，約兩千暴民與警察陷入暴亂之中，一方以石頭、玻璃瓶為武器攻擊，另一方以催淚彈與槍枝驅散人群，造成四死三十一傷，包括美國合眾社（United Press）記者西曼士（Gene Symonds），去世時才二十九歲。政府宣布進入緊急狀態，軍隊也介入。

這一天，萊佛士書院一名十四歲的少年隨五叔到福利巴士車廠，他們發現警察就在附近。五叔警覺會有事發生，帶少年回家。三十五年後，少年出任新加坡總理，他叫吳作棟。

因《華惹》雜誌言論被控的八名學生之一拉惹．古瑪的文章〈林清祥在新加坡歷史的地位〉，記載幕後情況：「暴亂當天下午，我和兀哈爾到密駝路店屋樓上工會會所……李光耀也來了，我聽見清祥和他在漫談，沒有認真談及要怎麼做。」拉惹．古瑪過後與李光耀到李光耀車上聽馬歇爾的廣播講話，沒聽完便聽不下去。兩人分手後，拉惹．古瑪回工會會所。「林清祥和方水雙接到電話，要他們去馬歇爾寓所。兀哈爾和林清祥邀我一起去。……聽了討論，我覺得馬歇爾完全有可能取得勝利，如果他勸林清祥和他一起呼籲各方保持冷靜。但他卻要求林清祥譴責工友，林清祥拒絕後，他便無話可說。」

暴亂第二天，首席部長馬歇爾主持巴士工友聯合會與福利巴士公司的談判，出席者包括工會法律顧問李光耀、總秘書方水雙，「各業」秘書長林清祥。會上，福利巴士公司同意解散福利僱員聯合會，繼續僱用被開除的員工。巴士工友聯合會獲得勝利。這個結果只會鼓勵更多工會罷工，為社會帶來動盪。

三天後局勢恢復平靜。這是新加坡史上最嚴重的暴亂之一，一般認為，首席部長馬歇爾缺乏政治經驗，面對暴亂顯得手足失措；這讓罷工組織者在試水溫後展示肌肉，不只針對執政黨，還有其他政黨與英國人。

55.

局勢恢復平靜的這一天（五月十六日），立法會召開緊急會議，討論福利巴士工潮。李光耀立場尷尬且困難。他是巴士工友聯合會與中學聯的法律顧問，也是人民行動黨秘書，他擔任顧問下的工會與學生團體發動罷工，發起人是他的同志，罷工造成社會動盪。

五月十七日，各報章都報導議會新聞，政務部長顧德（William Goode, 1907-1986）在議會上公開譴責人民行動黨鼓動工潮：「為了貪求權力……人民行動黨及暗藏在他們當中的共產黨支持者和幕後人物，只希望看到暴亂、流血和工潮的發生。」他要求李光耀表明，贊成或反對暴力。顧德強調：「如果尊貴的議員相信，民主自治應該循序漸進，那麼他就該反對共產黨；如果他真的反對，就請他大聲、清楚地說出來，不要支吾，也不要做巧妙的詭辯。」

政務部長會這麼說，因為十二天前（五月五日）李光耀接受澳洲《每日鏡報》（*Daily Mirror*）訪問時說：「如果我必須在殖民地主義與共產主義之中有所選擇，我寧可選擇共產主義，我相信絕大部分人都如此。」李光耀在回憶錄裡提及，他這麼說「是希望爭取足夠的華人，與我們一起投票反對共產黨，支持獨立與民主」。

四十八歲的顧德接著質疑李光耀：「他在發生暴動和人命傷亡後，才悲歎暴力事件的發生。讓我問他一句，在暴亂發生前，他是否阻止工人和黨內激進分子，停止暴力恐怖行為？他是否問心無愧？或者是，他已對武吉知馬區議員（林清祥）失去控制？」

顧德的「問一句」發出「三問」，《南洋商報》將「他是否問心無愧？」譯成「他的良心清白嗎？」《李光耀回憶錄》英文版原句為「Is his conscience clear ?」《李光耀回憶錄》中文版譯為「他是否問心無愧？」《白衣人》中文版則譯為「他的良心沒有不安嗎？」《海峽時報》還報導，李光耀在顧德發言時顯得不耐煩，一度忍不住高喊：「廢話。」

三十二歲的李光耀即席辯答，指人民行動黨的目標是為爭取非共的獨立馬來亞。他說：「除了首席部長，沒有人像我這麼積極地謀求解決雙方的糾紛。」他表示已盡所能使雙方達成協議，「這次糾紛的起因，是資方想破壞工會運動，所以我完全不同意部長的報告。」

林清祥則告訴國會：「我是人民行動黨的代表，因此，我的行為不必向殖民地官員負責，我只對人民負責。身為人民行動黨議員，立場已在黨宣言上說清，即反對暴力，主張通過和平手段實現自由、民主的馬來亞。」

《李光耀回憶錄》認為：「立法議會緊急會議真正的目的，是利用民眾對工會的反感心理，孤立和中訴人民行動黨，同時使行動黨中的非共分子跟共產分子決裂。」

事件過後，政府於五月三十一日提控六家本地報章——《虎報》、《馬來前鋒報》、《星洲日報》、《南方晚報》、《新報》與《中興日報》，指這些報章在政府審判四十八名福利學潮的學生未下判前，就此次學潮發表評論、譯載等，可能影響該案的審判，因此控告六家報章藐視法庭。本地另兩家報章——華文的《南洋商報》與英文《海峽時報》則未被提控。

一九五五年六月二日判決，《中興日報》罪名不成立，其他五家罪名成立。

56.

究竟誰在幕後指使福利巴士工潮？

先聽一個外人的看法。工潮發生時，吳慶瑞在英國倫敦政經學院的老師，著名的統計經濟學家艾倫（R. G. D. Allen, 1906-1983）剛好訪問新加坡，對於學生的行為，他告訴吳慶瑞：「他們有很好的組織，背後一定有一批人在搞。」

工潮七個月後的一九五五年十二月二十八日，馬共和馬來亞政府、新加坡首席部長在馬來亞吉打州的華玲舉行談判。馬歇爾問陳平：「福利巴士工潮是不是新加坡共產黨幹的？」陳平回說：「如果是我們做的，我們會承認。但是，福利巴士工潮不是我們想做的。那個工潮，有人故意煽動工人去幹壞事。他們公開宣稱，要繼續鬥爭至取得獨立，這不是馬共的口號。」

事件發生四十七年後，七十歲的方水雙接受《白衣人》的訪問時說：「我該對罷工負責，但這並不意味著我引發暴動。」他說他無法控制「外來者」，沒有人能阻止學生和其他勢力加入。

李光耀也告訴《白衣人》訪員，他同意方水雙沒有策畫這場暴動，但是，「共產黨統一戰線的活躍分子已經充滿熱情，他們相信革命時機即將到來。」

馬共學委領導黃明強的口述文章坦承：「一九五五年五月，（學委）工作組發動中學生支援福利工潮。」

私會黨也應該是方水雙說的無法控制「外來者」。社陣議員、工會領袖李思東在二〇〇五年接受訪問的文章〈李思東專訪記錄：既是藍領工人，也是工運激進分子〉（羅家成整理，余逸涵翻譯）說，「職工總會（SATU應為新加坡職工會聯合總會）也和私會黨有聯繫。私會黨在當時的新加坡非常普遍，而且其中有些『老大』也參與了工會。在每所工廠都有私會黨徒」，「私會黨可以選擇支持或反對勞工運動」，「我們罷工的時候，雇主或許會利用私會黨員來威脅我們」；「無可避免的，左翼的勞工運動也有私會黨的存在，因為勞工運動牽涉到工人，而且他們當中有一些是私會黨徒。」

首席部長馬歇爾在口述歷史檔案中承認，工潮讓他孤掌難鳴，一籌莫展。他說，原本合理的不滿訴求都被操弄，以達到政治目標。他不滿英國人沒讓他知道真相——共產黨醞釀罷工，卻希望他出動軍隊。

57.

福利巴士工潮工會獲勝利後，一波波的工潮與學潮此起彼落，從四月至年底的九個月，共有二百六十起罷工事件，平均每個月二十八起。方水雙還於六月十一日在緊急法令下被逮捕，七月二十五日被釋放。李光耀形容：「這是我跟共產黨統一戰線一同工作經歷的一場火的洗禮。」他說，他甚至把《暴動法令》唸給林清祥和方水雙聽，告訴他們，如果再這麼蠻幹下去，他們要負責後果。

誠然，如果工人的工作條件不錯，任何人都無法成功地號召工人罷工。以新加坡各業工廠商店職工聯合會為例，一九五四年五月成立時，只有六十六名成員，該年年底林清祥加入後，也只有一千三百七十六人。巴士工潮後，會員增至九千七百二十五人，方水雙被捕後的七月底，會員突破兩萬人，增至兩萬零三百九十人。

工人願意加入工會，大部分原因在典型的肥皂劇中可見，例如老闆剝削工人，工時長，工資低，工作環境差、不安全等；工人不能反抗，否則生命安危受威脅。工會為他們發聲，自然獲得支持。這也間接地解釋，人民行動黨發起人的名單中，大部分是工會領袖。工會的運作最後形成左右社會動向的政治力量，已逾越工人的初衷，工人要的只是生活有保障。

當另一股政治力量能提供生活保障時，工會便完成其歷史任務，新加坡也邁進另一個社會發展階段。工會出身的人民行動黨組織政府後，極力介入勞資關係，固守勞資政治平衡，以告別社會動盪的日子。

58.

人民行動黨內，非共與左翼「合作」的第一回合，左翼得到他們想要的。

但是，馬共新加坡市委的最高層——馬共副主席兼南馬局書記楊果，不認同一九五四年的中學生學潮與一九五五年的福利巴士工潮。

楊果（一九一九－一九五六）生於檳城，是陳平最主要的副手，一九四〇年調到新加坡，第二年被捕，在遣返中國途中，太平洋戰爭爆發，他回返馬來亞。

楊果要南馬局司令員何浪就學潮與工潮做檢討報告，何浪的報告書〈反迫害鬥爭的經驗總結〉於一九五七年四月完成。報告書認為，學潮與工潮為「過左的冒險機會主義行動」，報告書同時指出，馬共在新加坡的敵人是英殖民地政府，不是林有福。

這樣的結果，與當年參與學潮和工潮的人認知完全不同，也不能接受。無論何浪的報告是不是要討好楊果，這樣的說法卻符合馬共在北京的決定，只是消息未傳達到馬來亞。

何浪的報告書出爐時，楊果已看不到。他於一九五六年八月被出賣，在雪蘭莪遭英軍擊斃。楊果去世，何浪接任南馬局書記，接著又於一九五八年向殖民地政府投誠。

（十六）中國新華僑政策及其影響（一九五五）

59\. 一九五五年的新加坡，應該沒有太多人關注四月二十二日，中國總理周恩來以外交部長的身分，與印尼外交部長蘇納里約簽署的《中華人民共和國和印尼共和國關於雙重國籍問題的條約》。大部分人關注的，是周恩來這段時間在印尼萬隆出席亞非會議（四月十八日至二十四日）。

條約共十四條，約兩千七百字。條約協定，中國政府放棄以血統確定國籍的原則，海外華僑可以放棄中國國籍，加入所在國國籍。

周恩來說：「如果他們（華僑）願意回到祖國，將受到歡迎。如果他們加入所在國的國籍，就應該得到公正的待遇，但將不再是中國公民。如果他們仍想保留中國國籍並繼續呆在國外，他們不得參加所在國的任何政治活動。」

剛成立的中華人民共和國需要展開外交關係，以突破歐美為防共產主義擴張，對中國的制約；中國必須放棄海外華僑，以換取國際空間，亞非會議便是中國當時一個重要的外交舞臺。這是中國或這片大陸千年來重大的立場轉變與宣誓。條約對想爭取公民權的新加坡華人而言，可避開雙重國籍問題；對更多華人來說，會深感無奈或無助，得放棄中國國籍，但也只能接受。對英殖民地政府而言，則有助解除他們對華人雙重國籍的顧慮。不過，對馬共而言，這絕不是好預兆，華人如果成為英國籍人民，馬共將不必混了。

然而，馬共沒太大的反應。馬共因馬來亞政府的圍剿，陳平的部隊已從彭亨西部的勞勿（Raub），遷到泰國最南端的勿洞。陳平的回憶錄沒提中印簽訂的雙重國籍條約，只說萬隆會議的主題是周恩來宣導和平共處。陳平關心的，是馬來亞可能很快就要大選，東姑將面對拿督翁（Dato Onn Jaafar, 1895-1962）的挑戰。而且，周恩來以外長的身分簽署條約，馬共在北京有馬共國外局，中共與馬共私下仍繼續往來；陳平回憶錄也透露，馬共可定期獲得中共中央宣傳部長對國際局勢發展的情報。

在新加坡，印尼與中國簽署雙重國籍條約的這一天，人們關注的是巴士工友聯合會的法律顧問李光耀起草了罷工通知書。

60. 無論中國的公民政策是否在新加坡引起關注，首席部長馬歇爾上臺四個月後，便開始處理華人公民權的問題。他認同中華總商會的建議，於一九五五年八月——中國要求華僑歸化四個月後——提出，住在新加坡年滿二十一歲的外僑居民，如果在之前十年內住滿七年，宣誓以新加坡為永久家園，效忠英女王，便可成為公民。他的建議遭新加坡巫統青年團反對，華人的公民權又沒著落。新加坡的二十二萬華僑，要等到一九五七年十月才獲得公民權。

61. 福利巴士工潮幾乎淹沒新加坡的第一屆立法會會議。

第一屆立法會會議於一九五五年四月二十六日召開，人民行動黨議員李光耀火力全開。《星洲日報》報導，當首席部長提議感謝女王與殖民部大臣時，只有李光耀律師反對，因為賀電中有一段與人民行動黨的黨綱衝突。人民行動黨要求立刻實現自治政府，林德憲制委員會提出的建議與人民行動黨完全相反。所以，李光耀要求賀詞應特別注明——那一段賀詞他不能接受。首席部長強烈反對，李光耀的提議沒通過。

接著是各黨闡述政黨立場，《星洲日報》報導，「李光耀律師的致詞最長，又最為動人。」李光耀說：「我們需要的，是一個完全獨立的馬來亞，與一個真實的民主政府，有集會、言論與出版三大自由。」最後他闡明：「勞工陣線聯合政府如果按照其政策，實行爭取自由，本黨同仁必竭誠擁護，縱使為爭取自由而入獄，亦義無反顧。」

會議第二天，首席部長馬歇爾動議，接受總督宣布把緊急法令延長三個月。此時，福利巴士工人已開始罷工，馬歇爾極需這道工具。

李光耀在《回憶錄》中指出：「我不能支持延長緊急法令的實施，因為我們在競選宣言裡抨擊緊急法令。」但是，「到了四月間我開始懷疑這一點，直到一年半後，我的懷疑才變成信念，深信拉惹、慶瑞、進才、貝恩和我都錯了。」

人民行動黨沒有正面反對總督的建議，李光耀在議會上說：「緊急法令無論廢除還是延長實施，都解決不了問題。」他以越南為例，「如果法國人讓越南人完全獨立，越南人可能不會成為共產黨人。」

（十七）憲制危機及其促成自治談判（一九五五）

62.

新加坡戰後第三任總督（一九五五－一九五七）柏立基（Robert Black, 1906-1999）於一九五五年七月二日上任，他與於四月六日上任，經過「血的洗禮」的首席部長馬歇爾都算是新人，原本應該合作愉快，不料卻立即爆發「委任四副部長」事件，引發憲制危機，並促成新加坡自治憲制商討之始。

首席部長在總督上任兩天後（七月四日），去函建議總督，委任四名副部長。總督回應，委任四名副部長恐怕引起批評，建議委任兩名副部長。首席部長不爽，於同一天（七月九日）致電殖民地大臣（Secretary of State for the Colonies, 1954-1959）波靄（Alan Lennox-Boyd, 1904-1983），談委任副部長事宜。

首席部長與總督以書函往來，三天後（七月十二日），馬歇爾忍不住告訴總督，他有權利委任八名副部長，只提出四人，卻被拒絕。馬歇爾認為，「這是憲法問題，在憲制下，究竟誰統治新加坡？拒絕首席部長的要求，等於不信任，與辭職無異。總督不如認為不需要時，有權將政府解散。」

從任命官員引申出總督違憲問題。

總督一個星期後（七月十九日）覆函，不同意首席部長對憲法條文的解釋，認為議會保留某種權利與職務於總督，無法交給首席部長。

總督的解釋，立刻引發憲制危機。

這一天兩人雖又見面，總督仍堅持只委任兩名副部長，首席部長過後告訴記者，將於七月二十二日在議會召開緊急會議，公開辯論憲法的定義，以及為何需要四名副部長。如果總督堅持，勞工陣線聯合政府準備總辭職。

此後，不斷有人挽留馬歇爾，包括英國駐東南亞最高專員麥唐納；進步黨則指責馬歇爾以去留為威脅，玩弄政治戲碼。

立法會於七月二十二日（星期五）召開緊急會議，馬歇爾批評總督不遵守憲制，委定副部長時，沒有徵求首席部長的意見。他闡明：「過去三個月的『暴風雨蜜月』已過去，大家面對的敵人依舊是殖民地主義。」因此動議，爭取早日自治，結束殖民統治及鞏固民選政府。

動議獲多數議員擁護，議員李光耀最先擁護動議，李光耀向馬歇爾指出：「爭取自治靠政治力量，非靠法律爭執。」他也向英國政府發出忠告：「如果英國不願讓馬來亞變成共產主義國家，應早日結束殖民地主義。」

《星洲日報》報導：「馬歇爾與李光耀在過去數次會議中，因政見不同，常反唇相譏，爭辯不已，昨日一反過去，笑容相對，化敵為友。」

議會第一任議長（一九五五－一九六三）奧勒士（George Oehlers, 1908-1968）接著宣讀總督柏立基的聲明。總督自然否認違憲，並表示與殖民地大臣通過電話，大臣指示修訂憲制條文一事，等他來新加坡再商討。

這一天（七月二十二日）共十八名議員發言，只有三個親殖民地政府的進步黨議員反對動議。至休會仍有議員未發言，於是定下星期一（七月二十五日）再議。

七月二十五日，反對馬歇爾動議的進步黨議員林坤德（一九〇四－一九八四），突然要求修改動議，將馬歇爾動議的「自治」改成「獨立」，有意將議題搞砸或鬧場。《星洲日報》形容：「此議一出，四座愕然，會場空氣頓呈緊張。」這是第一次有人在議會要求獨立，也卸下政客們的偽裝，以及政黨政綱的偽飾，原來大家都在打假球。馬歇爾措手不及，只好再動議，將「獨立」改為「自治」。

投票結果，馬歇爾的動議以二十八票贊成，一票反對，三票棄權通過。反對與棄權的都是官委議員。

新加坡決定朝自治之路前進。

議長致電總督，總督最後以信函致議長，修改動議需時日研究，不能立刻答覆。

這場憲政危機引起國際注意，總督八月二日通過信函在議會聲明，英國真誠協助新加坡達到自治政府的地位，同時保證自己不會運用特權阻礙政府執行職務。他建議首席部長，待八月十五日殖民地大臣波靄訪問新加坡再議。馬歇爾態度也趨軟，感謝總督重視議會。

波靄抵達新加坡後，授權總督於八月十八日覆函議會。這是新加坡與英國關係重要的一天，列席的貴賓除了麥唐納，還有英國殖民部遠東司令麥堅陶等。

總督透露，殖民地大臣與總督、首席部長、各部會首長討論後，總督特權引起的憲制問題已解決；如有司法問題，總督與首席部長商談後，將按照首席部長的建議實行。

回到馬歇爾的問題：「究竟誰統治新加坡？」答案：首席部長。接著的問題是，與英國人鬧翻，馬歇爾能玩多久？

重要的還在後邊。最後總督說：「我授權發言，英國政府歡迎新加坡在實施憲制一年後，於適當的時間，派一代表團到英國商談憲制問題。」

就這樣，開啟新加坡自治憲制商談之門。

關於委任四副部長一事，最後於十月二十五日決定委任三副部長。只是，名額已不重要，首席部長在醞釀的是自治之行。

63.

新加坡的憲制危機也引來《人民日報》的關注，於一九五五年八月二日以「新加坡立法議會要求英國讓新加坡自治」為題報導：

新加坡立法議會七月二十五日以二十八票對一票，通過一項要求英國政府立即讓新加坡實行自治，並且制定新的新加坡憲法的決議。決議堅決要求結束英國的殖民統治。英國官方的立法議員在投票時棄權。

新加坡首席部長馬歇爾七月二十二日在立法議會提出這個提案時指出，現行的新加坡憲法拖延新加坡朝著自治方向的發展。馬歇爾反對新加坡總督可以隨意拒絕首席部長和部長會議的意見。在這以前，馬歇爾曾向新加坡報界發表談話說，現行的新加坡憲法表明，英國政府要馬來亞的政界人士在英國殖民主義統治期間，作為訓練有素的傀儡來扮演「民主」的角色。

新加坡人民行動黨立法議員李光耀支持馬歇爾的提案。他還要求立即在新加坡實現完全的獨立。新加坡立法議會議長已經將這次通過的決議轉告新加坡總督。

立國六年的中華人民共和國關注還未能獨立的新加坡，也關注新加坡立法會提出「要求英國政府立即讓新加坡實行自治」，同時留意到左翼的人民行動黨和其領袖李光耀，而且略去其他左翼分子，包括林清祥等，並且把不是李光耀說的「立即准許獨立」放在李光耀嘴裡；李光耀說的是：「如果英國不願讓馬來亞變成共產主義國家，應早日結束殖民地主義。」根據李光耀的回憶錄，李光耀甚至斥責進步黨議員林坤德：「這樣的愚蠢真叫人不敢相信。」

陳平已於十一年前（一九四六）與北京取得聯繫，馬共也在一九五三年在北京設立國外局；北京態度清楚，眼光也獨到。《人民日報》對李光耀真好。

（十八）首席部長辭職及其意外旅程（一九五六）

64.

英國政府於一九五五年八月「歡迎新加坡在實施憲制一年後，派一代表團到英國商談憲制問題」，首席部長馬歇爾積極籌備，不到一年（一九五六年四月）率領代表團到倫敦出席憲制會談。出發前一個月（三月十二日），馬歇爾發起默迪卡週（獨立週，Merdeka Week），在加冷機場曠地舉行群眾大會，十七萬人簽名。默迪卡週最後一天（三月十八日），群眾在六時三十分集會解散後，衝入機場大廈，發生騷動，造成五十人受傷，二十人是警察。

關心新加坡的《人民日報》一九五六年三月十八日，以「新加坡舉行群眾大會反對殖民統治要求獨立」為題，報導新加坡的默迪卡週：

據新華社訊　新加坡消息：新加坡人民行動黨在三月十三日舉行了一個約有三千人參加的反對殖民統治和爭取獨立的群眾大會，這是新加坡「獨立運動週」開展以來的第一個群眾大會。

參加這個大會的有新加坡許多政界人士，他們都發表了演說，抨擊殖民主義對馬來亞的統治，並且表示了爭取獨立的決心。

新加坡立法議會的議員、人民行動黨書記李光耀說：「新加坡人民爭取獨立的運動正在熱烈展開，這是新加坡有史以來最偉大的運動。」他說：「我們所要求的是建立一個獨立、民主、和平的馬來亞，我們希望妻子兒女能在安定的環境中生活，但是殖民主義卻帶給我們貧窮和痛苦，我們要用全力來消滅殖民主義。」李光耀又說：「新加坡各黨派和人民要團結起來，把要求獨立的願望變為力量。」

馬來民族聯合機構新加坡分部的魯多朗（巫統青年領袖魯士郎）也應邀參加了這個大會。他在會上發表演講說：「新加坡各族人民應該合力來爭取獨立，我們對獨立的要求是刻不容緩的。」

又訊　新加坡商店和工廠工人工會在三月十三日發表聲明，號召新加坡的工人熱烈參加「獨立運動週」的活動來爭取獨立。聲明說：「只有結束殖民主義，建立起一個自由、民主、獨立的馬來亞，工人才能獲得充分的工作和福利的保障，工人運動才能獲得自由的發展。」

默迪卡週主要人物是馬歇爾，不是人民行動黨或李光耀。三月十三日人民行動黨的群眾大會，副主席陳維忠、林清祥也發言。

正如《星洲日報》三月十四日報導，各政黨於日前舉行代表聯繫會議後，已立刻開始推行獨立週運動。李光耀在三月十三日群眾大會上說，這是「各政黨摒棄一切成見」的運動。《人民日報》的報導雖題為「新加坡舉行群眾大會反對殖民統治要求獨立」，也說「參加這個大會的有新加坡許多政界人士，他們都發表了演說，抨擊殖民主義對馬來亞的統治，並且表示了爭取獨立的決心」，卻只報導人民行動黨的群眾大會，引述李光耀的發言。北京再次闡明其立場。

65.

首席部長馬歇爾率領由各政黨組成的十三人憲制談判代表團，包括人民行動黨的李光耀與林清祥。出發前馬歇爾公開表示，如果爭取不到獨立，他將辭職。英國人與他黨內的同志將讓他求仁得仁。

李光耀與林清祥難得共處一室，住在倫敦St James Court服務公寓，這是歷史性的五個星期（四月十七日至五月二十三日）。《李光耀回憶錄》記述對林清祥的觀察：「從他的表現看來，他是個性開朗、和藹可親的人，不擺架子，卻有許多禁忌，而且跟多數華校生一樣，盡量避免失言失禮」，「他為人謙虛溫順，行為良好，獻身事業，使我不得不對他表示欽佩和尊敬」。可惜雙方立場對立，李光耀不得不說：「我多麼希望手下有像他那樣的幹部。」李光耀對林清祥的期望，從「為我們的事業服務」，到助手，到幹部。問題是，投身政治的人，應該不準備當助手、幹部，為別人的事業服務，大家都想更上一層樓。這還不是重要的問題。李光耀坦承，「我們承認彼此在思想上的分歧」，但是「我們接受彼此的觀點，他需要我，我也需要他」。

憲制會談以失敗收場。馬歇爾爭取內部安全的權利，五十二歲的英國殖民地大臣波靄堅持保有新加坡內部安全的權利；同時，由三名英國人和三名新加坡人組成防務與安全委員會，委員會主席由英國最高專員擔任，他有最後的決定權。這時，代表團裡已在醞釀，由林有福取代馬歇爾。

離開英國前，李光耀說：「我決定把馬歇爾打倒，免得他捲土重來。」語氣近乎「從棺材裡跳出來」，李光耀將繼續有這類話語。

李光耀不必打倒馬歇爾。四十七歲的馬歇爾回新加坡後，於一九五六年六月七日辭職，結束十四個月的首席部長生涯，結束人生與事業的最高峰。勞工陣線內沒有人挽留他，大家都想當首席部長，最後由同黨的副首席部長，四十二歲的林有福接任。

66. 南洋大學（南大，一九五五－一九八〇）於一九五六年三月三十日正式開課，由於南大以公司法註冊，殖民地政府不承認南大的學位。

李光耀看到的不只是學位的問題，還有學生組織未來的影響。他說：「南大一開學，學生便組織南大學生會，而且還繼承中學聯的衣缽。」南大學生會於一九五八年四月成立。

大學生肯定比中學生成熟，更具社會批判能力。林有福沒看到或不理，南大因此成了李光耀未來的功課，一門做不完的功課。

67. 辭去首席部長後的馬歇爾沒閒著，他很快就獲得中國人民外交學會的邀請，到中國參觀，並出席中國國慶日。

這是個雙贏之邀。馬歇爾沒有官職，不受體制約束；中國需要突破美國與英國在區域的圍堵，特別是一九五一年七月之後，馬來亞的橡膠禁止出口到中國。新成立的中華人民共和國，一直關注東南亞以華人為主的新加坡。

這時候，新加坡的貿易諮詢委員會也收到中國中華工商業聯合會的邀請，準備與馬來亞的工商團體組成新馬工商業貿易考察團，到日本與中國訪問，考察團秘書葉平玉建議馬歇爾出任顧問，落寞的馬歇爾又回到政治舞臺上。

中國人民外交學會與中華工商業聯合會安排上的巧合，沒有消除馬來亞、英國與美國的疑慮，美國甚至建議馬歇爾到臺灣訪問。

工商貿易考察團於一九五六年七月二十七日啟程前往日本訪問，此行也安排各報記者隨團訪問。此次考察重點在中國，考察團於八月十七日抵達北京，馬歇爾八月二十二日才到。四個月前，馬歇爾才率領新加坡代表團到英國舉行憲制會談；七個月前的一九五五年十二月二十八日與二十九日，他還在馬來亞北部吉打的華玲，出席與馬共總書記陳平等的會談。如此巨大的變化，馬歇爾大概也沒想到。

馬歇爾在北京期間，除了與中國政要陳毅、喬冠華、廖承志、彭真等見面，也在中國慶祝國慶時，在天安門城樓上與毛澤東做短暫交談。

考察團於十月三日在北京舉行聯合聲明簽字儀式，《人民日報》第二天在第二版做了六百字的報導。考察團過後遊覽中國各地，十月十四日才離開廣州，在中國兩個月。此趟考察，達成五百萬英鎊的交易。

68.

對四十八歲的馬歇爾而言，到中國考察，重點是與中國總理，五十八歲的周恩來的兩次會晤——一九五六年八月十九日（星期日）和十月九日（星期二）。

根據臺灣政治大學國家發展研究所教授劉曉鵬掌握的馬歇爾與周恩來會談的資料，話題主要圍繞在國籍、身分與殖民主義；周恩來也在一年前（一九五五），在萬隆與印尼簽訂雙重國籍問題條約。馬歇爾與周恩來以國家的立場分析議題，毫不保留地突顯相異，讓人看到新加坡的顧慮與中國的全面戰略。

兩人在第二次會面，針對種族問題與殖民主義有精采的交流：

周恩來：新馬長期分裂，在經濟上、地理上都不利。

馬歇爾：是。他們總從種族觀點看問題。

周恩來：種族問題只是一個原因，一種藉口，上次也談過，這恐怕與英國的政策很有關係。

馬歇爾：英國的政策如果在這方面做工作，一定朝著種族方面去做。

周恩來：你老是集中到一個問題，老是種族問題。無疑的，我支持你的看法；即中國（華）人留在新加坡、馬來亞，忠於新馬，取得公民權。但是，使新加坡獨立發展，各民族團結，這才是廣泛的看法，因此我想廣泛交換意見。

馬歇爾：這是關鍵，這個（種族）問題解決了，新加坡、馬來亞使可取得真正的獨立，不是形式上的。解決這個關鍵問題，其他問題就好解決。你更有政治經驗，我不能相比，可是我熟悉當地的情況。

周恩來：你熟悉當地情況，你說得對，應該消除種族歧視，取消種族不和，以團結各民族，使他們忠於新加坡、馬來亞，爭取完全獨立，這是關鍵。在這個關鍵上我支持你。但這是問題的一面。

另一方面，團結為了什麼？是為了去掉英國殖民統治。這樣說並不是仇視英國人民，而是仇視殖民主義，使新加坡、馬來亞獲得完全獨立，這樣才有可能使新馬留在英聯邦內。這是我們的好意，不僅是對新加坡、馬來亞，而且是對英國的好意。因為做好事才有好結果，這是積極的一面。從消極方面來說，如果英國不允許新馬獨立，如果使中國（華）人與其他族人不和、仇視，實行分而治之，使新馬分治，這就是殖民主義，就會遭到人民反對，中國（華）人也會反對，這是亞非會談的精神。我們要看看這一面。

馬歇爾：從我們已發表的行動來看，獨立須經兩個階段。馬來亞明年（一九五七）八月可獨立，但並非完全獨立，還要與英國簽訂共同防禦條約（肯定在東南亞條約組織之外）。新加坡也一樣，明年（一九五七）可獨立，獲得完全的自治政府，有各種內政權，但沒有外交權、國防權。第二步是像錫蘭（斯里蘭卡）一樣，完全獨立。因此，明年八月馬來亞在法律上是獨立的，但有條約；新加坡除外交權外，有一切權力。有一點要說明：新加坡雖無外交權，但去年（一九五五）英國已同意在對外貿易上，新加坡有完全權力。

周恩來：你提出的是步驟，未涉及我說的原則。我是從兩方面分析問題。獨立可能要分步驟，獨立的程度決定於新馬人民，我們局外人不能具體地說。剛才我說的目的，是為了擺脫殖民主義統治，兩步也好，三步也好。你對這點怎麼樣？你似乎不敢觸及到這個問題。今天我們是自由交換意見。

馬歇爾：反殖民主義是有限度的觀點，除去殖民主義是目前的任務。種族問題不僅對除掉殖民主義很重要，也是基本問題，對今後都很重要。種族問題的解決，對獨立問題重要，對新馬合併也重要。我感覺驚奇，你說除掉殖民主義是目的。

周恩來：沒有什麼驚奇的，這是一個問題的兩方面，馬來亞不是怕中國去進行殖民主義嗎？如果你同意各民族團結起來，以排除殖民主義，也包括中國的殖民主義。不僅為了今天，也為了明天；不僅包括英國的殖民主義，也包括有些人懷疑的中國的殖民主義。這正是談到基本問題。

我不知你為什麼不敢面對這個問題，我們就敢面對這問題，不僅外國的殖民主義我們要反對，自己的殖民主義也要反對。如果中國強大起來，絕不允許自己進行殖民主義。你可以告訴馬來亞、新加坡人民，說中國總理說過這話。如果中國強大時進行殖民主義，新加坡、馬來亞，以及全世界都有權力和理由反對中國。

馬歇爾：我百分之百同意。如果我給你一種印象，好像不敢觸及殖民主義，那真是遺憾。只有解決種族問題，新加坡才能終止殖民主義，達到完全獨立，使新馬合併。

周恩來：還可以加上一句，終止從任何方面的殖民主義。現在已經清楚了。為民族發展，獨立，必然要永遠擺脫殖民主義，這個民族也不會允許自己進行殖民主義。這是一個問題的兩方面。

馬歇爾：我對第二方面有興趣。我想你已經看到我起草的新聞報導，這點應予補充。

周恩來：我看到了。大體上許多地方可以用，但可使其更完全，請外交學會的幾位做一些修改。

馬歇爾：今天你說的這句話要加進去：要獨立，不僅要消除各種殖民主義，而且不使自己進行殖民主義。

周恩來：完全同意。不僅現在如此，而且在後代也如此。

（引自林恩河，《馬歇爾訪華之旅：與中國總理周恩來的會談》）

八、神救援（二）：首席部長

（十九）首席部長「玩弄骯髒手段」及其「以謊言絞殺」對手（一九五六－一九五九）

69.

從歷史的角度來看，馬歇爾與林有福的出現，只是烘托男主角的出場，為李光耀暖席；或者，當李光耀的先頭部隊，解決最棘手的問題。特別是林有福，還不斷地「做球」給李光耀，雖然林有福披荊斬棘，表現給英國老闆看，卻一直在幫李光耀解決最難纏的問題——掃除馬共與左翼。問題是，林有福會這麼天真嗎？可以確定的是——他是英國要的人選，也是東姑喜歡的，可惜技不如人。

林有福於一九五六年六月八日接任首席部長，輪到他到倫敦進行第二次憲制會談，他比馬歇爾聰明，其實是向好友東姑學習，以逮捕人民行動黨內的左翼作為會談籌碼。

九月十九日，林有福開始「擺平顛覆活動的威脅」，先解散兩個左翼團體，拘留七團體領袖；接著於九月二十四日解散中學聯，逮捕中學聯成員。學生抗議、工會支援在意料中。

根據李廷輝《公開的統一陣線：新加坡的共產主義鬥爭（一九五四—一九六六）》中引用內部安全局的資料，林清祥與其左翼代表曾於九月二十八日早上見了林有福。當天傍晚，林有福的新加坡職工總會開會，要求林有福釋放被捕者或將其控上法庭。但是林有福無視總會的要求。

兩天後，新加坡巴士工友聯合會與新加坡電車公司僱員工會（Singapore Traction Company Employees' Union, STCEU）的聯合會議上，方水雙說，林清祥挑戰林有福雙雙辭去議席後補選，林有福沒有接受。

十月一日，林有福政府逮捕中學聯主席孫羅文，接著是系列的逮捕行動。立法議會於十月四日開會，議員李光耀提出「譴責政府最近逮捕數團體負責人與解散數團體的斷然行動」的動議，首席部長林有福將動議修正為「歡迎政府最近採取的強硬動作，逮捕七人與解散二團體」，以動議沾沾自喜地突顯政績。動議以二十三票對五票通過，五票除了來自人民行動黨四票外，另一票來自勞工陣線議員。《南洋商報》報導，「贊成和反對動議的議員都採用強烈詞句，會場空氣頗為緊張。」

李光耀在會上指責林有福政府的逮捕行動「沒有提出任何證據」，「專橫的手段無非是一種按部就班的陰謀，目的是肅清異己的政治勢力」。他還說：「林有福由殖民地傀儡，一降再降，成為殖民地走狗。」議長立即反對。三十三歲的李光耀強調，林有福為了生存，以高壓手段對付團體，甚至解散團體，包括托兒所、幼稚園、圖書館等。李光耀說：「議長先生，鎮壓是一種會成長的習慣。有人告訴我，它像做愛——第二次總是更容易。第一次可能會有良心的痛楚、罪惡感，一旦習以為常，不斷地重複，便會在攻擊和攻擊範圍內，變得越來越厚顏無恥。第一個鎮壓的目標是政治部認為的共產黨人，其次是活躍的共產黨同情者，接著是不願與殖民地統治者勾結的一群，最後是一般反政府的人。」

人民行動黨於十月二十四日在武吉知馬美世界附近舉行群眾大會，抗議政府的逮捕行動，李光耀、林清祥、蒂凡那、杜進才都上臺。同一天，政府也宣布將於第二天驅散學生。

十月二十五日晚上，警方大肆逮捕左翼分子。十月二十六日，林清祥、方水雙、蒂凡那、詹姆斯．普都遮里到法律顧問李光耀位於馬六中街的辦公室，討論下一步行動，他們深知隨時會被逮捕，也同意下一回到李光耀的辦公室開會。

眾人回到密駝路工會總部，凌晨四時，政治部的人便來了。這是林清祥第二次被捕，上一次被捕是五年前，那時他還是十八歲的學生。

這次被捕或者許多人認為，事件過去後便會放人。那是英國人在臺前管理的時期，換華人掌控臺前，加上時局劇變，人們將發現被拘捕的嚴重性。

這次共逮捕兩百一十九人。十月二十六日凌晨暴亂發生，政府宣布戒嚴。暴動事件導致十三人死亡，一百二十三人受傷，一千人被捕。

憲制未賦予林有福政府內安權，那是總督的。然而，這次行動獲得英國人的贊許，英國老闆波靄樂得有人願意當壞人，稱讚林有福「有膽量，有能力」。冷眼旁觀的李光耀認為，林有福不知道，他的名聲在說華語或方言的華人群眾中已蕩然無存。對於這次的逮捕行動，拉惹勒南近半個世紀後接受《白衣人》訪問時承認，林有福幫了人民行動黨。

林有福為什麼這麼「好」，「幫」人民行動黨？

傅樹介的回憶錄引述一九五六年十二月二日「殖民地大臣與新加坡首席部長會談筆記」，筆記記錄林有福告訴殖民地大臣波靄，他先要擺平顛覆活動的威脅，才向英國謀求憲制談判的進展。傅樹介的回憶錄認為：「他（林有福）煽動暴亂，讓他有理由拘留林清祥」，並援引緊急法令將林清祥監禁兩年。

70. 歷經大逮捕後，這一年（一九五六）年底，在議院談論新加坡前景後，李光耀的戰略更清楚，他在《回憶錄》裡表明：

我們需要英國人把共產分子鎖住，直到有一天，這個任務可以交給東姑，東姑有強大的馬來群眾基礎，他能夠通過拘捕或必要時借助武力，迫使共產分子無法發揮作用。這將讓我們有時間進行必要的社會和經濟改革。然後，我們將使能幹有才華的人，不論出身、語言和文化，都有機會在公共和私人領域裡出人頭地。只有這樣，我們才能從馬共手中，把聰明有才華的人吸引過來，馬共一旦失去能幹的幹部，就無法取勝。

希望借助東姑對付共產分子，意味著新加坡與馬來亞必須合併。人民行動黨將朝這方向邁進。

71. 逮捕左翼分子後，一九五七年三月，林有福帶著戰績，取代馬歇爾，到英國做第二次憲制會談。會談代表從第一次十三人減至五人，除了林有福，其他四人分別是勞工陣線的教育部長周瑞麒、副首席代表兼新加坡巫統主席哈密·裕末（Abdul Hamid Juma, 1917-1978）、行動黨秘書長李光耀，以及自由社會黨的林春茂。周瑞麒和阿都·哈密都是第一次參加會談。

會談前，林有福已在新加坡與五名代表擬定新憲制大綱，讓英國人擁有決定內政權。同樣經過五個星期，代表團與英國人達成全面自治憲制協定。內部安全委員則由五名英國人、三名新加坡人和一名馬來亞代表組成，主席由英國人擔任。

制定中的憲法第三十條款具爭議性，它禁止所有曾經參加或被控參加顛覆活動的人，在新憲制舉行的第一次大選中成為候選人。殖民地部大臣波靄強調，英國政府不能讓共產黨支配新加坡，因此沒得商議。這條文後來也稱為「反顛覆條款」。

人民行動黨的左翼領袖林清祥等此刻仍在牢中，意味著他們不能參加來屆選舉。人民行動黨內的左翼將會有反應，尋求突破，最後形成不利左翼的局勢。

李光耀在《回憶錄》中表明：

我當場反對，認為「這個條件令人不安，因為它違背民主實踐的原則，而且不能保證掌權的政府不會利用這個規定，不僅防止共產分子，也防止反對政府政策的民主人士參加競選」。

李光耀強調：我講這番話是為了存檔。《回憶錄》也透露：

林有福早在一九五六年十二月在倫敦會見波靄後，在新加坡私下向我提起這件事。波靄也已邀請我到伊頓廣場的私邸單獨喝茶，討論這件事。……他（波靄）問我：「如果我實施這項條款，不准他們（被捕的左翼分子）參加第一次大選，以便在內部完全自治的憲制下誕生的第一屆民選政府，在開始運作時有更良好的記錄，你是否同意？」我回答說：「我將會譴責這種做法，你必須承擔後果。」

李光耀於一九九五年開始寫《回憶錄》後，接觸到相關文件。他在《回憶錄》裡透露：

三十八年後，我從有關文件中得知，當時林有福已經向新加坡總督表白。有關文件指出，「不論是他（林有福）或李光耀，都不可能在（一九五七年）三月的會談中提出這個問題」。但是，「如果殖民部大臣（波霭）定下這個條件，不論是他（林有福）或李光耀也不會表示異議」。

所以，在第二次憲制會談中，波霭提出這一爭議性條款時，《李光耀回憶錄》說：「我和林有福都不覺得意外。我懷疑各政黨代表團的其他成員私下也知道這件事，所以他們也不感到驚奇。」

72. 這件事兩年後有不一樣的說法。立法議會於一九五九年三月四日討論教育部長周瑞麒的「政治禮物案」時，鬧出案外案。一九五九年三月五日《星洲日報》報導，人民聯盟領導人、首席部長林有福因周瑞麒的醜聞，被人民行動黨的李光耀激怒，在辯護時說：

丹戎巴葛議員（李光耀）既然不惜玩弄起骯髒手段，我也會玩弄。反顛覆分子條文便是李光耀和我本人會見殖民地大臣的結果……

這時李光耀高喊：「撒謊！」議長起身維持秩序，指首席部長言出題外。《星洲日報》報導：

首席部長接著說，政府曾採取行動清除行動黨裡的顛覆分子，又在與行動黨商量之後，替行動黨做了許多好事……

這意味著，從一九五六年林有福接任首席部長，至一九五九年人民行動黨揭發教育部長周瑞麒接受「政治禮物」前，林有福一直與人民行動黨或李光耀有接觸，並「替行動黨做了許多好事」。

議會上，李光耀回覆了林有福的指責：

首席部長在極度痛苦中，企圖以謊言絞殺行動黨。事實上，我絕未和首席部長私下見過殖民地大臣。

「私會殖民地大臣」事件主角之一，英國殖民部於一九五九年三月十日發表聲明：

殖民部今日斷然否認，新加坡報章報導新加坡憲法中加入反顛覆條款，是殖民地大臣波靄、人民行動黨領袖李光耀和首席部長秘密協商後達致的諒解。

英國殖民部發表的聲明不說事件是林有福說的，卻引述新加坡報章的報導，隔著當事者澄清。

兩個星期後（三月十九日），李光耀在立法議會最後一次會議上動議推翻現任政府，因為首席部長說打算玩弄骯髒政治，損及政府，以及人們對自由、公平選舉的信心。他要林有福撤回對骯髒政治的聲明，同時，也要林有福撤銷他說的一段話，即他與李光耀、殖民地大臣曾舉行過一次秘密會議。

林有福回應：「他（李光耀）引述我在極大苦惱中說的幾句話。我曾說，該議員骯髒到破壞諾言的程度。所以，就以他破壞諾言的程度，我也想破壞我的諾言，然後，讓政府去決定是他骯髒還是我骯髒，或是我們都骯髒。」

最後林有福說：「我想，我們都願意這最後一次的會議，能夠友善地結束，讓我們離開會場時充滿快樂。」表決以十九票對六票，李光耀的動議被否決。

73. 幾乎一個甲子之後，傅樹介的回憶錄論及第二次憲制會談時，引用一九五七年一月二十二日總督柏立基致英殖民部官員詹森（J. B. Johnson）的信，顯示林有福告訴總督，李光耀對他說，希望能修改法律，禁止像林清祥和蒂凡那等政治犯參加立法議會選舉。

傅樹介也引用總督兩天後（一月二十四日）致英殖民部官員詹森的信說，在另一次的會議上，林有福堅決認為，英國人必須在新憲法中列入此條例（反顛覆條款），禁止政治犯以候選人身分參加立法會選舉。如果殖民部大臣禁止政治犯參加立法會選舉，他和李光耀都不會反對。

一個月後（二月二十二日），總督再致信殖民部大臣，贊同林有福的觀點，因為這些人（被逮捕的政治犯）深深介入並支持共產黨顛覆活動而遭監禁。

74. 第二次憲制會談代表團於一九五七年四月十四日回新加坡，接著到市政廳大廈前大草場（Padang）發表群眾演講，代表們輪流上臺。李光耀在發言時，第一次公開談及新加坡與馬來亞合併的事。他說：「這次代表團只能爭取四分之三的獨立。那些想像新加坡這麼小的地方能實行完全獨立的人，一定是瘋子。新加坡要獨立，唯一的方法是同馬來亞合併。」

林有福則乘勝追擊，準備在四個月後的八月舉行大選。不過，根據傅樹介的資料，這是總督的主意，林有福偏向延後。

75. 第二次憲制會談意外地製造兩個補選，作為會談的新加坡延長賽。

一九五七年四月二十六日，立法議會開會表決倫敦憲制會談的事項。馬歇爾說：「人民行動黨假裝與左翼人士結交，卻巴不得把他們除掉。」

李光耀回：「如果人民行動黨在大選中獲勝，除非先釋放被拘留的工會領袖，否則不會執政。」李光耀表示，他與杜進才、王邦文討論過，「如果我們上臺執政，卻讓過去的同志關在獄裡，說華語或方言的群眾將視我們為耍陰謀詭計的人，不再信任我們。舊帳必須先清，我們才能分道揚鑣。」

會議沒討論反顛覆條款，因為憲制談判的五人小組並不接受此條文，林有福與李光耀都認為，那是英國人單方面強加的，他們將向立法會報告，刪除這一條款。馬歇爾指責人民行動黨在憲制會談中出賣所有的人，挑戰李光耀辭去議席，兩人以憲法為議題，在李光耀的選區對決。李光耀立刻同意，但是馬歇爾卻在四月二十九日宣布永遠脫離政治，不準備參加補選；李光耀則說，他已於四月二十九日呈交辭職信。《李光耀回憶錄》解釋，馬歇爾不選是意識到左翼不支持他。

兩人的選區，李光耀的丹戎巴葛與馬歇爾的經禧（Cairnhill）於六月二十九日舉行補選投票。丹戎巴葛有三人參選，李光耀以四千七百零七票當選，贏得百分之六十八的選票。經禧區由五人參選，自由社會黨的蘇義順以兩千三百四十二票當選，贏得百分之四十的選票。兩區的投票率都不高，分別為百分之四十七和百分之四十一。

《李光耀回憶錄》說，人民行動黨內的非共拒絕左翼協助補選。他終於「把馬歇爾打倒」。

76.

反顛覆條款在第二年（一九五八）五月，由同一批人第三次前往倫敦談判時，以另一種方式通過。《星洲日報》一九五八年五月二十九日報導，「會談結果廢除這一條例（反顛覆條款），另以樞密院命令的方式發表這條文，成為新加坡緊急法令。」報導說，新加坡代表團已在去年（一九五七）接受所有的憲法規定，今年沒有特殊的意見，經過兩個星期後，順利地於五月二十八日完成新加坡第一部憲法的草案。

（二十）毛澤東的字典及其改變馬共戰略（一九五七）

77.

在印尼。一九五六年中，印尼共產黨主席艾迪（Dipa Nusantara Aidit, 1923-1965）從北京回印尼後，聯絡余柱業，傳達馬共中央的指示：停止地下活動，解散星洲人民抗英同盟會，同時邀余柱業到北京。三十九歲的余柱業於一九五七年三月中到中國，向馬共國外局書記章傳慶彙報工作。

三十六歲的章傳慶（章凌雲、小章、阿蘇，一九二一－一九八九）生於馬來亞彭亨，為馬共五人中委之一，一九五三年到北京治病兼學習，同時出任馬共國外局書記。他曾到蘇聯學習，後來出任馬共代總書記，一手掀起馬共間諜案的腥風血雨，導致馬共分裂；他也是一九八八年合艾和談馬共代表之一，於第二年去世。章傳慶支持馬共與李光耀等費邊主義者合組人民行動黨，讚賞人民行動黨反殖民地政府，並給予全力支持。章傳慶的決定有其戰略背景，根據單汝洪（阿成、陳瑞，阿海，一九一八－二〇一一）的回憶錄《我肩負的使命》憶述，一九五七年章傳慶到北京後，中共中央委員、中聯部部長王稼祥（一九〇六－一九七四）要求見他和章傳慶，了解馬共的困境。

過後，王稼祥又安排章傳慶到莫斯科，與蘇聯共產黨（蘇共）中央聯絡部部長一起探討馬共的問題。章傳慶於一九五四年夏天回北京，向三十六歲的單汝洪報告他的莫斯科行，並說明蘇共的立場：

> 及時轉變鬥爭的形式比繼續堅持（武裝鬥爭）下去好。

至於中共的立場，章傳慶直言：「看來他們（中共與蘇共）事先已研究好，達成一致的意見，才來和我談，只是要蘇共老大哥發言罷了。」

過後，章傳慶與單汝洪研究如何「轉變鬥爭的形式」，兩人達成結論，利用反動派與英帝國主義的矛盾，集中攻擊英帝國主義。「反動派還缺乏對付我們的武裝力量，而且為了達到他們不可告人的目的，可能還會利用我們的力量。如果我們同他們能夠結成反英統一戰線，當然是好事。」所有的論點一定要有「但是」換擋或剎車。「但是，一定要警惕，吸收中共初期同國民黨搞統一戰線的經驗教訓，提防出現汪精衛和蔣介石叛變革命，屠殺共產黨人的慘案在我們隊中重演。」

這是一九五四年的看法，此時人民行動黨剛成立。這樣的論點簡直是新加坡左翼與非共成員組成人民行動黨前心裡的ＯＳ（畫外音）。可見，新加坡左翼分子當初的決定是正確的。

章傳慶與單汝洪將他們的意見寫成《為實現馬來亞獨立、民主和和平而鬥爭》的宣言，在一九五五年馬共的第十次擴大中央全會中通過；這個決定直接催生一九五五年底的華玲會談。

華玲會談失敗後，第二年（一九五六）一至二月間，中共主席毛澤東突然要見馬共中央代表團。會面在一個午夜零時時分。毛澤東晚上不睡覺，現場還有周恩來、劉少奇、朱德、鄧小平也不必睡。毛澤東看了華玲會談的紀錄片，說：

在會談中，東姑．阿都．拉曼威脅馬共投降，陳平同志堅決拒絕，表示：「即使戰到最後一個人，我們也要戰下去。」這是英雄。

在我們共產黨人的字典裡，是找不到「投降」兩個字的。向敵人繳槍投降，一輩子抬不起頭，見不得人呀！

在場的單汝洪回憶：「毛主席講完，大家沒有出聲，都默許、領會主席的一番話，這對於每一個堅定的共產黨人來說，已是堅持信仰的座右銘。」

一個小時的會談後，告別了毛澤東，單汝洪與章傳慶都認為：

毛主席主張我們堅持武裝鬥爭。

毛澤東一番話，打亂了馬共的路線。根據陳平的回憶錄，馬共游擊隊自一九五五年節節敗退，到了一九五八年年底，主力部隊不超過三百五十人。在人民行動黨獲得政權的一九五九年，馬共召開中央委員會會議，章傳慶也通過無線電參與開會。陳平說：「我們唯一的選擇就是逐漸停止武裝鬥爭，通過地下人員恢復地下政治運動。」

馬共也開始往新加坡、印尼和中國遣散人員，陳平是前往北京的成員之一，因為他已在華玲會談露臉。

在北京，章傳慶與單汝洪在毛主席說「共產黨人的字典裡，是找不到『投降』兩個字」後，決定由單汝洪回泰南向中央報告，並要陳平親自向毛澤東報告馬共的情況，再親耳聽毛澤東怎麼說。於是，陳平於一九六〇年十二月從泰北出發，抵達北京已是一九六一年六月。

所以，當余柱業一九五七年向章傳慶彙報馬共與李光耀等合組人民行動黨時，章傳慶仍以一九五五年的「結成反英統一戰線」為指導原則，以實踐他們的綱領。

問題是，章傳慶與余柱業都不在新加坡，新加坡的政治現狀是，左翼領袖林清祥等人仍在獄中，不利左翼的反顛覆條款看樣子將通過，因為這兩個不利的因素，左翼正醞釀分裂，「支持馬共與李光耀合組人民行動黨，並給予全力支持」的論調，已是明日黃花。

78.

馬共的明日黃花暴露其組織性結構問題。英國人在規畫馬來亞時，將新加坡排除在外，有其戰略、地理與社會因素考量。

馬共中央在陳平之前，都以新加坡為中央，黨領導人幾乎都被捕。城市不利共產黨活動，如同中共早年在上海；馬共中央隨陳平上任後遷往馬來亞，符合局勢的發展。

但是，將新加坡列入南馬局，是失敗的安排。萊特於一九四六年將全馬來亞分為北、中、南管理，南馬包括柔佛與新加坡。如今，十年過去了，新加坡與馬來亞，除了在地理上隔著一道海峽，在社會結構上，新加坡已是商業集聚的城市小島，沒有廣大的幅員，與柔佛甚至馬來亞之間的差距甚大，在戰略上無法兼顧，其他考量更不在話下。

甚至，新加坡根本不適合馬共活動。方壯璧便在其回憶錄裡說：「新加坡的幅員畢竟太小，人口也太少。它能夠提供地下隱蔽活動的迴旋地太過局限，它的人力資源也相對短缺。鬥爭長期延續，頻密交錯，短兵相接。這些對我方戰鬥力的恢復與補充，對組織的穩定安全，以及對群眾的修養生息，都產生消極的影響。」

陳平在其回憶錄末章總結經驗後也提出：「以暴力為基礎的革命不適用於現代的馬來西亞和新加坡。就這些地區的國情而言，不存在有利武裝鬥爭的條件。」

在新加坡的馬共被征剿後，組織規模不算大，主要是屬於黃明強領導的四百名學委成員。但是，組織仍疊床架屋，多一「床」一「屋」，便給敵人多一目標；更多的是，「床」「屋」無人，「散勇」流離。

組織結構問題不比戰略失誤來得嚴重，所以，在陳平回憶錄中，可頻頻聽到陳平說「我們錯了」。新加坡市委被摧毀，南馬局危機重重，中央自身難保。資訊出不去也進不來，新加坡成了孤島；待消息傳來時已成黃花，中央的鐘擺又擺向另一邊。馬共立場多變，中央與地方各有自己的步伐與方向，待到交會時，地方便調整成中央的步伐與方向，再等待另一次的交會再調整。

陳平不是沒有這樣的經驗，他在回憶錄追憶，一九四三年初，馬共霹靂州黨員有五百多人，作為馬共霹靂州第三號人物，他與設在新加坡的中央組織失去聯繫。「黨中央一九四二年的指示產生的反作用，使情況更加混亂。在此指示下……指揮權卻落入新加坡黨中央的手裡」，「為了克服官僚組織造成的困難，我費盡心思……在我們的主要部隊之外，成立一支平行的游擊隊」。

十四年後，總書記應該知道地方領導人面對的問題。雖然陳平說：「我們在新加坡的市委會是高度自治的單位。」「高度自治」彼時意味著中央自顧不暇或管不到，與正常的管理無關。

新加坡市委被摧毀，陳平不得不命「重要的領導人都逃離新加坡」。這意味著，剩下「不重要」的成員留守新加坡，新加坡的事務都由「不重要」的成員決定，卻往往在聯絡上逃離新加坡的領導人後，才知道自己「錯了」。前線人員不只面對生命威脅，還得寫報告，接受批判。既不為五斗米，為理想何堪如此？尚有更不堪者如總書記所言：「他們（馬共成員）要脫離部隊，首先就得投誠，不投誠，他們會被處以絞刑。」理想何價？生命誠可貴，自由價更高。理想竟是單向道，通往天堂也通往地獄。不知滿懷理想的年輕人入黨前可曉得？

反觀人民行動黨的非共分子，李光耀在戰地現場指揮、作戰，甚至受傷——被攻擊，迅速掌握所有的資訊與細節，及時調整或改變戰略。單在組織結構上，左翼已處劣勢，還得面對不利的大環境——英國人全面的追殺。

馬共南馬局既已潰散，章傳慶要新加坡成立獨立的單位，這是明智之舉。接下來是人的問題。

79. 根據黃明強的口述文章，余柱業回印尼後，按中央的指示，於一九五七年九月三十日成立星洲工作委員會，黃明強為委員會書記，委員為余柱業，並授權兩人推選另一委員；黃明強推薦原工委詹忠謙，余柱業則提名方壯璧。黃明強說，出於對余柱業的尊敬，最後選擇方壯璧。方壯璧負責新加坡事務，原屬黃明強的約四百名學委成員也轉給方壯璧。

中央也指示今後方針定為：徹底停止地下活動，地下工作應「短小精幹」，不宜大量發展黨員。是的，武裝抗爭已是昨日黃花；毛主席的話：「我們共產黨人的字典裡，是找不到『投降』兩個字的。」還沒傳到印尼。

（二十一）首席部長及其左的試探（一九五七）

80. 忙碌的李光耀自林清祥、方水雙、蒂凡那、詹姆斯·普都遮里和兀哈爾等人於一九五七年被捕後，每三、四個星期都會到樟宜監獄，探訪關在牢裡的同志。

林清祥單獨監禁。他在〈林清祥〈答問〉遺稿片段〉說：「這是一種慢性的，經年累月的，逐步摧殘人性的做法……政治扣留者是無限期的，直到你在人格上做出自我摧殘，滿足政治敵手時，才有所謂獲釋的機會。

「在被關期間，由於是政治犯，不需像犯人那樣工作，你除了在那小天地踱方步以外，剩下的是時間，無數的時間，若你不能自拔，在那種情況下你真正才會體會出什麼叫著度日如年；當你望著那座牢獄石牆內外，有多麼多事你想做，你可以做而你又不准做，你才真正會懂得什麼叫挫折感。」

在眾多困於牢裡的左翼中，蒂凡那終於「覺醒」了。根據蒂凡那於一九七六年五月二十九日在倫敦舉行的社會主義國際會議上的發言：「到了一九五六年，我已經對共產主義的目標及手段已有所保留。我不反對有理想的馬克思主義分子，但我發現共產朋友中，有許多人的華人沙文主義比馬克思主義更突出。他們專注於華人問題，華人的教育、語言和文化，完全不理會新馬多元種族裡，馬來人、印度人與其他種族的感受。對我來說，他們似乎是為了製造一場種族對抗。我沒有看錯，共產主義政策和做法，已引起在馬來亞占多數的馬來人不安。」

所以，一九五七年上半年，蒂凡那透過調查局局長柯里頓（Richard Byrne Corridon, 1908-1993）的安排，與聖安德列學校前同事湯姆斯見面。蒂凡那告訴湯姆斯，他非常厭惡共產主義；湯姆斯過後將此事轉告李光耀。

《李光耀回憶錄》記述，蒂凡那在坐牢期間逐漸對共產黨失去信心。在調查局局長柯里頓安排下，李光耀與蒂凡那在棋樟山見面，「他（蒂凡那）告訴我，他的夢想已破滅，打算脫離政治。」

在樟宜監獄的左翼始終是政壇焦點，畢竟那裡關了一群政壇舉足輕重的人物。已失去講華語與華人方言選票的林有福，也把視線轉向獄中的左翼，並伸出橄欖枝。蒂凡那於一九八一年接受《新加坡：為成功奮鬥》作者約翰・德萊斯迪奧（John Drysdale）訪問時透露：「林有福借由柯里頓私下的安排，讓我在柯里頓家裡與林有福見面。林有福提議，如果他釋放所有在牢裡的左翼分子，人民行動黨須在大選時與勞工陣線結盟。」

安排兩人見面的調查局局長柯里頓是李光耀的粉絲，他警告蒂凡那，林有福是個孤獨的人，別做不明智的承諾；柯里頓不想李光耀下臺。蒂凡那告訴林有福，這類討論須先知會人民行動黨中委會，過後他再將這個建議讓牢裡的同志知道。蒂凡那已開始與李光耀接觸，當然拒絕林有福。蒂凡那大概是那時最忙碌的囚犯，還可以隨時出外開小會、與人談判，像在家裡。林有福找上蒂凡那，不曉得是已知蒂凡那已「覺醒」，或是認為蒂凡那有潛能，也不曉得不會說華語的林有福是否繼續找牢裡的其他人。

林清祥那裡也有人去說項。〈林清祥〈答問〉遺稿片段〉說，李光耀擔心大選和是否要組織政府。「看他有這麼大的後顧之憂，我向他提出，我要離開新加坡，前往印尼深造。」李光耀一直勸他留在新加坡，幾次對他說：「只要你和我們站在一道，戰役的百分之五十便定了。」

同樣是「擔心大選和是否要組織政府」，其他在牢裡的左翼有不同反應。《李光耀回憶錄》回述，在探望其他同志時，有一回他暗示，對於行動黨是否要在下屆大選中爭取勝利，他一直猶豫不決，因為行動黨一旦執政，很快就會跟馬共惹上麻煩。李光耀說：「他們聽了大吃一驚，知道除非行動黨在大選中獲勝而執政，否則他們恐怕要在監獄裡再度過幾年。他們逐漸改變主意，並答應以明確的態度支持人民行動黨。我知道這種口頭承諾是沒有意義的，要求他們以書面寫下準備支持我們的條件。」

一九五八年初，蒂凡那參考人民行動黨的競選綱領，起草《馬來亞社會主義的道路》（The Road to Socialism in an Independent Malaya）聲明，方水雙、曾超卓、蒂凡那、詹姆斯．普都遮里和兀哈爾都在聲明書上簽名。林清祥於一九五八年調過來與他們一起後，「面對一份已起草好的《馬來亞社會主義的道路》的聲明，大家都提心吊膽，想知道我的態度……看完了同僚們起草與簽署了的聲明，我修改了幾個字眼，終於簽上。」

對於這份聲明書，林清祥直言：「說實話，我並不太在乎聲明的內容，原則上，我總覺得在獄裡簽署有點不明智，用英語說是under duress（被逼的）。當時，這項聲明的簽立終於成為一個先例，自此以後，政治扣留者要獲得自由，便必須簽署一紙聲明。」

林清祥指出：「一九五六年大逮捕之後，牢內一些親密戰友居然在李光耀影響下，準備背我而去，走所謂『馬來亞社會主義者』之道路。」這是讓林清祥「不時消沉，及後來於一九六三年至一九六九年在牢裡，表現不太好之原因」的兩件事之一。

另一件事即將發生。

簽完聲明後，蒂凡那對林清祥說：「你是我見過最聰明的共產黨員之一。」

不久之後，蒂凡那再起草另一篇聲明〈社會主義的目標和手段〉（The Ends and Means of Socialism），其他人都簽名了，詹姆斯．普都遮里沒簽名，他另寫信給李光耀。

社會主義的道路需要目標和手段。

（二十二）激進左翼及其奎籠密謀（一九五七）

81.

余柱業、黃明強和方壯璧雖然成立星洲工作委員會，但只限紙上談兵，沒有兵則屬空談。在第一線的士兵此刻正陷入危機。人民行動黨內的左翼領袖林清祥等於一九五六年十月二十六日被捕；李光耀出席第二次憲制會談時，反顛覆條款沒談成，等同林清祥等人不能參加來屆大選。黨內的左翼分子認為，他們必須有所作為。

左翼分子在領袖被捕後，在位的成員，包括中央宣傳與教育局主席陳貢元（一九三二－）與副主席吳文斗，以及各支部與工會的主要負責人，都積極地發揮作用。

然而，他們最後呈現於社會的，是在一九五七年八月四日人民行動黨第四屆中央委員會選舉中，取得控制權，致使李光耀辭去黨秘書長。

82.

奪權事件始於一個浪漫的奎籠夜，與事者包括行動黨左翼中委，左翼工會、學運成員。

奎籠之夜召集人陳貢元在其二〇〇九年的回憶錄《人生路短話往事：新加坡PAP五十年代「奪權真相」》中透露：

> 在白色恐怖統治下，被圍剿的左翼剩餘力量，在群龍無首的困境中力求重新組合；來自工

會、學界（運）和其他團體活躍分子，不顧一切衝向社會，企圖打破白色恐怖。他們批評人民行動黨軟弱，李光耀向英國讓步，再不能成為反殖領導……他們滲透人民行動黨基層、工會等組織，親訪前首席部長馬歇爾和名聲不佳的（工人黨秘書長）吳光明，及民主黨主席許春風「商討合作」，提出恢復和籌組新的組織……不管他們動機如何，左翼隊伍嚴重分裂，已是不可挽回的事實。

總的來說，人民行動黨基層主要幹部和黨員，以及工會中的多數派站在李光耀這一邊。激進言論的散播者有被懷疑來自英國的陰謀，或是馬共的極左分子所為。

陳貢元的回憶錄有三個版本，除了《人生路短話往事》，之前有《我有回憶》，《人生路短話往事》根據《我有回憶》增刪；二〇一八年再出版《跌宕起伏一生多彩：陳貢元回憶錄》。

陳貢元在《人生路短話往事》中透露，林清祥等人被捕後，黨內左翼面對繼續留在人民行動黨或再立新政黨而分裂；特別是工會，林清祥領導的各業工廠商店職工聯合會（各業）於一九五七年二月十四日解散後，全星工友聯合會（全星）和泛星各業職工聯合會（泛星，一九五六－一九六三）分別成立，都在爭取「各業」散落的三萬五千名成員。兩個新工會都擺明要做最大最有代表性的工會，成為新共主。

面對挑戰，李光耀沒妥協，陳貢元坦言：「李光耀聽到左派隊伍中反對他的聲音越來越多……在會議上不斷攤牌……他懷疑與不信左派對他忠誠。」

接著李光耀到英國出席第二次憲制談判，會議沒討論反顛覆條款的消息傳到新加坡，「激進左翼」決定挑戰黨中央，以致黨中央於三月三十一日召開中央與支部的緊急會議；會中許多來歷不明的人參加，穿梭於各支部的主席與秘書之間竊竊私語，要求黨主席杜進才向李光耀施壓，爭取新加坡完全獨立，但都被杜進才擋下。

會議過後，部分中委、支部主要負責人和中宣委知道問題嚴重，開始勸說和反抗極端分子。

李光耀從英國回來後，非常不滿中支部的會議，認為是親共分子所為，直指左翼中委與支部主要負責人與左翼工會。後來便上演李光耀與馬歇爾相繼辭去議員事件。不滿李光耀的「激進左翼」向馬歇爾建議與吳光明、許春風籌組新政黨。馬歇爾在位時發生福利巴士員工罷工事件，「激進左翼」會向馬歇爾建議籌組新政黨，與馬歇爾訪問中國不無關係。

馬歇爾讓「激進左翼」失望，他知道支持他的左翼，不足以對抗支持李光耀的左翼，選擇退選。陳貢元直言，「李光耀怒不可遏地大罵左翼集團背叛」，「溫和左翼」向李光耀解釋，但李光耀不接受，「激進左翼」則變本加厲。於是，有人提出奎籠之夜以「為團結做出努力」，時間是在中委會選舉前的一九五七年七月六日，以免破壞人民行動黨。

這是「奎籠事件」的背景，也是「奪權」的根源。

83.　奎籠（Kelong）是東南亞獨特的海上漁棚，呈凹形，三面築有簡便的房間，內凹處放置漁網於海裡，中央掛亮燈；凹形出口置三排木柵，中間排垂直向外，兩邊各一排往外斜擴，引導魚兒游向亮燈處——海中網；奎籠業主定時收網，捕取漁獲。

此次聚會在裕廊杜亞士漁村（Tuas，今大士）岸外的奎籠，出席的有行動黨支部負責人、工會與學運代表。二十五歲的陳貢元是此次聚會的召集人，也是會議主持人。

行動黨支部負責人有：丹戎巴葛的陳志成（二十五歲）、劉坡德、鍾文靈（作家田流，二十五歲）和女朋友徐綠娣；武吉班讓的黃翟元、許榮華；武吉知馬的陳貢元；花拉公園的王安才、戴秋聲、段文華；巴耶利峇的陳木庭、卓中華；女皇鎮的邢福源。另一人陳貢元沒列出名字。

中委為吳文斗與陳從今。

工運、學運代表：林戴偉、吳宗澤，還有一人陳貢元不認識。

二十四歲的林戴偉原名林友曲（一九三三－一九六二），就讀華僑中學，這一年（一九五七）高中畢業後投入工運，先加入「全星」，後轉「泛星」；他也是南洋美術專科學校（現新加坡南洋藝術學院）創辦人林學大五名子女中的么子。第二年（一九五八）九月，林友曲與其他三十八人被驅逐到中國，中國文革期間被派到泰國南部的馬共北馬局；馬共肅反期間，他成了肅反對象，於一九六二年被處決。

吳宗澤為南洋大學政治經濟系第二屆畢業學生，《南大火炬》編輯；他於一九五八年九月五日被捕，拘留一年多。

眾人於中午十二時出發，在奎籠上吹海風、賞海景、吃海鮮，看奎籠的操作。

傍晚六時，大家坐在房裡的木板上，開誠布公地討論或辯論，「不做記錄，不做決議」。林友曲先發言，說一九五六年十月二十六日林有福政府大肆逮捕左翼後，李光耀領導的人民行動黨軟弱無能，對李光耀不能再寄予期望，要成立新政黨。

此番言論自然遭在場人民行動黨成員反對。陳貢元記述：「對方知道成立新政黨無望，即刻改變口氣，要求保留意見。但有新的建議，就是向人民行動黨動大手術，改變行動黨領導層，把大權掌控在左翼手裡，為主導大局發揮作用。」「對方」其實就是林戴偉與吳宗澤。《我有回憶》說：「他們（「激進左翼」）目的是想要奪取行動黨中委會的領導權，徹底改變行動黨的本質。」不過，《人生路短話往事》沒提到。

人民行動黨第三屆的十二名中委分別為：杜進才（主席）、哈倫．卡森（副主席）、李光耀（秘書長）、林清祥（副秘書長）、王永元（財政）；委員：陳維忠、伊斯邁．拉欣、謝奕田、吳文斗、蒂凡那、T. T. 拉惹與潘鐵人。

《我有回憶》提及，林清祥、謝奕田、蒂凡那被捕後，由陳從今、吳文斗與伊斯邁．拉欣補上。根據《星洲日報》一九五六年七月九日的名單，吳文斗與伊斯邁．拉欣已在中委內，《我有回憶》提到的吳秋泉則不在名單內。

對第三屆中委，《我有回憶》透露，「激進左翼」只想保留李光耀和杜進才，以及「自己人」T. T. 拉惹、陳從今和吳文斗。但《人生路短話往事》沒有這段，只說「中宣委和支部委即行推舉三名候選人參加第四屆中委選舉，他們是陳世鑑、王才安、陳貢元」。

實際上，「激進左翼」主要是拉下行動黨的財政王永元。陳貢元指出：「他（王永元）對各支部帶有中國色彩的文宣活動相當反感，不時對他們做出不負責任的批評。」白話地說，就是王永元不欣賞左翼那一套，不給他們錢。

對此次的奎籠辯論，《我有回憶》表示，「各支部要員和兩位中委取得一致的見解」，見解共五點，第五點是：「各支部把情況反映給黨中央組織秘書王邦文。」但是，《人生路短話往事》並沒有提到「一致的見解」。

出席聚會的人民行動黨中委與支部十五人，怎麼會不如三名工運和學運代表，讓三人牽著走？比較重要的是，「中宣委和支部委即行推舉三名候選人參加第四屆中委選舉」。增加三名中委，涉及黨內派系生態平衡，不應十八人跑到奎籠開會，「不做記錄」，私下決定，然後要求「各支部把情況反映給黨中央組織秘書王邦文」；從十二名委員中的三人增加到六人，是從百分之二十五增加到百分之五十。以同理心思考，這樣算不算「奪權」？

84.

李光耀肯定地認為這就是奪權，他在《回憶錄》中記述：「據王邦文報告，他的一個支部的秘書告訴他，親共分子計畫奪取中央執行委員會十二席位中的八席，只剩四席給我們。」不是「各支部把情況反映給黨中央組織秘書王邦文」嗎？為什麼只剩「一個支部的秘書」告訴王邦文？或者，根本沒有「各支部把情況反映給黨中央組織秘書王邦文」這回事，所以《人生路短話往事》刪掉五點見解？

行動黨非共沒在怕，他們也設「奎籠」，讓對手游入「網」中。他們故意把消息透露給《海峽時報》，《海峽時報》於中委會開會前四天——一九五七年八月一日，星期四，時間安排之精準——報導，人民行動黨的左派與溫和派（非共）將在常年大會上攤牌。該黨的極端派多數屬密駝路工會分子，他們將竭盡所能，從溫和派手中奪取領導權，只讓四人留在中委。如果行動失敗，他們會馬上脫黨，可能加入擬議中的工人黨。

行動黨放消息，連左翼的去路都幫他們想好，順便將馬歇爾一軍。這可能也是「激進左翼」的決定。

報導說，李光耀準備在大會通過一系列決議案，包括接受憲制與拒絕附加條件（即反顛覆條例），以及接受一個獨立、民主非共社會主義的馬來亞。如果決議案沒通過，李光耀等人可能不出任中委。報導認為：「決議案被視為，現任領導人企圖在林清祥、蒂凡那與密駝路領袖遭捕後，清除黨內不滿溫和政策的黨員。」

第二天（八月二日，星期五），李光耀針對《海峽時報》的報導發表聲明，否認行動黨面臨分裂。《南洋商報》則報導：「李光耀說，人民行動黨在政策問題上或許存在分歧，但我們將在黨內解決，報館及其記者有自由的權利撰寫任何他們喜歡推測的新聞故事。」李光耀也透露，現任中委有十一人參選，另二十一人也參加競選。

《海峽時報》在八月二日則有文章分析，「人民行動黨溫和派肯定在大衝突中獲勝，極端主義者將陷入困境」。

人民行動黨非共陣營自導自演，算準時機，將掌握的情報見諸於報章，消息將在週末發酵，並聚焦於星期天。「激進左翼」被看破手腳後做何反應？

二十七歲的傅樹介為這些報導擔憂，他和林福壽懷疑這是個圈套，於是聯絡吳文斗、陳從今和陳世鑑。「他們並不否認打算控制中委會，他們也不跟我們爭論，只是說會考慮我們的意見。

我們知道我們的努力徒勞。」

李光耀則在回憶錄裡分析，林有福不會讓親共分子長期控制人民行動黨，在大選前也不會讓親共分子為所欲為，但是親共分子還是會利用行動黨掩護。

一九五七年八月四日，人民行動黨第四屆中央委員會選舉，無論是黨中的非共分子李光耀、吳慶瑞、拉惹勒南，或左翼分子陳貢元都說，看到許多陌生的面孔。

陳貢元透露：「新候選人有二十多位，多是我不認識的。我已意識到這是人民行動黨決裂的前奏。」他認為，新面孔的出現，是「奎籠聚會達成的共識，沒得到極左派的支持」。

奎籠會議奏效，選舉結果，十二名中委非共與左翼各得六席：

杜進才、李光耀、阿末．伊布拉欣、吳秋泉、陳維忠、陳翠嫦、T. T. 拉惹、吳文斗、陳從今、王才安、陳貢元、陳世鑑。前六人為非共陣營，後六人為左翼陣營。

非共陣營三人——王永元、哈倫．卡森、伊斯邁．拉欣——落選，由中宣委和支部委支持的三人——陳世鑑、王才安、陳貢元——取代。「激進左翼」提名的人則全落選。這樣的結果，要怎麼讓人不相信，這是「激進左翼」發起反人民行動黨非共的行動？

另外，新人陳翠嫦取代上屆的潘鐵人入選。潘鐵人沒被提名，李光耀說的「現任中委中有十一人參選」，就是少了他。

潘鐵人是人民行動黨的神秘人物，沒有人知道他是誰，只知道他是挑糞工人，能講華語與英語；他的鄰居則說他是海員。潘鐵人在福利巴士工潮後，左翼全退出第二屆中委會時被選為中委，當了兩屆中委後，沒出現在第四屆中委大會，避過人民行動黨內的糾紛。當大家開始找他時，他已去了英國念法律。李光耀、杜進才和王邦文都認為，他是政治部派來的臥底。

六名非共分子已做了準備，一起辭去黨內職位，包括主席、秘書長、財政，讓左翼分子為自己的行為負責。

左翼陣營同意讓非共陣營增加兩名中執委，他們只多一人，讓非共陣營占大多數。但是，非共陣營拒絕，左翼陣營於是組成人民行動黨第四屆的中委會。

85.

林清祥入獄後，他的弟弟林清如的動向引人關注。一九五七年四月，林清如加入「泛星」出任秘書，過後成為中央委員。他在回憶錄中坦承：「他們找我的目的，是希望我到『泛星』幫忙，強化『泛星』的形象和號召力，讓所有前『各業』的幹事與會員歸隊。我心裡明白，我是林清祥的弟弟，除了他們可能預期的『林清祥效應』外，我何德何能令人『顧茅廬』？」

前首席部長馬歇爾一直沒閒著，他沒有脫離政治圈；對政治人物而言，這不是好的示範，特別是律師，還當過首席部長。馬歇爾在宣布永遠脫離政治後，退出勞工陣線，於一九五七年七月十六日另組工人黨（Workers’ Party），導致林有福控制的新加坡職工總會分裂。

職工總會被馬歇爾分薄後，為增強勢力，謀求與「泛星」合作，林清如開始與林有福的人馬談判合併。

工會是新加坡政治重要的一環，在朝者無不想控制。新加坡的工會也隨著政黨消長。二戰後，馬共於一九四五年十月成立新加坡總工會（Singapore General Labour Union, SGLU），十個月後（一九四六年八月），新加坡總工會改組為新加坡職工聯合會（Singapore Federation of Trade Unions, SFTU）。一九四八年緊急法令實施，新加坡職工聯合會轉入地下。林有福在殖民地政府支持下，於一九五一年五月成立新加坡職工總會（Singapore Trade Union Congress, STUC），並出任主席。一九五九年人民行動黨上臺，第二年（一九六〇）修改職工會法令，規定所有工會都必須附屬於新加坡職工總會，同時接手新加坡職工總會。一九六一年人民行動黨分裂，新加坡職工總會解散，社陣於同年八月十七日成立新加坡職工會聯合總會（Singapore Association of Trade Unions, SATU），人民行動黨則於九月六日成立新加坡全國職工總會（National Trades Union Congress, NTUC），ＮＴＵＣ的超市，也成為半世紀以來人們生活的重心。

86.

（二十三）奪權被捕及其幕後指導（一九五七）

這是新加坡各個工會、政黨爭雄奪勢的時期，當各方人馬進入緊繃時刻，林有福大概找不到牢裡的左翼結盟，牢外的左翼又惹事，於是再度出手。

一九五七年八月二十二日，林有福政府又大肆逮捕左翼分子。這是十個月內林有福政府的第二次行動，共三十五人被捕，包括左翼工會，行動黨內所有的左翼分子，除了秘書長T. T. 拉惹。T. T. 拉惹於九月三日辭職，行動黨內的左翼分子只接管中執委十天。

林清如也在八月二十二日與左翼工會開會前被捕。對於自己的被捕，林清如在回憶錄中說：

「林有福在職總的人馬與我們談合作，他應該不會不知道。……不論他背後懷的是什麼陰謀，他也應該沒有理由在左翼工團進入職總前夕就下手把事情搞砸。」

林有福與李光耀並不這麼想。立法議會在辯論逮捕事件時，林有福說為了挽救人民行動黨，才採取逮捕行動。李光耀則回應，林有福領導的職總「眼看就要落入林清如手裡」，才採取行動，林有福是在「挽救自己的地位」。

無論如何，這次的逮捕行動救了人民行動黨，也救了林有福和他的職總。獲利者則是馬歇爾，他的「第三勢力」收留林有福控制的工會的工人，以及不滿李光耀的左翼。當然，技高一籌的仍是李光耀，他算準「林有福不會讓人民行動黨內的親共分子影響威脅到他的地位」。

可是，根據傅樹介回憶錄的資料，林有福早已有意與李光耀合作，而且在林有福前往倫敦談判憲制會議之前。傅樹介的資料顯示，英國殖民部於一九五七年二月七日致總督柏立基的信透露，林有福希望在三月分憲制談判後，組成政治聯盟，而且非常有望贏得選舉。他要吸收李光耀加入他的政黨，並可能重組勞工陣線，引進其他左翼。

根據總督在一九五七年五月二日給殖民部的信，林有福以為他與李光耀已取得諒解，兩人的政治命運已結合在一起；他希望李光耀贏得丹戎巴葛補選，繼續成為行動黨的領袖，避免出現任何差錯，影響他（林有福）的地位。

另外，根據一九五七年八月八日——逮捕行動前兩個星期——總督筆記，林有福向總督彙報時透露，李光耀沒有明確要他（林有福）協助，不過林有福從兩人的對話中知道，李光耀要他採取逮捕行動。一個星期後（八月十五日，逮捕行動前一個星期），林有福再向總督彙報，李光耀決定從黨內打擊顛覆分子，首席部長則從外面打擊。

在獄中的林清祥也料到林有福會出手。〈林清祥〈答問〉遺稿片段〉指出：「李光耀等人退出中委並與T. T. 拉惹等人公開決裂，劃清界線，無異於邀林有福盡早向他們下手。事情果真如此發展，不久，陳世鑑、陳從今、吳文斗、王財安與陳貢元等另一派中委全被逮捕了，我的挫折感異常強烈，我堅信若我們沒有被扣留，這事件完全可以避免，以更適當的方式得到合理解決。」

林清如也在其回憶錄披露，一九五七年九月，他被捕一個月左右，在樟宜監獄裡接到林清祥的紙條：「蒂凡那、方水雙、兀哈爾、詹姆斯．普都遮里等人對於『奪權』事件大表不滿，於一九五七年九月聯名寫了一封題為〈馬來亞通往社會主義的道路〉的信給行動黨中央委員會，譴責企圖『奪權』的人士為左翼冒險分子，患上『左傾幼稚病』。從那個時候起，T. T. 拉惹、陳從今、陳貢元、王才安、吳文斗、陳世鑑等『激進派』開始背黑鍋，成為『奪權派』，是『左傾幼稚病患者』。」

林有福政府大肆逮捕左翼分子九天後，一九五七年八月三十一日，馬來亞宣布獨立。馬共發表聲明，準備與政府會談，遭東姑拒絕，新政府開始在北部掃蕩馬共，不斷有馬共成員投誠。

87. 左翼分子奪權事件一直被認為是有策畫的，而且幕後有人指導，其中一人是與林清祥一起被捕的蒂凡那。

T. T. 拉惹接受《白衣人》訪問時說，他於一九五六年七月由蒂凡那帶入中委會。「一九五七年八月選舉前，蒂凡那告訴我，下屆中委會裡，左派最少要占六七個職位。我告訴他，左派有很強的傾向，要滾掉王永元和伊斯邁．拉欣。我把蒂凡那的看法傳達給其他人。」

T. T. 拉惹透露，奪權事件後，左派嘗試說服李光耀重新領導黨中央時，李光耀竟然問起蒂凡那和他（T. T. 拉惹）討論的事，讓T. T. 拉惹愣住；李光耀知道蒂凡那告訴他（T. T. 拉惹）什麼。

蒂凡那則極力駁斥，他那時候已懷疑共產主義，並和李光耀有聯繫，當他聽說奪權事件後，還通過秘密管道傳話，李光耀和他的夥伴必須保有領導權。

李光耀則不相信，一個印度人指揮得動華人工會領袖。

傅樹介不這麼認為。他說，蒂凡那的做法讓人以為他是替林清祥傳話，尤其是傳給林清如。他的回憶錄說：「蒂凡那跟林清祥關係密切，人民都尊敬他是工運幹將。其實，當時林清祥並沒有跟其他人關在一起，這事沒有人知道。」

88.

在印尼，馬共星洲工作委員會依馬共中央的指示，開始利用地下組織爭取與李光耀聯繫。星洲工作委員會從成立到十二月的三個月裡，開了二十六次會議，向各單位發出七份工作總結報告。這三個人真是太閒了。

對於奪權事件，余柱業表示，事件是人民行動黨內的左翼為了打擊李光耀的行動，與他們無關，也不是方壯璧指揮的。所以，馬共星洲工作委員與馬共國外局書記——就是余柱業和章傳慶——都譴責人民行動黨內的六名左翼分子，是「冒險機會主義行動，嚴重損害與以李光耀為代表的非共人士的統戰關係」。

可憐的六人，原想小兵立大功，無奈忘了算「第三者」——敵人的敵人——林有福，最後被「第三者」抓了，闖下大禍，還被非共分子嘲弄。他們大概還不知道指導方針改了吧？

「嚴重損害與以李光耀為代表的非共人士的統戰關係」已夠荒謬，更荒謬的是，馬共要方壯璧修補與李光耀的關係。著名的李光耀「密會馬共全權代表」即將登場，也開始方壯璧的悲劇人生。

人民行動黨非共與左翼共經歷三次翻臉卻又必須「相濡以沫」的「鬧而不分」——鬧翻而不分手，這一次由左翼第二階梯的領導人主動出擊，但被判為「左傾幼稚病患者」，並引來他們承擔不起的後患。

黨內的非共陣營其實也在擇日出手，下一次「鬧而不分」將在三年後，由李光耀主導。

89.
王才安、陳貢元於第二年（一九五八）九月與林友曲等人被驅逐送回中國。陳貢元與王才安於二〇〇三年接受《白衣人》的訪問時都表示，如果知道事情會這麼演變，他們不會參加黨內選舉。

二十歲的林清如則沒意料到，他被有條件釋放時已二十九歲，這時已是一九六六年，換成他在中學聯時的顧問律師李光耀當總理，而且，新加坡在一年前已獨立。他的二哥林清祥第二次被捕還沒釋放。

拉惹勒南對《白衣人》訪員表示，林有福政府的大逮捕幫了人民行動黨；吳慶瑞也同意，林有福為行動黨做了好事。

（二十四）新市長及其為英官員帶來的噩夢（一九五七）

90.

新加坡將於一九五七年首次舉行市議會選舉，這一年七月二十三日《星洲日報》標題報導：參加市議會本年底大選，勞陣及華巫聯盟將與行動黨合作；林有福號召社會主義者團結，一般預料左翼有合流可能。

標題雖如此肯定，實則是「記者向可靠方面探悉」，在「林有福之號召下」，三黨「可能合作」，對抗自由社會黨；三黨將商議選舉「應採取之共同立場和主張」。只是，行動黨始終沒有公開回應。

新加坡的市議會選舉落於十二月二十一日，議席從十八席增至三十二席，取消九席官委議席。共八十一名候選人競逐三十二席，李光耀在回憶錄中表明：

> 我暗地裡通過巫統領袖哈密·裕末商談，終於達成關於選舉的諒解，人民行動黨、巫統和勞工陣線互不對壘，而是分配議席，計行動黨十四席、巫統兩席、勞工陣線十六席。我們也約定互不攻擊，集中攻擊自由社會黨，把舊市議會所有的缺點歸咎於過去治理市議會的進步

黨。

行動黨雖沒有公開回應，卻「暗地裡」與其他兩黨合作，《星洲日報》的「可靠探悉」完全正確。當然，有人放消息，不會是行動黨。

共五個政黨參加市議會競選，除了人民行動黨、勞工陣線、巫統、自由社會黨，還有工人黨。自由社會黨來勢洶洶，競選三十二席；馬歇爾領導的工人黨競選五席，雖第一次參選，但有馬歇爾與工會加持。大選結果令人意外，人民行動黨成了最大贏家，獲得十三席；最大輸家是自由社會黨，只得七席；勞工陣線只贏四席；工人黨表現不錯，也贏得四席；巫統兩席，另兩席歸無黨籍人士。

一年後的一九五八年七月，加冷區補選，林有福於七月二十一日勞工陣線的群眾大會上透露，李光耀不守信約，在去年（一九五七）的市議會競選中，勞工陣線與行動黨私下有默契在先，互相協助對方的候選人，但行動黨未履行承諾。

大贏家行動黨組成市政府，選擇了兩席的巫統合作，而不是四席的勞工陣線。李光耀表示：「也許林有福盼望我們跟他認同……但是這樣一種政治負擔，對我們來說未免太沉重。我們同林有福結盟，等於跟一個腐敗集團打交道。這樣的結盟也可能證實人們的懷疑，認同在林有福逮捕行動黨親共中委時，我正同他勾結。」

所以，當《星洲日報》報導，勞工陣線及巫統將與行動黨合作，行動黨一直沒有公開回應，卻私下與巫統領袖達成諒解，便是不想公開「跟一個腐敗集團打交道」。林有福一定很失望，但不一定知道原因。

根據傅樹介回憶錄的資料，林有福其實一直爭取與李光耀合作。傅樹介引用一九五七年八月十五日的總督會議記錄：

林有福不期待李光耀脫離行動黨加入勞工陣線，而希望李光耀與其他人在年底之前，可組成一個新的社會主義政黨。

總督柏立基於一九五七年十一月四日致殖民部的信則透露：

行動黨不準備與林有福聯盟競選，只同意避免三黨在同一選區競爭。總督對林有福表示關心，林有福則說，這是無可奈何的事，但他依然認為能爭取到李光耀。

市議會選舉的結果，讓英國人意識到，人民行動黨可能會在一九五九年執政，李光耀可能出任總理。英國殖民部認為，李光耀是可以接受的總理人選。

政治風向儀正在轉向。

91.

人民行動黨在市議會選舉後第二天（二十二日），推舉該黨財政、三十二歲的王永元

（一九二五－二〇〇八）出任市長。

王永元生於馬六甲，在澳洲墨爾本大學攻讀商科，一九五四年到新加坡當會計師，在拉惹勒南介紹下，到行動黨當會計。王永元為非共，能說福建話、華語、英語和馬來語，人民行動黨準備以他取代林清祥。然而，王永元有其主張，很快就與行動黨發生摩擦。

一九五七年聖誕前夕（十二月二十三日），首任民選市長舉行就職典禮，市長王永元卻在市政廳大廈外捲入混戰，被捉到警局，典禮被迫第二天舉行。

《星洲日報》報導，王永元與十二名議員抵達市政大廈外後，支持者在議員黃循文向在場警長獲得口頭答應後燃放爆竹。兩、三分鐘後，一名華人助理警監卻帶著警員來捉人，場面立刻混亂，結果十四人被捕。王永元與黃循文質問助理警監，要他出示證件；助理警監不肯，雙方爭執激烈，最後助理警監警告黃循文再碰觸他的身體，將逮捕他。王永元即刻以手拍助理警監的肩，黃循文也照做，結果兩人都被拘捕上警車。在一旁的陳志成與另一名馬來議員見狀，也跟上警車，其他議員要上警車被拒。四名議員到警局錄口供後被釋放，整個事件約半小時。人民行動黨主席過後發表聲明，譴責警方的官僚作風。

市議會裡，行動黨議員都到警局支持同僚，議會湊不足人數，無法開會。王永元從警局回來後，宣布典禮展至第二天舉行。

這是新市長與現有體制衝突的開始，不只政治上的對立，也是文化上的差異，更是社會階級的對立與差異。新市長贏得市民的擁戴與受華文教育議員的支持，卻是殖民地官員與受英文教育菁英的噩夢。

十二月二十四日，英國官員的平安夜不平安。新加坡開埠一百三十八年來第一次民選市議員開會，選出首任民選市長。《星洲日報》報導王永元宣誓為市長後，「破例准許（人們）進入大廳內，擠滿旁聽席與市議會大廈各走廊的近千名群眾，立刻喝彩與作暴風式鼓掌，歷時一分鐘。這種熱鬧的場面，是本坡官方會議歷史上空前的。」幾乎可以從報導中體會記者現場報導的激動與感動。

王永元接著以馬來語、華語和英語發表演講。他說：「這是人民代表第一次，有機會用母語說出人民心裡要說的話。」話語盡是民族色彩，渲染力十足，套用一甲子後的社會流行語，簡直就是「人民的市長」。

就職典禮從一天變成兩天，王永元成功的「未演先轟動」。第一天他是被殖民地政府迫害的英雄，身為市長還被逮捕，坐上警車，上警局，上演一般小市民的遭遇，掌握小市民的代入感，贏得民心。

第二天他演出「王子復仇記」，讓近千群眾在市議會大廈現場觀禮，打破殖民地政府建築的藩籬，讓小市民走入權力中心，參與全市最重要的典禮；昨天那個被迫害的人，今天坐上全市最高階的位子，小市民再次投射他們的代入感，這是「人民的出頭天」啊！

王永元宣誓就職時不穿市長禮袍，過後動議廢除市長權杖，他認為市長權杖是殖民地統治的色彩與象徵，結果以二十六票贊成六票棄權，通過廢除使用權杖。《星洲日報》認為，這是「民選市長的第一炮」。

王永元的這些動作無疑為人民行動黨爭取不少分數，該嘉獎。但是，看在李光耀眼裡是另一回事，李光耀看到的與《星洲日報》報導的不太一樣。他在回憶錄裡直言：「他（王永元）讓成千上萬集會在市政廳大廈外面的人湧入大廈，甚至會議室……好些還是七八歲的赤腳露膊的街頭頑童。不久，這些烏合之眾不但站在記者席上和蹲在地上，而且還推推搡搡地擁到坐在馬蹄形桌子周圍的市議員背後。他們來的目的，是要鼓掌、歡呼和參加這令人興奮的一幕……退任的市議會主席是個英國外交官，他在權杖官陪同下，花費四十五分鐘才從後面擠入會議室……市議會的官員對眼前這一幕，無不瞠目結舌。」

王永元接下來的舉動繼續贏得說華語與方言的支持者，卻讓講英語的人不敢恭維。他很快便與人民行動黨分手，比左翼還快。

92.

王永元在一九五七年耶誕節宣誓就任後，拒絕所有市長的特權，不住官邸，不用官方汽車；不抽菸，不喝酒，不去馬場，拒絕出席英國人流行的雞尾酒會。新官上任三把火，新市長凡事親力親為，改革市議會，包括對高級公務員的尊稱。

王永元開放市政廳，歡迎市民參觀，甚至在市長辦公室接見民眾，聆聽市民的投訴，最後還成立公共投訴局，主要是針對官員貪汙、傲慢與低效率。上任半年後，王永元還向民眾細數市政府的成績：設置三百多個水龍頭、六百盞街燈、兩百個巴士候車棚、七家診療所、三家托兒所和二十多個遊樂園。幾乎每個月，市政府都會推出各種集體活動，如反吐痰、反亂丟垃圾、消滅害蟲等。

善待市民的市長對公務員便不客氣，或極盡羞辱之能事，包括要他們週末打掃街道。吳慶瑞在新加坡的馬來亞大學（University of Malaya）的學生納丹（S. R. Nathan, 1924-2016）當時是海員福利官，他對週末去建防浪堤感到不解，認為是共產黨作風。三十二歲的納丹當時顧慮的是，幾時會被開除？他不明白，為何市長與其部下如此獨裁，人民行動黨卻沒干預？如果行動黨組成政府，後果會如何？

所以，李光耀在《回憶錄》中說，「王永元繼續騷擾和折磨白人」，逼一些人辭職。李光耀只好把一些人調到身邊，重新組合新部門，做回舊工作，不讓王永元插手。李光耀坦承，「我不願意採取行動對付王永元」，「我們仍迫切需要一個福建話演說者來應付林清祥。」

也有人不同意李光耀的看法。人民行動黨元老拉惹勒南接受《白衣人》訪問時認為，行動黨的市政廳，比林有福的立法議會更像處理國家大事的論壇。這有助於建立行動黨的威信，表明行動黨是一個具有群眾作風，能發動人民集體行動的政黨。前議員王清杉的看法接近，他告訴《白衣人》，因為市議會的工作表現，人們對行動黨產生好感，甚至行動黨後來一些政策，最早出自市政府。

基本上，市長王永元對人民行動黨仍是加分的。只是，反殖民主義的民族主義色彩，未必為他加分。

93. 一九五五年中國宣布華僑應效忠自己的居住地之後，華僑逐漸認同居住地，重視公民的身分，但卻面對諸多阻撓。

華人的公民權問題終於在一九五七年十月獲得解決，立法議會制定《新加坡公民權法》，華僑在四種情況下，可取得新加坡公民權，即：

一、出生：在新加坡出生；

二、繼承：父親為公民；

三、登記：生於英聯邦國家並居住兩年以上；

四、歸化：在新加坡居住十年。

據統計，一九五七年新加坡一百零九萬名華僑中，百分之六十四點三在新加坡出生；百分之八點六生於馬來亞，大部分在馬來亞居住兩年以上，其餘百分之二十七來自中國的華僑，多在新加坡居住十年以上，另一些是公民的妻子。因此，約二十二萬（百分之二十）華僑登記為新加坡公民。

華人公民權的問題在自治前圓滿解決，但到了新加坡與馬來亞合併，華人公民權又成了政治角力的焦點。

94. 英國人關心新加坡的選舉、公民權問題，更關心英國殖民地在本區域的安危，準備將新加坡發展成核武器基地。

二〇〇〇年的最後一天（十二月三十一日），英國《週日泰晤士報》（*The Sunday Times*）通訊員湯姆・羅德斯（Tom Rhodes）報導〈英國密藏核武器於新加坡和賽普勒斯〉（Britain Kept Secret Nuclear Weapons In Singapore & Cyprus）。根據英國政府新的解密文件顯示，在冷戰期間，英國在賽普勒斯和新加坡發展核武器，但沒有知會兩地政府。

報導指出，英國國防部長鄧肯・桑迪斯（Duncan Sandys, 1908-1987）在位期間（一九五七－一九五九），暗示可能在馬來亞和新加坡儲存核武器。

到了一九六〇年，英國皇家空軍參與遠東的核計畫，準備在一九六二年，將四十八個「紅鬍子」（Red Beards）核飛彈載至新加坡登加空軍基地（Tengah Air Base），同時將火神式轟炸機（Avro Vulcan）和能投下核飛彈的輕型飛機「坎培拉」（Canberra）設於此。

中國《環球時報》二〇〇六年七月四日也報導，英國國家檔案館於該年六月三十日解密一批一九五七至一九六一年間的絕密檔案。檔案揭示，一九五二年英國成功試爆原子彈後，英國參謀長委員會（Chiefs of Staff Committee）制定一份「全球戰略文件」（The British Global Streategy Paper），明確提出使用核武器遏制對手。

一九五六年的參謀長委員會報告強調：

> 如果東南亞條約組織成員國與中國爆發戰爭，中國軍隊可能進入緬甸，英國將毫不猶豫地對中國使用核武器。

參謀長委員會報告出爐後，英國軍方為核武器準備，秘密於一九五七年在馬爾地夫修建重型轟炸機場，同時擴建新加坡的登加機場；第二年（一九五八），又在登加機場秘密興建一座永久核武器儲存基地，準備把四十八枚核飛彈運來新加坡。

另外，英文維基百科中的〈新加坡戰略〉（Singapore Strategy）也有類似資料：一九五八年英國在新加坡制定「長毛象行動」（Operation Mastodon）戰略，部署配有核武器的V型轟炸機（V bomber），這是英國根據東南亞條約組織對這個地區的戰略。

V型轟炸機無法直飛新加坡，因此在馬爾地夫建新機場以作中途站。新加坡登加基地由於跑道太短，改用檳城的北海基地，直到登加基地跑道加長。

「長毛象行動」要求將兩個中隊的八架勝利者式轟炸機（Handley Page Victor）部署在新加坡，並在北海部署一個火神式轟炸機中隊。

一九五八年，英國的核武器僅有五十三枚，卻準備在登加基地儲存四十八枚新而輕的「紅鬍子」核彈，因此每架V型轟炸機可以攜帶兩枚核彈。

三方面的資料都顯示，英國將準備在新加坡部署核武器。

九、神救援（二）：李約翰

（二十五）全權代表及其出賣同志（一九五八）

95.

一九五八年三月一個早上，約十一時，一名近三十歲的男子到李光耀的律師館，詢問李光耀想不想見他的「組織」代表。李光耀答應，這人臨走前留下名片，地址是梧槽路一家腳踏車店。

經過安排，李光耀於一個午後離開律師館，到皇后坊與維多利亞劇院之間的馬路赴約。是的，在路上，約會。

李光耀看見「一個身材瘦長，皮膚白皙的人」，「衣袋裡插著一副眼鏡，手裡拿著一份華文報」，他們互通暗語，接著走進立法議會大廈（今舊國會大廈）。

這是《李光耀回憶錄》裡〈密會馬共全權代表〉一章的開場，李光耀與方壯璧（一九二四－二〇〇四）的歷史會面就此掀開。

李光耀在《爭取合併的鬥爭》第五講另提及：「一九五八年三月間，我參加各黨派默迪卡（獨立）代表團到倫敦談判。出發前，有一個我知道他跟共產黨組織有關係的朋友找我，說要介紹我認識一個人，這個人很想見我，跟我討論一些事情。於是，我們約定一個下午，在立法議會大廈和維多利亞紀念堂之間的馬路上，跟這個人會面。」《爭取合併的鬥爭》透露：「一九五九年大選前，我一共見了『全權代表』四次，每一次都在新加坡，每次約會都是不同的地點。」李光耀與方壯璧共見五次面，第五次在一九六一年五月十一日，也是最後一次。

李光耀提供的馬共代表想見他的說法有兩個版本，或者有超過兩個人向李光耀試探，與馬共代表見面的意願。

〈密會馬共全權代表〉裡「年近三十歲的男子」與《爭取合併的鬥爭》中「跟共產黨組織有關係的朋友」都可追溯。馬共成員張泰永的回憶文章透露，「年近三十歲的男子」是林光霖（一九三二－），當時二十六歲。張泰永補充：「林光霖是興化人，家裡原來是開腳車店，也是老盧（盧業勳）的宏文小學同窗，據介紹林光霖還擔任過李光耀從政後的華文教師，『全權代表』方壯璧和李光耀之間的聯絡人」（引自張泰永，〈我們初三班的「領軍人物」——盧業勳〉備註）。

馬共另一成員邱萬達的回憶文章則指出，「跟共產黨組織有關係的朋友」是卓可黨。回憶文章記述，一九五七年後，馬共地下黨負責人都躲到印尼最靠近新加坡——相距新加坡只有十公里的布拉幹．巴當島（Pulau Belakang Padang）。「他們也通過我三哥帶信來新加坡鐵巴剎外的四號碼頭，由我去取後，交卓可黨轉李光耀」（引自邱萬達，〈悼念馬共黨員雷木成〉）。卓可黨是李光耀丹戎巴葛選區的支部秘書。

方壯璧則於二〇〇六年出版的回憶錄憶述，見李光耀之前，在印尼的一個會議上，「除了老余（余柱業），我們對李光耀不甚了了，其他同志也只是從基層幹部的零星談話和報告中，間接知道他的一些表現。這些多數對李光耀持肯定的觀點」，這些多數指的是「華校青年學生」。當時「華校青年學生」一般對李光耀印象良好。「會議只有他（余柱業）一個人對李光耀持較多的保留態度。總的來說，會議對李光耀的評估，主要是正面和積極的」。

方壯璧見李光耀，目的是「協調人民行動黨與左派運動的政策及鬥爭活動」。白話地說，就是在「奪權」事件之後，重建與人民行動黨的關係。

李光耀也在《回憶錄》中說：「他（方壯璧）說他是新加坡馬共的代表，一直想親自見我，設法使人民行動黨內的共產黨人和非共分子能合作。」方壯璧為一九五七年行動黨中執委選舉「奪權」事件「深表遺憾」。

反對黨領袖與地下組織領袖會面，雙方都有風險，也做足安全措施。三十四歲的方壯璧任務在身，必須一見；比方壯璧大一歲的李光耀則沒特別提起。

議會大廈內的遴選委員會會議室是李光耀選的，這對他是安全的地方，對方壯璧則未必，所以，馬共在議會大廈外甚至議會大廈內的部署都是必要的。只是，林有福政府的人呢？他們知道嗎？四年後（一九六二），林有福在國會透露，他們不知道。

在一小時的會面裡，方壯璧建議，讓林清祥與方水雙等人恢復自由，共同組織強有力的統一戰線。李光耀則提出，要方壯璧指示加冷區議員鄭越東辭去議席和工人黨的職務，以證明其馬共領導人身分。

這裡是環環相扣的政治利害精算，一箭數雕。李光耀說，這是他的「靈機一動」，因為共產分子利用馬歇爾的工人黨與人民行動黨對抗。鄭越東不但是加冷區議員，也是工人黨副主席、電氣及電訊職工聯合會主席。這意味著鄭越東將失去三個職位，馬歇爾的工人黨也將失去一個議席與副主席。

這樣的「靈機一動」，足見李光耀的深謀遠慮。問題是，方壯璧竟然答應了。

96. 方壯璧回去後沒有立刻向他的上屬星洲工作委員會——也就是黃明強與余柱業報告。黃明強的下屬張泰永於一九六一年十月到新加坡，傳達馬共南馬局籌備處的指示，過後於同年十二月二十八日做了一份報告。這份報告收入《新加坡地下文件選編》，提供了許多「最新」的資料：

方（壯璧）對重大問題事先不向組織請示，事後又不做報告，許多重大的問題幾乎都是個人決定的。這一年他只寫過四封簡短的報告。第一封是三月間送來一些決議、資料時寫的；第二封是五月間寫的；第三封是我在X地和他通訊時寫的。他說不寫報告是因為交通聯繫困難，其實他是能通過交線送報告來的。

《新加坡地下文件選編》也收入方壯璧與李光耀會面的四份報告，從「一九五八年一、二月」至「一九五八年底或一九五九年初（一月初）」，報告最後還附「注」說明，「會談確切日期記不清，手頭又沒有可資校對的材料」。

方壯璧的「注」不曉得只針對第四份報告，還是包括前三份。無論如何，這是非常糟糕的工作態度，事隔三年才做報告，也顯示星洲工作委員會的三人小組出問題。如此機密的面談，不排除方壯璧在各關鍵中選擇性地「記不清」，即使面對上司；何況是一系列失敗的談判，附「注」只是手段。

方壯璧的四次報告注明：

第一次會談：一九五八年一、二月，在XX會議廳，由TH同志布置

第二次會議：一九五八年四月晚八時至十一時半，借用XX住家，由TH同志布置

第三次會議：一九五八年五月晚八時至十一時餘，在XX地點，由TH同志布置，M同志帶來

第四次會談：一九五八年底或一九五九年初（一月初）晚八時至十一時半，XX地點，由TH同志布置，M同志帶來

方壯璧記錄的四次見面幾乎都在一九五八年，與《爭取合併的鬥爭》提及，「在一九五九年大選前，我一共見了『全權代表』四次」吻合。只是，第一次會面時間有異，方壯璧的報告是在一九五八年一、二月，李光耀的記錄是三月；報告中第一次會談地點「XX會議廳」，應該就是議會大廈的遴選委員會會議室。

第一次會談的報告共兩千七百字，兩人正式會談時，方壯璧開口的第一句話就有問題：

「……經過了這樣久，我今天終於能夠以正式代表的身分來和你談話，我是受委託來的。」

李光耀問：「你的意思是最高的領導機構？XX委員會？」

方壯璧回：「一個完全適合與你對談的機構，正式的委託……」

既然是「正式代表的身分」，何必告訴對手自己是「受委託來的」？「受委託來的」在這裡帶

有不爽與推託的成分，方壯璧面對的是一個講究遣詞用字的律師，開口失言即刻被抓。

這次的會面，李光耀給方壯璧留下很好的印象：「對方的態度可以說友善、誠懇。關於一些重要的問題主要的發言人是我。」前一句話奠定往後三次見面方壯璧的態度，後一句話再顯示方壯璧失分；之所以要說自己是「一些重要的問題主要的發言人」，或認為主動可加分。

從方水雙與林清祥認為，「李光耀具備領袖的素質，思路敏捷，能言善道，意志堅強，坐言起行」，到「華校青年學生」「對李光耀持肯定的觀點」，到方壯璧覺得「對方的態度可以說友善、誠懇」，可見李光耀的個人魅力，以及作為律師的身體語言訓練，話語表達的掌握。日後，許多人都見識了李總理的上述條件。

兩人都沒有在會面時透露任何具體的事項，李光耀甚至試著套方壯璧說話。方壯璧則有明晰的立場與分析，或許就是「一些重要的問題主要的發言」，例如：

- 只要暫時不危害英國人的根本統治利益，他們是會讓步的，他們也迫切需要一個比較穩定的局面。
- 軍事基地不是當前日程上的問題，這是下一個階段鬥爭的問題。至於經濟方面，資本追求的是利潤，只要有利可圖，資本不會逃掉。
- 我們都會看到一個共產主義的新加坡。但是，目前甚至是將來的一段時期裡不可能出現。我們不想這樣做。
- 擺在眼前的，是大家必須共同負責起反殖民主義的歷史任務。現階段，在公開鬥爭上，這項歷史任務應該由行動黨負起。

- 一黨的左翼政府應該是新憲制下的第二屆政府。第一屆政府應該是左翼領導，包括其他黨派在內的聯合政府。

如果內容與會談實況相符，方壯璧完全適合代表會談。不過，他的報告完全沒提到，答應讓鄭越東辭去議席和工人黨的職務。他將在第二次報告提到「鄭越東事件」。

97.

方壯璧報告中的第二次會議在一九五八年四月，距離第一次會談兩、三個月；地點「借用XX住家」，可能是《李光耀回憶錄》中第二次記載與方壯璧會談的「湯申路一棟浮腳樓」。縱觀第二次會面的一千七百字報告，「談話中心是關於爭取勞工陣線，建立統一戰線問題；關於鄉村議會的競選合作問題。」

方壯璧與李光耀「甚至對於席位的多少也彼此一致，大概是：除了讓出三幾個席位給巫統之外，可能的話，爭取行動黨比勞工陣線多一些或者相等」，方壯璧「堅持認為鄉村議會選舉是次要的，能讓一定讓，甚至席位少些也能接受」。關於鄉村議會的競選合作，李光耀「曾詳述通過巫統主席哈密．裕末、勞工陣線秘書湯姆斯及林有福的口頭協定」。

方壯璧「特別指出，當時勞陣中的極右派（周瑞麒派），以及屬於中國國民黨反動派的某些市議員們（以鄧炳耀為首），正在千方百計地大搞分裂，情形是非常危險的」。鄧炳耀是一九五三年南洋大學創辦籌備委員會成員，也是一九五五年南大校長林語堂辭職後的接收專員。

方壯璧說，「他（李光耀）沒有反對，也沒有表示同意。他認為：只要保證一個部長位置給林有福，問題就可以解決。他覺得爭取這些人不太難，因為他們正面對落魄的厄運。」

這樣的報告，予人的印象是，方壯璧與李光耀會談融洽，雙方對未來與林有福的勞工陣線合作樂觀。方壯璧應該也這麼認為，然而，《李光耀回憶錄》完全沒提到合作的事。

其實，李光耀沒告訴方壯璧，人民行動黨一年前（一九五七）便掌握勞工陣線的教育部長周瑞麒接受美國「政治禮物」的資料；而且人民行動黨也不會與林有福合作。

會談中，方壯璧提出合作對象應該包括工人黨，「對方變得非常激昂，他反對這樣做」。

方壯璧的報告接著從工人黨直接切入鄭越東事件，行文極不順暢：「工人黨後來終於垮臺，它在市議會的四名議員，三個成為勞陣國民黨反動派議員的隨從，由於工人黨市議會的議員鄭越東的辭職，工人黨左的招牌就被打破了，因為鄭越東是當時公開的左派突出人物，鄭的辭職會引起補選的問題，這個問題，也成為這次討論的一個項目。」這不是現場紀錄報告，而是事後記述鄭越東辭職的評議，完全沒有提到核心問題——誰指示鄭越東辭職，而是轉向接下來的補選安排。

在現場，方壯璧還與李光耀就鄭越東辭職，做出兩個結論：

一、如果鄭越東辭職後重選，行動黨不得參與補選；

二、如果鄭越東不參加補選，行動黨將派人參與補選。不過，勞工陣線如果保證能控制黨內的右派分子，行動黨則得退讓，由勞工陣線派人參選。

然而，方壯璧還是希望行動黨讓給勞工陣線，李光耀只說會與勞工陣線的湯姆斯商量，而且有希望成功。

整個會談的內容，完全沒有檯面上因意識形態而對峙的勢不兩立，無論英國代理人、費邊主義者或武裝馬共，大家為了生存，都能坐下來談；過後大家粉墨登場，扮演自己的角色，向選民交代。這樣的私下交易並不新鮮，只是，之前與往後的文獻極少，甚至貧乏。

方壯璧的報告在談論鄭越東辭職的行文，最後還留下一個括弧，括弧內寫了一百字，傳達兩個重點：

一、鄭越東辭職的第二項結論「可能是第三次會議中得出的結論」。

不可思議吧？這搞笑結論背後是對閱讀報告者的敷衍與輕蔑。接著，這一百字後半段傳達另一個重點：

二、「根據我的印象，在第二次會議中討論對付工人黨時，我的全部注意力都集中在怎樣對付它，沒有考慮某些行動可能引起的複雜後果，如果這方面有注意到，相信當時會做出更小心的決定。」

是事後的脫罪，也是認錯。或者，先脫罪，再認錯，錯也只是「沒有考慮某些行動可能引起的複雜後果」。就這樣，以括弧做補充說明，輕輕帶過，而且是在事件三年後。

根據黃明強口述文章：「（鄭越東）事件違反工委會的決議和統戰原則。」

98.

四十八年後，方壯璧出版回憶錄，沒直接提及與李光耀會面的事，倒是不斷解釋他在星洲工作委員會會議上面對的問題，委婉地敘述出席會議的人大多不是參與現場鬥爭的幹部或領導，對具體情況瞭解不足；社會接觸面不廣；理論知識水準、鬥爭經驗不足；對局勢的認識和剖析不全面與深刻；對李光耀持肯定的觀點。他被通知：「通過有關管道聯絡，見面是不會有問題的。顯然，事情已事先安排好了。」所以，一九五八年見李光耀時，方壯璧才會說：「我是受委託來的。」基本上，方壯璧列出新加坡馬共內部存在的所有問題。但是，這本回憶錄主要還是供方壯璧炫耀、伸冤、埋怨，還做一些口號式的「詩歌」，八十二歲的老人家仍走不出過往。

回憶錄也對李光耀送他的「全權代表」身分做出回應：「我不是什麼馬共的『全權代表』，馬共並沒有授權我這個銜頭。」

事實並非如此。黃明強的口述文章顯示，一九六一年年底，方壯璧「曾建議用『全權代表』的名義發表聲明，被工委會否決」。

對於「鄭越東事件」，四十八年後方壯璧有另一番解釋：「因為急於取得對方的諒解，做出錯誤的處理」，「本人對此承擔全部責任」。他也坦承：「『全權代表』當時所做過的，不僅僅這兩件錯事而已」。

雖然方壯璧承認錯誤處理，人們也知道他的為難——包括他列出的所有新加坡馬共的問題，應抱同理心，不該過度苛責。然而，方壯璧不該將去見李光耀當作無奈的「接受被委派」。重點不在誰見了誰，見面比不見面好，如他所言，「見面是形勢發展的迫切需要，是雙方的共同要求」，所以，重點是見面談了什麼，做了什麼決定。出賣鄭越東，讓工人黨失去一個選區，不能以「因為急於取得對方的諒解」作為理由，說「對此承擔全部責任」，事件就會安穩地過去。政治上，對手都有嗜血的野性，所有事件環環相扣，蔓延、擴散；方壯璧事後也沒有做出任何止血或補救行動——所有的錯誤都無法補救，只有繼續錯下去。方壯璧「當時所做過的，不僅僅這兩件錯事而已」。

余柱業則在回憶錄強調自己完全在狀況外：「原本就由方壯璧採取主動，我們（余柱業與方壯璧）早期兩頭的關係不是很密切。」不知道余柱業的「早期」有多早，一九五七年九月星洲工委會成立後，余柱業便是新加坡馬共的領導之一。對於鄭越東事件，余柱業說：「事後才知道，我不以為然……既然他（鄭越東）已經在公開活動，就不要去承認他（鄭越東）是你（方壯璧）的人。」

奇怪，大家都在事後撇清與李光耀會面的負面評價。其實，大家都脫離不了關係。試想，如果會面成功，大家會怎麼為自己留下歷史功績？

黃明強於方壯璧與李光耀見面三個月後（一九五八年七月）到新加坡，此時正值加冷區補選，黃明強指示方壯璧：「堅持爭取合作，大力支持競選，但不能有幻想，不能暴露自己的實力，以防他翻臉時對我打擊。」兩、三個月後（一九五八年八至九月間），余柱業也兩次到新加坡，想約李光耀，但都不成功。黃明強向方壯璧強調「不能有幻想」，實際上都適合星洲工委會的三人小組。

這時候，馬來亞馬共的遭遇更嚴峻。馬來亞新政府不遺餘力地征剿馬共，也向馬共成員招安。一九五八年四月，馬共南區司令何浪帶了一百五十名游擊隊與十二萬元一起投誠，馬共柔佛游擊隊立刻瓦解。

在檳城，馬共成員開始撤退，部分到新加坡。陳平說：「新加坡從來都不曾全面淪為緊急狀態的戰場。」

99. 根據方壯璧的報告，他與李光耀第三次會面是在「一九五八年五月」。報告裡出現兩個部長的名字。第一個是副內政部長奈爾（M. P. D. Nair, 1920-1989）。方壯璧得知，奈爾有意釋放主要政治犯，只要他們不反勞工陣線政府。方壯璧認為，這對勞工陣線與馬共合作意義重大，他向李光耀打聽，「從談話中發現，根本沒有這件事」。

調查局局長柯里頓是李光耀的粉絲，他安排蒂凡那與林有福見面，李光耀不可能不知道。不管消息是否正確，馬共應該主動與勞工陣線會面。

第二個是勞工陣線部長湯申（G. K. Thompson）。方壯璧引述李光耀的話：「這人是個特務。」李光耀說，英國人在新憲制大作文章，包括安插特務在公務員裡。「他說出幾個人的名字（由於不熟悉這些人，現在已記不清）。」報告也說：「據他的看法，英國人正在進行應付行動黨上臺的準備工作。」

安插在公務員裡特務，名字怎能忘記？方壯璧顯然沒有警覺，更重要的是，李光耀告訴他，「英國人正在進行應付行動黨上臺的準備工作」，竟然沒有再談下去；這件重要的事，方壯璧三年後才在催促下做了一千七百字的報告。另外，與勞工陣線的合作也應該再談下去，結果李光耀說他正在進行，主要是聯繫哈密·裕末與湯姆斯，就這樣帶過。方壯璧或者真的不想告訴他的上司太多的內容。

這次的會面，李光耀被記錄的話比上兩次多，除了「特務說」，還有：

- 馬共的鬥爭是偉大的，誰都必須承認，如果不是馬共的奮鬥，馬來亞今天不會是這樣子。其實，聯盟領袖也知道這一點……英國人完全明白，在馬來亞能與英國人對抗的，只有馬共。
- 英國人最成功的傑作，就是將政權交給不反他們的人……這些右派封建分子，這樣腐敗愚蠢的人，今天成了民族英雄，成了國家領導人，這簡直是人民的恥辱。
- 從根本上，我們與馬共沒有差別，就像你們是天主教徒，我們是基督教徒，信奉同樣的神，但各方面又有不同，你們嚴格得多了。
- 英國人由於傳統的弱點，現在正主動逐步撤出，把馬來亞劃入澳洲的勢力範圍，或者放在新加坡的影響下……在新加坡，這種情況看得特別清楚，英國專員有計畫地讓澳洲專員大肆活動……在吉隆坡的外交人員中，澳洲專員克里奇利（Tom Critchley, 1916 -2009）最有本事。
- 西方國家曾非常徹底地研究聯盟領袖的一切，性格、癖好、出身、教育背景、弱點等……他們正通過個人接觸的方式與影響，攏絡這批聯盟領袖。

基本上，都是馬共可以接受或想聽的言詞。

最後，方壯璧突然提出，議會選舉迫近，競選合作卻一直沒有頭緒，他希望李光耀快點決定。「我們不能無限期地等待，如果你這方面不能成功，或是沒有成功的希望，我們只好採取行動。」

李光耀連問三、四次：「什麼行動？你們要採取怎樣的行動？」

方壯璧反問：「你想我們會採取什麼行動？現在我正在等你活動的結果，日期又一直迫來，我們當然要考慮這種情況，不能無限期地等下去……」

會議紀錄至此結束，雙方什麼都沒談成。

100.

與方壯璧會面後，李光耀於五月九日飛往倫敦，準備出席第三回憲制會談。這一次的五人代表團仍是上回的陣容。

李光耀抵達倫敦的同一天，與英國殖民地部大臣波藹會面。波藹問他，林有福下屆大選當選的概率。李光耀直說，林有福當選的概率逐月下降，他手下的副部長誠信讓人質疑，以至共產黨誣衊他，他完全無法招架。

李光耀明確地向波藹表示：「人民行動黨預料會在下屆大選獲勝。」他也告訴波藹，內部安全委員會如安全網，確保新加坡不會被共產黨接管，它發出的拘捕令，不會損害民選的新加坡政府。人民行動黨已做好執政的準備。

在新加坡，工人黨議員鄭越東在五月二十六日辭去加冷區議員、工人黨副主席、電氣及電訊職工聯合會主席；方壯璧效率之高，令李光耀意外。鄭越東也因此暴露其馬共身分。

第三回憲制會談順利達成協議，一九五八年八月一日英國國會通過新加坡邦法令（State of Singapore Act），新加坡告別殖民地，成為自治邦。新加坡也將在一九五九年新憲法下舉行自治邦立法議會選舉。101.

加冷區補選於一九五八年七月二十六日舉行，勞工陣線主席林有福在補選前五天（七月二十一日）的群眾大會上說，他在倫敦出席第三次憲制談判期間，倡組「社會主義聯合陣線」（United Socialist Front），獲各政黨代表支持，李光耀因黨內共產黨分子還在監牢裡，所以不參加，也沒有阻止此倡議。但是，李光耀在補選開始後，卻拚命攻擊聯合陣線。

其實，林有福的「獲各政黨代表支持」，也只有自由社會黨的林春茂和巫統的哈密・裕末。

第二天（七月二十二日），李光耀以書面澄清，他在倫敦時未支持倡組任何政黨，並指林有福撒謊，他只是向哈密・裕末和林有福建議，他個人在區議會選舉中，繼續遵守兩黨不競爭的默契。「我向他們建議組成左翼聯合陣線（left-wing united），以便對抗自由社會黨和工人黨。」不知方壯璧看見報導後做何感想。

競選期間，林有福為挽救不利勞工陣線的局勢，推出兩項親受華文教育者的政策：

一、在新加坡出生，到中國念書的學生，可以中請回新加坡；

二、政府將在財政上援助南洋大學。

這次選舉被視為一九五九年自治邦選舉的前哨戰。無論是社會主義聯合陣線或左翼聯合陣線，勞工陣線和人民行動黨最後合作不成；更準確地說，人民行動黨一開始便沒有意願與勞工陣線合作，所以，在明在暗都有人失望。

勞工陣線和人民行動黨都派出候選人，加上工人黨與另一無黨籍的獨立候選人，共四人參加加冷區補選。兩個月前（一九五八年五月）方壯璧與李光耀的第三次會面完全白談。

這次補選是林有福、李光耀與馬歇爾的決戰，也是林有福繼一九五七年十二月市議會選舉後，再次提出組成社會主義聯合陣線，上回人民行動黨沒公開回應，這一次李光耀直接否認。

補選前夕，腳踏車店的聯絡人又來找李光耀，這回送來方壯璧的禮物——一本「精裝英漢詞典」，詞典扉頁寫著：

送給可敬的李光耀先生
祝人民行動黨參加加冷補選成功

李約翰
一九五八年七月

李約翰來秀肌肉，還「祝人民行動黨參加加冷補選成功」。可見，方壯璧並不覺得自己做錯了，他還真的以為馬共也擁有人民行動黨，所以，對於第三次會面沒有成果，完全不在乎，並準備在馬共失去一個選區的情況下，祝福對手成功。對他而言，無論工人黨或人民行動黨擁有加冷區，都是馬共的選區。李光耀當然明白，預祝暗示馬共會在背後支持，而且一定成功。李光耀一定在發笑，輕蔑地。

在李約翰「祝福」下，人民行動黨推出左翼分子的候選人，三十六歲的布旺（Buang Omar

Junid）。布旺在一九五七年十月林有福掃蕩左翼分子時，與其他左翼一起掃進監牢。他曾是林清祥領導「各業」的馬來組織秘書，現為「泛星」副主席，也曾為巫統中委，一九五七年年底脫離巫統加入人民行動黨。李光耀安排布旺競選加冷區是漂亮的處理，除了對方壯璧交代，亦確保馬共不會臨時變卦。

林有福的勞工陣線推出《南洋商報》記者林士藩，獲得自由社會黨與華巫聯盟支持。如此，工人黨便被邊緣化。

補選結果，人民行動黨得四千二百七十八票，勞工陣線得三千五百六十六票，工人黨只得三百零四票，獨立人士則只有七十四票。其他三人的總票數都不如布旺。補選成績也說明另一現象：工人黨沒有李約翰的「祝福」潰不成軍，一樣沒有獲得「祝福」的勞工陣線，卻只輸七百票。人民行動黨注意到這現象。

「人民行動黨參加加冷補選成功」，李約翰功不可沒，證明他是幕後操縱者。再回顧黃明強的指示：「堅持爭取合作，大力支持競選，但不能有幻想，不能暴露自己的實力，以防他翻臉時對我打擊。」會覺得這句空話變具體了，馬共的方針則錯誤得更具體。

這次補選，再次讓英國人看到，人民行動黨更進一步地朝向執政之路，準備跟人民行動黨合作，雖然他們仍對林有福寄予一絲希望。

102. 李光耀與方壯璧見面的一九五八年三月最後一天午後，南洋大學舉行校舍落成揭幕典禮，邀請顧德主持，表示政府重視。顧德已從政務部長升為總督，他是新加坡戰後第四任總督（一九五七－一九五九），也是最後一任總督。李光耀在回憶錄裡回溯：

> 我永遠忘不了一九五八年三月三十一日這個星期天，這一天從南大到武吉知馬和市區的十四哩長的道路上，堵滿像蝸牛般爬行的汽車，全要去參加南大建築工程第一階段竣工的典禮。我感受到說華語或方言的普通民眾對創辦南大滿懷激情。

林有福在一九五七年市議會選舉與一九五八年的補選落敗後，為了爭取講華語與方言的華人，對南洋大學的態度較友善。南洋大學落成後，英國人要林有福的政府一個月後成立委員會，評估南大的學術水準。林有福則在十月間宣布，資助南洋大學八十四萬馬來亞元，一半用於大學經費，另一半作為學生獎學金。

103. 李光耀去了倫敦，見了馬共「全權代表」，打贏了加冷區補選，也同時向中國伸出觸角。早在一九五七年十二月八日，李光耀的兼職新聞秘書阿歷．佐西，開始聯絡中國外交部情報司長龔澎，透露李光耀希望訪問中國。

臺灣政治大學教授劉曉鵬的〈愛屋及烏——北京與李光耀的友誼，一九五四－一九六五〉（簡稱〈愛屋及烏〉）一文指出，新加坡與中國「第一次聯繫記錄」，由四十七歲的阿歷．佐西通過在蘇聯的澳洲記者貝卻敵，告知中國外交部情報司長龔澎，李光耀有意訪問中國。

四個月後的一九五八年四月三日，中國人民外交學會接獲通知，三十五歲的李光耀將於該年九月訪問中國；兩個星期後（四月十七日）中國人民外交學會又收到通知，訪問取消。

〈愛屋及烏〉於二〇二〇年六月發表於倫敦大學亞非學院主編、劍橋大學出版社出版的《中國季刊》（*The China Quarterly*）。人民外交學會就是一九五六年邀請馬歇爾訪問中國的單位。

阿歷・佐西（Alex Josey, 1910-1986）生於英國，第二次世界大戰期間，在開羅和巴勒斯坦負責心理戰。一九四九年隨英國駐馬來亞最高專員亨利・葛尼到馬來亞，負責對馬共的心理戰，通過電臺廣播，加強對馬共和民眾宣傳。亨利・葛尼被殺害後，阿歷・佐西離開崗位，兩年後出任新加坡電臺新聞總監，也是李光耀的兼職新聞助理。一九六五年，他被馬來亞政府驅逐出境，新加坡獨立又回來。他因寫了兩本李光耀傳記為人熟知。

貝卻敵（Wilfred Graham Burchett, 1911-1983）以報導亞洲地區的戰爭聞名，日本廣島在原子彈爆炸後，他是第一名進入採訪的外國記者；他也是共產黨的同情者。

龔澎（一九一四－一九七〇）原名龔慶生，中國外交部長喬冠華的夫人。她是中國外交部情報司司長，後出任外交部部長助理。

〈愛屋及烏〉提及，「李（光耀）在一九五七年中旬遭逢人民行動黨內鬥，對手主要是受華文教育且對傳統華人選票有吸引力的派系（也就是所謂的『共黨』），因此若李訪問中國，將大有利其支持度。人民行動黨的黨內衝突是公開的，因此允許李訪問意味中國對李的支持」，「後來李取消中國行的主要原因，應是他取得馬來亞共黨領袖方壯璧的支持，故毋需再前往中國爭取選票」。

文章分析，「即使李光耀取消行程，卻不影響北京對他的觀感。北京形容新加坡當代最有名的『共黨』林清祥只是『進步人士』，李光耀則被形容為『對新中國有好感』」，「中共和美國都認為，李光耀試圖建立一個親中國家，李的反殖與族群態度都讓中共滿意，故願給予支持」。

實際上，北京自一九五五年便關注李光耀，如文章指出，當時中美「都認為，李光耀試圖建立一個親中國家，李的反殖與族群態度都讓中共滿意」。《人民日報》在之前兩次報導新加坡消息時，都特別提起李光耀。

李光耀臨時取消訪問中國，不可能只為初階層次的原因——與左翼在黨內的衝突「取得方壯璧的支持」。方壯璧與李光耀見面，是左翼要恢復與人民行動黨合作；而且，根據方壯璧的會談記錄可知，人民行動黨一直多方面伸出觸角，與各政黨保持接觸，占據最有利的位置。何況，人民行動黨「奪權」事件發生在一九五七年八月四日，十八天後（八月二十二日）林有福政府逮捕左翼分子，阿歷・佐西在一九五七年十二月八日聯絡中國外交部，事件已結束四個月。

以人民行動黨的思維，不可能通過與一個大國的外交，解決內部問題；也不可能為了內部問題，放棄已開始的外交。人民行動黨內部如果需要援助，順序是設法讓林有福動手，這最快，最直接、有效，接著是尋求英國人出手，而不是一段漫長充滿未知的歷程。要永遠解決馬共問題，李光耀越發應該訪問中國。

應該留意的是，一九五八年五月間，李光耀在倫敦出席第三回憲制會談，與英國殖民地部大臣波藹會面時，明確地告訴波藹：「人民行動黨預料會在下屆大選獲勝。」

一九五八年的訪問雖取消，根據劉曉鵬的資料，此後人民行動黨持續與中國保持聯繫。104.

（二十六）行動黨籌備執政及其治安政策（一九五八）

人民行動黨非共分子準備執政，意味著將回到自己的立場與進程，特別是緊急狀態條例。馬歇爾時期（一九五五）延長的公共安全法律，將在一九五八年十月二十一日三年滿期。在加冷區補選後近兩個半月後，十月八日每月例常議會上，國會討論延長公共安全法律，李光耀在會上表明，下屆（一九五九）大選，如果人民行動黨執政，他們的立場是，「只要這項法令對維持聯邦的治安是必要的，也是新加坡需要的，我們將給予支持。否則，新加坡將成為馬共基地，造成新憲制的吊銷。」這也是李光耀表態，向黨內的左翼分子與黨外的馬共喊話說再見，而且是在國會裡。

所有的政治人物或獲得權力的人都一樣，換了位置，換了腦袋，只有獲得政權／權力，才開始面對政治現實，站在對立面，否定昨天的我。方壯璧或人民行動黨內的左翼分子應該看到這則報導，知道分手即在。

兩個月後（一九五八年十二月），人民行動黨機關報《行動報》刊登一篇社論，「強調行動黨是非共政黨，如果我們執政，維持公眾治安令將繼續生效」。

不久，腳踏車店的聯絡員又出現在李光耀的辦公室，告訴李光耀，方壯璧想見他。

兩人見面後，李光耀記述：「他（方壯璧）一直要我放心，沒有必要懷疑共產黨的意圖。我和林清祥、方水雙和林清如之所以發生問題，是因為他們的組織不容易向幹部傳達資訊。如今我既然跟馬共的高級領導直接打交道，今後應該不會再發生什麼誤解。」

《爭取合併的鬥爭》第四講則引述方壯壁的話：「林清祥沒有權力決定政策，有時候錯誤的產生，完全是由於傳達上的困難；有些決策和指示有時候來不及傳達給林清祥。」

近兩小時的會面裡，方壯壁繼鄭越東之後，又洩漏三個名字，三人都不承認或說不是馬共成員。李光耀的運氣真好——這麼說對李光耀甚不公平，應是——李光耀真本事，對手都在幫他。

李光耀直言：「我覺得他的選擇有限。不管他許下什麼諾言，我們必須在大選前公開表明我們的立場，從而取得優勢的地位。」

林清祥在〈林清祥〈答問〉遺稿片段〉說：「地下人士有所謂『與行動黨之統戰』，居然在我一點都不知情下形成。」林清祥坦承，這是對他影響很大的兩件事之一，「也令我不時消沉，及後來於一九六三年至一九六九年在牢裡，表現不太好之原因」。

對林清祥影響很大的事件即將在一九五九年發生。

105.

回到方壯壁的報告。

報告將這次見面列為「第四次會談」，方壯壁做了三千字的彙報，是四次裡篇幅最長的。「會議的目的，是明確《行動報》四週年特刊的一篇文章〈獨立之後的新形勢——我們的任務和政策〉提到的意見」，「在這次會談中，重要問題的主要發言者是我。經過會議，給我的印象是，對方對討論並不誠懇與認真嚴肅」。

方壯璧對李光耀的印象，從第一次會面的「對方的態度可以說友善、誠懇」，到第四次的對方「不誠懇與認真嚴肅」，不禁讓人想起李光耀在回憶錄中，針對一九五四年九月二十日《南洋商報》引述他的話，對自己的苛責：「當時我無知、愚蠢，容易上當……」

《南洋商報》一九五八年十一月二十五日報導，《行動報》四週年紀念特刊的專文，分析馬來亞在東姑領導下的聯盟政府，為何反對新馬合併的兩個原因：

一、把新加坡一百萬華人納入馬來亞，將使馬來亞種族均衡受到影響；

二、新加坡的左翼分子太多，獲得馬來亞華人的支持。

基本上都是現存的政治現實，也是東姑最在意的。

會談開始時，方壯璧翻閱著《行動報》四週年特刊。李光耀先開口，告訴方壯璧，「馬來亞存在六種矛盾」——李光耀會有如此共產式的思維嗎？還是方壯璧採用毛澤東的「矛盾論」，將李光耀的說話轉碼共產化？「六種矛盾」為：一、統治者與人民的矛盾；二、民間的矛盾。第三、四與五種矛盾，方壯璧忘了。六、不同政黨意識形態不同的矛盾。李光耀說，第一項矛盾最重要，不同政黨意識形態的矛盾最不重要，「這些可以慢慢解決。」

方壯璧竟然能忘掉一半的重點，抑或他認為其他的「矛盾」是廢話，記得前後點就夠？

方壯璧聽完「六種矛盾」後表示，應該談一談意識形態，同時指人民行動黨四週年特刊「對我們似乎不很友善」，「意識形態的問題被提出來，我們成為被攻擊的對象」。

李光耀解釋：「不是的，文章主要解決一些現實的、正面對的緊迫問題。這是我們將面對的……」

方壯璧不相信：「我覺得問題不是這樣子，你當然知道……」

李光耀繼續解釋：「確實，我們是在嘗試解決一些最迫切的實際問題。我說過，意識形態的矛盾是最次要的矛盾，我們在文章裡也提到這一點」，「我們不願意牽涉到社會主義者和共產黨人之間的無窮盡爭論。」

方壯璧不想再爭論這問題，指出「你們的文章似乎要提出一些有關合併的問題，卻沒提出來。」

李光耀反問：「我們不是寫得非常明確嗎？」

方壯璧指出：「你們並沒有把問題提出來，那是聯盟領袖提的。我想，聯盟政府的立場，不可能也不應該是你們的立場。」

李光耀強調：「我們提出的都是客觀現實存在的矛盾，不考慮這些是不現實的。」

「你們提出的不是客觀現實，而是某些人根據他們的利益，對某些事情的立場與看法。他們有自己的立場，假如把他們的看法當作客觀事實，等於站在他們的立場。」方壯璧直言：「我覺得，對行動黨來說，這是不可能的。對這個問題，我看不到你們的立場和觀點，這是非常錯誤的。」

李光耀要方壯璧提出意見。

方壯璧說：「合併是政治問題，聯盟反對合併是根據他們的利益出發，他們利用馬來人的落後情緒煽動民族猜忌。我不理解，為什麼你們竟然能接受他們的看法。比如，新加坡有一百萬華人，你怎能在一個『華人不效忠馬來亞』這樣毫無根據的看法來解決問題？什麼時候才可以使華人變成非華人？怎樣才能使反動派滿意華人不是華人？怎樣才會使反動派覺得不會『失去政治平衡』？」

李光耀沒有開口。

方壯璧繼續：「你們又談民族沙文主義，並說華人抗拒使用馬來語。我不是替華人說話，但你們說的都不是事實。馬來亞華人目前要爭取的是民主、平等的待遇，要求合法的權益和地位，以及該有的照顧。他們要求自己的文化生存的權利，這種要求是防禦性的，它要求不被排斥，但它並沒有排他性，這怎能說是沙文主義？馬來亞的華人是否有沙文主義，應該看具體表現，不應該拿中國的強弱來做根據，這樣的言論自然引起極大的不滿。」

李光耀解釋：「是的，這是個困難的問題，目前也有人在煽動，攻擊行動黨要消滅民族文化、排華。」

方壯璧不同意：「這不是別人煽動你們的問題。我認為，你們的這篇文章中的觀點錯誤，而且有偏見。」

兩人接著將話題轉向文化觀點，後來李光耀同意由方壯璧撰寫一篇分析行動黨的語文政策文章公開發表。這篇文章——〈語文政策和工作方針〉後來發表於第四十四期《行動報》。

方壯璧也對《行動報》四週年特刊指陳「新加坡左翼分子太多」不滿：「難道左翼分子不好嗎？應該減少左翼分子嗎？行動黨是左翼政黨，這要怎麼解釋？」方壯璧的最後一個問題突顯他的最大問題，他一直將人民行動黨當作是跟他們一樣的左翼政黨。李光耀在兩年前（一九五六）

的議會上已說過，他擁護民主社會主義，不靠共產黨的獨裁和列寧主義殘酷無情的手段，實現理想。還有，方壯璧潛意識裡一直認為，馬共在人民行動黨有「股份」，以「股東」的身分發言。

最後來到聯盟領袖究竟怕誰？方壯璧認為：「聯盟領袖怕的是左翼分子，不是共產黨。我們被非法了，要抓要殺都有現成法律可據。他們擔心的是行動黨，是你們說的PAP Movement的擴大發展。如果國家統一真的實現，在全馬與聯盟爭奪政權，威脅他們的統治地位，難道不是左翼的行動黨嗎？」

方壯璧也針對人民行動黨「在全馬與聯盟爭奪政權」，以括弧補充內容，做更進一步的報告。報告採對話式：

方壯璧：我想你應該不滿足於做新加坡的ＸＸ吧？行動黨在馬來亞大有作為，特別是你，我相信會有更光明的前途；我想只要行動黨有發展的機會，馬來亞的ＸＸ最終會換人。

李光耀：是的，他們非常害怕我們。

方壯璧：他們不單害怕，他們會要爭取你們，特別是像你這樣的人。

李光耀：Yes, They like me but they want me to under them.

方壯璧：這似乎不可能。你會跑到右邊去做個隨從嗎？

李光耀：問題不是這樣。他們已經對我們抱定這樣的看法，不管我們怎麼做，他們總不信任我們，認定我們是左派——聯盟領袖的這種看法，不會輕易改變。

方壯璧：他們會更喜歡林有福……像林有福這樣的人。

李光耀：是的。

其實，三方人馬——人民行動黨、馬共與東姑領導的馬來亞聯盟都知己知彼，方壯璧更透視人民行動黨的雄心或野心，或當時人民行動黨此一宏願路人皆知；大家也知道，新加坡太小，不足以成為一個國家，新加坡不能沒有馬來亞，馬來亞不一定需要新加坡。所以，在這場競賽中，東姑已率先進入決賽，他原本不想玩的；新加坡代表則由贏的一方挑戰東姑，只是，東姑不想與馬共玩。競賽的主辦單位兼裁判是英國人，他有權改變遊戲規則。

然而，方壯璧的報告完全沒提到他點名的三個名字——林清祥、方水雙和林清如。

106.

方壯璧的報告最後做了六點「工作檢討」：

一、太注重團結對方，沒進行必要的鬥爭；經常軟弱遷就對方，第四次會談暴露得最清楚。

二、容易被對方的表面做法迷惑，想法天真，說話直率，以為「朋友」就是朋友。

三、碰上複雜的問題時，沒有把握和信心，因為剛接手，對情況不瞭解。

四、英語差，發揮意見時受限制。

五、不會正確運用談判方法，沒有擬定討論範圍或提案，沒有使討論正式化，也沒有對討論結果做明確的結論。因此，會談成了閒談，其結果是這些討論對雙方都不產生約束力，方便對方推託。

六、已盡力完成任務，就現在來看，任務已基本完成。

「會談成了閒談」是方壯璧失敗的主因，誤認「行動黨是左翼政黨」，防備心不足。「工作檢討」報告末端注明「方報告於一九六一年三月」。不知道是第四次會面報告的日期，還是包括前三次；前三次的報告都沒注明日期，張泰永的報告也沒提到第四次會面報告的日期。方壯璧的弱點，基本在檢討報告中概括了。他還會見李光耀多一次——一九六一年五月十一日。如果檢討報告是做於一九六一年三月，那他還有一次表現的機會。

十、逮捕李光耀（二）

（二十七）前後首席部長密會及其荒謬（一九五七－一九五八）

107.

林有福貴為首席部長，他領導的勞工陣線表現卻一直不如人民行動黨，他眼前的壓力是，如何贏得一九五九年的大選，當上總理。

李光耀指出，這段期間林有福曾向他透露，擔心自己的政治生涯會結束。李光耀說：「我總是設法消除他心中的隱憂。」他也給林有福一些點子，以延後接下來的大選。「他（林有福）以感激的心情接受這些主意，因為這些主意延長他的政府的壽命。」李光耀表明：「我沒告訴他，我也需要時間整頓行動黨。」

無法獲得人民行動黨非共或左翼結盟，脆弱的林有福於一九五八年十一月再顯現其政治青蛙本色——他從進步黨跳到新加坡勞工黨再到勞工陣線，如今脫離勞工陣線，與部分自由社會黨黨員組成新加坡人民聯盟（Singapore People's Alliance, 1958-1965），並出任主席，加強自己的實力。政治現實揭示，弱弱合併將更弱，自由社會黨使如此。

林有福組織新加坡人民聯盟時，也找上馬歇爾，敦促這名昔日同志一起聯手對付李光耀。馬歇爾原本感興趣，然則，林有福對權力的棧戀令他反感，拒絕加入新加坡人民聯盟。

新加坡駐美國大使（一九九六－二〇一二）陳慶珠的著作《獨立的感知：大衛・馬歇爾的政治傳記》透露：

一九五八年底，馬歇爾接到林有福緊急而秘密的電話，通過中華總商會會長葉平玉安排，於四海通銀行（Four Seas Communication Bank）金庫見面。

冷寂的空間裡，兩名前後首席部長見面，林有福直截了當地告訴馬歇爾，他要逮捕李光耀及一些人民行動黨的中堅分子，以免人民行動黨在來臨的大選獲勝，同時阻撓親共政府的崛起。他需要馬歇爾在事件後保持沉默，不發表意見。馬歇爾氣炸，斥責林有福，他將會是這個計畫的附屬品，拒絕林有福的要求。

這次「緊急而秘密」的見面是多餘的，林有福如此性格極不適合從政，他過不了自己這一關，真正「緊急而秘密」的計畫，根本不需要馬歇爾，更不需要葉平玉。

這是第二次有政府要逮捕李光耀。

還有第三次。

108.

大選即將來臨，身為首席部長，林有福得解決殖民地政府在南洋大學落成後，交給他的課業——評估南大的學術水準。他於一九五九年一月，委任以西澳大學校長白里斯葛（S. L. Prescott）為首的五人評議委員會，評估南大的學位。另四名委員為：

- 洪煨蓮，六十六歲，歷史學家，曾在燕京大學與哈佛大學任教；
- 謝玉銘，六十六歲，物理學家，菲律賓東方大學物理系教授兼系主任；

- 錢思亮，五十一歲，國立臺灣大學校長；
- 胡思威（A. F. P. Hulsewe），四十九歲，荷蘭萊頓大學漢學院院長。

委員會成員於二月十二日抵達新加坡，著名的《白里斯葛報告書》（〔S. L. Prescott Report〕，正式名稱為《南洋大學委員會報告》〔Report of the Nanyang University Commission, 1959〕）於一個月後（三月十二日）提呈，評議委員會判定：

> 目前不能向新加坡政府建議，承認南大學位與其他經被承認的大學學位相等。

白話地說，就是不承認南洋大學的學位。

這是選前的炸彈，林有福唯有把報告書藏起來，另立法通過《南洋大學條例》，正式承認南洋大學的大學地位。報告書在七月對外公開時，林有福已不是首席部長，將球踢到人民行動黨腳下。

十一、首任總理

（二十八）教育部長的「政治禮物」及其跨國操作（一九五八）

109. 新加坡首屆自治邦大選於一九五九年五月三十日舉行。四月二十五日提名，十三個政黨派出一百六十名候選人，無黨籍三十五人，共一百九十五名候選人競逐五十一個議席。

此次選舉，大家都想爭寫歷史，執政，當上總理。人民行動黨派出五十一名候選人，競選所有的選區，其勁敵林有福的新加坡人民聯盟，派出三十九名候選人。

林有福藏得了一顆炸彈，藏不了第二顆炸彈。人民行動黨於大選前三個月（二月十五日）便掀開序幕，為林有福引爆一顆超級炸彈：

美國人給勞工陣線五十萬元。

人民行動黨沒有拿出任何證據，只是敲山震虎，讓勞工陣線在心理上成為籠中困獸。媒體的報導相對地保守與保險，《海峽時報》雖在封面報導，但非頭條，標題針對馬來亞：「杜進才談可能引起的尷尬／行動黨就選舉向聯邦領袖發出警告」，內容才引述杜進才的話：「美國人給了勞工陣線五十萬元」，「那是個公開的秘密，稅務局正在調查美國花旗銀行（First National City Bank of New York）一個以部長名義存放五十萬元的戶口，但是，調查很快就中斷，因為這是一筆政治禮物，不需要繳納所得稅。」

兩家華文媒體都在本地新聞的第二版報導，當政黨新聞處理。《南洋商報》的處理與《海峽時報》一樣，標題簡述「杜進才博士分析本坡當前政局」，內文才引用杜進才的上述談話。《星洲日報》則只說「行動黨舉行群眾大會，分析當前局勢」，沒提五十萬元政治獻金的事。

美國總領事館、人民聯盟和花旗銀行本地分行都在第一時間否認。人民行動黨過後在群眾大會沒再提「政治禮物」，選舉的主軸仍是就業與建設。如此發酵兩個星期，三月三日李光耀在立法議會動議，調查教育部長周瑞麒於一九五八年九月在花旗銀行約五十萬元的戶口，周瑞麒（一九一八—一九八五）當天傍晚同時辭去部長與議員兩職。

實際上，這起醜聞由勞工陣線傳出。勞工陣線執行秘書狄·古魯斯在法庭作證時指出，一九五七年十月底或十一月初，周瑞麒告訴他，已為勞工陣線籌得七萬美元，林有福也已知道。狄·古魯斯聽到「美金」時，曾擔心會傷害勞工陣線。

狄·古魯斯過後告訴勞工陣線秘書長湯姆斯，湯姆斯很訝異，因為周瑞麒告訴他籌得的款項為十萬美元。

狄·古魯斯也向林有福報告並說：「七萬美元等於二十萬馬來亞元，勞工陣線的市議員選舉大概花六至十萬（馬來亞）元，剩下的錢呢？」林有福非常煩惱。狄·古魯斯還告訴林有福，他的朋友告訴他，周瑞麒在怡保的錫礦投資二十五萬元。林有福更煩惱，說：「不要理他。」

狄·古魯斯是馬來亞民主同盟成員之一，後來加入馬共，不久離開，在馬紹爾邀請下，加入勞工陣線。

勞工陣線秘書長湯姆斯在供證時說，就他所知，周瑞麒在一九五七至五八年每年供給勞工陣線的錢不超過一萬元。湯姆斯不想勞工陣線被毀掉，於是告訴李光耀。

一九三四年湯姆斯來新加坡，加入聖安德列學校，一九四二年新加坡淪陷後成了戰俘，八個月後被送緬甸修建死亡鐵路。二戰結束，湯姆斯回英國休養，一九四七年初重返新加坡，在聖安德列學校執教，第二年加入勞工黨，過後轉入勞工陣線。湯姆斯在事件後辭職返教育界，一九六三年出任聖安德列學校校長，聖安德列中學前的馬路湯姆士通道（Francis Thomas Drive）便以他命名。

負責周瑞麒「政治禮物」的調查委員會於四月六日開庭，人民行動黨的代表律師——也是此案揭發人之一——李光耀於開庭第一天供證，接受稅務局代表律師惹耶．勒南（J. B. Jeyaretnam, 1926-2008）盤問。雙方攻防簡單扼要，惹耶問及核心，李光耀四兩撥千斤。這也是惹耶與李光耀過招之始。二十二年後（一九八一）惹耶以工人黨身分在安順區補選，並獲得勝利，成為新加坡獨立後第一名反對黨國會議員，開始他下半輩子與人民行動黨的針鋒相對。

周瑞麒承認獲得兩筆款項：

- 一九五七年十月三十日，美國紐約花旗銀行通過電報匯了五十一萬九千零八十三點九六美元給在新加坡分行的周瑞麒戶口；
- 一九五八年四月二十四日，美國紐約花旗銀行接獲一名余國華（Yu Kuo Hwa）的商人，給周瑞麒戶口郵匯十八萬兩千五百零九點五一美元。

周瑞麒也於一九五八年四月二十八日，以勞工陣線第一任副主席的名義，致密函所得稅局局長，該黨獲得的捐款為七十萬一千五百九十三點四七美元，款項將用於消滅共產黨，以及加強勞工陣線的組織。

周瑞麒的七十萬美元的「政治禮物」中，部分這麼安排：

- 五萬一千元以太太的名義在怡保買一棟房子；
- 二十五萬元以朋友的名字投資霹靂一家礦務公司，其中五萬元的股票送給新加坡巫統主席兼地方政府部長哈密·裕末；
- 三十萬元以另一朋友的名字投資怡保一家礦務公司。

周瑞麒不肯說出兩次捐款人的名字，調查委員會主席巴特羅士（Murray Buttrose, 1903-1987）法官認為，周瑞麒不透露名字，只能罰一百元。所以改變做法，讓周瑞麒把捐款人的名字與地址寫在紙上交給他，他再呈交總督顧德。

調查委員會報告於五月二十六日發表，主席巴特羅士法官認為，周瑞麒在花旗銀行的存款，「無疑是一種政治禮物」。

對於周瑞麒的「政治禮物」案，李光耀在回憶錄裡說：「我們終於達到政治目的，使人民聯盟因接受美國人的金錢而名譽掃地。」

在幽暗處閱報的方壯璧一定非常吃驚。

110.

周瑞麒為勞工陣線尋求經費的對象不只美國，還有退守臺灣的中華民國。周瑞麒操作之熟練，似乎不是新手。

臺灣國立暨南國際大學黃辰濤的碩士論文《爭取海外力量：中華民國外交、僑務、黨務在新馬的運作（一九四五－一九五七）》引用臺灣國史館《外交部檔》的檔案顯示，一九五七年四至五月間，周瑞麒透過中間人向臺灣政府表示有意合作，希望臺灣政府提供三十萬美元作為經濟援助。臺灣期待勞工陣線能執政，擴展在新加坡的外交與貿易，於是押上勞工陣線。

周瑞麒派屬於勞工陣線的新加坡職工總會秘書劉益之，於七月十七日訪問臺灣；劉益之曾是親國民黨的《益世報》社長。幾次會談後，臺灣提出五項要求：

一、如果新加坡獨立，勞工陣線執政，兩國應建交；

二、如果新加坡獨立，中華民國必支持新加坡進入聯合國，也希望新加坡在聯合國支持中華民國；

三、希望新加坡政府選用反共人士；

四、希望新加坡政府不為難國民黨的反共活動；

五、允許中華民國中央信託局在新加坡設辦事處。

劉益之則希望臺灣政府先付一兩萬美金；建議《中興日報》與勞工陣線聯營，同時輔助創立一份勞工陣線的晚報；協助新加坡反共等。

劉益之回新加坡後，臺灣諮詢美國的意見，是否共同援助勞工陣線。美國怕引來非議，希望個別進行。所以，有了前述的七十萬美元「政治禮物」。

臺灣中央信託局於八月二十七日，委託華僑保險公司董事經理劉攻芸轉交一萬美元給周瑞麒。劉攻芸（劉駟業，一九〇〇－一九七三）於一九四九年一度出任中華民國財政部長，他的簽名還出現在一九四九年的鈔票上，他也是華僑銀行顧問。臺灣同時以臺大和師大的名義邀請周瑞麒到臺灣講學，周瑞麒於九月二十九日秘密到臺灣。

周瑞麒回新加坡後，臺灣政府於十月二十六日匯了十七萬美元給周瑞麒。但是，十二月二十一日的新加坡市議員選舉，勞工陣線慘敗。

「努力不懈」的周瑞麒「乘敗追擊」，希望臺灣繼續「投資」於勞工陣線在一九五九年的立法會選舉。國民黨政府答應，於一九五八年三月匯出第三筆六萬美元的政治獻金，前後金援勞工陣線二十四萬美元。

周瑞麒吃相難看，在一九五九年大選前，其「政治禮物」事件被人民行動黨揭發。

周瑞麒不僅拿了美國七十萬美元，還要了國民黨政府二十四萬美元。然而，人民行動黨查不到周瑞麒的「臺灣禮物」，雖然李光耀也要劉益之與劉攻芸上庭接受盤問，結果劉益之只說向周瑞麒「借三萬元做生意」；劉攻芸接受李光耀十分鐘的盤問，《南洋商報》形容，「在這短短時間裡，卻充滿緊張、憤激和高潮的氛圍」，對於李光耀圍繞于斌（一九〇一－一九七八）主教的問題盤問，劉攻芸全說：不知道。「臺灣禮物」沒被打開。

國民黨政府退守臺灣後，仍沿用「黑金」手段，外交上亦走不出思維局限，爭得國際承認的金援外交注定「遇人不淑」，成了「凱子外交」。

（二十九）行動黨大勝及其左翼對手的一廂情願（一九五九）

111.　人民行動黨左翼簽署聲明書，人民聯盟名譽掃地，派出三十二名候選人的自由社會黨選前分裂。一九五九年五月三十日的大選，人民行動黨幾乎沒有對手，狂勝四十三席，贏得百分之五十四選票。

王永元在此次大選中贏得百分之七十七的最高得票率，這是王永元個人的榮譽，卻是人民行動黨危機之始；李光耀也獲得百分之七十。人民行動黨成了新加坡自治邦的執政黨，三十六歲的李光耀出任自治邦總理。

行動黨在競選期間固然有其競選綱領，但民眾在乎的，是他們公開聲明，除非釋放該黨關在監獄裡的領導層，否則即使勝選也不會組織政府；行動黨也承諾，將爭取分批釋放政治犯。

競選期間，李光耀一直與總督顧德保持聯繫，顧德知道李光耀的想法、做法，殖民地政府因此信任，甚至默認——李光耀是政權的承繼者。李光耀在回憶錄中表示：「一九五八年五月倫敦憲制談判後，顧德一直跟我保持接觸。對於涉及未來政府的事宜，他總讓我有機會表明看法。」

獲知人民行動黨大選勝利，〈林清祥〈答問〉遺稿片段〉說：「興奮、雀躍又有點茫然是當時的反應。興奮與雀躍是可以理解的，因為自己協助建立與支持的政黨，終於在大選中取得勝利，可以執政了。從個人立場看，自己就要獲得自由了，怎不叫人感到興奮與雀躍呢？感覺有點茫然，帶著混雜著不知所措與又有點失望的情緒產生的茫然，卻不是局外人所能理解的。李光耀先生對我還存著多少個人後顧之憂……單單這些就夠你產生『有點茫然』的感覺。」

派出第二與第三多候選人的政黨都大敗，林有福的人民聯盟三十九名候選人只得四席；自由社會黨三十二名候選人全落選。巫統八名候選人贏得三席，其他政黨：馬華公會、新加坡人民黨、公民黨、勞工陣線、新加坡馬來聯盟、工人黨、馬來亞印度國大黨、泛馬回教黨、加東居民聯合公會都各派出二至五人，但全落選。三十五名無黨籍候選人只一人——A. P. 拉惹當選。他於一九七六年開始擔任最高法院法官，至一九九〇年退休。

新加坡人民黨全軍覆沒，主席賽．札哈利（Said Zahari, 1928-2016）在其回憶錄《人間正道》指出，宣傳人員最後一刻收到「秘密指示」，下令收回對人民黨的所有支持。他說：「『全權代表』準備否決人民黨候選人在大選中的勝利，目的只是為了向李光耀證明，他才是控制整個新加坡左翼運動的人，隨時有權決定給予或撤銷對某人的支持。」賽．札哈利曾擔任《馬來前鋒報》總編輯。

方壯璧在賽．札哈利責難後，在回憶錄的附錄文章中說：「『人民黨候選人事件』是出於要爭取穩定局勢，加強行動黨與英國談判的籌碼，決定給予行動黨『全面支持』的錯誤想法所做出的錯誤處理。」這也是「『全權代表』兩件錯事」的第二件。

其實，希望人民行動黨上臺，牢裡的同志有救，也應該是原因之一，只是「天真」「無知」的馬共不具人民行動黨的深謀遠慮。《新加坡地下文件選編》沒有署名的〈一九六〇年底至一九六一年一月工作報告〉證實方壯璧的說法：

一九五九年前夕，我們為了集中左派力量，使行動黨打垮右派政黨，以及搞好統戰關係，決定全力支持行動黨，暫時放棄支持人民黨的競選。這一決定保證了行動黨在有利的形勢下，取得壓倒性的勝利。

另外，黃明強的口述文章透露，在人民行動黨獲得勝利後，余柱業於六月分到新加坡見方壯璧，「就其處理與李光耀及人民行動黨之間關係中出現的偏差，提出批評，並傳達秘書處的意見。方壯璧表示接受和同意。」

批評沒用，老闆們永遠不在危境或歷史現場，無法服人，方壯璧自然坐大。〈一九六〇年底至一九六一年一月工作報告〉應該是余柱業撰寫的。

對一九五九年的新加坡大選，馬共總書記陳平指出：「我們同意我黨新加坡市委的看法，即馬共應該堅決支持李光耀及他領導的人民行動黨。」他透露：「人民行動黨一名和李光耀有密切關係的主要競選代理，是我們的正式黨員，並且定時向他所屬的市委會報告。我肯定李光耀沒發現這名競選代理。」陳平分享行動黨勝選的果實：「我們的支持者、同情者，以及同路人傾巢而出，支持李光耀，使他得到民間的支持。沒有這些人，李光耀不可能在選舉中贏得四十三席的輝煌成績。」

李光耀卻在《回憶錄》說：「左翼的工會領袖並未組織群眾參加我們的群眾大會。」

方壯璧向賽·札哈利解釋的文章寫於二〇〇一年，賽·札哈利早兩年（一九九九）先在曼谷見了馬共總書記陳平，向陳平提起這件事時，回憶錄生動、溫馨地敘述：「他（陳平）應該已感受到我在講述事件時，臉上的失望與不滿。陳平冷靜、毫不含糊地發出第一句評語，『我接受你坦率和真誠的批評。我承認對於一些問題，我們太過無知和幼稚。』陳平相當全面地向我解釋，馬共在那些風雨年代中面對的通訊難題。

「突然，陳平握住我放在桌面上的手，說：『賽．札哈利兄弟，我求你別把整個責任怪在壯壁肩上，作為馬共總書記，我才應該負起全責。我現在告訴你，我負起這個責任。』」

事過境遷，而且非當事人，作為上層的領導人，很容易說「我負起這個責任」。能負什麼責任呢？一切都過去了，死的都死了，輸也輸了。成龍的電影《警察故事》裡，有一句非常階級性的下屬對上司的對白：「死一個部下，你只要寫一份報告書，鞠三個躬。」身為馬共最高領導人，陳平的「我負起這個責任」，實為階級主義式的說法。

在歷史現場的人，也未必買單。林清祥在〈林清祥〈答問〉遺稿片段〉毫不隱瞞自己的不滿，說：「大選時，我和同僚還在牢裡，牢外某些對左翼勢力有影響的人號召群眾全力支持行動黨……左翼（包括共產黨人）似乎錯誤地以為，行動黨若大選失敗不執政，他們便會失去所謂安全傘，會完蛋。他們忘了，當年若左翼垮了，行動黨也會跟著完蛋……左翼（包括共產黨人）自以為是地與行動黨領導人搞『統戰』，以為可以全力支持它抗拒與反對英國人。」

林清祥被釋放後才知道「統戰」的存在，他批評馬共政策錯誤：「左翼（包括共產黨人）不但選錯時間，對局勢的評估也有偏差。若左翼（包括共產黨人）能在一九五四年行動黨剛成立時，統一自己的思想與行動，派出代表，以組織對組織的形式，與李光耀達成統戰的基礎，也許局面會有所不同。」

林清祥透露，人民行動黨成立時，左翼（包括共產黨人）有人下指導棋。「不知道先生」余柱業再度發揮他的「不知道」，他在回憶錄中說，他事先不知道方壯璧有參與討論。

林清祥炮火開向司令部：「左翼（包括共產黨人）領導層支離破碎，自身的思想與行動形成不了統一局面，妄說與別人搞『統戰』。這也許就是為什麼遲至一九五八年，在翻了那麼多筋斗後，才使出個全權代表會見李光耀……所謂的『統戰』，就是百分之百的投靠。」

基本上，林清祥已判定馬共死刑。只是，此刻才一九五九年，馬共還有很長的路要走。

林清祥引用李光耀最信任、最重要的助手陳新嶸的話：「李光耀並沒變，若讓他當馬共秘書長，一切問題都不存在！」

是的，不妨無厘頭地假設，如果方壯璧或陳平是人民行動黨秘書長，李光耀是馬共全權代表，甚至馬共總書記，歷史會怎麼重寫？

馬共的問題在於人，不是意識形態。

112.

人民行動黨獲勝，總理人選定案卻充滿戲劇性，甚至究竟有沒有定案的會議也各說各話。

根據美國學者貝洛斯（Thomas Bellows）的《新加坡人民行動黨：一黨主政體制的出現》的說法，選舉勝利當晚，人民行動黨十二名中委在李及李律師館一間房裡，決定由誰出任總理。

黨綱沒有明文規定如何選出總理，彼時人民行動黨也還沒有秘書長自動出任總理的「傳統」。當時大家心中有兩個人選，一是秘書長李光耀，另一是財政王永元。大家以投票表決，李光耀和王永元各獲六票，總理人選無法產生。最後，由主持會議的黨主席杜進才行使決定權，杜進才把票投給李光耀，李光耀最終成為新加坡第一任總理。

《白衣人》的作者數次訪問杜進才與當時的組織秘書王邦文，兩人都證實了這件事。

倒是李光耀，在接受《白衣人》的訪問時感到困惑：「我不記得有這麼一回事。我不明白為何王邦文和杜進才會這麼說。如果是一個人的記憶，我還可以反駁，但是兩個人這麼說就……」他接著說：「大選是我領導的，戰略也是我精心策畫的，所有重大的演講也由我發表。選前的最後一個競選廣播的主角也是我，當時人們的假設就是我將成為領導人。大選前後同殖民地總督顧德會晤的是我，不是王永元。與總督磋商釋放拘留者的也是我，不是王永元。」

李光耀的論點獲得拉惹勒南和易潤堂支持。拉惹勒南確定「中委不曾進行投票表決，因為無此需要」；易潤堂也說：「總理人選顯而易見，毫無疑問。如果當年真的有投票，那一定是在李光耀、杜進才和王永元形成的『內圈』中進行。」

人民行動黨在不知道如何決定的情況下，產生了新加坡第一位總理。

（三十）行動黨左翼獲釋及其思變（一九五九）

113. 贏得政權後，人民行動黨首先要解決的，是他們尚在牢裡的「同志」。李光耀說，他們必須在執政前釋放林清祥等人，否則就會失去信用。

一九五九年六月四日早上八時，林清祥、方水雙、蒂凡那、詹姆斯·普都遮里、兀哈爾、曾超卓、陳從今、陳世鑑八人獲釋放，兩千多人迎接他們重獲自由的領袖。《星洲日報》記者激動地描述：

天還沒亮，人群就像潮水似的，湧到市郊外樟宜監獄，五色標語及錦旗，在車上，在人群中隨風飄揚。每一個歡迎者心中，就像陽光似的燃燒著。各階層人民，不分男女老幼，都滿懷無比興奮的心情，準備以盛大的儀式，歡迎他們的領袖出獄。飄揚的旗幟裡，一些寫著「勇敢的林清祥！……萬歲」「自由戰士萬歲」。

監牢鐵門裡，八人在等待鐵門打開時，蒂凡那轉身對林清祥留下最後的勸語：「清祥，如果你有任何機密要讓我知道，要小心，最好不要告訴我，因為不管你說什麼，都會直接傳到人民行動黨。從此刻開始，我會與行動黨站在同一陣線。」

鐵門外，《星洲日報》記者繼續動情地敘述：

監獄大鐘敲過八下的時候，林清祥等八人和大家見面了，他們的出現，不知怎地，群眾首先一怔，繼後周遭屏息無聲，接著舉起雙手，激動地呼喊著「默迪卡」。歡迎的群眾除對林清祥等人獻花外，還由林清祥開啟一個鳥籠的門閂，讓兩隻白鴿自由地飛翔到天空去，到天空去。

這時，前來引接八位英雄的年輕男女圍聚在一厚紙皮邊，朗誦著林清祥粉絲在紙皮上寫的詩歌：

和平鴿啊！籠裡的和平鴿啊！
你為咱們呼唱！
和平！自由！平等！的開路先鋒！
你為咱們而鬥爭，被不講理的主人關在籠裡。
籠外的和平鴿，為你爭取自由，和平，
咱們的隊伍在等著你！
何以是日藍籠外的和平鴿特別多？
看你飛翔，自由的歌唱！
唱呀！唱呀！
咱們一起來唱！
唱那和平！自由！平等的歌聲！

114.

三個小時後，獲釋放的五工人領袖召開記者會，蒂凡那代表發言。針對只有五人簽名，蒂凡那解釋，另三人關在不同的牢房，來不及簽名；陳從今與陳世鑑沒有出席記者會，蒂凡那說他們正與中委開會。現場沒有行動黨代表出席。

蒂凡那、林清祥、方水雙、兀哈爾、曾超卓簽署的《社會主義的目標和手段》聲明書在記者會現場分發。《星洲日報》於一九五九年六月五日刊載，聲明書約三千六百字，分四小節：基本政治立場、社會主義須具國家基礎、建立統一馬來語國家的必要措施、實現社會主義的方式。主要強調毫無保留地贊同人民行動黨「建立一個獨立、民主、非共、社會主義的馬來亞」的目標，也毫無保留地接受人民行動黨的民主社會主義的原理與實踐。五人也在記者會發表四百字的聲明書，詹姆斯·普都遮里沒有簽名，但完全認同聲明書內容：

我們深受黨的厚愛，讓我們獲得解放。

人民行動黨的勝利，在於正確的政治分析與原則，以及在市議會的具體工作。

我們對一九五七年八月間，黨的真正與正確領導短時間中斷感到遺憾。我們贊同對這次事件採取的立場。

人民行動黨在大選中的偉大勝利，毫無疑問，真正原因是廣大群眾大力的擁護，以及正確的領導層採取的正確方針。我們很高興，人民行動黨成為本邦歷史上，第一個真正社會主義和廉潔的政府。

我們完全贊同通過憲制方式，實現黨的宗旨與目標，以達到黨的政治、社會與經濟計畫。

我們深信，在人民行動黨中央委員會的指導下，將由穩健的進步，逐步達至創造一個自由、統一、民主、社會主義與非共馬來亞的最終目標。

> 我們也要代表我們自己，以及尚在拘留中的同僚，向熱誠與慷慨地捐款，以維持受拘留人士家屬（生活）的人們，致最深的謝忱。
>
> 我們的許多同伴尚繼續受拘留，自然使我們感到痛苦。我們深信，其餘的受拘留人士的案情，將由新的人民行動黨政府公平、合理地檢討，我們同意黨對此事的立場。

陳從今與陳世鑑（一九三三－二〇一一）因為曾在一九七五年「奎籠事件」中奪黨權，兩人另發表聲明，內容與五人的聲明類似，但另強調，面對任何反對人民行動黨的力量，或破壞人民行動黨的共產活動時，與黨站在一起。

林清祥在記者會過後到武吉知馬他以前的選區，他說：「一路上，群眾擁擠在道路兩旁歡呼，除了興奮感動外，你不禁發現群眾對自己的期望是非常非常之大。『將做什麼？能做什麼？』又強襲心頭！憑著自己多年在群眾工作中積累的經驗、直覺告訴我，『你是當前群眾運動的真正地心吸引力！』」林清祥在〈林清祥〈答問〉遺稿片段〉表示：「現在回想起來，若要奪去行動黨領導權或置行動黨政府於死地，當時，我只要一聲呼喚，剛成立的政府將非常難過關，不須等到一九六一年或一九六二年！」

115.

各報刊登八人出獄消息的六月四日下午四時，行動黨政府宣誓就職。內閣九名成員依序是：

- 總理：李光耀（三十六歲）

- 副總理：杜進才（三十八歲）
- 國家發展部長：王永元（三十六歲）
- 衛生部長：阿末·伊布拉欣（三十四歲）
- 財政部長：吳慶瑞（四十一歲）
- 勞工與律政部長：貝恩（四十六歲）
- 文化部長：拉惹勒南（四十四歲）
- 內政部長：王邦文（三十九歲）
- 教育部長：楊玉麟（四十一歲）

吳慶瑞、拉惹勒南、王邦文三人不計名位，排在中後段，體現李光耀領導之成功，以及三人從政的理想。這批平均年齡三十九歲的年輕人，將把新加坡帶入新紀元。

八名獲釋放的同志，七人安排在政府裡工作。李光耀直言：「我安排他們擔任看似重要但無實權的職位，以抵消他們的作用，卻時時讓他們在公眾面前亮相。」這是最高明的「離而不分」，雙方都在平和的氛圍下簽署聲明，體面地當官，光鮮門面，因為非共還需要左翼。

出任政治秘書的四人為：

- 林清祥：財政部政治秘書，老闆是吳慶瑞；
- 方水雙：勞工及律政部政治秘書，老闆是貝恩；
- 蒂凡那：教育部政治秘書，老闆是楊玉麟；
- 兀哈爾：衛生部政治秘書，老闆是阿末·依布拉欣。

詹姆斯・普都遮里擔任剛成立的工業促進局經理，曾超卓與陳從今為原產局官員。陳世鑑沒有被委任在政府裡工作，他出獄後便疏離人民行動黨。他接受《白衣人》訪問時說：「我很清楚地知道，黨內有一顆定時炸彈。」

將林清祥安置於財政部，當然是要行動黨第二號人物吳慶瑞看著。財政部就在浮爾頓大廈（今富麗敦酒店）裡，吳慶瑞在其傳略中強調：「浮爾頓大廈裡，從來就沒有林清祥的辦公室，或者，就算有，他也從未來上班。」吳慶瑞說，林清祥把大部分時間花在工會方面。

116.

人民行動黨左翼領袖出獄後成了英雄，方水雙在回憶錄中說，他和林清祥、蒂凡那、兀哈爾參加「數不盡」的工會歡迎會，「這些團聚都充滿激情和難忘的回憶」。

方水雙比較特別，他還有不愉快的體驗：「我在其中一個（工會）歡迎會上出現冷場，表示他們不滿我認同黨領導層實施的政策。我對他們的行動處之泰然。」

他解釋，一些左翼分子不能接受一九五七年之後，新馬政局的變化，「政治天平開始傾向右派勢力。」他直抒己見：「如果左派想生存，就得調整政策，以適應新的政治局勢，要不然會走向滅亡。」他已做好準備：「如果左派和行動黨溫和派無法取得和解，必要時退出政治。」

先有蒂凡那「夢想已破滅，打算脫離政治」，現有方水雙準備在人民行動黨內兩派無法和解時「退出政治」。

左翼面臨路線的問題。

117. 一些工會不滿方水雙，並沒有冤枉方水雙。一九九八年出版的《李光耀回憶錄》透露：「當時我知道林清祥並不誠懇。對他來說，這不過是策略上的花招。我希望方水雙會繼續站在蒂凡那這一邊，而不是逐漸又向林清祥靠攏。蒂凡那多年來一直在爭取方水雙，但我不敢肯定他會繼續站在蒂凡那這一邊。」

三十七年前的一九六一年，李光耀在《爭取合併的鬥爭》第四講時，透露更多的名字與細節：

蒂凡那、方水雙、兀哈爾、詹姆士．普都遮里和曾超卓都曾經告訴我，人民行動黨不能重犯一九五五和五六年的錯誤，允許馬共利用人民行動黨，擾亂我們的政策。他們甚至認真地向我宣示，如果馬共因為這一點跟人民行動黨決鬥，他們準備站在人民行動黨這一邊跟馬共爭鬥。

《爭取合併的鬥爭》第六講對爭取方水雙更詳細的說明：

我接受方水雙當時的誠意，因為他被釋放前，寫了一封信給我，用明確且肯定的語氣譴責馬共武裝鬥爭的愚蠢，並認為在聯合邦已經獲得獨立的今天，繼續武裝鬥爭是錯誤的。蒂凡那、兀哈爾、詹姆士．普都遮里和曾超卓都在信上簽名，只有林清祥沒有簽。我想引用這封信裡的幾段話：

事情已經很明白，而且再也沒有疑問，不管馬共過去的武裝鬥爭是什麼理由，現在它再也沒有理由進行這種鬥爭。沒有一個思想健全的人會認為，馬共現在的鬥爭是針對英帝國主義統治的馬來亞。馬來亞現在由一個民選政府統治，這個政府對於一切政治和行政問題，都有完全控制的權力，而且這個政府受世界各國公認，包括蘇聯和中華人民共和國的政府。

不但是這一封信的內容，我在監獄裡也跟方水雙做過多次的長談，所以我相信他有誠意投到我們這邊。不過，我也知道他跟林清祥是很要好的朋友，在華僑中學，他們已是同學。我知道林清祥一定會千方百計設法把他爭取回共產主義的懷抱。

執政後，我跟我的同志商量這件事，我們決定冒一次險，於是我們委任他當勞工律政部政治秘書。我們之所以要冒這個險，因為方水雙被釋放時曾親口告訴蒂凡那，工會裡親共分子有一點冷落他。他跟林清祥出席某些工會為他們釋放舉行的慶祝茶會，親共分子很清楚地向方水雙表示，他們已經知道他的立場有變。

這篇講稿還有下文——人民行動黨「冒險」的結果。

行動黨非共分子先爭取蒂凡那與方水雙是高明的策略，蒂凡那是林清祥的重要戰友，早年林清祥英語不佳，需蒂凡那協助；方水雙是左翼第二號人物，爭取得蒂凡那與方水雙，自然削弱林清祥與左翼勢力。

蒂凡那絕對有機會爭取方水雙。方水雙在回憶錄中聲稱，蒂凡那是「我的導師和教師」。方水雙出獄後的表現，符合他說的「調整政策，適應新的政治局勢」，包括在回憶錄中稱左翼工會為「密駝路工會集團」，被委任為勞工律政部政治秘書後，「感到很榮幸及由衷的感激，因為總理的信任，讓我擔任這具敏感性的職位。」

黨內兩派人馬嫌隙加深，一年半後方水雙調到副總理公署，也就是杜進才辦公室。

蒂凡那也在爭取另一人，在李光耀提到的名字中。

（三十一）行動黨執政挑戰及其中國路線（一九五九）

118. 一九五九年新加坡人口約一百五十七萬，失業率百分之十四，人口年增長率百分之四點四。大家都在看人民行動黨這群年輕人會將新加坡帶到哪裡。

實際掌握政權後，人民行動黨立刻面對財政困難。吳慶瑞告訴李光耀，上屆政府動用兩億元的儲備金，一九五九年的財政開支赤字會超過一千四百萬元。

新政府於六月四日宣布就職，一個星期後公告，從七月一日起削減公務員可變動津貼，共六千人，約百分之四十三的公務員受影響。

公務員工會極力反對，爭取全面恢復津貼，工會組織聯合行動委員會與政府對抗。轉換身分，總理李光耀說，「聯合行動委員會始終組織不起來」，「我們不是處於守勢的殖民地政府，因為占多數說華語或方言者目前至少暫時全力支持我們」。李光耀認為，受英文教育的公務員「不瞭解我們面臨的嚴重挑戰，也不了解說華語或方言的選民的力量，如今起著決定性的作用，我們必須防止共產黨人利用他們的不滿」。到了年底，新政府平衡了財政收支。

成為總理後，李光耀於九與十月分開始巡視各部門。李光耀在《爭取合併的鬥爭》第六講說：「十月六日下午四時，在政治部裡，他們給我看一疊檔案，裡面是一些人的紀錄，這些人都被列入『見到就捉』的名單。在這疊檔案裡，我發現一張照片裡的人是我認識的，他就是那名『全權代表』，我在心裡記下他的名字。」這是李光耀與「全權代表」「認識」一年半後，第一次知道他叫方壯璧。

新時代開始，原總督顧德從最後一任總督，轉換身分為新加坡自治邦首任元首，他將於半年後把領導權交予新政府。

顧德評估：「政府目前無疑獲得人口中說華語或方言群眾的熱烈支持。」他說，李光耀估計一年或更長的時間內，馬共不大可能挑戰新政府。

新政府迫切要解決的是，十月分南洋大學四百名第一批學生將畢業。七月分，《白里斯葛報告書》公布，建議政府不承認南大學位，引來華社不滿。政府決定吸收七十名畢業生，同時提供獎學金讓畢業生出國留學。

政府也認定，南大是馬共的溫床。李光耀在回憶錄中撂下「李式狠話」：「時機到來，我會對付陳六使。」

關於南大與馬共的關係，《新加坡地下文件選編》收入兩篇相關報告。第一篇〈工作報告（一九六〇年底至一九六一年）〉透露：

目前學運的中心在南大，歷居南大學生會，我們都能掌握；我們通過南大學生會與刊物，和行動黨當權派與反對派進行一些鬥爭。

另一篇〈新加坡群眾運動情況彙報〉指出：

南大校友會也歷居都掌握在進步分子手裡，活動的範圍主要是：有關畢業生福利問題、南大問題、教育問題和組織學術研究的活動。

南大學生會和校友會對民族資本家有相當密切的關係，如陳六使、高德根等人，經常都有接觸；陳六使還通過丹絨禹俱樂部，每個週末舉行聚餐會和南大學生會負責人打交道、搞關係。民族資本家希望通過這種接觸，影響和拉攏學生，為他們打開一條政治好路。

119\. 新加坡第一次自治邦大選也是一次政治分水嶺，林有福從此難翻身，左翼應該清楚自己今後的處境。這也是馬來亞首相東姑不願意看見的結果；對英國人來說，他們得準備接受李光耀。一九九五年，李光耀為了寫回憶錄，從英國檔案館取得總督顧德對人民行動黨勝選的評議。

自治邦首任元首顧德在這半年期間，向英國殖民地部大臣波藹做了三次報告。第一次在大選後近兩個月（六月二十六日），報告要點有：

——他們（人民行動黨）是激進的社會主義者，卻意識到新加坡作為國際貿易中心，情況特殊，實際局限很大。

——他們擺脫不了共產主義的威脅。

——他們不得不擺出爭取民心的姿態，得罪取得經濟進步所依靠的商人階級。

——他們自稱非共，盡量表明不是西方的傀儡。他們也對來自西方的讚揚敏感。他們認為，面臨共產黨人的替代領導，他們必須堅決保住新加坡左翼華族人口的支持，西方的讚揚會損害這方面的支持。

第二次報告在九月七日，重點包括：

——我發現他（李光耀）成熟多了。他仍然有他的偏見與執著，但一般來說，總是反應迅速和理智。我一再就他的政府的行為責備他……他的答覆是，部長們必須看到自己犯錯的後果，這樣的學習代價很高，但他不應該監督他們。

——跟他們做事，我們不斷遇到困難，提心吊膽，非常考驗你的容忍和諒解。但他們有潛力，成就可能很大。眼下除了跟他們一起做事，別無選擇。

十一月二十三日，顧德將轉換身分，這是他的最後一個報告。重點有：

——總理現在意識到，在現任馬來亞政府任期內，合併無希望。他也瞭解，在新加坡公開強調合併會造成政治上難堪，引起馬來亞公開駁斥。他希望權宜之計是讓新加坡憲制維持現狀，確信如果人們認為合併不可能實現，新加坡為了前途，轉向其他方面求援，對新馬兩地都是不堪設想的。這樣的事不應該發生，對我們來說，這是至為重要的……

顧德沒說明，新加坡為了前途，會轉向哪方面求援。

顧德於十二月二日離開新加坡，立刻出任新加坡和馬來亞的內部安全委員會主席，內安會在新政府成立兩個月（一九五九年八月）召開首次會議。

英國委任薛爾克（Selkirk, 1906-1994）為駐東南亞最高專員（一九五九－一九六三）兼駐新加坡最高專員；他也是最後的駐東南亞最高專員。薛爾克副手為穆爾（Philip Moore, 1921-2009），他們將為英國在新加坡的最後歲月努力。

顧德曾告訴李光耀：

我們是來撿好處的，沒有好處，我們早就離開了。

（We are here for the percentage. If there was nothing in it for us, we would have left.）

所以，英國為了其遠東的利益，除了擴建登加空軍機場外，根據《週日泰晤士報》二〇〇〇年十二月三十一日的報導，英國皇家空軍的運輸機於一九六〇年，將偽造的「紅鬍子」核飛彈，經利比亞、葉門和馬爾地夫運至新加坡。

薛爾克知道後說，在東南亞，即使存在假核武器也是高度敏感的。

120.

人民行動黨政府於一九五九年六月上臺執政，四個月後（十月）致函英國政府，希望英國政府逮捕新加坡的共產黨人。雖然，「估計一年或更長的時間內，馬共不大可能向新政府挑戰。」

英國劍橋大學東南亞史教授哈珀（Tim Harper）的〈林清祥與「新加坡的故事」〉，引用英國內部安全委員會於一九六〇年九月二十日的報告，指出李光耀於一九五九年十月致函波藹，希望英國能拘捕新加坡的共產黨人，但以內部安全委員會的名義行動。英國不答應，認為日常保安應由新加坡政府負責。李光耀於十一月六日內安會再要求，顧德答應了。

一個星期後（十一月十四日），在北京，馬共中央成立中央分局，領導在新加坡的工作與在印尼的組織。分局設在印尼，由老邵、余柱業與黃明強組成，但中央政治局候補委員老邵與組織失聯，一直未到任，所以由黃明強代理書記。

印尼新成立的中央分局救不了新加坡的左翼。一九五九年十二月十六日，顧德答應李光耀拘捕共產黨人的四十天後，警方以馬來亞政府發出的拘捕證，進入南洋大學，逮捕兩名來自馬來亞的學生胡水及淩緒和，兩人過後被驅逐回馬來亞。這次事件雖由馬來亞政府要求拘捕，也開始了人民行動黨執政後的逮捕行動。

到了一九六一年七月二十日，人民行動黨主席兼副總理杜進才於議會上透露，該黨於上臺兩個月後（八月十二日），便提呈備忘錄給內安會，建議釋放四十多名於一九五六年十月和一九五七年八月被逮捕、與人民行動黨有關的政治扣留者。杜進才說，政府將不理英國的反對，在未來兩、三個月內，分批釋放這四十多人，以免影響合併的進程。

121.

還記得王才安、陳貢元嗎？

他們於一九五八年被送到中國後，在廣州生活。陳貢元的《人生路短話往事》記載，一九五九年秋天，他們在廣州見了易潤堂（一九三〇－二〇一八）和陳翠嫦（一九三四－一九八一）。兩人都是人民行動黨受華文教育的黨員，二十九歲的易潤堂還曾在一九五八年與陳貢元等人一起被捕；二十五歲的陳翠嫦則是行動黨婦女部主席。

陳貢元說：「易潤堂和陳翠嫦在人民行動黨執政後不久就來廣州，令人猜測這是新加坡政府有意打開和中國接觸的大門，進一步和中國建立某種經貿關係和其他領域的往來……易、陳兩位同志不完全否認有這方面的可能。」

劉曉鵬的〈愛屋及烏〉指出，易潤堂與陳翠嫦經中國駐丹麥大使館與香港中國旅行社安排，於一九五九年十月二十六日訪問中國一個星期。接待他們的是華僑事務委員會主任廖承志，他以亞非團結協會主席身分接待兩人。

人民行動黨六月五日宣布就職，四個月後就有代表成行，幾乎是新政府成立後就著手安排。中國最早是在一九五六年八月，接待已卸任的新加坡首席部長馬歇爾。一九五七年十二月雖然也安排李光耀訪問中國，但不成功。易潤堂與陳翠嫦的訪問，意味著雙方在英國人之外接觸的必要。

廖承志告訴兩名新加坡代表，北京瞭解馬來人與華人的敏感關係，希望華人與馬來人能建立獨立的馬來亞，因此希望人民行動黨與中國保持低調的關係。雖然新加坡還不能有外交關係，但廖承志提醒：「新加坡過早和中國發生外交關係，會阻礙新馬合併。」廖承志也承諾，將協助李光耀對抗英美。

《人生路短話往事》也透露：「一年之內，從易潤堂部長、陳翠嫦議員，到陳維忠律師，又來了蒂凡那職工會代表團，都是人民行動黨中委會和政府的重要成員。」

在新加坡與中國交流不熱絡的年代，人民行動黨在取得政權後，在一年內積極地派四名重要成員與工會代表訪問中國，中國自有評估。不只中國，英國與馬來亞也在評估。

陳維忠、蒂凡那與兩名職工總會代表鄭俊吉和馬末・阿旺到中國出席五一勞動節，陳維忠受中國國務院之邀，蒂凡那等三人則應中華全國總工會的邀請。他們過後都分別訪問中國的其他城市，蒂凡那等三人在中國逗留一個月。

陳貢元的《人生路短話往事》分析，李光耀向來對中國沒有好感，執政不久後做一百八十度的轉變，其中一個重要因素是試探中國對人民行動黨的態度，同時開拓中國市場，以利於新加坡在南北兩個回教國家對他的夾擊做布署，並向百分之八十以上的新加坡華人派發「定心丸」。

《人生路短話往事》也記述，三十七歲的蒂凡那在廣州火車站與陳貢元等人告別時，「他熱情地和我再次擁抱，緊緊地握著我們的手，熱淚盈眶地用馬來語激動地向我們保證，Kita mesti boleh berjumpa lagi di-bawah matahari tanah ayea kita（我們一定能在祖國的陽光下再見）。」

二十七歲的陳貢元應該不知道，蒂凡那在行動黨第四屆中央委員會選舉扮演的角色，以及蒂凡那已不信仰共產。

蒂凡那於一九六〇年五月二十五日回新加坡後，發表書面聲明，透露在中國期間見了中國外長陳毅，陳毅表明，「中國不贊同任何地方的種族主義」，「中國也無意為了自己的目的利用華僑，同時鼓勵僑民成為居住國的守法公民」；另外，「中國期望新馬華族、馬來族及其他民族，為了爭取統一與獨立的馬來亞團結起來」。

七天後（六月一日），蒂凡那辭去教育部政治秘書，重返聖安德列中學擔任英文老師。蒂凡那再踏入政壇是在四年後的事，一九六四年四月的馬來西亞大選，他代表人民行動黨參加吉隆坡孟沙區選舉。

十二、芳林之戰

（三十二）行動黨三角局面及其角力（一九六〇－一九六一）

122. 一九六二年三月，李光耀為了促使新加坡與馬來亞合併，出版《爭取合併的鬥爭》，說明立場，爭取選票。英文版五十二年後（二〇一四）再版，李光耀於新版序文說：

> 較鮮為人知的是，一九六一至一九六二年這個關鍵時期，人民行動黨政府的地位岌岌可危，新加坡前途未卜。

《林清祥〈答問〉遺稿片段》也說：

> 一九六一年七月是新加坡政壇的重要時刻。

在馬共《新加坡地下文件選編》裡，留下許多這期間的資料，讓我們得以知悉，馬共在這段時期對新加坡政治的參與程度。

人民行動黨政府上臺一年後危機爆發，引爆的不是左翼，而是人氣市長王永元。

一九六〇年六月十八日，王永元的選區芳林人民行動黨支部，在黨大會提出十六項提案，包括立刻釋放所有被拘留的政治犯人、馬上修改憲制、新加坡實行獨立等。人民行動黨中委會調查後斷定，王永元是幕後主使；王永元也在過去一年，在黨內挑撥離間，中委會以「企圖破壞黨團結及黨內集體領導」為由，於六月二十日停止王永元的黨籍，第二天（六月二十一日）停止他的國家發展部長職位。一個月後（七月二十八日），王永元和兩名支持者一起被開除黨籍。

人民行動黨對王永元的指控，指控人之一是李光耀。〈林清祥〈答問〉遺稿片段〉顯示，一九五九年六月五日，林清祥出獄第二天，人民行動黨元老、王永元的親信陳岳英告訴林清祥，王永元想見他，討論合作防止李光耀的獨裁與右傾走向，但為林清祥婉拒。林清祥說：「我做了一件該做的事，把情況反映給李光耀。我知道他對我存有很大疑慮，我不能不設想這是否是他設下的圈套之一。」

《爭取合併的鬥爭》第六講也提及林清祥的彙報：「有一天，林清祥來我家，談起王永元在黨裡和政府裡造成的麻煩。他說，他要幫助我們。我告訴他，王永元的麻煩不會很厲害，我們可以解決。後來我把他的話在內閣會議裡向同僚報告，包括王永元。」

所以，王永元知道林清祥「出賣」他，李光耀也讓王永元知道，早已掌握其動向。

這裡涉及人民行動黨內三股勢力：李光耀（非共）、王永元（右翼）與林清祥（左翼）。黃明強口述文章透露，一九六〇年「從年初到年底，方壯璧在星洲以書信方式與李光耀聯繫」；外加方壯璧（馬共），局面更顯複雜。

王永元被開除黨籍，馬共最初將事件定調為派系鬥爭，四千五百字的〈關於王永元事件〉報告認為，「李（光耀）早已有意排除王（永元），王則有個人野心，企圖打擊李，提高自己的威信，爭奪領導權。」有了這個正確的認識，報告決定：

一、不正式支持王永元和十六項提案，阻止支部通過支持十六項提案；

二、在群眾中發動廣泛宣傳，支持十六項提案，批判右派的改良主義……間接支持與鼓勵王；

三、採取中立態度，不直接參與，讓事件自己發展。

這樣的基本態度沒有問題。只是，人民行動黨內的非共並不這麼簡易處理。

王永元被開除黨籍一週後，李光耀在八月三日的立法議會發表約一萬字的演說，坦承人民行動黨上臺一年，因對社會改革操之過急，犯下錯誤，讓政府面對兩股敵對勢力，即共產黨與右翼政黨。右翼政黨包括人民聯盟、自由社會黨及其他新組成的政黨，但都「沒有生氣和無能」；還有不可忽略的，是英國在新加坡的經濟和軍事力量，以及國民黨的反政府分子。李光耀指出，共產黨與左翼冒險分子不同。共產黨的政策是團結所有左翼力量，與反共分子鬥爭。因為共產黨被禁，追隨者與幹部失去領導，沒有正式的路線，地下組織的政策便由個人自由解釋。一部分追隨者比左翼更左，便成為左翼冒險分子。這些人要利用王永元事件，教訓行動黨；芳林區提出的十六項提案，只是親共分子極力找出的一個口號，以激勵追隨者。

芳林區是王永元的票倉，主要選民為華人。提出十六項提案的王永元本想聯合左翼，還沒出手就被打為右翼。被指為「沒有生氣和無能」的右翼組織，以受英文教育者為主，而且被圈定的右翼隨著時間增加。

這是人民行動黨第一次出現微妙的三足鼎立局面，也是李光耀、林清祥與王永元第一次形成三角拉鋸戰。李光耀面對左右兩股講華語與方言的勢力，必須挾左打右，同時不讓左趁機坐大。「旁觀者」林清祥雖占優勢，但須以人民行動黨主流力量身分現身，同時須確保底下的激進分子如馬共的策略般，給李光耀施壓的同時，不與人民行動黨破局，也不讓王永元坐大，因此顯得被動、保守。王永元雖占主場優勢，但只能靠自己，全力以赴，排除中央的壓力，同時希望左翼保留勢力。

李光耀在立法議會的發言，馬共聽出弦外之音，內部報告〈關於王永元事件〉提出：「李（光耀）一方面斷定我們利用王（永元）和他對抗……另一方面為了擺脫他在政治上處於挨打地位，企圖借助反共與政治恫嚇來解決問題，並趁機在政治上攻擊我們。於是，把鬥爭矛頭從攻擊王轉向我們」，「為了解決這困難，星洲工委會秘書處決定寫信給（李光）耀，表明我們的態度」。

報告中，李光耀被簡稱為帶有熟故的「耀」，只有熟悉的朋友才會稱單名，因此工作報告可能由余柱業執筆，並無意間透露余柱業與李光耀朋友圈熟識——特別是財政部長吳慶瑞。

「秘書處給耀的信」「約三至四千字」，主要內容有六點：

一、馬共與王永元沒有關係，眼前的敵人是英帝國，搞內部矛盾不利行動黨；

二、譴責行動黨將矛頭指向處在地下的馬共；

三、反共不利行動黨與人民；

四、反共鎮壓不能解決王永元的十六項提案受重視；

五、殖民主義勢力如《海峽時報》和電臺正利用李光耀的言論反共；

六、堅持執行統戰政策，共同合作反殖民地主義。

「一個星期後」，星洲工委會接到李光耀的覆函。主要內容有七點：

一、同意當前的敵人是英帝國；

二、很高興馬共與王永元事件沒關係；

三、將馬共與王永元扯在一起是誤會；

四、鎮壓王永元不會提高他的地位；

五、認為新加坡目前的問題是獨立與統一，並詢問馬共的態度；

六、對特務企圖製造白色恐怖與電臺反共不知情；

七、左翼冒險分子多在鄉村聯合會裡。

李光耀表示，願意和馬共維持書信聯繫，約好今後通信的方法。

《新加坡地下文件選編》收入一封「李光耀答覆信件」，沒有覆函日期，只有收信日期：一九六〇年八月二十二日。信約一千七百字，內容似是李光耀「一個星期後」的回信。李光耀在信中表明：「如果左翼冒險家們沒有參與王永元事件，立法議會辯論就不至於涉及他們。辯論提及馬共，因為未能肯定左翼冒險家們是否得到馬共指示。」

李光耀在《爭取合併的鬥爭》第六講提及雙方的信件往來：「王永元向共產黨人投送秋波被共產黨人利用，我公開針對這一點提出譴責。於是，那位馬共在新加坡的『全權代表』就在去年（一九六〇）八月寫了一封信給我，說我不應該說這種話，這是完全不正確的。此外，他還談到其他的問題。我給他一封簡短的回信，逐點加以評論。」

123.

一九五七年馬共星洲工委會成立，兩年後（一九五九）成立中央分局，正好人民行動黨上臺，馬共中央分局樂觀地準備與行動黨聯盟，特別是第二年（一九六〇）發生王永元事件，《新加坡地下文件選編》收有多篇星洲工委會的報告與工作指示。

除了四千五百字報告〈關於王永元事件〉，星洲工委會還於一九六〇年八月發表三千字〈對王永元事件的意見書〉工作指示，與寫給李光耀的信同一時期。

馬共有個嚴重的問題，有太多太長的大道理欲表達與傳達，似乎這樣才顯得有學問，適合領導。問題是，文章都套用中共的理論、句子、詞彙，行文拖泥帶水，一句話分三、四次講；這些為了辯證而辯證的文字，大部分都是空談，甚至淪為「左八股」。地下組織留著紙張與文字對自己絕對不利，八月分星洲工委會就發出三份工作指示，順序為〈人民內部團結一致，堅決進行反殖民主義鬥爭〉（六千字）、〈對王永元事件的意見書〉與〈關於組織工作方面的指示〉（七千字）。三份文件一萬六千字，做老闆的都這麼閒？其實，星洲工委會在〈工作報告（一九六〇年底至一九六一年一月）〉就指出：「文章寫得太長，閱讀的人少……最要不得的是，其中有許多是革命八股……亂發空論，又長又臭。」

都是八月分發出的工作報告，〈對王永元事件的意見書〉與〈關於王永元事件〉完全不一樣，〈對王永元事件的意見書〉也改變政策，處處流露馬共將人民行動黨當左翼聯盟，或將李光耀視為統戰對象的情感：

- 我們認為，來自人民內部的任何反行動黨政府的活動，都對人民不利……也對共產黨不利。
- 雖然由於種種不合理的壓制……但是，這一年多來我們沒有改變自己的立場，我們一直全心全意地支持行動黨政府一切進步、對人民有利的主張和政策。
- 我們知道……盤踞在特務部內的職業反共殖民主義分子……絕對不會對左翼、進步的人民行動黨懷有好意……這些敵人的主要陰謀活動之一就是……在人民行動黨與共產黨之間，進行挑撥、破壞，製造摩擦和分裂。
- 王永元怎麼能惹起這場風波呢？……作為統治者的行動黨政府，與被統治的民間，客觀上存在一些矛盾（人民內部的矛盾）。還有，政府由於受到憲制的不合理限制和其他種種原因，造成某些誤會和缺點，使目前在人民間存在某些不滿政府的情緒。
- 今年八月十一與十二日，李光耀總理在立法院議會做的三次長篇演說，其中許多關於馬來亞共產黨的話，顯然都是我們完全不認同的，我們卻絲毫沒有表白或辯論的機會。所以，我們只能對之感到遺憾與不幸。
- 英文報章利用李總理的演說，煽起反共歇斯底里。更嚴重的是，政府廣播電臺的議會訪員，竟然把李總理幾次演說，報導成幾場狂熱的反共叫囂……我們有理由相信，在一個左翼進步政黨執政下，目前有人假借政府的名義，布置發動一次反共高潮，如不及時制止，必帶來嚴重的後果。

- 對於人民行動黨和行動黨政府，我們將繼續保持合作的政策。我們絕不會由於過程中發生一點小風波，輕易地改變自己的政策和立場。

馬共的工作指示出現「李光耀總理」和「李總理」的字眼，一廂情願地將「李總理」當作合作夥伴。馬共如斯「不諳世事」，勝負已定。從加冷區的補選到一九五九年的大選，馬共的學費好像還沒繳夠。

馬共準備回覆李光耀「一個星期後」的來信，但是「發生了情況……現在秘書處決定不回信，已設法通知」。不回信的理由：「一是要說的話已說清楚，不要再糾纏不清；二是由Z（《新加坡地下文件選編》編輯按：應是余柱業）一個人起草，容易出毛病。」給李光耀寫信與工作報告，其實都是余柱業的獨腳戲。

124. 一九六〇年八月五日，文化部長拉惹勒南第一次在議會透露，政府拘留兩名與國民黨組織有關的右翼顛覆者王振森和陸炳霖，兩人都是馬來亞華文《虎報》駐新加坡的記者，同於七月三日被拘留。

拉惹勒南揭示，王永元事件發生後，《虎報》這兩名記者報導不負責任的新聞及林清祥被軟禁的假新聞。這是行動黨政府第一次面對右翼的挑戰。

二十八歲的王振森是一九五五年中正中學右派學生反共四名健將之一，曾在國民黨黨報《中興日報》（一九〇七至一九一〇年出版，一九四七至一九五七年復刊）工作，於一九五六年到臺灣念書，進入國民黨幹部學校，並接受軍訓；他負責招募年輕人到臺灣受教育，包括軍訓。王振森於四個月後（十一月八日）有條件被釋放。

三十八歲的陸炳霖自認是國民黨員，與國民黨組織長期有關係，曾在《中興日報》和親國民黨的《益世報》（一九五二年六月－十月）工作，也曾在臺灣接受軍訓，並鼓勵新加坡人效忠臺灣。陸炳霖比王振森早兩個星期（十月二十七日）有條件被釋放。

這次右翼顛覆事件說明，李光耀在議會說「不可忽略的是，英國在新加坡的經濟和軍事力量，以及國民黨反政府分子」，不是無的放矢。那麼，「英國的經濟和軍事力量」，如何「不可忽略」？

125.

當大家都在爭取左翼時，身為人民行動黨的左翼領導人，林清祥一直沒有出面表達自己的立場。

一九六〇年八月十八日，林清祥、方水雙和兀哈爾發表三名政治秘書一千字的聲明，包括：

- 與王永元不相往來，不會支持王永元；王永元野心勃勃，貪圖權力；
- 王永元鼓勵人民反對人民行動黨，將分化左翼分子，被右翼分子利用；
- 必須使新加坡工業化，改善人民的生活水準，實現更加繁榮的經濟，通過合併爭取獨立；
- 公正的工業安寧對我們的經濟很重要，這是政府的政策，也是職工運動所支持的。

除了「不會支持王永元」，三名左翼政治秘書也聲明，職工運動支持「公正的工業安寧」，將「左翼冒險分子」排除在外。

林清祥過後又兩次以工會領袖的身分，呼籲工團合作。到了補選期間四次站臺，但都顧左右言他，「強調維護全民利益，左翼團結求同存異」，「勸告芳林區選民，勿用鎖匙開老虎籠」。〈關於王永元事件〉透露：「王（永元）事件發生後，當權派一直逼清水（《新加坡地下文件選編》編輯按：應是清祥。引者注：以下已改），要他表態，同時逼他們自動辭職……清祥堅持不自動辭職，聲明當權派如果不滿，可以解職。清祥發表聲明的事，事先未指示……這個聲明在當時起了緩和矛盾的作用，但內容有嚴重的錯誤，自己打自己，也替右派幫忙打擊自己。」清水是林清祥這個時候的化名嗎？要不然，這麼重要的同志，竟然通篇寫錯，令人懷疑執筆者與林清祥真的不熟悉。

多年後，拉惹勒南接受《白衣人》訪問時說：「事實上，總理（李光耀）不得不強迫林清祥站在我們這邊發言。他雖照做了，卻一點力度都沒有。他並沒有撻伐王永元。」

李光耀也在回憶錄指控：「林清祥暗地裡向芳林區的選民傳出口信，促請他們不要支持行動黨。可是表面上他卻支持我們。」

林清祥則在〈林清祥〈答問〉遺稿片段〉強調：「芳林事件的發生說明，王永元與李光耀已水火不相容。王永元相當明瞭當時群眾的心理與情緒，十六項提案便包括釋放政治扣留者與統一工運。這使一些左翼領導人感到為難，也誤導群眾，絕對多數左派領導人在王永元與李光耀之間選擇了李光耀。在他們看來兩者都是深具野心的人，一個是多少摸透了的，一個是未知數，只好選前者，卻也不否定王永元要求釋放政治扣留者與統一工運提案的正確性，李光耀並不滿足，他要求絕對的、沒條件的支持。否則，失敗了就『放棄政權』，讓英國人來收拾左派。」

到了九月二十一日，王永元再在議會上提出，無條件釋放所有被拘留的政治人物。但內政由顧德領導的內部安全委員會決定，王永元的動議被人民行動黨主席杜進才修正成：「敦促政府在內部安全委員會上，繼續爭取釋放被林有福政府拘留的政治犯。」現場將球踢給內安會的同時，將了林有福一軍。李光耀在回憶錄中點明：「王永元一向的策略是要顯示我們是帝國主義者的走狗，現在他把這件事當作對付我們的另一步驟。」

進入十二月，王永元與李光耀衝突加劇。十二月十二日，王永元在議會上指責李光耀搞裙帶關係，委任妻舅柯順泉（柯玉芝弟弟）為稅收署副總監。李光耀不甘示弱，表示將在議會動議暴露王永元的私生活，包括有多名妻子。議院領袖、副總理杜進才動議譴責王永元，禁止他出席會議，直到道歉為止。十二月二十九日，王永元突然辭去他的芳林區議席，製造補選。他發表聲明，樂於接受選民判決，挑戰李光耀與人民行動黨。

人民行動黨設立調查團，調查有關王永元指責李光耀搞裙帶關係，待調查後芳林區才補選。

（三十三）王永元及其十八字訴求（一九六一）

126.

一九六一年於各方為芳林區補選運籌帷幄中到來。

馬共星洲工委會於一月十日發出一份一千八百字的工作指示〈主動、積極展開補選運動——芳林區補選工作意見〉：「反對內部衝突和分裂，鞏固左翼大團結，是我們宣傳的內容。這就有必要附帶宣傳行動黨積極的一面……當然，這需要有一些心胸寬大和眼光遠大的求同存異的精神。」工作指示最後告白式地說：「在現階段，我們對行動黨的統戰政策是堅持不變的。破壞統戰政策，把群眾引上機會主義，將是一項嚴重的政治錯誤，其直接的嚴重後果，也是顯而易見的。」

然而，根據黃明強口述文章，這時候（一九六一年二月），星洲工委會發現方壯璧已不受控制，余柱業到北京彙報，但沒見到章傳慶，於是發了一封急信，要上級提供意見與指示。

調查庭方面，一月二十三日李光耀呈上兩張影印的出生紙，指王永元已婚並有一個十六歲的兒子和一個十四歲的女兒，仍在香港發假誓和重婚。

調查庭報告一個月後（二月二十五日）公布，王永元對李光耀的指責毫無根據。接著，政府宣布芳林補選三月十一日提名，四月二十九日投票，宣傳活動長達七個星期。

人民行動黨派出王永元的私人秘書易潤堂，在三月十二日首場群眾大會上，李光耀強調，如果補選只是與王永元個人鬥爭，則毫無意義，這次補選是左翼對右翼反政府分子的抗爭。這次的演講維持李光耀於一九六〇年八月三日在立法議會發言的調子。在這場造勢晚會上，講臺兩旁懸掛的布條寫著：

打倒投機分子　維護民主制度
揭露反動右派　保持左翼團結

第二天，王永元的首場群眾大會上，懸掛的布條則寫著：

> 堅決為芳林提案奮鬥
> 始終為窮苦人民服務

所有的訴求，盡在二十四與十八個字裡，也揭示四月二十九日的答案。

這時候，李約翰又出現。李光耀在《爭取合併的鬥爭》第六講提及：「三月間，『全權代表』通過傳達員跟我取得聯絡，叫我給他一個秘密的筆名，以便通訊。他常用的筆名『李約翰』用了我的真姓，我給他一個筆名，用回他的真姓。」《李光耀回憶錄》說：「我選擇『方平安』，包括他的姓，暗示我知道他是誰，知道他就是行動黨女議員方韻琴的哥哥。」

競選期間，王永元雖被爆重婚，不過，重婚議題無法為人民行動黨加分，甚至引來反感。在那個年代，男人重婚的社會壓力不比人民行動黨內重視法律、受英文教育的菁英想像的嚴重；反而是以王永元的私人秘書打王永元，被認為不道德，特別是人民行動黨還開除王永元。這一切不利人民行動黨的效應，主要還是王永元的市政拿出成績，親民、反殖民主義與個人煽動性的談話深獲民心。

投票前一個星期（四月二十日），人民行動黨安順區議員，二十八歲的巴哈魯丁（Baharuddin Ariff, 1933-1961）去世，製造另一場補選，人民行動黨立刻要面對另一次考驗。

這一天（四月二十日），李光耀將他在去年（一九六〇）八月三日在議會上提出的政府面對兩股敵對勢力做延伸，將新加坡的政治局勢分為三股勢力：民主左翼（人民行動黨）、投機右翼（王永元、林有福的人民聯盟、自由社會黨）和瘋狂的左翼；另外，還有潛在的共產黨人和英國人。一個星期後，即投票前兩天（四月二十七日），李光耀的投機右翼多了工人黨和愛護動物者同盟。李光耀指出，瘋狂的左翼和共產黨人有別，這些人信仰共產主義和無產階級專政，隨時等待共產黨的暗示或訓令，但是真正拿槍的是英國人。共產黨知道如果要奪權新加坡，應先擊敗英國人，可是瘋狂的左翼未能如共產黨般，看清楚狀況。

儘管如此，《李光耀回憶錄》直言：「在芳林區舉行過兩次街頭群眾大會後，我們知道情況不妙。群眾對王永元的支持並未消滅。」

四月二十二日，馬共突然發布〈我們反對，但是不怕——關於行動黨政府辭職的工作意見〉，顯然預知行動黨會失敗，政府也會辭職。一千五百字的工作意見闡明：「行動黨政府會不會辭職？現在不能肯定的判斷。但是，問題已被提到日程上，因此，思想上、組織上，以及實際工作上做好準備是必要的。」

投票前五天（四月二十四日）李光耀突然說：「如果我們這次補選失敗，只能怪我們在七個星期裡，沒有使人民瞭解我們的處境。」

四月二十九日芳林補選成績揭曉，王永元畢竟是「福建話演說者」，以二點五倍的大多數票，贏了他的私人秘書易潤堂。只是，人民行動黨政府並沒因此辭職。

兩天後（五月一日），馬共又發表一千八百字的工作指示〈新情況，新問題〉說明：「事態的發展，證明我們採取的立場、政策、態度與具體工作方針都是正確的」，「企望左翼分裂的幻想破滅了，妄圖在左翼分裂的渾水中摸魚的陰謀也破產了。我們完成了敵人和反動派料定我們不會做的事，給他們一次沉重的打擊。」奇怪，怎麼大環境發生如何傾覆性的變化，他們總是站在勝利那一邊。

勝利的只有王永元。王永元共製造兩次芳林補選，這一次他選勝了，四年後的一九六五年，他將再次辭去芳林區議員，製造補選，不過這一回他不參選，而是讓社陣與人民行動黨競選。這背後不再是他個人的政治考慮，而是新馬關係。

（三十四）左右翼的獨立宗旨及其差異（一九六一）

127.

人民行動黨在芳林敗選一個星期後，黨內非共與左翼開始檢討。五月十四日，該黨五十一支部與中央再召開聯席會議，討論如何鞏固黨的團結，決定黨的路線，以及安順補選的問題。

張泰永的報告透露，人民行動黨曾召開兩次會議，左派要求人民行動黨恢復反殖民地路線，「李紹祖和巴尼在會議上和李光耀拍桌爭吵」；黨內的非共則「提出政府辭職作為要脅」。李光耀向他們分析，如果他們辭職後在大選中獲勝，將壓制左派；如果由右派執政，左派也必遭鎮壓。他們（李光耀等非共）四年後又能東山再起。

五月二十一日，星洲工委會發出〈緊急工作意見〉的指示，認為「行動黨上層正處在四面楚歌之境」，全面宣傳人民行動黨的處境，爭取「實現真正的完全內部自治」，取消「公安委員會」，要人民行動黨對憲制問題表態。同時煽動人民行動黨內部爭取民主。「這項工作意義巨大，只有這樣才可能阻止少部分人倒行逆施，胡作非為」。

工作指示也要求在安順補選給予形式上的支持，提出「實現真正的完全內部自治」，迫使右翼表明對憲制的立場，間接促使其他左派勝利。同時，也反對公民投票，阻擾其計畫。來到具體工作步驟時，工作指示要求：看完燒毀，摘要口頭傳達。

張泰永的報告則指出：「五月間，左派議員為了對付當權派辭職的要脅，曾準備爭取多數中間派議員在李光耀辭職後，再以行動黨的名義組閣。左派議員認為，相當有把握。」報告也表示，為了緩和人民行動黨內兩派人馬的關係，同時勸告政府別辭職，方壯璧約李光耀面談。

總理與地下組織首領見面，地下組織首領也是總理所屬政黨對立陣營的首領。一九六一年一場沒有觀眾的荒謬劇上演。

李光耀在《爭取合併的鬥爭》第六講談及：「我們在芳林失敗後，在五一勞動節的群眾大會上，我公開地向林清祥和他的朋友們說明我們的立場和我們要走的路。我還向他們指出，如果他們不喜歡跟著我們，那只好各走各的路。過了幾天，就是在五月十一日，我又會見那位『全權代表』。」

綜合《爭取合併的鬥爭》第六講與《李光耀回憶錄》的摘錄，時間是晚上八點，地點在紐頓圈附近的慶利路（Keng Lee Road），李光耀接著被帶到黃埔區正在興建的組屋工地。這裡除了工作人員，沒有人會來，而且缺乏照明，容易躲藏。

李光耀被引到一個房間，方壯璧已在房內。房裡有兩張椅子、一張桌子，桌上有錨標啤酒

（Anchor Beer）。方壯璧知道李光耀喜歡喝啤酒，給李光耀倒了一杯，自己先喝了，李光耀也喝。

三十八歲的李光耀說，方壯璧比兩年前憔悴，問起近況，三十七歲的方壯璧坦言，被通緝的日子不好過，而且疲憊不堪。幽默且坦白。

方壯璧感謝李光耀幫了他一個親戚，等於向李光耀表示，他從李光耀採用「方平安」，知道李光耀已經曉得他的身分。

兩個對手談了四小時，方壯璧的話題包括要求更多的民主權力，更多的文化自由，放寬書本的審查等。「換句話，就是要求給予共產黨更多活動的機會。」

方壯璧也關心人民行動黨是否辭職，想瞭解李光耀用意何在。李光耀告訴對方：「如果我得出的結論是，目前的局勢在今後幾年裡只會惡化而不會好轉，那麼等待五年任期結束是沒有意義的，行動黨將失敗。只有行動黨的政策有望取得成功，我才會繼續執政。」李光耀解釋：「事態如何發展，取決於聯邦政府是否同意設立新馬共同市場。」

方壯璧再問李光耀，是否盼望很快就實現合併。李光耀模糊地說：「在最近的將來，似乎不可能，不過，我希望能跟聯合邦政府達致共同市場的協議。」

實際上，李光耀已於五天前（五月六日）向英殖民地政府提呈一份計畫書《馬來亞聯邦、新加坡和婆羅洲領地未來文件》。

最後，方壯璧也再三要求李光耀，在一九六三年的憲制會談，廢除內部安全委員會。李光耀「未直接給他一個是或否的答案」，他認為方壯璧未充分瞭解局勢，以為廢除內部安全委員會，就能在暗中破壞聯邦，「簡直是愚不可及」。李光耀相信，一旦新馬失去控制，英國人將會動用軍隊鎮壓共產分子。「但這不關我的事，我沒有必要告訴他。」

午夜過後，李光耀說：「我們互相握別，他並未流露怨恨或敵視的神情。」

128.

方壯璧見李光耀後，也做了《時局分析記要》的報告：

一、獨立：

李光耀：馬上獨立或單獨獨立絕對不行。目前的憲制下一步就是獨立，獨立就是死亡，以及與馬來亞的互相征服。英國人絕對不會放棄其軍事基地。

方壯璧：左派不曾提馬上單獨獨立。目前憲制的下一步不是獨立，是真正的完全內部自治。這樣的「獨立」不會死亡，不會與馬來亞衝突，不會與統一矛盾，英國不會馬上撤出。

二、反殖民地主義：

李光耀：必然牽涉經濟，也就是反對英國或外國資本，會變成反馬來亞，因為馬來亞的經濟依賴外資。

方壯璧：沒道理。這等於不能反殖民地主義。

三、經濟：

李光耀：只能任馬來亞擺布，希望短期內建立共同市場。

方壯璧：不絕對。有困難，但太過強調也不好。

四、芳林區失敗：

李光耀：左派在日常生活中破壞政府，以致芳林區失敗。
方壯璧：芳林區失敗是個人問題，不能歸罪於左派。
五、執政：
李光耀：芳林區、安順區失敗，人民行動黨將無法執政，將導致憲制談判無力、外資沒信心。如果政府辭職，只好舉行公民投票。
方壯璧：把問題看得太簡單，將自討苦吃。

129.

對於李光耀與方壯璧最後一次見面，張泰永於一九六一年十二月二十八日的工作意見做出「最新」的分析與總結：「這次會談因為雙方意見分歧，相持不下，結果不歡而散。」

李光耀責問馬共，為什麼公開反對他，也反對合併，方壯璧解釋後，「勸告和鼓勵李光耀繼續做下去，不要辭職，同時勸告李光耀搞好黨內團結，照顧群眾的情緒與要求」。

工作意見指出：「李光耀臨走前聲明，他今天沒有以總理的身分答應任何東西。方壯璧馬上嚴厲地譴責他，指這是侮辱，方壯璧在整個會談中始終沒有要求他答應任何東西。」

無論是回憶錄、報告或意見書，三人都各說各話，但仍可從各人手上的拼圖，湊出這次兩人見面的圖像。

張泰永的報告也透露，會談半個月後，李光耀來信要求再和方壯璧見面，由於傳遞出問題，十多天後才得到消息。「當時分裂已成定局，因此方壯璧決定不再見李光耀。估計可能要求我們在安順補選中支持他。」張泰永與方壯璧將在這一年十二月寫信給李光耀。

相距「十多天」便導致「分裂已成定局」，足見事態之嚴重。五月十一日加「半個月」，再加「十多天」，已經是六月上旬。這期間最重大的消息，我們很快就會知道。

另一方面，張泰永和方壯璧的上司，馬共星洲工委會書記黃明強的口述文字則記述：「五月分工委會發了一封信給方壯璧，指示停止對李光耀做無原則的支持，指出這違反統戰與工委會的決議。」黃明強也連發三封信，要求與方壯璧在廖內見面，方壯璧都回：「工作緊張，無暇赴廖。」

方壯璧七月十日才回信給星洲工委會：「全面攤牌已定，工作緊張不能赴廖，你們也別來。」

是的，六月上旬「分裂已成定局」，七月上旬「全面攤牌已定」。

130.

李光耀與方壯璧見面第二天（五月十二日），李光耀的秘書德科斯達（Francis J. D'costa）通知中國，新加坡副總理杜進才取消訪問中國。

根據劉曉鵬的〈愛屋及烏〉，三個月前（一九六一年二月十一日）德科斯達致函中國駐印尼大使館，說明副總理杜進才計畫五月訪問莫斯科後，續程前往中國訪問。這也是雙方首次的官方接觸。在總理周恩來的指示下，中國方面立即配合。

劉曉鵬認為，「一九五八與一九六一年李光耀與杜進才請求訪問中國，時間上剛好反映人民行動黨內鬥。中國兩次都接受訪問的要求，表示是支持李光耀，而非『共黨』。」

文章分析：「一九六一年李光耀面臨黨內挑戰時，在四月警告東姑若無合併計畫，新加坡很快會落入共黨之手，五月東姑就宣布合併計畫。杜進才取消一九六一年五月的訪問，應就在於李光耀已取得吉隆坡對合併的支持。因為在這個敏感時期，杜進才訪問中國雖有利華人支持，但也會影響吉隆坡的態度。」

劉曉鵬指陳一九六一年的「人民行動黨內鬥」，應該是王永元辭去芳林區議席後製造的補選。王永元一直都不是左翼分子，所以，所有與中國相關的推論都不適宜。

比較合理的是，「李光耀已取得吉隆坡對合併的支持」，杜進才訪問中國「會影響吉隆坡的態度」。在這段期間，李光耀已經知道新馬合併即將提上日程，他正在起草一份關於「大馬來西亞計畫」的文件，在見方壯壁的五天前已將這份文件提呈給英國人。

這是人民行動黨自一九五七年之後，第二次領導人計畫訪問中國後又取消。

131.

還記得那個告訴李光耀，只要做完兩件事——消滅共產黨人和豎立萊佛士塑像——便可以高枕無憂的荷蘭經濟學家溫斯敏嗎？

這兩點是溫斯敏於一九六一年受聘為新加坡經濟顧問後，在人民行動黨處在內憂外患的情境下，給李光耀的第一份報告。

溫斯敏告訴新加坡政府，新加坡需要歐美的科技、管理、企業與市場知識，投資者想看看新加坡的社會主義新政府如何處置萊佛士塑像。把它留下來將被視為一種象徵，顯示新加坡人接受英國的遺產，如此可產生正面影響。

在溫斯敏之前，也有一名從印度來的經濟策畫官員前來協助新加坡，交了一份厚厚的報告書給李光耀。李光耀看了看摘要，便向他道謝，將報告擱在一邊。印度官員的計畫以新馬共同市場為基礎，問題是，馬來亞根本不想與新加坡建立共同市場。

倒是溫斯敏，「描繪的局面嚴峻暗淡，卻並非絕望。」

一九六一年新加坡人口一百七十萬，經濟活躍人口不到一半，失業率百分之十，約百分之四十五人口是文盲，極需要聯合國的技術扶助。

溫斯敏的建議中也有新馬建立共同市場，這是繞不過的政策。他也提倡新加坡爭取美國、英國、澳洲與紐西蘭的優惠條件，輸入製成品。溫斯敏的十年計畫，將新加坡從一向依賴轉口貿易的港口，轉型成工業化發展的經濟模式。

三千六百公頃的裕廊工業區於一九六一年成立，是亞洲最早成立的開發區之一。工業化之初，新加坡大小通吃，小至勞力密集的製衣廠，大至跨國石油公司蜆殼（Shell）與埃索（Esso）的投資都歡迎。財政部長吳慶瑞因此忙於為各工廠主持奠基儀式、開幕典禮；一個傍晚，他可以出席三至五個典禮。

新加坡於一九六〇年二月成立建屋發展局，三年內建了超過兩萬個單位。這樣的成績，在來屆大選很快就看到選民以選票做出回饋。

第四章　第二隻信天翁（二）：回到從前

十三、神救援（三）：大馬計畫

（三十五）合併的數學題及其幕後團隊（一九六一）

132.

新加坡政治人物喜歡「掛在脖子上的信天翁」的比喻，以形容原以為會帶來好運的，卻變成沉重的負擔。李光耀將親共分子比喻為掛在脖子上的信天翁，李光耀的戰友吳慶瑞，也將加入馬來西亞喻為掛在脖子上的信天翁。

一九六五年，吳慶瑞負責新馬分家談判。他在一九八〇年的一次口述歷史訪談中，引用信天翁做比喻：「我們曾經很天真地指望馬來西亞能夠帶來繁榮、共同市場、和平、和諧等種種好處。但是，我們的幻想很快就破滅，馬來西亞成了掛在我們脖子上的信天翁。」天才如吳慶瑞還將整個新馬分家的最高機密檔案命名為「信天翁檔案」（The Albatross File），夠幽默。

人民行動黨兩名領導人分別將親共分子和馬來西亞喻為脖子上的信天翁，而且兩回都是人民行動黨「天真地指望」。

信天翁的比喻也聚焦了新加坡早年的歷史，無論是不是信天翁，「問題兒童」新加坡繞不開共產主義與馬來西亞，須經過這兩個關卡，遊戲才能繼續。

新馬分家的談判，一般從一九六五年七月二十日開始，但新馬分家其實早在一九六三年九月二十七日，東姑來新加坡對新加坡選舉做總結便露端倪，或更早的同年八月三十一日，新加坡單方面宣布獨立。

一133.

一九六一年五月二十五日，星期四，回教哈芝節（Hari Raya Haji），新加坡發生歷年來最嚴重的火災——河水山大火。火災疑是兩名年輕人縱火，火勢從下午三時開始蔓延，狂燒至晚上十時。火災面積達一百五十英畝（約六十公頃），導致三千戶、一萬六千人無家可歸，四人死亡，八十五人受傷。政府承諾九個月內在災區廣建一萬兩千個組屋單位；火災也獲得一百四十萬元的捐款。

馬來亞首相東姑趁哈芝節假期第二天（五月二十六日）來新加坡，遇上新加坡的火災，即刻前往探望、慰問災民。東姑此趟來新加坡主要有三個活動，出席巫統、馬華的會議，還有外國通訊員俱樂部的聚餐。

東姑也帶來「紅火」的新聞。他在抵步後告訴記者：「新馬合併的前途，全視新加坡人民的志向決定。如果新加坡人民——尤其是華人，都有馬來亞觀念，效忠本地，共為本邦的國家利益努力，少想到中國，則前途充滿美麗的希望。反之，假如要把新加坡變成『小中國』，自然會引起馬來同胞的疑慮。」此時離芳林補選才一個月。

這是東姑此次來新加坡的主調。第二天（五月二十七日），他在東南亞外國通訊員俱樂部發表演講時，做進一步的說明：

馬來亞遲早應該同英國，以及新加坡、北婆羅洲（沙巴）、汶萊和砂拉越的人民取得諒解……我們無論如何必須展望這個目標，並且考慮採取某種計畫，把這些地區更緊密地聯繫在一起，進行政治和經濟合作。

如果新加坡和聯邦的人民決定使馬來亞像過去一樣，繼續作為我們唯一的家園，這對有關各方都是好事。

五十二年後，李光耀在《李光耀觀天下》中透露，東姑答應英國人成立「大馬來西亞」（Greater Malaysia）的原因：

英國人最終說服東姑，讓他相信隨著左派分子在新加坡華校日益壯大，新加坡傾向共產主義的危險實在太大。他終於同意讓新加坡連同沙巴及砂拉越一起併入馬來西亞，以沙砂兩地較低的華族人口比例平衡我們的影響。

「連同沙巴及砂拉越一起併入馬來西亞」解決了東姑長期以來的顧慮。不妨與東姑同學一起溫習一下簡單的數學：

一、新加坡加入馬來亞：
華人總數為三百六十萬，超過馬來人的三百四十萬，成為最大的族群。
二、新加坡與馬來亞、沙巴、汶萊和砂拉越合併：

婆羅洲三地的七十萬土著和十七萬六千馬來人加入大馬來西亞，馬來人總數將為四百萬人，超過三百七十萬的華人。

東姑同學徹底明白這兩道數學題，他從一九五三年當英國人跟他談論新馬合併時，已經開始複習第一題。

在東姑宣布大馬來西亞計畫之前，當然有一定的鋪排。從一九六一年開年，新馬便開始營造有利的氛圍，東姑甚至在一月三十日接見西德記者團時說：「新馬合併已是個舊話題。」並讚揚人民行動黨政府「優點不亞於聯邦政府」。

從不願意接受「小中國」的東姑最後同意合併，可見英國人對他施加壓力之大，以致他沒有其他重要的話可說，只重複他的憂慮。

李光耀最明白英國合併的動機與東姑不合併的理由，他在一九五九年五月八日於紅燈碼頭在該年選舉的群眾大會上說得非常透徹：「一九五七年以前，不要合併的是英國，他們要新加坡做軍事基地。一九五七年以後，因為部分英國人的謀略，以及新馬部分人的表現，讓東姑說，無論如何，他都不要合併。東姑不要合併，最初的理由是，新加坡不準備接受馬來語為國語，不準備接受回教為國教。但是，當我們同意接受這些條件時，東姑卻說，新加坡居民未有馬來亞意識。他是怕接受與新加坡合併，會改變華族與馬來族的比例，又說在新加坡一百萬華人中，有非常多共產黨人。」

英國人從原本刻意將新加坡與馬來亞分開，最後竟然撮合兩地，可見左翼之來勢洶洶，或者他們相信或者李光耀讓他們相信，「新加坡傾向共產主義的危險實在太大」。「大馬來西亞」對人民行動黨而言，何嘗不是又一次的「神救援」。李光耀於一九五六年認為，「我們需要英國人把共產分子鎖住，直到有一天，這個任務可以交給東姑」，這個「任務」五年後終於「交給東姑」。

東姑同學最後會將交給他的「任務」當禮物。

然而，「這期間（一九六一），新加坡同馬來亞合併的問題看來完全沒有希望。」李光耀在回憶錄裡感歎：「東姑對新加坡的態度最叫人氣餒。他再三迴避向他提出的任何合併建議，堅決不要新馬兩地在任何情況下合併，而且利用每一個私人或公開場合表明他的立場。」

無論如何，時局變化讓東姑於一九六一年五月二十五日「預告」一個新時代的到來，從歷史的角度，這是重要的一天。東姑選擇在新加坡發表「大馬來西亞計畫」（The Great Malaysian Plan），雖輕描淡寫，卻對新加坡與馬來亞，以至東南亞的政局起著重大影響；未來四年，新加坡內外政局都環繞著這課題，懂得利用課題為己用者勝出；三方人馬——新加坡執政黨與反對黨，以及馬來亞——各有輸贏。歷史已告訴我們，誰贏多一點。這也是馬共在方壯璧與李光耀最後一次會面不到一個半月後，認為「分裂已成定局」。

大馬來西亞計畫不僅英國、新加坡、馬共得重新思考各自的新布局，也涉及沙巴、汶萊和砂拉越的政局，以及面對長期推動「大印尼」的印尼，和宣稱擁有沙巴的菲律賓，後二者——特別是印尼將有系列的動作。

134. 李光耀在《回憶錄》中透露，整個大馬來西亞方案由英國人提出，他負責擬定計畫。他在回憶錄中說：

> 英國人正鼓勵我提出一個有關聯邦的更大方案，也就是不僅包括新加坡，同時也包括婆羅洲英國三地（即北婆羅洲、汶萊和砂拉越）的宏大計畫，使他族人數不會影響馬來選民的多數地位。

李光耀於一九六一年五月六日提呈一份《馬來亞聯邦、新加坡和婆羅洲領地未來文件》（Paper on the Future of the Federation of Malaya, Singapore and the Borneo Territories）。《英帝國終結文件・馬來亞卷》收有這份文件，主編安東尼・史托韋爾（Anthony Stockwell）在簡介背景時指出，李光耀於四月二十三日——芳林補選投票前六天，已預知會失敗——第一次和東姑談及「宏偉設計」，吳慶瑞、馬來亞副首相拉薩和馬來亞內政部長依斯邁・阿都・拉曼（Ismail Abdul Rahman, 1915-1973）都在場。會議結束後，東姑要李光耀準備一份文件，闡述他對實現合併的想法。李光耀則表示，在薛爾克和穆爾鼓勵下完成這份文件，並於五月九日完成修訂版交給薛爾克。兩天後（五月十一日），李光耀便見方壯璧。

駐新加坡的英國官員不看好這份報告，在五月十六日新馬領導人的會議上，拉薩試圖說服東姑合併的必要。

人民行動黨失之東隅，收之桑榆。對新馬合併鍥而不捨，念茲在茲的李光耀，終於見到合併的曙光。當然，合併也是新馬人民被分隔後的願望，只是兩地以怎樣的形式回到從前。

在四方人馬裡，大馬來西亞計畫是個三贏計畫，獨輸的是左翼；合併原本就是要排除共產黨。方水雙在回憶錄裡說：「行動黨內部正暗流洶湧，醞釀攤牌。兩派對馬來西亞的立場不同。兩方舉行多次會談，但無法消除歧見。我還記得拉惹勒南在最後一次會議說，要嘛跟黨中央共浮沉，或分手。」

英國人當然高興，駐東南亞兼新加坡最高專員薛爾克於一個月後（六月二十七日）召集大馬來西亞方案五地領導人與最高專員開會，三天後薛爾克回英國報告。

一九六二年七月二十八日，英國首相（一九五七－一九六三）哈樂德．麥克米倫（Maurice Harold Macmillan, 1894-1986）坦白地告訴東姑：「我們這麼做不表示英國寬宏大量，只是通情達理之舉。對於英國再也不能控制的地區，英國政府不願繼續負起責任」（引自哈珀，〈林清祥與「新加坡的故事」〉）。

一九六三年七月二十六日，英國國會通過「馬來西亞法案」（Malaysia Bill）。

135. 東姑宣布大馬來西亞計畫時，馬共總書記陳平還在赴北京的路上。

毛澤東主張馬共堅持武裝鬥爭，陳平在馬共國外局建議下，於一九六〇年十二月啟程，離開泰南，前往北京，準備與毛澤東會面。

陳平抵達北京時已是一九六一年六月。旅途中，陳平第一次聽到同行的章傳慶告訴他，中國的大躍進是場災難。章傳慶也批評毛澤東的錯誤，兩人的結論是，馬共仍得與毛澤東和中共的意識形態掛鉤，但是具體運用時必須靈活。

到了北京，三十七歲的陳平並沒立刻見到毛澤東，而是見了五十七歲的中共總書記鄧小平。鄧小平告訴陳平：

> 東南亞就要經歷一場巨變。

陳平來北京途中，見了北越領袖胡志明，知道胡志明決心統一越南。另外，緬甸、泰國、寮國與印尼的共產黨都派人到中國訓練。

鄧小平也告訴陳平，東南亞的整體形勢，對馬共越來越有利，希望馬共不要改變政策，同時答應財政援助馬共。

陳平面對的是，馬共才於一九五九年宣布放棄武裝鬥爭，十八個月後，又要易轍改弦，做一百八十度的轉向。

馬共最終恢復武裝鬥爭，並在新馬招募人員。

136.

在北京的陳平與章傳慶，以及剛從印尼抵達北京的余柱業，獲悉大馬來西亞計畫後大為吃驚，他們商議的結論是，破壞大馬來西亞計畫，「即使無法令它胎死腹中，至少要使它遙遙無期」。

一九六一年的章傳慶該如何面對一九五七年的章傳慶？四年前他才支持新加坡左翼與李光耀等合組人民行動黨，讚賞人民行動黨反殖民地政府，並給予全力支持。如今大馬來西亞計畫的提出，證明在海外的馬共高層資訊隔絕，以及其扮演的毀滅性角色。

陳平回憶錄透露，余柱業認為以李光耀為首的「右翼陣營」和拉惹勒南領導的「中間路線陣營」分裂正在擴大，他們之外還有第三股勢力「華人陣營」。這更荒謬，近在印尼的余柱業會得到這樣的資訊，再次說明馬共高層資訊傳遞的問題有多嚴重，或余柱業的判斷錯誤得有多離譜。

章傳慶認同余柱業的看法，只有陳平不相信。結論是：「指示在新加坡的地下人員，拉攏拉惹勒南陣營，站在反對馬來西亞計畫這一邊。同時，盡一切可能打擊李光耀推動包括新加坡在內的新聯邦的決心。」

陳平對這樣的決策沒有把握，要其他兩人「做好最壞的規畫和準備，面對糟糕的局面」。陳平回憶錄說：「後來所發生的事情，印證我的懷疑並非無的放矢……我認為要準備面對最壞的局面……可惜卻沒有付諸於行動，以致我們因此付出代價。」

十四、左右逢源

（三十六）行動黨補選失敗及其總理辭職（一九六一）

137. 提出新加坡與馬來亞合併課題，使得人民行動黨內非共與左翼毫無迴旋的餘地，最終分手；過程令人意外，緊張且戲劇化，充滿各種可能性。

無論有沒有馬共中央的決策，人民行動黨內的左翼分子，因新馬合併被推到風口浪尖，必須表態。

六月三日是新加坡兩週年邦慶。邦慶前一天——東姑宣布大馬來西亞計畫後一個星期，六名工運領袖：林清祥、兀哈爾、方水雙、詹密星（Jamit Singh, 1929-1994）與巴尼（S. T. Bani）發表聯合聲明，強調安順區補選左翼應該團結，繼續推進反對殖民主義，在補選中支持人民行動黨。聲明指出，新加坡將有一場「嚴重、巨大的鬥爭」——一九六三年檢討新加坡憲制，因此提倡爭取實現真正完全自治的新加坡。安順區的補選，可以明確表明各方的立場。

李光耀的《爭取合併的鬥爭》認為，六名工運領袖的聲明，應該跳接回五月十一日李光耀與方壯璧的會面，方壯璧希望李光耀答應，以廢除內部治安委員會作為一九六三年憲制談判的主要目標。《爭取合併的鬥爭》第六講透露：「過了三星期，就是在六月二日，林清祥跟他五位朋友就在一篇聲明，提出在一九六三年的憲制談判，廢除內部治安委員會的要求。這時我就知道，林清祥跟過去的鄭越東一樣，已經接到上頭共產黨地下組織的命令。」

作為後來閱史者，我們可以從時間順序查實：

- 一九六一年五月十一日，李光耀與方壯璧最後一次會面時，方壯璧告訴李光耀：「目前憲制的下一步不是獨立，是真正的完全內部自治；
- 十天後（五月二十一日），星洲工委會發出《緊急工作意見》工作指示，強調爭取實現真正的完全內部自治。

那麼，六名工運領袖主張的「爭取實現真正完全自治的新加坡」，便是李光耀分析的，是對上述立場的呼應。

六名工運領袖發表聲明一個星期後，也就是安順區補選提名前一天（六月九日），人民行動黨宣布，將在一九六三年憲制談判時，通過更大的聯邦合併，取得獨立，直接挑戰黨內的左翼分子。

138.

關心人民行動黨內部發展的人會發現，六名發表聲明的工運領袖中，方水雙的名字出現了。是的，那個蒂凡那爭取的方水雙重返左翼。

《爭取合併的鬥爭》第六講提及冒險爭取方水雙的部分繼續說：

不幸的是，我們的冒險沒有成功。我們已經盡力用分析和論點向方水雙證明——而且他也相信，人民行動黨對於馬來亞多種族社會的革命問題，看法完全正確。

可是，正確的分析不能打斷他跟林清祥的個人聯繫，再加上一些親共工會——像「泛星」如革命溫床的熾熱氣氛，不久方水雙便被重新吸收。

在他任職九個月後，即一九六〇年三月間，我們就發覺他已經被共產黨爭取回去。於是，我們準備面對即將來臨的後果。

不過，我們要等待他先出手攻擊我們的政策，才向他採取行動，我們不要使那些喜歡他的中立職工領袖產生誤會。

蒂凡那爭取的另一人是詹姆斯・普都遮里。蒂凡那告訴《白衣人》，在監獄時，詹姆斯・普都遮里反共最強烈。

139.

一九六一年六月十日，人口一萬零三百的安順區補選提名。這次補選與合併綁在一起，增添其指標性與複雜性。

五人參與安順區補選提名。前首席部長馬歇爾也提名，他代表工人黨，主張新加坡獨立，讓局勢更複雜。人民行動黨推出新人馬末・阿旺（Mahmud Awang, 1928-2021），他是新加坡職工總會的馬來主席。

新加坡人民聯盟與巫統、馬華、印度人國民大會黨組成「聯盟」，推出朱佩珩醫生；朱佩珩後來出任新加坡醫學校友協會主席。自由社會黨由副主席莫哈末・伊斯邁・胡欣（Mohamed Ismail Hussein）親自出馬，新加坡同盟則出動組織秘書依布拉欣（K. M. Ibrahim）。

七月十五日投票。大家各有謀略，選擇時機出牌。馬共星洲工委會七月五日發布一千三百字的〈有關鬥爭的策略原則和方針問題〉工作指示，已經在決裂眉睫，仍在空談；主要是將此次補選定調為「反出賣」鬥爭，即反對在一九六三年憲制談判與合併問題上出賣人民的利益。

投票前兩天（十三日），八名人民行動黨議員——巴尼、黃信芳、張金陵、張福元、林猷英、方韻琴、王清杉與陳清動——寫信給黨主席杜進才，宣布支持六名工運領袖的聲明，反對合併。第二天（十四日），李光耀要求林清祥、方水雙與兀哈爾辭去政治秘書，因為三人與八名議員迫使黨接受他們的路線，否則將推翻黨的領導層並奪權。東姑的倡議逼迫人民行動黨內的左翼表態，安順區補選直接讓人民行動黨內不同意識形態的陣營決裂。

這一天晚上，最高專員薛爾克邀李光耀到官邸共進晚餐，彙報如果人民行動黨失去安順區對政府的影響。《李光耀回憶錄》憶述，他向薛爾克「描繪一幅不祥的圖景」，並透露將在七月二十日的議會上，提出信任政府的動議，藉此分清敵友，然後宣布議會休會，至十月復會。李光耀說：「我需要時間策畫下一步行動，處理新馬合併的馬來西亞問題，同時決定我們在雙方公開決裂後的新形勢下，如何對付共產黨人。」

《白衣人》引用薛爾克於一九六一年七月十七日寫給新上任的殖民地大臣（一九五九－一九六一）麥克勞（Iain Macleod, 1913-1970）的信，敘述這一頓晚餐：「他們（李光耀與吳慶瑞）受到很大的挫折，精神緊繃，對自己的政治前景完全沒信心。」薛爾克透露，李光耀告訴他，他在議會只有二十三張肯定的支持票，他只能在共產黨接管政府前多撐三個多月。

哈珀的〈林清祥與「新加坡的故事」〉也引用薛爾克給麥克勞的同一封信，載錄這頓晚餐。李光耀提議，由他釋放被拘留者，再由英國通過內安會阻止；接著他宣布議會休會三星期，公布就新馬問題舉行全民投票。這將激起左翼行動，他會把方水雙、兀哈爾、詹姆斯和多米尼驅逐到馬來亞，「迫使林清祥攤牌，訴諸直接的行動，屆時人民行動黨政府將放棄執政，允許英國或馬來亞接管新加坡。」不過，薛爾克對這個「難以下嚥」的方案沒有興趣。《李光耀回憶錄》直言：「我們和黨內的左翼也走到三岔口，應該是分道揚鑣的時候。」

補選結果，馬歇爾獲得三千五百九十八票當選，只比排第二的馬未．阿旺多五百四十六張票，這意味著行動黨左翼獲勝。李光耀一直認為，是黨內左翼要馬歇爾出來的。

安順區敗選兩天後（七月十七日），李光耀寫了一封翻譯成華文八百字的信給黨主席，表示要辭去總理的職位，但主席挽留。

（三十七）最高專員及其下午茶（一九六一）

140.

英國人除了與李光耀、吳慶瑞共進晚餐，也邀請林清祥和他的朋友吃飯喝茶。

李光耀在九月二十五日廣播的《爭取合併的鬥爭》第七講「爆料」：

過去幾個月裡，英國專員公署官員安排一些午餐會、雞尾酒會、晚餐會等社交活動，邀請林清祥和他的朋友，還有一些本地和英國商人與股票經紀；專員公署官員向這些人放出風聲，使他們以為，英國人認為林清祥和他的朋友是社會認可的人物。於是，共產黨逐漸相信，如果他們通過憲制取得政權，只要不動英國的軍事基地，英國人樂意放手讓他們管理新加坡。

林清祥裝模作樣，企圖給英國人一種印象，他跟方水雙等都像杜進才和我，是行動黨非共的社會主義者，只不過他們比較激進。英國人明知道，林清祥是共產黨公開陣線最重要的領袖，卻裝著相信他是一個非共的社會主義者。英國人特地對他們表示好感，鼓勵他們相信，在憲制上他們不會受到歧視，而且還可以奪取現有的政權或是成立下一屆的政府。

可是，英國人卻向我們——新加坡政府施壓，要我們鎮壓和限制林清祥和他的朋友的顛覆活動。因此，當我們看到林清祥和他的朋友雄心萬丈，想要取代我們，我們都覺得有點奇怪。立法議會投信任票前兩天，我們發現林清祥和他的朋友，到英國專員的住宅跟英國專員商談。這時我們才恍然大悟，原來這裡面有很大的陰謀，而且已經進行一個時期。

這個歷史性會面安排於安順區補選三天後（七月十八日），在最高專員官邸伊登樓（Eden Hall）。與英國最高專員薛爾克會面的有林清祥、兀哈爾、方水雙和詹姆斯．普都遮里。這樣的見面，說明波譎雲詭的時局充滿各種可能性，大家都在探索，各做解讀與算計。

《李光耀回憶錄》憶載，他從政治部獲得報告，結論是：「他們（左翼）正在試探英國人的意思：如果親共代表在議院中占有多數席位，他們是否能執政。」人民行動黨內非共陣營認定，英國人樂見他們與左翼擴大分歧，使人民行動黨內兩派人馬無法再結成統一陣線。

李光耀樂於接受這樣的局面：「這正合我們的意思。」只是非共陣營怕觀感不佳，被說成「利用他們（左翼）之後便把他們撇在一邊」，會「失去說華語或方言群眾的支持」。所以，這是分手的時機，非共陣營又轉不利為有利的局面。

政治部會獲得消息，吳慶瑞指出，因為之前已有謠傳，所以李光耀要政治部盯著伊登樓，他們相信，消息是英國人散播的，強迫人民行動黨內部分裂表面化。

七月二十日的議會上，李光耀譴責時不忘嘲諷：

英國人利用宴會、雞尾酒會和午餐會，同林清祥、兀哈爾諸位先生一夥，建立兄弟般的友好關係，也使親共分子相信人民行動黨是惡意從中作梗，英國人則既賢明又富有政治家風度，甚至準備看到新加坡出現一個比人民行動黨還要左的新「左翼」政府……他們暗中狡黠地煽動親共分子，嘗試奪取人民行動黨政府和領導權。作為年輕、毫無經驗的革命分子，林清祥、兀哈爾和方水雙不知受騙，以致在陷入危機時……跟英國最高專員進行磋商。

嗨！你瞧，偉大的反殖民和革命分子竟然跟英國人磋商……事實上，英國人的計畫是，最終發展到同共產黨人公開衝突，如果人民行動黨繼續執政，就得替英國的殖民主義辯護，否則只好宣布辭職。如果我們辭職，隨後成立的一個非共政府，若是禁不住英國人的壓力，就會被英國人拉下臺。

這才是政治。雖然「正合我們的意思」，但必須揭穿，再攻擊，讓它見光死。為了不「失去說華語或方言群眾的支持」，攻擊目標鎖定英國人，林清祥等人則是「年輕、毫無經驗的革命分子」，誤闖叢林。

林清祥在〈林清祥〈答問〉遺稿片段〉表示：

既然李光耀要「放棄政權」，「收回安全保護傘，讓英國人來收拾左翼」，接下來的馬來西亞計畫也是解決「新加坡有太多華人，太多左翼」的問題，左翼領導人當然想要瞭解英國人的態度，「是否英國政府只容許行動黨執政，別的政黨，如左翼政黨循憲法途徑取得政權並尊重憲法，難道英國人就不容許？」這就是參加伊登茶會的真正目的。

問題是，兩個風馬牛不相及的陣營怎麼會見面？

有兩個說法。一個是兀哈爾說的，吳慶瑞告訴詹姆斯・普都遮里，黨內的非共陣營將要「清除林清祥集團」，把這些人「趕出人民行動黨」。詹姆斯・普都遮里於是警告林清祥，促成林清祥、兀哈爾、方水雙、詹姆斯・普都遮里於七月十八日與薛爾克在伊登樓會面。

當事人吳慶瑞卻說，安順補選之後，他與詹姆斯・普都遮里討論關於黨與國家前途時，詹姆斯・普都遮里要吳慶瑞改變政策，容納林清祥和他的派系，否則人民行動黨的一股政治力量會被摧毀。吳慶瑞反告訴詹姆斯・普都遮里，一九五七年左翼攻擊他們，使人民行動黨兩派勢力公開劃清界線，結果提供英國人大逮捕的藉口。吳慶瑞認為，左翼陣營以為這是他暗示，英國人會對左翼陣營進行另一次大逮捕，所以要見薛爾克。這是第二個說法。

141.

二十一年後——一九八二年，《李光耀回憶錄》透露，薛爾克告訴一名訪員，一九六一年七月十八日早上，詹姆斯．普都遮里打電話給他，問能見他的一、兩個朋友嗎？薛爾克建議第二天一起吃午餐，詹姆斯．普都遮里說有急事，於是改成當天下午四點一起喝午茶。

見面後，他們問薛爾克：「憲法是專為李光耀而定，還是一部自由的憲法？」

薛爾克說：「這是一部自由的憲法，遵守憲法，別暴亂，知道嗎？」

薛爾克告訴訪員，他們就談這麼多，然後走了。後來，薛爾克在立法議會辯論前告訴李光耀。

《白衣人》也提供一段薛爾克的口述歷史訪談：

問：如果他們（左翼）贏得選舉，你準備讓他們組織政府嗎？

薛爾克：噢！是的！我會的。

問：林清祥和他的夥伴們？

薛爾克：是的。如果他們在議會中占多數席位。

《白衣人》還提供一封薛爾克的信件：「我很肯定，即使下屆政府更加左傾，甚至受共產操縱，只要內部安全沒有受到威脅，無需我們出手干預，我們就必須允許民主程序按憲法運作。」

四十年後，傅樹介的回憶錄提供另一種說法。

傅樹介引用薛爾克於一九六一年七月七日給殖民部的信，信件透露李光耀要下令釋放政治犯，再由內安會否決。薛爾克拒絕。

傅樹介指出，薛爾克想幫李光耀，他通過一名新聞工作者Francis Wong給兀哈爾傳話，想邀請林清祥及其他人到伊登樓茶敘。林清祥找傅樹介商量，決定由詹姆斯·普都遮里打電話到伊登樓安排見面。

退休新聞工作者陳加昌在其《我所知道的李光耀》裡，提到一名新聞工作者Francis Wong——黃子芹，不知是不是同一人。黃子芹為《海峽時報》記者，一九七〇年為《新加坡先驅報》（*Singapore Herald*, 1970-1972）創刊總編輯。

詹姆斯·普都遮里於七月十八日上午或中午前後與薛爾克通電話，決定當天下午四點三十分見面。不過，傅樹介於回憶錄裡說：「看來我是今天唯一能夠記得薛爾克要會見林清祥及其他朋友的人。」

傅樹介揭示：「薛爾克是在跟林清祥等人會面隔天，通過政治部把見面的事告訴李光耀，否則李光耀根本不知道林清祥到伊登樓的事。當天跟蹤的特務竟然把林清祥跟丟了。」

無論各種說法如何，人民行動黨的非共陣營在議會爆料，令薛爾克和左翼分子尷尬，特別是「革命分子竟然跟英國人磋商」，形象受損，難以向群眾交代。然而，追求執政不必鐵板一塊，「聯合次要敵人，打擊主要敵人。」這是行動黨內左翼比在半島的馬共強的地方。

第五章　第一次分手

十五、神救援（四）：最後的女議員

（三十八）行動黨戲劇性分裂及其局面（一九六一）

142. 一九六一年七月二十日的議會特別長，從下午二時三十分開始，到第二天凌晨三時四十分，民眾坐滿旁聽席，見證歷史時刻。這也是新加坡歷史上重要的一天，《南洋商報》形容，這是「本邦歷屆立法議會，最聳動視聽的一場政治性極強的辯論」。

議會辯論李光耀提出的信任動議（Motion of Confidence）。人民行動黨內非共與左翼經過兩次「離而不分」後，終於在這一天攤牌。這一次，已難說誰主動，大家互不信任，都在準備，也在防備，茶會是左翼真正準備奪權，信任動議算是非共最後的反擊，也是延長賽，終結人民行動黨內兩大陣營六年八個月貌合神離同框的衝突與碰撞，上演電視劇般誇張的世紀大戲。

信任動議是人民行動黨的家務事搬到議會，其他政黨都幸災樂禍，當笑話看待。當事者理不了這麼多，已來到割喉戰了。

李光耀的動議演說長達一小時二十分。他說：「安順區補選結果以來，事件的發展顯示，林清祥等可能在各方面發動攻擊。現任政府不準備被接管，成為共產黨陣線政府，因此向立法議會要求委任狀。」

衛生部政務次長盛南君醫生代表左翼議員發言：「行動黨有三十九席的多數席，信任動議只能是黨內意見不同才採用。黨內問題應由黨內解決，不應提到立法議會。」

新任安順區的工人黨議員、前首任首席部長馬歇爾則要求李光耀辭職，「因為安順補選行動黨失敗，已表明人民對政府失去信心。」

人民聯盟議員、前首席部長林有福表示，他早已指出，政府對共產黨和英國人玩兩面手法。如果政府是為了人民的利益，他會支持；但如果是搞黨派政治，他將會反對。

會議在晚上八時休會，這一小時的晚餐時間也是遊說時間。五十一個議席需要二十六席才過半，人民行動黨取消黨督（Party Whip），讓議員自由投票。李光耀說：「我和（黨鞭）陳志成點一點人數，發覺只有二十五人，還差一人才占多數。」

陳志成想起還有一個女議員——三十六歲的實乞納區議員莎荷拉（Sahorah Ahmat）正在中央醫院療養。問題是，方壯璧的妹妹方韻琴之前曾到醫院說服莎荷拉，幾個小時前，一些支持左翼的馬來議員也去見莎荷拉。陳志成曾去醫院關心莎荷拉，因此願意去說服她。陳志成告訴《白衣人》：「開始的時候，總理駁回我的建議，說我在浪費時間，因為左派已經爭取到莎荷拉的支持。但是，杜進才說讓我去試一下，於是我就去了。」

陳志成說，莎荷拉向他抱怨，人民行動黨沒人關心她，她已經答應支持左翼。陳志成請求她別倒戈相向，如果她不投票給行動黨，行動黨將倒臺。莎荷拉最終被說動。

從醫院到議會充滿戲劇化，《南洋商報》報導，莎荷拉於七月二十日下午約四時，由救護車從中央醫院送到議會，在議員休息室內等待投票。經過十四小時後，來到投票時刻，莎荷拉在行動黨議員陳翠嬋和伊斯邁的攙扶下，坐在自己的席位。這時已是第二天（二十一日）凌晨三時二十五分，莎荷拉的進場引起矚目，總理李光耀正在辯論後致辭。

三時五十五分，議會以記名表決，最後行動黨以二十七票同意，八票反對，十六票棄權，贏得信任動議。會議過後，莎荷拉又被送回中央醫院。

人民行動黨計算會獲得二十六票，多出的一票來自無黨籍的許春風。許春風是一九五四年「五一三」學潮時學生的法律顧問，一九五七年在丹戎巴葛區補選中輸給李光耀，一九五九年加入林有福的人民聯盟，當選如切區議員，過後退黨。

八張反對票來自人民聯盟四票、巫統三票和工人黨一票，包括馬歇爾、林有福、A. P. 拉惹等。十六張棄權票中，十三張來自行動黨，三票出自王永元與追隨他的兩名議員。

行動黨十三名左翼議員包括李紹祖、陳新嶸、盛南君、劉坡德、巴尼、黃信芳、方韻琴等都投棄權票，表示沒有背叛黨，只是不認同黨的做法。

根據張泰永的報告：「李（光耀）曾個別召陳新嶸與卓可黨密談，企圖收買他們。李答應給卓可黨當中央組織秘書。」報告承認：「這一爭取票數的工作是失敗了。」

在前線的林清祥不這麼認為，他在〈林清祥〈答問〉遺稿片段〉表明：「我並不像李光耀等人所指責的，到處恐嚇與拉人，說什麼出了十多萬元想收買某一位議員，我們當時哪來的十多萬元？我清楚記得，當時至少有三位行動黨議員主動找過我，若我稍加努力，至少一兩位會倒戈過來。我們當時與行動黨的一切爭論，都不是為了黨派利益或針對某個個人，而是為了國家民族前途，信任票辯論結果有十三位行動黨議員（後來加入社陣）投了棄權票而不是反對票，說明左派當時不像李光耀想的那樣，為了要奪權。相反，即使在那個時刻，我們仍抱存希望，希望李光耀坐下來與大家洽談。」

在議會的信任動議過後，林清祥因為《海峽時報》的報導與論評「重複虛構我是共產黨的領袖」，於七月三十一日去函該報，信中說：

我要一勞永逸地說明，我不是共產黨員，也不是共產黨的領導者，就此而言，我不是任何人的領導者。

林清祥的身分無法「一勞永逸地說明」，即使在他逝世後。

兩組思想意識完全不同的人馬終於分手，新加坡早年的政治也進入下半場。

局勢變化太快，馬共星洲工委會只得於八月四日作了一篇六百字的文章，沒有題目的工作意見，仍是「左右清楚，黑白分明，這就是結果。幹得好！做得對！人民群眾是完全站在我們這一邊」的「左八股」，以及愚蠢的吃瓜心態，並重提舊立場，以顯示領導，完全無法體會左翼被排除於人民行動黨外，已無殼可寄，失去正當性。

（三十九）李光耀身邊的特務及其身分（一九六一）

143.

陳平的回憶錄針對一九五九年新加坡的大選透露：「人民行動黨一名和李光耀有密切關係的主要競選代理，是我們的正式黨員，並且定時向他所屬的市委會報告。我肯定李光耀沒發現這名競選代理。」

是的，這名「李光耀沒發現」的「競選代理」在這次的信任動議中終於曝光——陳新嶸，二十六歲，是十三名被開除的人民行動黨議員之一，也是李光耀最重要、最信任的助手，身分為總理公署政務次長，是最有權力的次長。李光耀應該沒聽過蔣介石因大陸的教訓，遷移臺灣後推廣的思想教育：「小心！匪諜就在你身邊。」

陳新嶸（一九三三－二〇二三）為華僑中學學生，一九五二年被學校開除；與同學易潤堂一起加入剛創辦的《新報》（一九五二－一九五七）當記者，兩人也是抗英同盟成員。兩年後（一九五四），陳新嶸成為馬共臨時黨員。通過易潤堂引見，陳新嶸認識李光耀。一九五七年，陳新嶸開始教導李光耀華語，負責翻譯李光耀的英文講稿。陳新嶸從一九五七年至一九六一年在李光耀身邊，共四年。對於陳新嶸的暴露身分，根據張泰永的報告：「當時準備留下星容（新嶸），但他周圍五六個議員表示，如果他不退出，他們也不退出。」

二〇一五年三月二十三日李光耀去世，陳新嶸三天後（三月二十六日）在沙巴《詩華日報》發表〈談談李光耀和我〉，寫下兩人結交的經過：「我當時十分敬重這位意氣風發、替工人爭取權益的左派律師，我盡量把自己當過華文小報記者的見聞告訴他，讓他瞭解華人社會，拉近他和受華文教育者的距離。就這樣，他和我的交往日趨密切。他邀我陪他到馬六甲辦案，拉攏崇拜印尼前總統蘇卡諾的巫統幹部，還有幾次邀我陪他一家大小到福隆港度假等。經過將近兩年的零距離考察，他對我日趨信任和器重。」在福隆港度假期間，陳新嶸還教七歲的李顯龍，如何將手繞過腦後觸摸鼻子。

談及被李光耀重用，陳新嶸說：「李光耀在『重用』陳新嶸的同時，也布置不少人（包括和陳新嶸一起工作的行動黨幹部、立法議員、政務次長）向他打小報告。還有，在總理署的公務員中，有位曾經被王永元下令遷出市長公署，後來被李光耀重用，直接聽命於『鳳凰園』的英國MI-5特工，更不曾放鬆對陳新嶸keep an eye。」

根據《李光耀回憶錄》，被王永元逐出辦公室的是梅多斯（Val Mcadows），他後來出任總理副秘書。對於梅多斯等殖民地官員的身分，王永元曾在議會質疑李光耀，李光耀駁斥：「他（王永元）也聲稱梅多斯和警察總監在幕後操縱我，當我向他挑戰，要他在議院外重複這些話時，他卻保持沉默。」

二〇〇三年陳新嶸在泰國合艾接受《白衣人》訪問時，承認自己是馬共安置在人民行動黨，特別是李光耀身邊的特務。陳新嶸相信，李光耀一開始就知道他與共產黨地下組織有聯繫。陳新嶸透露，易潤堂曾告訴他，政治部曾警告李光耀，陳新嶸是顛覆分子，李光耀告訴政治部：「我知道，但是他屬於另一類。」

李光耀接受《白衣人》訪問時則說，他以為陳新嶸和易潤堂一樣，是已經改變的共產黨同情者。「易潤堂以為他（陳新嶸）已經變了，我相信易潤堂。我不知道的是，易潤堂與共產黨分手後，陳新嶸聽命於新的控制者。那是我的錯誤。」

李光耀視陳新嶸的改變立場為叛變，李光耀認為，陳新嶸的叛變是「所有最無情的傷害」。但是，陳新嶸不認為對李光耀不忠，而是忠於自己的意識形態事業。

一九六三年九月二十一日大選，陳新嶸當選。十月八日，馬來西亞中央政府大肆逮捕，陳新嶸「失蹤」。事後證實他逃往印尼。在雅加達，陳新嶸見到馬共星洲工委會主委之一余柱業。

余柱業問他：「你來幹嘛？你們都忘了白皮紅心？」

陳新嶸反問：「你們為什麼不先告訴我？」

馬共的通訊與聯繫，可見一斑。

陳新嶸住在印尼超過十年，於一九七九年初到泰南馬共據點，直至一九八九年，馬共分別與泰國和馬來西亞政府簽署和平協定，放下武器，走出森林，二〇〇六年成為泰國公民，住在合艾，二〇二三年逝世。

144. 這時候，與政治無關的一組數字，將在未來或者已在當下改變新加坡。

一九六一年七月二十一日《南洋商報》報導，近三十年來，小學一年級新生登記，第一次華校新生的人數比英校少三分一；一九六二年有三萬零六百五十名學生選擇進入英校，華校只有兩萬零一百七十四人。

李光耀於一九八八年訪問澳洲時的感慨，「我們在每個人口袋裡裝上一個翻譯機」的時代已經開始。

（四十）社陣成立及其引起的投奔潮（一九六一）

145. 十三名人民行動黨左翼分子被開除九天後（一九六一年七月二十九日），宣布成立社會主義陣線（社陣，Barisan Sosialis，一九六一－一九八八），新政黨於八月十三日正式成立，由李紹祖和林清祥出任主席和秘書長。

李紹祖（一九一七－二〇〇二）生於吉隆坡，一九三一年就讀新加坡愛德華七世醫學院，一九四二年畢業後加入竹腳醫院，第二年被派往泰緬鐵路醫治戰俘。戰後，李紹祖成立私人診所。一九五八年，在吳慶瑞介紹下，加入人民行動黨，第二年當選女皇鎮區議員，隨即被委任為內政部政務次長。

對於李紹祖出任黨主席，發起人之一方水雙在其回憶錄中說：「當林清祥告訴我，李紹祖是黨主席人選時，我對他（林清祥）的判斷力感到驚奇。」方水雙批評：「他（李紹祖）太情緒化，缺乏政治深度詮釋及制定黨的政策，尤其在關鍵時刻，負起領導黨的重任。」

方水雙也指出李紹祖應在社陣扮演的角色：「如果社陣希望贏得大選，就必須爭取中產階級、少數民族和受英文教育者的支持。假如李醫生的作風和我們一樣激進，社陣就不能擴大它的群眾基礎。」方水雙最後預言：「如果我們選擇錯了，新政黨將和其他平庸的政黨遭遇同樣的命運。」不幸，一切都被言中，而這個政黨還沒有開始。

對於馬共在社陣扮演的角色，陳平在回憶錄裡說：「實際上，我們不曾控制過社陣。我們的確影響過他們。然而，無論黨魁李紹祖醫生，或是其他重要的在野黨人，如普都遮里兄弟，從來都不是馬共成員。」

146. 人民行動黨開除十三名黨員後，幾乎被「清黨」，黨的五十一個支部，有三十五個（百分之六十八）立刻搖身一變，成了社陣的組織；二十三名人民行動黨組織秘書也投奔社陣，李光耀丹戎巴葛區支部秘書卓可黨是投奔潮的領袖。這是人民行動黨非共領袖始料不及的。

最大的問題出在陳新嶸。陳新嶸是總理公署政務次長，總理也是黨秘書長，授權陳新嶸管理黨支部和基層機構人民協會，人民協會屬下的民眾聯絡所分布全國。陳新嶸在這兩個機構安插左翼分子，所以，當陳新嶸被開除後，樹倒猢猻散，散到另一棵樹去。

另外，為失業年輕人組建的建國隊，負責人黃信芳加入社陣，違抗命令，最後只好出動軍隊阻嚇。接著，罷工跟著來。據統計，一九六一年七月（即人民行動黨分裂後）至一九六二年九月的十五個月裡，共有一百五十三起罷工事件，創下戰後罷工紀錄。

一九六一年，人們在問的是，社陣能取代人民行動黨？

第六章　第二隻信天翁（二）：一線生機

十六、問題兒童

（四十一）合併及其情婦（一九六一）

147.

東姑在一九六一年五月二十七日宣布大馬來西亞計畫後，李光耀於六月三日的邦慶日回應東姑的建議：「如果通過婆羅洲各姐妹地區，與我們一起加入馬來亞聯合邦，共同在政治上結合，會讓我們更快、更容易地合併與獨立，則我們支持它。」

在這多事之秋，李光耀與人民行動黨如《白衣人》所說，「遭受連續兩次補選挫敗，加上大批黨員脫黨，執政的行動黨在立法議會的政權已搖搖欲墜，於是卯足勁積極宣傳，全力支持同馬來亞合併以實現獨立，新馬合併是它的一線政治生機，因為當時對李光耀等人來說，新加坡獨自走向獨立，在政治上完全不可想像。」

李光耀從八月十一日起到馬來亞度假，並與東姑商談合併，出席內部安全會議等。李光耀說，最好別去動社陣，以度過這個困難時期。「我要東姑在新加坡成為聯邦一部分後，負起這個責任。」但是，英國駐東南亞兼新加坡最高專員薛爾克反對。

八月二十三日，李光耀與東姑就合併發表聯合公報，說明兩地原則上達成：

- 聯合邦中央將負責對外事務、國防與治安事務。
- 新加坡將保留教育與勞工的自主權。

李光耀保留教育與勞工主權。種族是新馬敏感的課題，教育涉及種族、語言，也等於掌握各民族的選票；此外，教育是百年大計，影響未來的新加坡。李光耀以工會起家，深知勞工仍社會之本，而且，把握勞工，左翼便空懸。

反對黨關注的是第一項中治安的主權，內安果然讓東姑控制，無論如何必須反對。

八月二十八日，杜進才以執政黨議院領袖身分，致函議會各政黨領袖，就李光耀與東姑達成的協議發表意見。社陣已就合併做準備，第二天（八月二十九日）發表〈我們的合併立場〉聲明：

> 我們完全支持新馬統一……國家統一可以經由下列兩種方式中的一種實現：
>
> 一、新加坡像檳城和馬六甲，成為聯合邦一州條件：
>
> - 新加坡公民自動成為聯合邦公民。
> - 按照人口比例，派選代表出席聯合邦國會。
> - 新加坡舉行新大選，讓人民公開決定；取得人民委託後，爭取實現真正和完全的合併，隨後舉行新馬統一的全馬性大選。

社陣統一模式之一，立場不變，「取得人民委託後，爭取實現真正和完全的合併」，要求先獨立再合併。

二、與聯合邦組成「邦聯」政府，新加坡作為邦聯下的一個自治單位。如果可能，北婆羅洲三邦也可以加入。

條件：

- 內部事務，包括內部安全問題，完全由新加坡自理。
- 外交和國防權利，移交給聯合邦政府。
- 憲政上有特別條款，使兩地政府可以在經濟、文化等方面促進人民團結，以便盡早實現徹底、完全的政治統一。

統一模式之二，是社陣關心的，由新加坡掌控內安，以免合併後，被抹紅逮捕。

然而，人民行動黨仍能在公民權問題上，找到社陣統一模式的破口。李光耀在回憶錄裡表示：「吳慶瑞認為，這是無知的『廢話』。事實上，只有在檳城和馬六甲出生的人，才會自動成為聯邦公民，其他人都得申請聯邦公民權。」意即，住在檳城或馬六甲卻不在當地出生的人，都得申請公民權。社陣的立場意味著，在新加坡出生的公民將自動成為聯邦公民，「其餘在中國、印度，甚至馬來亞來的人，首先必須符合在聯邦居住的條件，並通過語文（馬來文）測驗及格，才能成為聯邦公民。」

社陣原本要比照檳城和馬六甲，但思維不夠嚴謹，成為人民行動黨日後攻擊的要害。

問題是，東姑一開始便不想讓新加坡人成為聯邦公民，所以李光耀無奈地說：「根據我們同東姑達成的協議，所有新加坡公民將成為『聯邦國民』。我希望這種安排能使他們滿意，這是我當時所能向東姑爭取到的最佳的『特別安排』。」

148.

李光耀與東姑會面後，到金馬崙錄製日後重要的十二講演說，每一講十五分鐘，內容包括合併及其利害關係、我們面對的挑戰、共產黨的活動、社會主義者的教訓、馬共地下組織的代表、我們怎樣跟共產黨分手、英國人的詭計、共產黨的矛盾、公開的辯論、暴露奪取黨和政府的陰謀、共產黨拚命製造混亂與走向合併的道路；從一九六一年九月十三日至十月九日，以四種語言——英語、華語、馬來語和淡米爾語，以及兩種華人方言——福建話和廣東話播放，讓人民知道行動黨成立的由來，為什麼會分裂，消除人們心中的猜疑，以爭取支持。

社陣則為昔日戰友在演說中背信揭秘驚怒，對人民行動黨利用政府機器宣傳不滿。張泰永的報告透露，「我和方（壯璧）決定於十二月初再寫一個意見書給李（光耀）」，「譴責他沒有政治道德，無理地把一切罪名加在黨的身上」，「最後警告他，如果反動到底，他要負起一切後果的責任」。張泰永解釋：「給意見書的目的是希望緩和與當權派的緊張關係，並給他們留下一條退路。」馬共總這麼勵志，跟阿Q一樣勵志，還要給人家「留下一條退路」。

意見書附上方壯璧的一封信。方壯璧七百字的信也收入《新加坡地下文件選編》。李約翰於一九六一年十二月二日寫信給方平安：「我覺得應該立即寫信給你，說明我對目前你我之間的關係的看法……我絕對沒有想到你把你與我之間的秘密關係，當作政治武器，拿來對付你公開的政治對手……你的行為已對我的生命造成嚴重的威脅……雖然這樣，我們不認為人民行動黨是我們的敵人……我希望你能從歷史發展的觀點來看待你我之間的關係，不要因為目前的某些分歧，把你我之間的關係推上絕路。」方壯璧絕對是個好同志。

方平安於八天後（一九六一年十二月十日）回了一封七百八十字的信，但沒有李約翰感性，主要在說明立場，對左派刊物、演說、聲明的「惡毒攻擊」，令他難以相信，「馬共不把行動黨當敵人」，特別是「他們把我說成與李承晚、蔣介石、汪精衛等反對分子一樣」；「如果停止那些攻擊……那我們坐下來討論與考慮我們雙方將來的地位，就會是『有意思的』」。

來到個人交情，方平安放緩語氣：「至於在我們的私人關係方面（我對你毫無惡感）……你是個有才幹有學識的人，在這方面，我對你懷有敬意。」

方壯璧過後把這兩封信轉給張泰永。張泰永指出：「給李（光耀）的信和我們談過的原則出入，非嚴正的表示態度，且有示弱之嫌；偏重於個人關係，暴露我極欲緩和緊張關係的意圖。」接著，張泰永再演阿Q：「李（光耀）的信流露恐慌情緒，是緩兵之計，我應將計就計，對李態度緩和一些……這做法有助於使李緩和反共攻勢……如果以後出現新情況……也不要推倒李……當我腳跟尚未站穩時，過早推倒李將促使英帝殘酷鎮壓。李也必然做垂死掙扎。我要在正常的大選中獲勝，以減少阻力。」什麼啦！別演了，已經贏堂吉訶德了，趕快去看醫生，心理醫生。這是閱史者殘酷的閱讀經驗。

李光耀沒有流露恐慌情緒，人民行動黨占盡優勢，將十二講的「爭取合併的鬥爭」整理成書，以四種語文於一九六二年出版，華文版近五萬字。二〇一四年為慶祝新加坡於二〇一五年獨立五十週年，英文版再版。

149. 馬來亞國會於一九六一年十月十八日通過議案，接受新加坡為馬來亞的一部分，新加坡以同夥的資格加入馬來亞。一個月後（十一月十六日），新加坡政府公佈《有關馬來亞聯合邦及新加坡合併問題的各項協定備忘錄》，記錄兩地領導人的合併協定。根據《星洲日報》十一月十七日刊登約六千字的華文譯本備忘錄，討論的協議共十三項，加上前言、結論等，共十八節。

工作委員會共十人，馬來亞七人，新加坡三人：總檢察長阿末·莫哈默·依布拉欣（Ahmad Mohamed Ibrahim, 1916-1999），他是《林德報告書》委員會成員之一；內政部常任秘書史坦萊·史都華（Stanley Toft Stewart, 1910-1992），以及經濟發展局主席韓瑞生（一九一六－一九八三）。

李光耀在其回憶錄記下白皮書的七項要點：

- 新加坡將在聯邦下議院獲得十五席，在上議院獲得兩席。
- 六十二萬四千名新加坡公民（Singapore Citizens），不會失去其在新加坡享有的州公民權（State Citizenship）。合併後他們將自動成為大聯邦（Large Federation）的國民（Nationals），獲得大聯邦其他國民相同的護照。他們將享有平等的權利，同樣受到保護，盡同樣的義務。
- 新加坡的自由港地位將維持下去。
- 新加坡政府的指揮和控制權將維持現狀，由總理和根據他建議委任的部長組成的內閣執行……新加坡的現有立法會將成為州議會繼續運作，但無權制定有關防務、外交事務、安全和其他聯邦事務的法律。

- 新加坡在教育和勞工政策方面享有自主權，同時獲得比聯邦其他各州更大的保留權力。
- 新加坡將保留大部分的州稅收。
- 已成為新加坡公民的馬來人的特殊地位將受到保障。

《李光耀回憶錄》記述，他遇到的困難主要是公民權問題。「李（紹祖）醫生形容，聯邦在婆羅洲娶了三個老婆，新加坡不是第四個，只是情婦。情婦的所有子女都被看成私生子，享受不到聯邦公民權。這個論點擊中要害。人們懷疑『馬來西亞國民』（Malaysian Nationals）跟『馬來西亞公民』（Malaysian Citizens）不一樣，引起極大的不安。」

也在十一月十七日這一天，《海峽時報》報導東姑的談話：「可以肯定地說，馬來西亞已在囊中。」他希望婆羅洲三地能在新加坡與聯邦合併之前，先與聯邦合併。《海峽時報》報導，東姑露出「讓人解下防備的微笑」（disarming smile），說：「說實話，我想至少（婆羅洲三地）同時（與聯合邦合併）。否則，聯邦人民會非常緊張。新加坡在聯邦政府中被視為問題兒童（problem child）。」

150.

立法會於一九六一年十一月二十日開始辯論政府施政方針。《星洲日報》報導，社陣主席李紹祖從下午三時四十分開始發言，直到晚上八時——超過四個小時——仍未講完，第二天

（十一月二十一日）仍以三個小時半闡述社陣的立場，認為合併後新加坡人將淪為二、三等公民，並提出修正動議。

對李紹祖在兩天中連續地講七個半小時，李光耀在《回憶錄》中坦言：「李醫生的冗長發言，反而使許多好的論點湮沒在廢話中。他最有力的一點是，新加坡不能按選民人數的比例，在聯邦國會裡獲得應有的代表權。他說，新加坡在一百個議席裡應該獲得二十五到三十個議席，卻只得到十五席。我解釋，我要求十九個議席，東姑最多只願意給十五個。吉隆坡和馬六甲都只分配到十五個議席。」

財政部長吳慶瑞不甘示弱，以七十多分鐘反駁。關於公民一事，吳慶瑞說：「東姑已經說過，不接受全部新加坡公民為聯邦公民，事情就是這樣。除非社陣能勸東姑改變主張。」

社陣提出的修正動議，遭人民聯盟和巫統反對，不過那已是第三天（十一月二十二日）的事。第四天（十一月二十三日）馬歇爾也講了三小時，提出新加坡為什麼不能完全合併。

國會在第五天（十一月二十四日）公開東姑與李光耀的信件。東姑在一九六一年十一月十三日回覆李光耀兩天前的信函，簡短——譯成華文約五百字——定調式地重申：

- 檳城和馬六甲在一九五七年憲法實施時，已是聯邦一分子，未必適於合併後的新加坡參考。
- 如果其他州比較嚴格的公民權在新加坡實現，則新加坡所得的席位將不超過十二個。
- 所有新加坡公民（Singapore Citizens）應該保有目前的權利，並自動成為新聯邦的國民

（Lager Federation Nationals）。新聯邦國會的代表人數，不應以這些公民的總數為基礎。我們的憲法不接受所有新加坡公民（Singapore Citizens）在合併時，自動成為聯邦公民（Federation Citizens）。

- 新加坡在新聯邦的中央國會，應得十五席。

東姑態度強硬，不準備退讓，新馬合併的討論，至此告一段落。

合併辯論在十二月六日表決，三十三票支持，包括執政黨的二十六票，以及巫統、新加坡人民聯盟和無黨籍議員七票；十七人退席，包括社陣、人民統一黨、工人黨的十七名議員集體退席抗議，一名議員許春風缺席。辯論花去十三天。整個合併計畫——從東姑提出到議會通過——只花半年。

李光耀說：「沒有人反對。我相信，社陣已經表明要合併，因此認為與其投票反對，不如缺席方便。」

這句話為未來合併的全民投票方式埋下伏筆。

（四十二）東姑的「小中國」及其戰爭論（一九六一－一九六二）

151. 一九六一年十二月，三十八歲的李光耀到吉隆坡東姑的官邸，與大他二十歲的東姑單獨相處四天。李光耀在回憶錄裡說：「我在浴室裡唱歌，唱的是他喜歡的……我打高爾夫球，玩撲克，喝啤酒、葡萄酒，甚至威士忌，也喝點白蘭地（那是東姑最喜歡的——三星軒尼詩）。他認為我不是危險的共產黨人。事實上我和常人無異，容易相處，年輕，太聰明了點，不討他喜歡，時常有很多主意。除此之外，倒還可以。」

李光耀沒誇大其詞。敦拉薩任副首相時的政治秘書（一九六三－一九七四）阿都拉・阿末（Abdullah Ahmad），整理他與東姑於一九八二至一九八四年間的談話，出版《與東姑的對話錄》。東姑在書中告訴阿都拉・阿末：「是的，我曾是一名花花公子……一個男人的世界。我喜歡賽馬和撲克……但內心深處，我一直是個虔誠的人。我祈禱，禁食，完納天課（Zakat Fitrah）……真主知道這一切，甚至更多。」

與東姑相處四天後，李光耀告訴媒體，東姑希望馬來西亞在八個月後的一九六二年八月成立。

然則，組成馬來西亞的汶萊蘇丹問，成立馬來西亞對汶萊有什麼好處？他要求特別條件。汶萊人民黨（Brunei People's Party）領袖阿札哈利（A.M. Azahari, 1928-2002）則反對汶萊加入馬來西亞，他將在明年（一九六二）底有大動作。

這時候，李光耀也出問題。李光耀說：「我的急躁和與眾不同的性格把東姑惹火。」他告訴東姑，他要到德里、開羅、貝爾格勒（Belgrade，布爾格勒，南斯拉夫首都，今塞爾維亞首都）、莫斯科和北京訪問。「他嚇壞，認為我跟他的敵人來往……他覺得，我讓人以為蘇聯和中國領袖是偉大的人物。」李光耀的看法是，一旦他訪問蘇聯和中國，他將有資格告訴新馬的人民，共產制度不適合我們。

李光耀照樣安排他的訪問行程，很快地我們就知道，行程裡有沒有莫斯科和北京。

152.

由英國策畫再由五地執政黨推動的大馬來西亞計畫，遭五地反對黨反制；經過一番合縱連橫，於新一年（一九六二）一月二十六日，在吉隆坡舉行三天的「馬來西亞社會主義者大會」（Malaysian Socialist Conference）。

會議由馬來亞社陣主辦，沙巴沒有代表出席。四地八個政黨的三十六人代表包括：馬來亞的人民黨、勞工黨；新加坡的人民行動黨、工人黨、人民黨、社陣；汶萊的人民黨，以及砂拉越的人民聯合黨。新加坡統一黨主席王永元則致函大會，解釋未能出席是因為「未可預視的環境」。

大會主席為馬來亞社陣主席依薩（Ishak Haji Mohamed, 1909-1991），他在致辭時說明會議的目的：「提高生活水準，擴展社會主義和結束殖民主義，反對捲入強國集團與冷戰漩渦的陰謀。」五十三歲的依薩是民族主義者，追求「大馬來由」，他也是著名作家，兩部最為人知的長篇小說為《大漢山王子》（*Putera Gunung Tahan*, 1937）和《瘋狂的馬·萊拉之子》（*Anak Mat Lela Gila*, 1941）。

新加坡社陣副主席兀哈爾與秘書長林清祥，獲得馬來亞政府臨時批准，受邀為嘉賓，但不能發言。

各政黨輪流致辭時，新加坡人民行動黨代表蒂凡那說：「我們是來與馬來亞社會主義者討論問題，不是為共產分子的反國家主義增添光彩，因此，我們必須滿意一些與會代表的資格。我知道，最少有兩名參加會議的代表不具有社會主義者的委託。」蒂凡那的話立刻引起不滿，但主席以言論自由為由，讓蒂凡那繼續發言。

第二天，主席依薩拒絕討論人民行動黨的工作報告書，也拒絕人民行動黨代表發言，人民行動黨五名代表退席抗議。大會休會十五分鐘後繼續舉行，由其他七個政黨討論各自的工作報告書。

人民行動黨代表團過後召開記者會，成員之一拉惹勒南強調：「所有政黨的工作報告書都應先被接納，以供參考。但籌備委員會一些代表——以社陣為首，抵制我們，理由是我們的報告書與他們的衝突。昨晚我們要求主席重新考慮我們的報告書，但得不到答案，會議沒有考慮就散會。今天主席宣布我們的報告書被拒絕，因為新加坡社陣、砂拉越和汶萊的工作報告書都反對馬來西亞計畫，我們的報告書卻支持該計畫，所以與大會原則不符。」他表示：「除非我們獲得保證，大會由社會主義者主持，同時審查出席代表的資格，否則將不會再出席會議。」

大會主席伊薩就人民行動黨退出會議發表聲明：「人民行動黨的工作報告書被預備委員會拒絕，因為該黨昨天預先判定，今天要討論的是馬來西亞問題。我指出，今天不是討論這個問題，人民行動黨可以明天討論，人民行動黨代表立刻質問。」最後他直言：「我認為，他們來參加這個會議並沒有抱著社會主義者尋求團結的真誠精神，而預先計畫要破壞這個會議，除非他們能夠控制大會。」

最後一天大會結束前，主席在綜合討論時表明：「很明顯的，馬來西亞的基礎是，新加坡應以同等地位和馬來亞合併；婆羅洲地區則應自決，組成一個聯邦。人民清楚整個計畫的背景，它與冷戰有關，列強與英國想保留他們的利益，特別是婆羅洲的油田。」

153.

在新加坡，一九六二年一月二十九日立院開會時，議員馬歇爾詢問總理李光耀，是否有任何關於新加坡儲藏核子彈與建造核武器設施的消息。

總理答：「我不知道，也沒有任何消息。國防與外交保留給英國政府。」

154.

一九六二年三月二十五日早上，東姑來新加坡主持巫統大廈奠基典禮，《星洲日報》報導，東姑在儀式上說：「新加坡人應對馬來亞聯邦和新馬合併問題及早做出決定，如果新加坡人反對合併和大馬計畫，那麼聯合邦可能為本身的利益，被迫關閉柔佛長堤。」

東姑坦率地表明：「聯合邦政府無意隨時將人民關起來……甚至是共產分子，只要他們不危害國家安全，損壞人民的利益和安全，亦可無需恐懼。」

下午，在巫統大廈，東姑設茶會招待巫統成員與家眷。《星洲日報》報導，東姑在茶會上指出：「新加坡是個小中國，許多華人來自中國，其中一些極端分子還希望與共產中國或其他共產國家發生關係。」《海峽時報》多了兩段東姑的談話：「新加坡有一些極端主義者想要組建『小中國』」；「當提出合併時，極端分子從黨派中脫離出來，以抗擊合併。」

東姑不僅「怒氣盡顯無疑」，也譴責左翼脫離人民行動黨，阻礙合併的進程。

第二天（三月二十六日）新加坡各政黨針對東姑的言論紛紛發表聲明，被點名的社陣主席李紹祖說：「全民團結只有在平等、互敬的自願基礎上才能達到；新馬之間的合作如果受到破壞，兩地都會受到損害。」

人民聯盟主席、東姑的摯友林有福說：「新馬兩地政府達到協議的合併辦法，是一種促使兩地密切聯繫的步驟，恰如聯邦政府向新加坡人伸出友善之手，「人民行動黨的無能與社陣的歪曲事實，致使一般人民對公民權問題的誤解」，「聯邦人民恐怕新加坡華人將循合法步驟奪取新加坡的政權，使其成為中國的一省由來已久。由於社陣的煽動，以及人民行動黨政府動輒大喊，共產黨與其周邊組織破壞本邦利益的種種政治活動，這種恐懼華人控制新加坡的心理，越來越重。」

林有福先支持東姑，再右打人民行動黨，左攻社陣，不過也從第三者的角度說出某些事實。自由社會黨秘書長梁蘇夫人（Mrs. Felice Leon-Soh）對東姑再提「小中國」不滿：「東姑的演講中說，新加坡如一『小中國』，這句話含有種族意味。無疑地，新加坡是個多元種族的特殊地方，華人占大多數是事實，東姑是否對此事實感到害怕？若是，在完全合併的道路上，這是個應該消除的障礙，障礙的消除需要時日，我們不禁要替東姑打氣。如眾所知，巫統是純馬來人政黨，但新加坡華人卻從未把它當作『小馬來國』，因為新加坡已種下各民族平等和諧共處的種子，種子已萌芽、壯大，這是新加坡今天唯一可走及必經的途徑。」

梁蘇夫人強調：「合併假如在匆促中完成，可能造成未來的災害，不合併則將是切身的損失。適當的做法是，讓人民有機會提出批評和建議，結果將更美滿。更重要的是，大家開誠布公，因為這是有關國家前途。東姑為何要閃電式地合併？」

《國王的新衣》中天真的小孩講了真話，也提出疑惑。

人民行動黨三月二十七日發表文告，《海峽時報》報導，人民行動黨譴責社陣混淆人們的觀念，但社陣只是「臉上的一顆暗瘡」，不足影響大局。

人民行動黨政治局局長拉惹勒南說：「長堤永遠不會關閉，因為新加坡人將確保，新加坡對聯邦而言，是加分而不是減分。

「我們不相信新加坡的大多數人有共產思想，他們也不足以構成一個令人討厭的『小中國』。」

同一天（三月二十七日），中華總商會會長高德根宴請東姑。《星洲日報》以點式報導東姑在會上的主要談話，包括：

- 新加坡既保有勞工、教育的主權，以及大部分的稅收，因此新加坡公民不能要求與聯合邦公民享用完全一樣的權利。
- 新馬合併的動機，假如仍被懷疑為惡意，則聯合邦將讓新加坡獨行其事……柔佛長堤將關閉，新加坡人民進入聯合邦，須有旅行證件。
- 新馬決裂的結果……可能導致新加坡政府向與聯合邦不友好的國家求安慰聯繫。聯合邦政府也將被迫向西方國家求援，結局是戰爭、流血，陷人民於悲慘命運。

東姑針對「新加坡政府」，再將「與聯合邦不友好的國家」對照「西方國家」，已明顯到了抗爭狀態。在新馬，只有東姑敢說「關閉柔佛長堤」，「戰爭、流血」。

三天裡，社陣都處於挨打的狀態。對人民行動黨內的非共陣營而言，分手是正確的，雖有危機，也是轉機。英國人怎麼看東姑的談話？

最高專員薛爾克認為，婆羅洲與新加坡冷待合併，讓東姑「痛心」，「悔不當初」，然而薛爾克堅信：「他（東姑）仍然準備繼續推動馬來西亞，看來不應該太認真看待他演說裡比較極端的部分。」

「不應該太認真」是英國的判斷，處在歷史現場，誰敢出來說話？重點是，東姑部分「比較極端」的演說後，能加速合併的進程，在五個月後——一九六二年八月完成嗎？

155.

東姑在新加坡掀起的千層浪本該結束，但又因一暗流，讓事件延燒。針對東姑極端演說，一個不必開口的人也加入。

一九六二年三月二十七日，社陣秘書長林清祥眼見局勢緊張，寫了一封英文信給聯合邦首相東姑·阿都·拉曼：

> 對於你的願望——看見一個國家的實現，享有共同的感情、前途和命運；我們感到高興，也表示歡迎。我們希望向你保證，在民族團結的願望上，我們完全跟你在一起。

像你一樣，我們也不想看見，我們國家人民之間已存在的和諧被破壞。

我們覺得，很多關於新加坡的不愉快感情的產生，是因為缺乏機會充分討論明顯的分歧，以便為了全體人民的利益，取得一個愉快和持久的解決方案。

同時，我們也覺得，我們之間自由和誠懇交換意見和討論，對民族的團結將有極多的貢獻。

信件於當天傍晚送到巫統大廈給東姑。東姑也以聯合邦首相的身分回信林清祥：

謝謝你的來信，以及你的保證——期望在民族團結，以及維護目前馬來亞人民之間經已存在的和諧。

我知悉你要求能有一個自由和誠懇的交換意見機會。不幸的，我這次訪問新加坡期間，無論如何不能會見你，因為我在吉打州有兩個約會，須要明天清早離開新加坡。

無論如何，在將來的日子裡，我將欣然接見你和其他社陣領袖，同時，我將讓你知道，什麼時候可以做這樣的安排。

東姑第二天（三月二十八日）上午飛回馬來亞，他在機場透露，在新加坡期間，「接到一封署名的信，寫信人一向反對新馬合併及馬來亞的人民，現在不再反對了」。東姑不願意透露寫信人的名字，「不過，相信不是共產黨員寫的」。他說：「我不相信他們是共產黨員，但我們知道他們是誰。」東姑此地無銀三百兩地告訴媒體，有馬共成員寫信給他，同意新馬合併。馬共成員中能寫信給他的，層級一定不低。消息立刻在新馬炸開，究竟誰寫信給東姑？

林清祥第二天（三月二十九日）召開記者會，表示曾寫信給東姑。「得到他非常有禮的答覆，感到欣慰。因為禮節的關係，不能披露內容」。沒有人知道信的內容，直至七月的國會，在行動黨的壓力下，李紹祖在國會公布林清祥與東姑的書信往來。

李光耀在《回憶錄》中分析：「林清祥犯了嚴重的錯誤。在說華語或方言的社群看來，寫信又不公開……等於承認自己處境不利，要跟東姑談和。給東姑寫信時一廂情願，一點收穫也沒有。」

原本，「朝野」溝通是好事，見面更是三分情。大家禮貌地往來，見不見面沒關係，至少保持良好關係。

社陣顯然想複製「伊登茶會」。畢竟東姑不是英國最高專員薛爾克，東姑把密信曝光，等於關上溝通的大門，不想與社陣來往。這之前——馬來亞獨立時——東姑已婉拒陳平的和談。

156. 根據新加坡馬共收入於《新加坡地下文件選編》一九六二年五月三十一日的〈星馬政治情況彙報〉透露，新馬的馬共其實一直想影響東姑，甚至知悉巫統內的鬥爭。東姑之下，副首相敦拉薩與農業及合作社部長（一九五五－一九六二）阿都·阿茲（Abdul Aziz Ishak, 1914-1999）等二號人物鬥爭不停。

阿都·阿茲透過《馬來前鋒報》前主編賽·札哈利，將巫統內部的鬥爭傳給新加坡左翼，林清祥要賽·札哈利轉告阿都·阿茲，如果巫統分裂，左派一定支持他；林清祥也要阿都·阿茲不能將人民行動黨當成左派。一九六三年阿都·阿茲調任衛生部後辭職，成立國民大會黨（National Convention Party），後併入馬來亞社陣。

阿都·阿茲支持林清祥寫信給東姑。他認為，東姑好出風頭與感情用事，應利用他的這一點。

〈星馬政治情況彙報〉有一節一千五百字的〈林清祥三月末寫信給拉曼事件始末〉（簡稱〈拉曼事件〉）透露，寫信目的是「分化拉（拉曼，即東姑）、李（光耀）的關係」。林清祥也曾通過馬來亞左派靈魂人物——馬來亞社陣主席阿末·布斯達曼（Ahmad Boestaman, 1920-1983）及馬來亞社陣秘書林建壽，向東姑探口風，安排兩人會面，但沒有結果。

〈拉曼事件〉透露，在東姑於一九六二年三月二十五日揚言要關閉長堤後，「林有福曾多次表示，要安排一次會面，使（林）清祥與拉曼直接商談」。是的，是兩次逮捕左翼的前首席部長林有福，他也在「聯合次要敵人，打擊主要敵人」。

社陣中講英語的林福壽與傅樹介等人主張林清祥與東姑見面，林福壽連信都寫好。林清祥沒信心，並顧慮群眾反應，方水雙也有所顧慮；李紹祖則拿不定主意。後來由傅樹介把信送到巫統大廈，第二天便得到回應。

東姑回馬來亞後透露，有「不是共產黨員」寫信給他，李紹祖緊張，要林清祥公開解釋，甚至公開信件內容。林清祥同意召開記者會，但居於「禮節的關係」，沒有公布信件內容。

人民行動黨對東姑在新加坡期間直接與社陣聯繫，特別還指出林清祥「不是共產黨員」，大為驚震。

〈拉曼事件〉也揭示，「林清祥認為這次寫信是失敗的。因為分化對方不成，反而被李光耀進行挑撥。」

157.

離東姑極端演說不到一個月，李光耀按照行程，從一九六二年四月二十一日開始，訪問仰光、新德里、開羅、貝爾格勒、倫敦、東京和香港；沒去「與聯合邦不友好的國家」。

李光耀於五月十一日抵達倫敦，進行九天的訪問。他與殖民部大臣（一九六一－一九六二）莫德林（Reginald Maudling, 1917-1979）三度會商。李光耀在回憶錄中披露：「一個主要難題，仍是有關應當在合併前還是合併後肅清共產黨人的舊爭論。」東姑要的是，由內部安全委員會先在合併前採取行動。這是新馬英組成的內安會第一次透露，在合併前或合併後逮捕共產黨人。

對合併前採取行動，李光耀有兩個條件，一、由英國以內安會主席的身分指揮；二、不能在全民投票前拘留他們。他說：「這會使全民投票毫無價值，人們可以指責，抓他們是讓我可以贏，以便把新加坡交給東姑。」

莫德林問李光耀，要拘留多少人？李光耀說，得由政治部決定，估計兩百至兩百五十人，一百人大概會在一年內釋放，其餘半數遣返中國。「但是，東姑必須把其餘二十五至三十五個死硬分子拘留一段時期。」

根據《星洲日報》五月十九日報導，五月十八日李光耀在倫敦召開記者會透露：「新加坡將在此日期（一九六三年六月）之前的適當時間，舉行全民投票，以決定以何種方式與馬來亞和北婆三州合併。」

這是人民行動黨第一次公開提起，以全民投票方式決定合併方式。

158. 李光耀五月分的訪問，其回憶錄只提在前五個城市——仰光、新德里、開羅、貝爾格勒和倫敦的活動與收穫，除了東京和香港。《星洲日報》報導，李光耀於一九六二年五月二十八日抵達香港，原本於五月三十日六時三十分飛回新加坡，因班機故障，午夜十二時十分才抵達新加坡。

根據劉曉鵬的〈愛屋及烏〉，「李光耀於一九六二年五月在香港與中共官員首次接觸，並與周恩來間接對話」。

綜合〈愛屋及烏〉與《星洲日報》的報導，新加坡負責與中國溝通的，是與李光耀同行的政治秘書易潤堂。易潤堂已於一年半前（一九五九年十月）與陳翠嫦一起訪問中國。這回，易潤堂於五月初開始與中國接觸，五月二十三日，易潤堂通知中國官員，李光耀希望與北京的朋友談話。北京方面由陳毅與周恩來擬定談話內容。五月二十八日李光耀抵達香港後，李光耀夫婦、易潤堂與新華社的梁上苑、祁烽、譚幹、薛景章等人會談，雙方於五月三十日李光耀離港前再次會談。

梁上苑（一九一三—一九九九）為新華社香港分社副社長，出生於吉隆坡，十六歲（一九二九）參加馬來亞共產主義青年團，兩年後（一九三二）在新加坡被捕，半年後被逐出境。祁烽與譚幹也都是新華社香港分社副社長，薛景章則來自中國旅行社。

據劉曉鵬的文章，周恩來告訴李光耀：「中新建交恐怕有困難……我們可以等待。」香港是英國的殖民地，對於新中的接觸，還沒有資料顯示英國人知道與否。

李光耀於五月三十一日凌晨回到新加坡，當天上午召開記者會，談四十一天訪問的收穫與感想。

當記者問他，訪問亞非國家時，是否有跟中國駐這些國家的代表接觸，談商新中之間的貿易和其他問題？

李光耀答：「一般來說是有的。他們很瞭解我們一向樂於維持新中貿易關係。有適合的時間和情況，我們會增進這個關係，雙方都有這個願望。」

另外，根據澳洲歷史學者韋杰夫（Geoff Wade）的文章〈「冷藏行動」——現代新加坡在建國道路上經歷的重大事件〉，英國駐新加坡最高專員於一九六二年六月一日的電報：「李光耀說，他曾跟中國政府代表秘密會談，他聲稱中國政府準備公開表明，勸海外華人融入當地生活環境，不要尋求與北京結盟。」

文章接著說：「穆爾警告李光耀，無論這些事情對他有多少政治價值，在國慶日演說中務必隻字不提，因為東姑對任何跟北京的關係都有所顧忌。」

十七、典範選舉

（四十三）只有贊成票的公投及其操作（一九六二）

159. 李光耀從香港回新加坡前一天，一九六二年五月三十日，政府公布「新加坡全民投票法案」（Singapore National Referendum Ordinance）報告書。

法案委任九人為特別委員會成員，由議長奧勒斯（George Oehlers, 1908-1968）主持。九名成員中執政黨占五人，即衛生、律政部長貝恩，內政部長王邦文，財政部長吳慶瑞，財政部政務次長拉瑪三美（S. Ramaswamy），行動黨議員阿立夫（Mohamed Ariff Suradi, 1930-2014）；在野黨四人為各黨領袖：李紹祖、馬歇爾、王永元和林有福。

委員會從三月三十日至五月十七日，開了十二次會。法案也邀請各政黨和團體提供意見。在野黨領袖對報告書提出修正，主要有兩點：

- 馬歇爾動議：

> 投票只能向選民提出一個問題，同時，選民只在選票上選擇「贊成」或「反對」。

李紹祖與王永元支持動議，但五政府代表反對，林有福棄權。動議遭否決。

不在當初投票的人，想必認為馬歇爾的動議莫名其妙，又在找碴。人民行動黨菁英設計的投票制，就是這般叫人「驚豔」，馬歇爾才須「校正回歸」。

- 王邦文提議：

任何投空白票或不確定票，皆被視為接受或願意接受立法議會的決定。

四名反對黨都反對，五名政府代表贊成，通過。

王邦文的提議也讓人莫名其妙，常識告訴我們，空白票或不確定票當然是廢票。如果算一票，那應該是贊成票還是反對票？

立法會多數黨是人民行動黨，不妨用膝蓋思考，會歸入為贊成票還是反對票呢？

這麼傷腦筋的辯論，從六月二十七日至七月十一日持續十六天，在立法議會的全民投票法案進行，主要辯論的是這兩個問題。

辯論最後的結果，根據當時各政黨在議會的議席便可知道：

- 人民行動黨：二十六席
- 人民聯盟：四席
- 巫統：三席
- 社陣：十三席
- 人民統一黨：三席

- 工人黨：一席
- 無黨籍（許春風）：一席

議會共五十一席，單人民行動黨二十六席，單人民行動黨就能成案。何況，議題關於合併，肯定會獲得新加坡巫統的支持。人民聯盟主席林有福是馬來亞聯邦首相東姑好友，該黨也不能接受左翼，所以不必商議，自然與行動黨和巫統形成執政黨陣營。三黨共有三十四席，勝負已定。

反對黨中，社陣與人民統一黨都由人民行動黨分裂出來，此刻不再論左右，自然地站在一起；工人黨因為馬歇爾與李光耀有過節，又獲左翼支持，便與社陣和人民統一黨形成反對黨陣營。現實是，「反對黨聯盟」最多也只是十七席，這是接下來表決的固定票數。

票數相距太遠，所以執政黨陣營在接下來的議案表決時，常有人缺席，仍順利過關。反對黨陣營則傾全力辯論，留下歷史紀錄；反對黨能做的，也只有如此。

160. 反對黨陣營席次太少，即使合作也未必成功，何況，各政黨都在追求自己的最大利益，互相防備，互相算計。星洲工委會一九六二年五月三十一日的〈星馬政治情況彙報〉透露，社陣對王永元與馬歇爾的評估。

〈星馬政治情況彙報〉一節八百字的〈王永元事件〉指出：「（王）永元目前的策略是：明打老李（光耀），暗踢（林）清祥。打老李，是為了做給群眾看。踢清祥，是除去自己真正的政敵。……對於反假合併的聯合統戰行動，永元明裡暗裡，就是千方百計的破壞。他深怕各反對黨聯合起來，自己就不得不被牽進去。一旦反假合併成功，他就不能獨吞鬥爭的果實。……他是想在李倒林傷之後，出來坐天下。

「對於永元，社陣負責人曾多方爭取和團結他，包括清祥親自去拜訪，邀他在假合併鬥爭中採取廣泛的一般性聯合行動。但他的態度卻非常對立，……他的說法是：個人情況不同，各自行動。」奇怪，在《新加坡地下文件選編》裡，王永元的簡稱一向是「王」，怎麼來到這裡成了好朋友稱謂的「永元」，「老李」也是，兩人與「清祥」一樣，讓人覺得親切無比，馬共到底是什麼立場？

另一篇約八百字的〈馬歇爾〉則指出：「馬歇爾是個情緒不穩定的人，不過，他的基本政治觀和立場是：西方國會民主，限共、反共和個人野心。

「馬看準在目前的情況下，清祥等人沒有執政條件，所以很想靠攏過來……。安順補選後，社陣成立之初，他曾說要解散工人黨，為清祥服務等。大概他當時以為倒李在即。

「最近看來，馬反假合併與反對不合理的全民投票法案並不熱心。……他嘴裡喊『新加坡獨立』，心中卻認為沒有聯合邦的諒解，不能生存。」

王永元與馬歇爾將有令人意想不到的動作。

161.

議會辯論的第一天（一九六二年六月二十七日），議會領袖杜進才要求，往後每天開會至午夜十二時休會，讓更多議員發言，加快辯論速度。

反對黨陣營的馬歇爾、李紹祖與王永元第一天便聯合提出修正動議，修正的正是第一個「莫名其妙」的問題：

投票只能向選民提出一個問題，同時，選民只在選票上選擇「贊成」或「反對」。

李紹祖發言時說，政府早已準備在全民投票中提出兩個問題，因為當特別委員會還在研究各團體提出的書面意見時，總理已於五月十九日在倫敦表示，行動黨已決定在選票上提兩個問題。

李紹祖指出：「referendum 應該譯成『全民複決』，不是『全民投票』。全民複決向人民提出的問題，必須是一個簡單的問題，問人民是否贊成白皮書，提出『是』或『否』，將問題交給人民決定。」

反對黨陣營希望在選票上出現的是：

是否贊成白皮書？

李紹祖提醒：「李光耀總理在安順補選中曾一再地對選民說，『投行動黨一票，就是投行動黨式的合併一票。』」

第二天（六月二十八日）林有福發言時說：「去年五月，東姑提出馬來西亞計畫後，行動黨趁機企圖贏回政治聲譽。它與東姑談判，達成合併協議後便爭取功勞，其實是要挽救它面臨的政治末日。」

針對選票究竟要問一個或兩個問題，林有福說：「社陣要一個問題，是希望政府早點下臺；行動黨要兩個問題，要人民選擇要白皮書，還是要比白皮書更糟的東西，目的是要人民在沒有選擇下，投白皮書一票。我們不允許全民投票只提出一個問題，是因為百分之九十的人民反對行動黨的白皮書。」

接著，內政部長王邦文在七月三日辯論空白票時說，在選票上問兩個問題是社陣提出的。在印尼，共產黨認為馬來西亞計畫是帝國主義的陰謀後，破壞新加坡的馬來西亞計畫，唯一的辦法是破壞合併，之後才轉贊成在選票上提出一個問題。

經過三天辯論，執政黨陣營於六月二十九日以三十票對十七票，否決反對黨陣營的提案。人民行動黨只有二十三票，缺席的有行動黨的李光耀、貝恩、拉慧勒南，另外，無黨籍的許春風也缺席。

兩天後（七月一日），人民行動黨發表聲明，針對選票上列入兩個問題，行動黨解釋：

> 新馬合併已是全民共識，各政黨也在一九五九年的大選，把合併當作綱領，因此，全民投票的問題不再是要不要合併，而是以哪一種方式合併。

白話地說，一九五九年大選大家都同意新馬合併，所以，合併不必再討論；現在要討論的是，用什麼方式加入馬來西亞。這正是一九六一年十二月六日合併辯論表決時，三十三票支持，十七人退席，一人缺席；李光耀說：「沒有人反對。我相信，由於社陣已經表明要合併，他們因此認為與其投票反對協議專案，不如缺席來得方便。」

什麼方式呢？

「不日上映，敬請留意。」

同一天，社陣、工人黨、人民統一黨，加上兩個在議會沒有議席的政黨自由社會黨和民主黨，成立聯合行動委員會（Council of Joint Action, CJA），發表《告新加坡人民書》：「新加坡各政黨在國家發生危機時摒棄政治歧見，以維護公民的基本民主權利，以合法的手段，抵制征服不民主的全民投票。」聯合行動委員會之後也安排系列的活動宣傳。

—162.

一九六二年七月一日星期天國會休會，各政黨繼續在國會外爭取聲量。這一天，兩家華文報《南洋商報》和《星洲日報》都報導同一則建屋局新聞，雖無關時事，卻是日後執政黨穩定政局的基石。報導說，建屋發展局計畫在女皇鎮建市中區，訂於一九六四年完成。市中區將有三家冷氣戲院，三十家商店，一家大型餐館，另外還有一座多層大樓，包含郵局、市廳、聯絡所、診療所，及多層辦公大廈。

這是新加坡高樓組屋之始，新鎮之初。

人民行動黨自一九五九年取得政權，設立規畫署，隸屬總理辦公室。第二年成立建屋發展，取代殖民地政府的改良信託局。新加坡第一個五年計畫（一九六〇－一九六五），完成五萬四千四百三十個組屋單位，平均每年完成一萬個單位，或每四十五分鐘完成一個單位。

如此進展，來到一九七八年十一月十二日，中國最高領導人鄧小平訪問新加坡，想知道的、關心的，就是新加坡建國最初的印跡。時間的巨輪繼續再轉十三年，一九九二年一月二十九日，鄧小平展開著名的南巡，最後的論斷：「發展才是硬道理。」

是的，「發展才是硬道理」。

163.

（四十四）廢票等於贊成票及其邏輯（一九六二）

一九六二年七月二日，報章發表人民行動黨針對全民投票幾個項目的聲明，其一是空白票。行動黨說：

> 是社陣代表在特選委員會上，要求可讓人民投空白票和廢票的自由，而且空白票算反對票……他們到處散播謠言，製造恐懼，企圖誤導人民在全民投票上投空白票以阻擋合併。……我們有責任採取適當的措施，以確保人民的基本利益不被破壞。所以，我們規定把空白票和廢票都作為支持立法議會的決定，以杜絕共產黨人利用謠言誤導人民。

議會下午繼續辯論全民投票法案，五黨聯合行動委員會推舉馬歇爾和李紹祖為發言人。這回辯論的是行動黨提議的，「把空白票和廢票都作為支持立法議會的決定」。

李紹祖、王永元和馬歇爾都提出同樣的修正動議：

將空白票和不確定票視為廢票。

三十年後，李光耀撰寫回憶錄時解釋：

由於投空白票意味著選民不願意行使權利表明贊成或反對合併，應該由立法議會的多數議員（指人民行動黨）來做決定。

這項條文是李光耀加入的，「為的是要應付共產黨人號召人民投空白票。」新加坡代專員穆爾不同意李光耀的做法。他認為，如果人民投下空白票以表示反對合併和全民投票，應當讓他們這樣做。但是，李光耀不同意。

第二天（七月三日）繼續辯論，人民聯盟主席林有福說，該黨會在空白票議題上棄權。林有福也先預告，總理說會在全民投票時提兩個問題，他再動議加入第三個問題：

新馬合併，條件不能差於北婆羅洲三邦。

164. 在緊繃的辯論中，一顆自爆彈爆發。

一九六二年七月三日，人民行動黨議員何佩珠宣布退黨，她在聲明書中說：「許多重大的問題，都由幾個領導層包辦，獨斷獨行，身為黨中央執委，卻一無所知，必須依賴報紙才知道。」李光耀過後發表聲明，對何佩珠退黨感到遺憾。

李光耀在回憶錄中說：「共產黨人一直在極力影響她，使她在最後關頭改變主意。」更糟糕的是，「行動黨如今只有二十五名議員，反對黨聯合起來有二十六名。」

李光耀與杜進才、吳慶瑞過後見穆爾。吳慶瑞問：「如果行動黨認輸退出，我們辭職後，英國人會不會繼續促成合併？」穆爾促請李光耀，可能的話，還是促成合併。

165. 何佩珠退黨沒有引起骨牌效應。這回人民聯盟雖然沒有繼續支持人民行動黨，但是，靠著巫統的支持，行動黨仍有「盈餘」，容許三人缺席。

經過八回辯論的法案，廢票等於贊成票於七月四日以二十五票對十八票通過。二十五票來自人民行動黨二十二票，巫統三票。十八票除了反對黨陣營十七票，還有何佩珠一票。人民聯盟四票棄權。行動黨三缺席者是拉惹勒南、貝恩和議員莎荷拉；無黨籍的許春風也缺席。

七月六日，議會以二十六票對十八票，三讀通過全民投票法案。法案的修正動議由馬歇爾提出，理由是「法案條文不適當和不足夠達到新加坡人民對合併的願望」。十八票是反對黨陣營加上何佩珠。二十六票票源為行動黨二十二票，人民聯盟三票，巫統一票。缺席的七人是：行動黨的拉惹勒南、貝恩、莎荷拉，人民聯盟的A. P. 拉惹，巫統的哈密・裕末、阿末・嘉布里（Ahmad Jabri），無黨籍的許春風。

這一天，總理也動議全民投票法案須在七月十一日之前結束，獲得通過。

166. 一九六二年七月六日，十九名聯合行動委員會成員，以全民投票法案違反聯合國給予殖民地國家和人民獨立的宣言，將之提交聯合國非殖民化特別委員會（Special Committee on Decolonization），準備從聯合國阻止全民投票。十九人為社陣的李紹祖、劉坡德、黃信芳、巴尼、盛南君、陳新嶸、王清杉、梁景勝、方韻琴、林猷英、張金陵、張福元、陳清動，人民聯盟的王永元、寧甘（S. V. Lingam）、黃廷堅，工人黨的馬歇爾，無黨籍的何佩珠、許春風。

到了七月九日（星期一），總理李光耀在議會上指責十九名議員聯函聯合國是粗鄙和無中生有的指責，政府毫無所懼，它可向任何裁判庭證明，全民投票中提出的選擇可接受嚴格的考驗。

167. 一九六二年七月九日，總理也在議會提出新馬合併方式動議，選民可在兩種方式中抉擇一種，即：

一、一九六一年三十三號白皮書中提出的，給予新加坡教育和勞工自主權的憲制安排；

二、按照馬來亞聯邦的憲法文件，在與其他十一州平等的基礎上，完全和無條件的合併。

人民聯盟主席林有福提出修正動議：

三、加入馬來西亞，條件不會差於婆羅洲各州。

李光耀在回憶錄說：「我暗自高興。林有福提的建議，正是我已計畫要做的」。合併方式從兩種變成三種，而且是贊成合併的選擇題，沒有反對的選項。至此，我們終於明白，社陣、人民統一黨與工人黨為何要動議「投票只能向選民提出一個問題，讓選民簡單地選擇『贊成』或『反對』」。

經過三日夜激烈辯論，七月十一日，議會以二十九票對十七票，通過李光耀的動議和林有福的修正動議。二十九票源自行動黨二十二票，人民聯盟四票，巫統三票。反對黨陣營社陣、工人黨、人民統一黨保持十七票，因為何佩珠缺席。缺席的還有行動黨的拉惹勒南、貝恩、莎荷拉，無黨籍的許春風。

從全民投票法案報告書發布到法案通過，只有四十二天。

168.

四十年後，拉惹勒南和王邦文接受《白衣人》訪問都說，全民投票是李光耀和吳慶瑞的傑作，並獲得內閣批准。《白衣人》說：「他（李光耀）的對手對此極為憤怒，認為這根本是狡詐的詭計。但偏向行動黨的人卻認為，這簡直是巧妙謀取的典範。時至今日，許多曾參與當年投票的老一輩新加坡人，仍驚訝於行動黨表現出的厚顏大膽及遣詞用字的高超技巧。」

對於全民投票，一九六二年七月十一日穆爾寫信告訴殖民地部副大臣華萊，提出他的看法：「英國政府從一開始將新加坡主權移交給聯邦，就已經建立在相當詭譎的基礎上。在法理上，一個誓言實現合併的政府當選，其詳盡的合併建議在立法會以多數票通過，但存在缺陷。一、在合併課題上，政府在議會內外都流失大量的支持；二、政府犯了一個重大的策略性錯誤，為了『贏得』全民投票，發現只有通過奸巧的手段才能贏取。因此，顯露虛假性的合併，爭取人民支持的基礎，存在嚴重風險……每個人都意識到議案不民主，這反映政府沒有能力爭取支持白皮書建議的真正贊成票」(引自韋杰夫，〈「冷藏行動」〉)。

169.

全民投票法案在國會通過兩天後（一九六二年七月十三日），李紹祖與馬歐爾聯合動議，對政府提出不信任動議。

林有福則提出修正動議，修正使政府不能執行任務，壓制共產黨，操縱社陣，危害人民福利。隨後將兩黨各打五十大板，並舊事重提：「當時如果知道李光耀與共產黨『全權代表』為伍，將毫不猶豫，讓李光耀和林清祥共處在一起。」

林有福再自揭瘡疤，李光耀和方壯壁在他眼皮底下見面，他竟然完全不知道。如果李光耀不說，他永遠不知道，還好意思說「當時如果知道」。

無論如何，李紹祖與馬歐爾的動議不會過關，但必須提出。相信反對黨陣營也動員人民行動黨議員倒戈，希望有人像何佩珠。沒有，何佩珠還缺席。投票結果以二十四票對十六票被否決。

全民投票法案結束後，執政黨陣營的「聯盟」也終結，行動黨只能靠自己人，得二十四票。被否決的票少了一票，因為人民統一黨的寧甘缺席，他很快就有動作；缺席的還有貝恩。棄權的則是人民聯盟、巫統和無黨籍的許春風，共八票。

（四十五）馬來西亞協議及其內安問題（一九六二）

170.

聯合國於一九六〇年十二月十四日通過《給予殖民地國家和人民獨立宣言》（簡稱《宣言》）的決議案，即聯合國大會第一五一四（一五）號決議（United Nations General Assembly Resolution 1514 [XV]）。

《宣言》第二項：「所有的人民都有自決權；依據這個權利，他們自由地決定他們的政治地位，自由地發展他們的經濟，社會和文化。」

新加坡的全民投票法案結案後，十九名聯合行動委員會成員於七月六日，以全民投票法案違反聯合國給予殖民地國家和人民獨立的宣言，向聯合國提出全民投票法無效。

聯合國殖民地委員會委員於七月十二日收到請願書後，一直沒有回覆，其內涉及各國的角力。聯合行動委員會成員之一，馬歇爾於十六日向報界表示，希望聯合國能緊急處理。

第二天（七月十七日）李光耀致電聯合國，稱如果聯合國願意聽反對黨的請願，在之前應先聽新加坡政府與立法議會「明顯大多數」的意見，他願把事情真相向聯合國報告。

由十七名成員國組成的殖民地委員會，於七月十八日正式拒絕十九名成員的請願，不派人監督新加坡的全民投票，英國也表明不會處理十九人的「抗議書」。然而，殖民地委員隨即在第二天（七月十九日）同意讓新加坡反對黨議員，到紐約向聯合國請願。到聯合國出席請願的有，工人黨主席馬歇爾、自由社會黨主席黃泗美，以及社陣主席李紹祖、副主席兀哈爾、執委林福壽。

林福壽說：「我們並不對該委員會抱有任何幻想，因為聯合國受美國人和英國人支配，我們只想把它當作發表我們觀點的平臺」（引自林福壽，〈欲加之罪，何患無辭？我絕不輕易苟同拘禁我的正當性！〉）。

171. 新加坡全民投票後，逮捕左翼分子的行動也在商議中。

英國副專員穆爾於一九六二年七月十八日致電報告訴殖民地事務大臣：「雖然我們相信林清祥是共產黨人，但是沒有證據證實他是馬共、北京或莫斯科指使的。我們的印象是林清祥大體上是獨立行事，他的基本目標不是共產黨主義的美好景象，而是爭取掌控新加坡憲制政府。非常不能肯定的是，他控制憲制政府後，必然會成為聽命於北京或莫斯科的工具。

「我想藉此再強調，我們今天在新加坡面對的是政治問題，而非安全問題。我們知道大部分潛在的顛覆分子，任何時候，只要他們顯示對內部安全有威脅，我們可以輕易地把他們扣押起來。但我們的問題是要制止左翼政黨通過向受華文教育者鼓吹沙文主義，來控制憲制政府。

「沒有充足的理由就逮捕主要反對黨的領導人，肯定沒有什麼比這更有效地號召沙文主義分子和溫和人士起來反對合併和反對馬來西亞」（引自韋杰夫，〈「冷藏行動」〉）。

英國人有他們對林清祥、政治、安全與政黨的理解。

172. 聯合行動委員會十九名成員向聯合國請願一事繼續延燒。一九六二年七月二十二日，總理李光耀與財政部長吳慶瑞飛往英國參加馬來西亞憲政的談判。去英國前，他們先到紐約。

兩人於七月二十五日抵達紐約，第二天與新加坡聯合行動委員會四名代表，在聯合國殖民地委員會聽證會上各自陳情，最後聯合國殖民地委員會決定，不對新加坡聯合行動委員會的請願採取任何行動。

新加坡的全民投票法案至此告一段落。

173. 新馬合併談判，逮捕共產黨或左翼分子一直是核心問題之一。東姑立場不變，仍堅持在合併前採取行動，英國人則傾向於合併後，由馬來西亞政府負責。李光耀在回憶錄坦承：「我長長地舒了一口氣，反對東姑的重擔，現在可以由英國人挑起。於是，我調整立場，表明一旦全民投票成功結束，我準備支持馬來西亞成立之前，採取肅清行動。」

李光耀與吳慶瑞從紐約飛倫敦的七月二十七日，新加坡最高專員薛爾克寫了一封信給從國防部長（一九五七－一九五九）轉任殖民部大臣（一九六二－一九六四）的桑迪斯。談及逮捕左翼分子的行動，《李光耀回憶錄》和韋杰夫的〈「冷藏行動」〉都分別引用這封信的資料。

《李光耀回憶錄》引用的部分：

我（薛爾克）必須讓你（桑迪斯）清楚，基於以下理由，這項政策很危險：

一、缺乏公眾信服的證據強行逮捕，必會加強新加坡反對的力量，使李光耀的同僚不安，可能導致李光耀倒臺。

二、這一來情況非常清楚，馬來西亞是由英國人自上而下，不順從民意而強加在人民頭上的。人們會說，這是英國人保護基地的計畫，東姑讓英國人利用他作為傀儡。

三、無論在英國國會或在蘇聯人大力反對馬來西亞的聯合國，要為這樣的行動做辯護不容易。

為了治安，也許有必要採取逮捕行動。有關方面並未提出任何強有力的論點，說明為什麼在馬來西亞組成後，馬來西亞不能這麼做。

韋杰夫的〈「冷藏行動」〉引述薛爾克的部分：

馬來亞以安全為理由，要逮捕二十五人；李光耀以安全與政治理由，要求逮捕二百五十人。其實，我相信他們是要我們逮捕有實力的政治反對黨，然後把一切歸咎於我們。

《李光耀回憶錄》最後引述桑迪斯的話，帶頭的不應該是英國政府。如果有關各方表明準備分擔責任，英國政府不會逃避，也不會拋棄他們，就眼前來說，東姑必須接受這樣的處理。新馬合併前，三方都不想做壞人，採取行動逮捕左翼分子。

174.

接下來兩天——一九六二年七月二十九日和三十日，李光耀、吳慶瑞和馬來亞副首相拉薩，與桑迪斯繼續商討新加坡和婆羅洲三邦加入馬來西亞之前，公民權、扣留共產黨人和共同市場的問題。拉薩表示，東姑原則上同意在馬來西亞公民權問題讓步。《李光耀回憶錄》記述，七月三十日，他和吳慶瑞正式與東姑和拉薩會面。東姑同意拉薩所提的，李光耀說他會寫信給東姑，把內容列出來，重要的一段為：「使新加坡公民成為馬來西亞公民，而不是馬來西亞國民。」

第二天，東姑回信證實新加坡公民權，「在術語和選舉權的資格規定做了修改」。從一九四六年戰後的《馬來亞新憲制白皮書》引起的公民權問題，經過十六年，在新馬合併前解決。

李光耀希望新加坡公民權一事能在適當的時機「突然宣布」。事與願違，在聯合國的馬歇爾已得到消息，並傳回新加坡。

李光耀說，馬歇爾知道事態的發展後，「他（馬歇爾）擔心自己如果繼續追隨社陣反對，可能會落得像東姑準備對付社陣那樣的下場。他很快就看風使舵，以求自保」，「這樣做的不止他一人，林清祥也遇到麻煩，他周圍的支持者都在重新審時度勢。」

175.
李光耀與吳慶瑞在聯合國發言五天後（七月三十一日），本地報章刊載李光耀與吳慶瑞在聯合國，逐點反駁十九人提供聯合國反對全民投票的備忘錄。新聞以問答方式處理，共十九點，都是過去雙方爭執的問題。單是政府的論點就有三千五百字。

比較有新意的是最後的陳情，十九人提出：「如果（殖民地）委員會能委派一位觀察員前來，一項即將加諸新加坡人民身上的嚴重不誠實的行為，將能受到阻止。」

政府反駁：「新加坡是東南亞的電訊和新聞傳播中心，它也是東南亞外國通訊社記者聚集的總部。新聞並不受檢查，同時也沒有人阻止將新加坡新聞向全世界，包括聯合國傳播。」

第二天（八月一日），人還在美國的工人黨主席馬歇爾，也向報章發表約一千七百字的備忘錄「要點」，雖然早一天政府的問答式反駁也提到他們的意見。馬歇爾同時展示他於四月二十一日給英國專員的陳情書，「懇請英女王陛下政府……對新加坡政治地位改變時，應誠實的符合人民在全民投票中所表示的意見。」

然則，一切正如林福壽所說，十九人只是想把聯合國「當作發表我們觀點的平臺」。

176.
由於時差的關係，當本地報章還在報導全民投票延燒至聯合國的新聞時，英國時間一九六二年七月三十一日晚上，在英國首相麥克米倫臨時官邸，馬來亞首相與英國首相正式簽署建立馬來西亞協定，李光耀現場觀禮。本地報章在八月二日報導。

本地報章也在這一天（八月二日）報導，八月一日馬來亞和英國宣布，原則上同意一九六三年八月三十一日馬來西亞正式成立。英國將於這一天移交新加坡、北婆羅洲和砂拉越三地主權，英國也歡迎汶萊加入。

反對大馬來西亞計畫的人完全沒有招架的餘地。從東姑在一九六一年五月二十七日宣布，到一九六二年七月三十一日與英國簽署協定只花十四個月。這十四個月其實是人民行動黨與從人民行動黨分裂出來的政黨之間的抗爭。過程中，雙方都充分發揮各自的智慧，可惜敗在先天的架構上，議會議席決定最後的結果。

（四十六）三個選項及其最後成績（一九六二）

177.

一九六二年八月八日李光耀回到新加坡，八月十四日通過電臺宣布，所有新加坡人在合併後將自動成為馬來西亞公民。他也宣布，將在九月一日舉行全民投票，「讓大家決定三種合併方式中的一種」。

新加坡的全民投票經過「前期作業」的操作後，終於來到讓民眾參與的階段，贊成與反對的兩股勢力，將在十四天內做最後的衝刺。

第二天，三大種族商會——中華總商會、西商會、印度商會都支持政府。各政黨也發表聲明，人民聯盟照舊左打社陣右攻人民行動黨：「這項修改不是人民行動黨的王牌，也不是人民行動黨的成就，這是名目的更換，將事端解釋明白及說明社陣撒謊歪曲事實。」

社陣顯然失去重要據點：「李光耀打出來的王牌，原來是我們一向所預言的——即再次企圖使人民感到混亂，並欺騙人民。……在名義上，馬來西亞只有一個共同的公民權，但在事實上，在法律上，新加坡公民將受到政治的孤立。」

人民統一黨則說：「變用『公民權』並未曾改變白皮書的本質。」

工人黨主席馬歇爾以剛從吉隆坡回來為由，簡單地說：「政府應召開緊急議會討論，而不是把它當馬來西亞之夜的音樂問題看待。」

這時，人民行動黨將李光耀在聯合國的發言，轉為全民投票的宣傳，從八月十二日開始，在電臺以華語和華人方言播出，報章則全文轉載。

全民投票宣傳活動開跑三天後（八月十七日），人民統一黨的寧甘跳槽，跳回人民行動黨，讓人民行動黨在國會恢復二十六席。對人民統一黨而言，它的意義是在議會少了三分之一的代表。

李光耀等人並沒有高興，他的回憶錄揭示：「吳慶瑞發現他（寧甘）是馬來亞政治部的受薪特務。吉隆坡政治部原來想瞭解王永元的意圖，在新加坡政府看來可能被推翻時，指示他（寧甘）重投行動黨懷抱。」

178.

全民投票談了這麼久，選民還不知道要怎麼選，因為太法律，太學術性了。

一九六二年八月十八日，報章終於刊載全民投票的選票樣本，人們終於知道自己該怎麼表達意願。選票豎分四列，橫分三行。第一列分A、B、C三行。第二列是四種語文寫著三種不同的選擇，由上而下排列：

A：我支持合併，星加坡應根據一九六一年所發表的議院文件第三十三號白皮書所載列的建議，獲得勞工，教育及其他議定事項的自主權，同時星加坡公民將自動成為馬來西亞公民。

B：我支持全部及無條件的合併，星加坡應以一州的地位，根據馬來亞聯合邦的憲法文件，與其他十一州在平等的基礎上進行合併。

C：我支持星加坡加入馬來西亞，條件應不遜於婆羅洲地區所獲得者。

選票第三列是各地的旗幟或徽章，列A是新加坡邦旗，B是檳城州旗，C是北婆羅洲及砂拉越旗幟上的徽章。

第四列是空白欄，有三個空格讓選民選擇打叉。

這張選票充滿話語。視覺上，邦旗、州旗、徽章分別與三種合併方式同一行，在那個受教育率極低的年代，大部分人完全不識字，就只能看圖猜文。就算看懂那些字，不留意政治，也不知道在說什麼，代表什麼，或分不出其中差別，也只能「以圖示意」的方式，猜自己的心意是哪項。

這時候只能靠言傳。

179. 在沒有電視的年頭，最有效的傳播是電臺廣播。全民投票採取電臺辯論錄音，譯成不同語言播出。辯論共兩場，而且只談公民權問題。第一場在一九六二年八月十六日錄音，電臺十八日（星期六）播出，報章第二天（十九日）全文刊登。辯論由電臺廣播組主任約翰・杜可洛斯（John Duclos）提問，由四名來賓，即人民行動黨的李光耀、拉惹勒南，工人黨的馬歐爾，社陣的李紹祖回答，再交叉提問與回答。

當天《南洋商報》的標題報導：

> 電臺主辦公民權問題座談
>
> 為什麼還有新加坡公民權／李光耀總理解答／因為必須要訂明誰才是可以享受／新加坡州內所享權利及特權的人
>
> 馬歐爾大致同意總理解釋／李紹祖表示如果社陣所提條件被接受／準備接納馬教育政策廢除多種語言制

這次辯論，關鍵在「馬歐爾大致同意總理解釋」，隨著時間演變，馬歐爾的「大致同意」會越來越清晰，他將在五天內完成他的「同意三部曲」。

這是個繁忙的星期天（八月十九日），《星洲日報》報導，「座談會形式，不可能讓總理澄清馬歐爾提出的各點要求。因此，電臺特邀請李總理跟馬歐爾到該臺另做一段錄音。」

因為是星期天，群眾大會也在這一天開跑，人民行動黨、社陣、人民統一黨都辦自己的群眾大會，向人民說明，拉票。

插播的辯論，電臺也於八月十九日播出，《南洋商報》八月二十日報導，標題為：

> 有關公民權問題座談／總理答馬歇爾詢問／馬氏個人滿意總理解釋／工人黨立場日內將公布

這場辯論的看點是「工人黨立場日內將公布」，馬歇爾從「大致同意」轉成「滿意」，正是「同意三部曲」的第二部。

第二場辯論在八月十八日錄音，報章在八月二十一日刊登，四名來賓是人民行動黨的吳慶瑞和拉惹勒南、社陣的李紹祖、人民統一黨的王永元。

180.

緊繃的全民投票節外生枝，人民行動黨的勞工部長阿末·依布拉欣（Ahmad Ibrahim, 1927-1962）於八月二十一日去世，導致人民行動黨在議會裡又回到二十五席，除非立刻補選，否則隨時會被取代。這個關鍵時刻，人民行動黨已沒有餘力，而且不一定勝選。特別是芳林與安順補選失敗，一直困擾著人民行動黨，如果選輸局勢將劇變。所以，人民行動黨決定讓阿末·依布拉欣的選區——三巴旺空懸。

八月二十二日開始，全民投票的最後十天，反對黨陣營開始分裂，工人黨改變立場，各個華人團體也表明立場支持執政黨，大眾傳媒全是執政黨的資訊。

八月二十二日晚上十點，工人黨由主席馬歇爾，副主席岑忠民、蔡輾傑發表文告，支持修正白皮書，歡迎李總理解釋與保證有關公民權條件的改變，勸告政府展期舉行全民投票。馬歇爾或工人黨正式宣布改變立場。

工人黨這一策略，肯定讓組成聯合行動委員的其他四個反對黨感覺被出賣，特別是社陣。大家從一九六一年十一月開始為合併與執政黨辯論，一個月前還千里迢迢跑聯合國，聯手對抗人民行動黨。馬歇爾真如李光耀在回憶錄裡說的，「擔心自己如果繼續追隨社陣反對馬來西亞，可能會落得像東姑準備對付社陣那樣的下場？」

工人黨這回出手自救，毀掉五黨聯盟的其他四黨，自己也形同自殺，往後還有人會相信他們嗎？馬歇爾已在五年前（一九五七）揚言退出政壇。

這一天（八月二十二日），十二華商商團聯合發表聲明，呼籲全體人民選擇A項合併，並要中華總商會提醒人民慎重投票。

八月二十五日第三次電臺辯論播出，馬歇爾進一步在現場說，他很高興東姑已接受他們在五月二十四日建議的方式，「我完全滿意，這是真正的合併和真正的公民權」。三個月前他說了什麼，大概沒有人記得，大家只知道，他現在「完全滿意」於「真正的合併和真正的公民權」。「同意三部曲」完成。

最後五天，各華人團體都出面呼籲人民支持A項合併。八月二十五日，六個華人團體支持A

項合併，並呼籲勿投空白票；新加坡華校教師總會也希望大家為華文教育前途投A項合併。八月二十七日，李光耀面告中華總商會領導層，全民投票法律第二十九條規定，空白票或不確定票，由立法會決定。這是個重要的「提醒」，可以做各種解讀，最直接的解讀是：空白票等於贊成票。

八月二十八日，中華總商會董事會一致通過，號召各界投選A項合併。八月二十九日，五十一商團會館堅決贊成A項合併。八月三十日，一百三十七華人社團聯合支持A項合併。

回到歷史現場，當時的氛圍顯示，沒有人知道投票會是怎樣的結果，社陣群眾大會的出席率仍非常高。前議員王清杉告訴《白衣人》，在珊頓道的一場造勢大會，他們安排七輛羅厘（卡車）搭演講臺，「所以我以為我們會贏。」

181.

九月一日投票，結果在第二天（二日）上午十一時十五分才揭曉，六十二萬四千選民中，五十六萬一千五百五十九人（百分之九十）參與投票，各選項的投票人數為：

A：三十九萬七千六百二十六人（百分之七十點八）

B：九千四百二十二人（百分之一點七）

C：七千九百一十一人（百分之一點四）

空白票：十四萬四千七百七十七（百分之二十五點七）

不確定：兩千三百七十（百分之零點四）

廢票：一百五十三（百分之零點零三）

選項A獲百分之七十點八，這個結果讓一切爭辯變得沒有意義，也在人們的意料之外，反對合併的政黨徹底失敗。拉惹勒南告訴《白衣人》，他估計人民行動黨可得百分之五十，反對黨得百分之四十。

接著是一個結果，各自解讀。

李光耀在勝選後說：「對政治不誠實的人，人民的裁決是可怕的。」

社陣發表聲明，指投票結果完全不能反映民意，因為人民得不到表示不贊同的民主權力。政府在最後一分鐘對公民權所做的威脅，使許多人不敢投空白票。

工人黨則出現不一樣的聲音，主席馬歇爾向《海峽時報》說：「工人黨堅守遵從大多數人民決定的保證。」副主席岑忠民向《南洋商報》和《星洲日報》指出，全民投票不民主、不誠實，未讓人民表現真正願望。

人民聯盟主席林有福發表聲明，投票結果顯示人民需要馬來西亞，無論社陣和其同盟如何向人民注入種族宣傳與謊言。

人民統一黨秘書長王永元認為，投票結果不表示行動黨受到人們的喜愛，行動黨仍可能在來臨的大選中被掃除。

後來者就人民行動黨勝選，歸於受英文教育與馬來人的支持。其實，關鍵在於造王者東姑，他每一次出場都起決定性的作用。

這場「世紀大辯論」突顯的是，在英國體制下，新加坡早已是菁英治國，而且以英語主導。在這場大辯論中，李光耀、李紹祖、馬歇爾、王永元都有亮眼的學術成就，前三人留英，李光耀與馬歇爾都是律師，李紹祖是醫生，王永元則是留學澳洲的會計師。林有福原計畫到英國讀法律，因父亡與受世界經濟大蕭條影響，萊佛士書院畢業後靠補習幫補家計。林有福是少數窮人往政壇發展而有成者，其他人都忙著填飽肚子。

接下來輪到造王者東姑登場。東姑不是馬共，他擁有的優勢，馬共沒有，人民行動黨政府也缺乏。從一九六二年九月一日全民投票成績揭曉開始，到一九六五年八月九日新加坡獨立的三年中，兩地政府都在不安寧、不信任中度過。

十八、總理危機

（四十七）李光耀訪蘇聯及其會中國大使（一九六二）

182.
新馬政府的不信任、不安寧，全民投票後開始浮現。

公投大勝後，李光耀於一九六二年九月五日飛英國十天，出席英聯邦總理會議。這是他繼七月底與吳慶瑞到倫敦後，不到兩個月再飛英國。

英聯邦會議後，照原定的行程，李光耀應該到印度去，他卻於九月十九日不按原定的行程，飛到蘇聯去。冷戰的年代，資本主義國家領導人訪問紅色大國絕對不尋常，何況是剛脫離英國殖民地統治，即將組成馬來西亞的小邦。《南洋商報》報導，「有關他（李光耀）的莫斯科之行，並未公開宣布過。」李光耀則告訴媒體：「我要從一條不同的路線回新加坡。」

李光耀於同一天抵達莫斯科「做三天私人訪問」。

在吉隆坡的東姑表示震驚。李光耀在《回憶錄》裡也說：「我知道東姑會不高興。」一九個月前（一九六一年十二月），李光耀就曾向東姑表示，要到蘇聯和中國去，東姑非常不高興。然而，飛行不發達的年代，領導人出國訪問通常是連續性的；對李光耀而言，他必須趁這回出席英聯邦總理會議順道訪問蘇聯，誠如他說的：「我必須在加入馬來西亞，護照受到吉隆坡控制之前這麼做。」

在風雲變色的年代，李光耀訪問蘇聯，震驚的不只東姑，共產與非共陣營都在觀望——包括

蘇聯：這個problem child究竟想幹嘛？

李光耀抵達莫斯科後對記者說：「看看這個世界最大國家之一的蘇聯，到底是什麼樣子。」過後，他與蘇聯第一副外長（一九五五－一九七七）瓦西里．庫茲涅佐夫（Vasily Kuznestsov, 1901-1990）舉行會談。

三天後（九月二十二日），在離莫斯科前李光耀說：「他們（蘇聯）分析馬來西亞為純粹的新殖民地主義產品，這是完全錯誤的」，「蘇聯主要目的，是把更多貨物賣給我們。我的答覆是，我們對購買貨品不感興趣，因為新加坡是自由港，他們必須與世界各國競爭。」

離開蘇聯同一天，李光耀抵達印度，兩天後（二十四日）到泰國，二十五日再從泰國飛柬埔寨訪問三天，主要行程為會見西哈諾親王（Norodom Sihanouk, 1922-2012）與參觀吳哥窟。

李光耀訪問柬埔寨期間，也見了中國駐柬埔寨大使陳叔亮。根據劉曉鵬的〈愛屋及烏〉，李光耀「應是在一九六二年九月二十五日，當他訪問柬埔寨時，在西哈諾安排下，與中國大使陳叔亮在機場見面；他們也在（柬埔寨）國宴上並肩而坐，談話內容迅速傳往北京」。文章說，這是「李光耀與中國外交官員首次正式接觸」。

陳叔亮（一九一一－一九九五）於一九三七年加入中國共產黨，一九四九年後開始其外交生涯，包括駐印尼參贊，駐柬埔寨、羅馬尼亞大使等。

李光耀於九月二十八日回到新加坡，他在機場告訴媒體，蘇聯行是「讓他們瞭解，公開知道我們的中立立場」。對於會否被共產黨主義感化，他說，這種說法太天真，去莫斯科讓他更瞭解共產黨主義，「我的立場不變。」

（四十八）尋找新總理及其公開性（一九六二）

183. 合併已定，李光耀飛英國的第三天，由英國、馬來亞與新加坡三方組成的內部安全委員會討論幾時要逮捕左翼分子。

新加坡建議合併前分階段採取行動。馬來亞的內安會成員已從伊斯邁換成拉薩，拉薩要求立刻行動。當然，最後由英國人說了算。

英國最高專員薛爾克拒絕逮捕左翼分子，他分別於一九六二年九月八日和十月五日向殖民地大臣桑迪斯報告，理由是「沒有可證明顛覆活動的重要新證據」（引自韋杰夫，〈「冷藏行動」〉）。

英國駐馬來亞最高專員不這麼認為。澳洲駐新加坡專員署一等秘書法那甘（W. Flanagan）於一九六二年九月八日向澳洲外交部報告馬來亞最高專員署的看法：「如果留待合併後解決問題，會引發嚴重的族群摩擦，危害馬來西亞的整體根基。」

最後由桑迪斯定奪。他建議在馬來西亞成立後通過下議院辯論，他考慮的是，逮捕會在英國引起反應。英國人還是為了自己，甚至只是政黨的利益。

馬來西亞已定在一九六三年八月三十一日成立，《李光耀回憶錄》說：「也就是說，不會在第二年（一九六四）二月之前。」這是逮捕行動第一回談判的最終結果，李光耀向新加坡副專員穆爾強調：「在聯邦國會的十五個新加坡議席選舉之前，不能採取任何行動，我要讓社陣自由競爭。」

184\.

幾乎在同一個時候，李光耀發現，他和東姑的關係發生變化。

《李光耀回憶錄》詳細的記述，他從柬埔寨回國後去見東姑，「接連幾天跟他（東姑）在一起，我解釋訪問莫斯科的事，讓他平靜下來，但是知道他仍然不滿意。」李光耀說，他沒有破壞與東姑的關係，卻沒聽他的話，服從他。

《回憶錄》接著透露：「他（東姑）和拉薩正在策畫馬來西亞成立後的局面，包括由誰來主管新加坡，按照他們的命令辦事……他（東姑）要的是陳修信、林有福那樣的人。」李光耀也發現，「在新加坡，陳修信正在重建馬華公會，拉薩也正在物色年輕馬來領袖。」

對東姑而言，新加坡已是囊中物，不聽話的李光耀相對地已不太重要。

實際上，早在李光耀飛往英國的第三天（九月八日），穆爾已在內安會上說：「東姑正四處尋找新加坡總理的新人選。」根據澳洲駐新加坡專員署的法那甘於一九六二年九月八日給澳洲外交部的同一份報告，穆爾在這一天（九月八日）的內安會上說：

> 如眾所知，東姑正四處尋找新加坡總理的新人選，他顯然已深信他特別喜愛的林有福；其實，東姑並不喜歡他（林有福）或非常信任他。

此等內部安全機密，竟然同一天就傳到澳洲。新加坡到底還有沒有內部安全？其次，會議上新馬領導人都在，難道「新加坡總理新人選」已如此赤裸地在新馬政壇高層小圈子裡成了「眾所皆知」的公開話題？我們不知道新加坡代表做何反應，可以知道的是，他當然告訴李光耀。

不管李光耀知不知道會議上的這段「八卦」，一九六二年十一月中，李光耀到吉隆坡，把他的觀察與分析告訴穆爾：「他（東姑）的行動表明，馬來西亞成立之後，要甩掉我。」李光耀也跟穆爾強調，他要在新加坡的大選打敗林有福和人民聯盟，「讓東姑和拉薩看清，他們非跟人民行動黨進行政治交易不可。」

李光耀自然也在評估雙方實力，他告訴穆爾，準備在明年（一九六三）二月馬來西亞協議簽署後，在八月獨立前，舉行新加坡大選。新加坡現有的五十一個選區將重新劃分為十五個選區，人民行動黨可有超過一半的成績，贏得八席，巫統只得一席。

根據穆爾於一九六二年十一月給薛爾克的備忘錄，李光耀曾告訴穆爾：「（一九六三年）選舉後，他（李光耀）可能辭去總理，交棒給吳慶瑞。這是為了達到兩個目的，一、身為秘書長，他可以專心工作，重拾職工會運動的失地；二、他可以承擔逮捕行動的任何個人責任」（引自韋杰夫，〈「冷藏行動」〉）。

李光耀也告訴薛爾克，東姑為林有福製造機會。在八月去世的三巴旺議員阿末．依布拉欣的選區至今仍空懸著；東姑要人民行動黨讓出補選，由林有福的人民聯盟參選。李光耀指控：「東姑似乎可以利用逮捕行動干擾社陣，把我和人民行動黨當過時的政治力量甩掉，讓由林有福領導的新加坡人民聯盟－巫統－馬華公會－馬來亞印度國大黨的新聯盟崛起上臺。」

薛爾克轉告桑迪斯。回憶錄說，桑迪斯裁定，「眼下我（李光耀）是治理新加坡島的最佳人選。」

第七章　海洋東南亞掀波濤

十九、神救援（五）：汶萊叛亂

（四十九）北加里曼丹聯邦及其理想（一九六二）

185.

在一九六三年馬來西亞成立之前，新加坡、馬來亞、英國都在最後半年爭取對自己最有利的條件，或至少將自身的止損點降到最低。特別是李光耀，他必須擺脫東姑，或讓東姑知道，「眼下我是治理新加坡島的最佳人選」。

在這時間點，歷史又來到關鍵時刻。一九六二年結束前第三個星期，汶萊發生武裝政變，再次改變新馬合併的歷程。

一九六二年十二月八日，汶萊人民黨附屬的「北加里曼丹國民軍」（North Kalimantan National Army）不滿汶萊議會延後，發動叛變。英軍迅速鎮壓，三天內控制局勢。

政變領袖為三十四歲的阿札哈里（A. M. Azahari），他於一九五六年成立汶萊人民黨（Brunei People's Party），追求汶萊獨立，黨員不少與印尼左翼有關係。汶萊人民黨成立第二年，阿札哈里率團到英國談判，要求汶萊獨立，為英國所拒。一九五九年，英國與汶萊蘇丹商討後，答應兩年內舉行選舉。一九六二年七月的汶萊選舉，汶萊人民黨獲得壓倒性勝利。

汶萊人民黨反對加入馬來西亞，決定在十二月五日汶萊第一次議會上，提出成立北加里曼丹聯邦（North Kalimantan Federation）議案，英國不準備讓議案通過，要蘇丹延期召開立法議會。汶萊人民黨計畫到聯合國申訴，反對馬來西亞計畫及結束殖民統治。計畫未成行，汶萊人民黨便發動武裝政變。

這次叛亂讓汶萊蘇丹重新思考加入馬來西亞，後因蘇丹個人地位與石油相關等問題，最終沒加入馬來西亞。

這次事件也被視為印尼與馬來西亞對抗之始。

在新加坡，原本的三方陣營：新加坡、馬來亞、英國都在等其中一方出手，逮捕左翼分子；汶萊叛亂簡直是一次神救援，三方共同感受共產黨的壓力，也找到時機，促成新加坡迅速採取取締左翼分子的「冷藏行動」。

方水雙告訴《白衣人》：「汶萊武裝叛亂提供將我們一網打盡的好藉口。」

186. 叛軍領袖阿札哈里政變發生時不在汶萊。

叛亂前一天（一九六二年十二月七日），他在新加坡告訴媒體，準備到紐約出席聯合國殖民地委員會的小組會議，申訴該黨反對成立馬來西亞。

原本汶萊的叛亂不關新加坡的事。但是，阿札哈里在新加坡見了林清祥，讓事情複雜化，甚至一些內情需要總理李光耀在第二年「冷藏行動」後在國會說明。

阿札哈里離開新加坡不到二十小時，政變便於十二月八日凌晨發生。他沒有去紐約，而是飛往菲律賓。菲律賓與印尼都反對馬來西亞計畫。

阿札哈里在叛變同一天於馬尼拉召開記者會，聲稱已成立「北加里曼丹聯邦」——包括汶萊、砂拉越、沙巴；自稱革命政府總理，要英國一週內承認北加里曼丹聯邦，否則將發動獨立戰爭。他也計畫前往聯合國提出申訴，同時要求聯合國承認北加里曼丹聯邦。不過，阿札哈里始終沒去聯合國。阿札哈里說，他是一名堅決的反共者和虔誠的回教徒，但是他的政府會走中間路線。他透露，他是在十天前從馬尼拉飛往新加坡，與部下磋商叛變細節；飛回馬尼拉後，馬上發動叛變。

英國在叛亂當天第一時間空運兩個連隊的辜加兵（廓爾喀傭兵）到汶萊，接著更多的蘇格蘭高地軍隊也到汶萊，除了保護蘇丹、首都，主要還有汶萊的油田；三天內控制局勢。

187\. 汶萊叛亂第二天（十二月九日），新加坡各政黨，包括民主聯合黨、人民聯盟、工人黨、自由社會黨、新加坡人民黨都表示，局勢不明朗前，不發表談話。唯獨社陣，發表英文聲明書闡明：

- 汶萊叛變是爭取民族獨立，以及擺脫英殖民地統治的普遍民族運動。
- 聯盟與人民行動黨是時候重新考慮，支持英國的馬來西亞計畫。
- 汶萊最近的選舉，五十五選區的人民都選反馬來西亞的汶萊人民黨，表明他們反對馬來西亞計畫。
- 英國利用在新加坡的軍事基地對付汶萊人民，暴露基地用以防禦外國侵略的謊言。

兩天後（十二月十一日），印尼總統蘇卡諾指出，汶萊叛變是世界新興勢力做出的鬥爭，最後一定獲勝。菲律賓則聲明，不介入英國與汶萊之間的事，阿札哈里只是去聯合國之前，在馬尼拉逗留。

到了十二月二十三日，社陣舉行群眾大會，表明道義上支持汶萊的鬥爭，基本上仍是十二月九日聲明書的內容。

大部分關心國事的人已感覺到這是暴風雨的前夕。

188.

《南洋商報》在一九六二年結束的前兩天（十二月三十日），聲稱訪問了阿札哈里第三個妻子，十九歲的拉惹・莎姆莎蒂（Raja Shamsiati）。

莎姆莎蒂是新加坡人，住在勿洛「一個深僻的小甘榜」，受英文教育，夜校念完八號（中學三年級）後輟學，接著結婚，沒到社會工作。

她於一九五八年五月和阿札哈里結婚，育有一個三歲的兒子。她準備向回教法庭申請離婚，因為「已很久沒見到他，寫很多信給他，都沒回音」。報章還刊登莎姆莎蒂和她兒子沙伊克的照片。

六年後的一九六五年三月十八日，回教法庭終於批准莎姆莎蒂離婚。

阿札哈里有三個太太，除了莎姆莎蒂，其他兩人是，住在汶萊的蘇芭（Suibah），二十二歲，育有四個孩子，她在一九六六年提出與阿札哈里離婚；住在柔佛的哈米妲・伊拉爾絲

（Hamidah Elias），二十四歲，育有三個孩子。

阿札哈里只當了五十四天的「革命政府總理」，於一九六三年一月三十一日與蘇芭飛往雅加達，接受印尼庇護，過後住在茂物，直至二〇〇二年去世。

189.

一九六二年七月汶萊的選舉，汶萊人民黨在五十五席縣議會中贏得五十四席，取得一席的無黨籍人士，後來也加入人民黨；汶萊人民黨也在三十三席的立法議會中占有十六席，其餘十七席屬官委議席。

彼時許多人質疑，擁有如此龐大的政治勢力，何須發動政變？

二〇一一年四月十日，砂拉越美里文史工作者于東（黃招發）訪問當年汶萊人民黨秘書長、發動武裝政變策畫人兼北加里曼丹國民軍總指揮耶欣・阿芬迪（Jassin Affendi, 1922-2012），發表文章〈汶萊人民黨「一二・八」武裝政變歷史研究史料〉，追尋政變原因。

四十九年後，八十九歲的耶欣先從阿札哈里說起，強調：「阿札哈里當時在人民黨和人民中很有威望，與蘇丹關係也很好。」

耶欣發動武裝政變爭取獨立，是聽從一個「英國朋友」的「意見」。他憶述：「一九六二年初，印尼、菲律賓都反對馬來西亞計畫，汶萊人民黨鬥爭的目標，是要北婆三邦獨立，組成三邦統一的國家。所以，我們派人去印尼見蘇卡諾總統，他答應支持我們。在汶萊的『英國朋友』告訴我，汶萊是小國，你們要獨立，需要國際支持，要讓他們知道。武裝政變一發生，全世界都知道，這時印尼、中國、朝鮮、古巴都派軍隊來幫助你們。國際支持，聯合國承認，你們就勝利。」

這個「英國朋友」說他是英國工黨左派的人，英國左派反對英國統治海外殖民地，他同情和支持汶萊人民黨的獨立抗爭。「英國朋友」聲稱，他常來汶萊「做生意」，所以經常找耶欣談關於汶萊獨立。耶欣坦承：「當時我覺得他的話有道理。」

最後會走上政變之路，耶欣透露：「英國人阻止召開立法議會，我覺得組織政府沒希望。那時阿札哈里多在外國奔走，爭取國際支持，許多國家都支持我們，如印尼、菲律賓、中國、越南、朝鮮、古巴和蘇聯等。所以我們要阻止馬來西亞成立，趕緊發動起義，成立北加里曼丹聯邦。」

當年四十歲的耶欣也跟「英國朋友」談發動政變的事，「英國朋友」還建議，「最好在一九六二年十二月前，因為英國已安排好在一九六三年成立馬來西亞。」

耶欣指出，對於武裝政變，阿札哈里「不同意，但沒有阻止我的決定」，阿札哈里「知道我要發動起義，但不知道時間，那時他在外國」。

至於失敗原因，耶欣分析：

- 未周詳策畫整場軍事行動；
- 士兵少且沒接受訓練，僅靠鬥志支撐；
- 武器落伍，多數是獵槍，缺乏子彈；
- 印尼和菲律賓都不贊成武裝政變。

耶欣發動政變時沒想到會失敗，他聲稱：「因為相信『英國朋友』，當我們占領警察局、政府機關後，世界各國都知道了，印尼、中國都來支持我們，英國人退走，我們就勝利了。同時，當時許多警察都是我們的人，配合我們占領警察局和各政府部門。我們沒有考慮失敗的問題。」

一個星期後耶欣被捕，一九七三年七月他越獄，逃到接壤東西汶萊的砂拉越林夢（Limbang），接著到馬來亞一段時期，再回返林夢。一九九〇年，汶萊蘇丹頒布寬恕令，歡迎叛軍回國，耶欣於二〇〇一年回到汶萊。

一九七三和七四年，耶欣曾在吉隆坡和林夢，與阿札哈里見面，兩人「對英國人破壞汶萊獨立鬥爭，看法一樣」。耶欣說：「我們沒經驗，被英國人騙了，偏信印尼等國家會派軍隊來幫助我們。」

無論汶萊人民黨是不是「被英國人騙了」，卻在東南亞錯綜複雜的政治棋盤上，動一棋子，影響了全局。

二十、冷藏行動

（五十）汶萊叛亂及其對新加坡左翼的摧毀（一九六三）

190.

汶萊叛變對大部分新加坡人而言，是「遙遠」的事。從已知的歷史，我們知道新加坡大逮捕的日子越來越近；然而，新馬針對逮捕名單談不攏，最後決定各自捉自己的。

韋杰夫引用一九六二年十二月上旬殖民部大臣桑迪斯給新加坡專員薛爾克的指示，要薛爾克利用社陣聲明——支持汶萊叛亂——的時機。薛爾克同意，認為「這是採取行動的最佳時刻」。十二月十二日，英國首相麥克米倫批准這項行動。第二天（十二月十三日），英國、馬來亞與新加坡三地組成的內部安全委員會召開緊急會議。

李光耀在會上闡明立場，有關行動給人的印象必須是，為了捍衛所有即將加入馬來西亞的地區。「我不能以英國傀儡的姿態出現，我要給人的印象是，同馬來亞合作。」

李光耀不主張逮捕李紹祖，準備「給他一個機會」；也不對工會採取行動，「以免給人留下話柄，說新加坡在勞工問題上，沒有真正的自主權」。他也不主張封禁新加坡人民黨，「以讓尚存的共產黨人向它靠攏，而不是向王永元的人民統一黨靠攏」。

會議同意，所有來自馬來亞的被拘留者全送回聯邦，「只有林清祥除外」。

根據韋杰夫引用薛爾克於一九六二年十二月十六日給桑迪斯的信，新馬兩地的政治部同意，十二月十六日（星期日）凌晨兩點採取行動，逮捕約一百八十人。不過，馬來亞內政部長伊斯邁聲稱，聯邦之前已陸續拘捕一些人，新加坡卻一直未行動，因此，拘拿人數不會跟新加坡一樣。至於兩地一起捉拿國會議員，必須請示東姑。東姑同意了。

《李光耀回憶錄》披露，十二月十五日晚上，警方在新加坡和新山準備就緒，聯邦政治部人員和警察野戰部隊將從新山前來協助。拘捕名單包括九名新加坡議員。「大逮捕前一天，穆爾向我保證，東姑答應我的要求，逮捕兩名聯邦國會的顛覆分子。」到了十二月十五日晚上十時，李光耀到吉隆坡參加內安會會議時，已在吉隆坡的吳慶瑞告訴他，東姑改變主意。

薛爾克於一九六二年十二月十六日給桑迪斯的同一信件也說，十二月十五日，馬來亞政治部將四名馬來亞社陣議員——阿末．布斯達曼、大衛（V. David, 1932-2005）、林建壽（一九二二－二〇〇七）和黃漢德的資料交給東姑，東姑覺得逮捕後三人缺乏說服力。

《李光耀回憶錄》憶述：「一聽到這消息，薛爾克建議大家一起去找東姑，勸他別改變主意。我同意。我們跟伊斯邁和各自的助手一起到首相官邸。官邸已經熄燈，大門關上，東姑入睡了。我們敲他的官邸大門，他依然酣睡不醒。於是我們乘搭原來送我們到吉隆坡的皇家空軍飛機返回新加坡。警方取消這次的行動。」

根據薛爾克於一九六二年十二月十六日給桑迪斯的同一封信，二月十五日各方代表在首相署集會，吳慶瑞告訴李光耀聯邦拒絕逮捕國會議員，李光耀堅決表明，若不拘捕聯邦國會議員，新加坡的逮捕行動將取消。英國人嘗試勸說李光耀與在場的馬來亞官員，但不得要領。薛爾克隨即設法與東姑溝通，商議此事。東姑正在隔壁設宴，但仍拒絕沒有證據的逮捕。英國人要求與東姑舉行另一次會議。東姑拒絕在深夜三點開會。

新加坡取消逮捕行動，馬來亞則按原定計畫，於十二月十六日逮捕五十人，包括九名馬來亞社陣黨員。

191.

新馬領導人不肯妥協，英國駐東南亞最高專員薛爾克成了協調人，而且有些焦慮。一九六二年十二月二十八日薛爾克寫信給殖民部大臣桑迪斯，認為盡早逮捕共產黨人是明智之舉。信上也說，東姑告訴英國駐馬來亞最高專員托里（Geofroy Tory, 1912-2012），馬來西亞會接納汶萊和婆羅洲地區，但放棄新加坡。托里說：「我比過去更肯定，東姑不會接受新加坡，直到那裡的共產黨人被捕為止」（引自韋杰夫，〈「冷藏行動」〉）。

兩地政治人物在膠著的局勢中邁入新的一年（一九六三）。最終，還是東姑說了算。李光耀在《回憶錄》表示：「他（東姑）告訴英國人，除非逮捕新加坡的親共分子，否則他將取消馬來西亞計畫。穆爾多次找過我，敦促我採取行動，他認定這是實現合併的唯一辦法。」李光耀和同僚們討論後得出結論：「我們冒不起忽視他的論點的風險。於是定名為『冷藏行動』的保安行動（security operation），定於一九六三年二月二日進行。」

李光耀從一九五六年就有很清楚的戰略，讓東姑收拾共產分子。經過七年的努力，仍無法改變大環境的現實。在馬來亞，還是東姑說了算。

192.

一九六三年二月二日，農曆正月初九，華人還在過新年。這一天是玉皇大帝誕辰——天公誕，華人會在當天午夜過後拜天公；一些拜天公的人應該會奇怪，幹嘛路上這麼多警車。對左翼而言，壬寅兔年的災難剛開始。

凌晨三時，三百七十名新加坡警員、一百三十三名馬來亞警員準備逮捕一百六十九名左翼分子。原本還有六名社陣議員——陳新嶸、黃信芳、劉坡德、王清杉、梁景勝和巴尼，因為東姑不拘捕兩名馬來亞議員，所以六名社陣議員在新加坡政府名單中被刪除，逃過第一輪追捕。

六十五隊人馬在兩天捕獲一百一十一人，包括二十名社陣黨員、四名新加坡人民黨黨員、三名人民統一黨黨員、十三名南洋大學學生與畢業生，其他還有工運分子、新聞工作者、教員。這些人包括同一天（二月二日）當上新加坡人民黨主席的賽·札哈利，林清祥、方水雙、兀哈爾、詹姆斯·普都遮里、多米尼·普都遮里、傅樹介、林福壽、傅超賢等。他們不知道，當中會有些將留在牢中創紀錄。社陣中委林使賓在前往坦尚尼亞參加第三屆亞非人民團結大會途中，在肯亞首都奈洛比（Nairobi）機場被捕，遣送回新加坡。

警方也從二月二日清晨駐守社陣總部至第二天（二月三日）午後。不過，十三名社陣議員和黨主席都沒事。二月二日之後，仍有零星的逮捕。

黨員被緝捕的政黨都在第二天發表聲明，被抓得最多的社陣主席李紹祖表明：「現在，大家都看到，馬來西亞將不能把和平與快樂帶給人民。相反地，它早就給整個東南亞帶來疑懼、猜疑與緊張局勢……殖民主義者利用反共做藉口，阻止人民實現合法的願望……讓我們不要假裝以為新加坡還有國會民主制定。人們現在應當認真思考，此次的逮捕與鎮壓行動，是否已關掉憲法鬥爭的所有途徑。」

一向支持東姑的人民聯盟主席林有福則表示「擁護政府」：「人民聯盟強烈地擁護政府採取過期已久的行動。我們號召人民在這嚴峻時期給予政府全力的支持。」

二月三日，李光耀從吉隆坡回來，在記者會上指出：「如果以為這次行動已摧毀新加坡共產黨的力量，以及共產黨對馬來西亞的威脅，那是嚴重的錯誤。那些被捕的人，在共產黨統一陣線中可有可無，真正的領袖像全權代表和他的委員會，仍逍遙法外。共產黨統一陣線的公開組織還在，只等全權代表和他的委員會認為，犧牲另一批可有可無的人的時機是否到了。」

三十五年後，李光耀在回憶錄中認為：「對共產黨人來說，這是嚴重的挫折。這次行動抓走他們搞統戰最有經驗的一些領袖，從此只有讓更多領袖從地下冒出來，他們才能恢復實力。是否有時間在更多人被抓之前建立同基層的聯繫，他們又沒有把握。過後我密切關注他們是否派人填補空缺，卻看不到跡象。他們不願或無法讓更多幹部出面搞統戰工作。」

人在北京的馬共總書記陳平在回憶錄中承認：「『冷藏行動』瓦解了我們遍布新加坡的地下網路，逃過警網的地下人員匿藏起來，許多人逃到印尼。」在印尼的余柱業在回憶錄中說，這時「有一大批人來」。

根據黃明強口述文章，在印尼的星洲工委會開會討論大逮捕後的撤退幹部問題。也在這個會議上，工委會分裂，余柱業認為黃明強表現與能力不足，不適合擔任中心書記，黃明強辭職，余柱業與方壯壁現場推薦對方為中心書記，最後由余柱業出任。

「冷藏行動」幾乎「冷藏」了所有左翼菁英，再加上星洲工委會分裂，新加坡的左翼從此一蹶不振。

逮捕行動半年後，幾乎每個月都有左翼分子繼續被「冷藏」。一九六四年，拘捕目標轉向南洋大學學生，一九六六與六七年緝捕華文中學學生，左翼幾乎被「連根拔起」。

193.
新馬內部安全委員會於一九六二年十二月十三日的會上，李光耀要求所有來自馬來亞的被拘留者全送聯邦，「只有林清祥除外」。

對林清祥，李光耀另有安排。李光耀在回憶錄裡憶述：「經內部安全委員會同意，大逮捕當晚（二月二日）我寫信給林清祥，表明同意讓他到印尼或他所選擇的其他地方去。……做出這樣的表示對安全沒多大害處，我認為是有必要的，所以向報界發表這封信。」

新加坡報章於二月五日發表李光耀寫給林清祥的信：

清祥先生：

你知道，一九六一年十月，我曾先後兩次在記者招待會中，對國外通訊員及新加坡記者們公開表示，你不像方水雙和兀哈爾等人那樣；你從來沒有在言行上企圖矇騙我，始終承認你是效忠馬共的，你也會記得，一九五九年大選之前，我們之間的一段談話。那個時候，你還被拘捕在樟宜監獄，當時你向我表示，如果你留在新加坡會影響行動黨爭取大選的勝利，那麼，你願意在行動黨執政時，離開新加坡到印尼去求深造。

昨天，內部治安委員會召開會議時，決定逮捕某些被三國治安當局認定，的確與共產陰謀有密切關係的活動分子。你是其中一位。

但是，我已經得到內部治安委員會的同意，寫這封信通知你，可以立刻得到釋放，同時，會得到旅行證件，離開新加坡，到你自己選擇的任何地方。但是，我必須向你表達，如果你在八月三十一日以前或之後重返馬來西亞五地區中的任何一區，你將再被逮捕。

我之所以請求內部治安委員會接納這項建議，並非低估你做事的決心與堅忍的毅力。這是為了一九五九年你曾向我表示願意離開新加坡。當時，你所以會留下了，可能是為了我沒有叫你走。所以，現在情理上，我應該讓你有所選擇，而不會讓你處於一種比一九五九年自願離開新加坡時更壞的處境。

最後，我要聲明，內部治安委員會容許你在接到這封信的二十四小時內回答。現在，我特地派人將這封信送到新加坡親自交給你，同時等待你的回答。這樣做是為了要保證，你對於這項建議是否接受，完全是你個人的決定，與你所屬的組織無關。

李光耀

一九六三年二月二日於吉隆坡　大馬錫大廈

《星洲日報》報導，林清祥於當天晚上七時二十分收到信。

《李光耀回憶錄》指出：「不出所料，他（林清祥）不接受，他不能被看成一個離棄自己同志的人。但是，在政治上我達到目的。這封信也向馬共全權代表發出信號，在反對殖民主義的鬥爭中，我對過去從事統一戰線工作的『同志』有一定的規矩，也守信用。我沒說的是，希望他們也這樣做。全權代表知道我曉得他有鋤奸隊。」

二月四日，人民聯盟主席林有福、社陣主席李紹祖要求召開立法會議，第二天人民統一黨主席王永元也要求召開立法會議，辯論逮捕事件。二月六日，立法會領袖杜進才要求本週末（二月九日）召開特別會議；李光耀則動議，立法會議支持內部治安委員會於二月一日的決定，逮捕危害新馬國防與安全的人。

特別會議不安排在二月八日舉行，因為這一天是華人的元宵。

立法議會議長奧勒斯不同意二月九日召開特別會議，因為第三屆立法會議已宣布閉會，依法不得召開。新加坡電臺因此邀請三反對黨領袖與李光耀於情人節（二月十四日）舉行座談會。不過三黨領袖都沒興趣，座談會取消。

電臺座談會辦不成，李光耀的演講草稿已成。薛爾克讀過李光耀的草稿，於一九六三年二月九日寫信給桑迪斯，對於「許多段落林清祥涉及汶萊叛亂的程度及誇大之詞」，表示不安（引自哈珀，〈林清祥與「新加坡的故事」〉）。

（五十一）林清祥及其汶萊朋友（一九六三）

194. 這個看似零散卻緊繃的時期，各國、各政黨都在進行密集的政治較勁。

在新加坡，此時不應忽略元首尤索夫於一九六三年三月二十七日第四屆立法議會開幕時，發表的施政方針演說：

本邦無數的建設工程正迅速展開，大工業城與工業區也在擴展。每一個星期，我們都可以看到興建新的組屋、學校、民眾聯絡所、診療所、托兒所。同時，也可以看見新的道路建成，舊的道路加寬，以及裝設新街燈、溝渠、公共水喉（水管）、電流等，使新加坡成為不分貧富，人人能安居樂業的文明地方。

這一年新加坡的儲備金達三億三千萬元。元首的說詞難免有宣傳意味，但不失真實。政客應當都知道，是這些因素決定選票，當時的新加坡極需也急需改善生活環境、素質與水準。

195.

立法議會在元首發表施政方針後開始辯論各種課題。四月九日，議會從下午二時三十分開至第二天清晨六時，經過十五個小時三十分——打破立法會議歷來的紀錄，通過支持由新加坡、英國與馬來亞組成的內政安全委員會動議。

李光耀在立法會討論「冷藏行動」時，對汶萊叛亂、林清祥與阿札哈里的關係做了說明。李光耀告訴議會，林清祥和他的朋友聯合阿札哈里預謀搞垮馬來西亞。林清祥和他的朋友都知道，如果沒有婆羅洲，東姑不同意合併。所以，他們通過《馬來前鋒報》前總編輯賽．札哈利，安排林清祥與阿札哈里密會好幾次。賽．札哈利是阿札哈里的顧問，也是阿札哈里在新加坡的聯絡員；賽．札哈利同時「與一個外國勢力的一個代理保持聯繫，實際上，賽．札哈利領他們的錢」。不久前，此代理人被捕，他招認賽．札哈利受僱於他們。

李光耀透露，林清祥於一九六二年三月四日晚上十一時十五分，在登百靈路（Tembeling Road）一一八號見阿札哈里。四月十二日正午十二時，他們再度會面。到了五月分，林清祥已曉得叛亂計畫，他積極考慮給在新加坡或砂拉越人民黨的聯絡人提供武器。他同時知道有人答應在叛亂發生時，從邊境派遣入軍隊。十二月三日，叛亂前四天，林清祥、賽．札哈利和阿札哈里在布連拾街（Prinsep Street）中華餐室見面。十二月六日，阿札哈里乘坐賽．札哈利的車子到西海岸路惹蘭史本賽（Jalan Spencer），會見一名聯絡員，以取得軍火。

李光耀在議會指出，阿札哈里告訴叛軍領袖，林清祥與賽．札哈利答應，在汶萊、砂拉越與北婆羅洲（沙巴）發動攻擊後，當英軍反擊時，林清祥與賽．札哈利會發動示威阻擾英軍的行動。但是，林清祥與賽．札哈利發動的兩次群眾大會都不成功。

李光耀說，汶萊暴動發生前，婆羅洲的情報人員收到消息，東姑曾報告英國，英國情報人員不認為它的嚴重性，所以沒有採取行動。

李光耀也告訴議會，阿札哈里不是共產黨，他喜愛舒服的生活，他周邊的人也不是共產黨成員。共產黨看到阿札哈里領導數千的馬來人，可以掩飾他們的陰謀；叛變可以作為婆羅洲解放運動的先鋒，從而阻止北婆羅洲三邦加入馬來西亞。

薛爾克曾透露，他看過李光耀原本要於二月九日在電臺發表的講稿。電臺後來取消演講，這篇在議會發表的演講稿，不知內容與電臺的講稿一樣嗎？

關於賽．札哈利的案件，薛爾克於一九六三年二月十三日寫信給桑迪斯說：「據我所知，審問至今仍很少或未獲得任何情報」，「他（賽．札哈利）至今未講出重要的事情」（引自哈珀，〈林清祥與「新加坡的故事」〉）。

對於整個事件的調查結果，穆爾於一九六三年四月二日——即立法會開會一個星期前——寫信給桑迪斯說：「審問至今，很少新的證據，以證明共產黨陰謀或社陣牽涉汶萊叛亂。至今只發掘一個新的要點，阿札哈里和印尼當時力求社陣對汶萊叛亂給予更加強烈的支持，但社陣似乎表示抗拒」（引自哈珀，〈林清祥與「新加坡的故事」〉）。

賽．札哈利則在回憶錄中說，他被指控參與許多顛覆活動，接受外國金錢，他挑戰對方，將他控上法庭，對方卻避開問題。「過後，悄悄地把『外國特務』的罪名從控狀中偷偷拿掉。」

回憶錄指出，控狀中指他拿印尼大使館的錢，其實是印尼大使館向他購買一百本他的書《西伊利安：肉中之刺》，開給他的一張兩百五十元支票。更妙的是，他已將支票向一名記者陳加昌換取現款，讓陳加昌平白無故的緊張一場。

賽．札哈利說：「一九六三年拘留我時，其中一份控狀指我是共產黨統一陣線領袖等。經過八年未經審訊扣留，才公開指我是一名共產黨人。」

賽．札哈利不承認，直至一九七九年被釋放，關了十六年。

回憶錄也透露，一九六二年十二月初監視他的，包括一名政治部情報特務納丹。

納丹就是王永元當市長時，週末被叫去建防浪堤的海員福利官。後來出任許多政府部門職務，包括保安與情報司司長、駐馬來西亞最高專員、駐美國大使等。

一九八〇年代中，納丹與賽・札哈利屬同一商業集團，納丹為新加坡海峽時報執行主席，賽・札哈利是集團屬下子公司的研究員。納丹請賽・札哈利在公司吃飯，菜肴由巴東咖哩餐館福樂居（Rendezvous Restaurant Hock Lock Kee）提供。

納丹告訴賽・札哈利，一九六二年十二月初，賽・札哈利與林清祥、阿札哈里在福樂居餐館用餐時，「我正坐在離開你們約三張桌子處的角落。」

納丹於一九九九年出任新加坡第六任總統。

196. 收入《新加坡地下文件選編》的〈星馬政治情況彙報〉，有一節兩千五百字〈大馬計畫方面〉記載林清祥與賽・札哈利、阿札哈里的互動。

〈大馬計畫方面〉透露，一九六二年四月間——阿札哈里發動汶萊叛亂前九個月，「阿札哈里到聯合邦求見拉曼（即東姑），從事後的跡象看來，這傢伙或者已被收買，投靠過去」。

阿札哈里從吉隆坡經新加坡回返汶萊前，賽・札哈利要他見林清祥。他見了林清祥後說，曾向東姑提出條件，作為換取支持馬來西亞計畫。三個主意條件為：

一、汶萊蘇丹出任馬來西亞元首；

二、北婆羅洲三邦（汶萊、沙巴、砂拉越）占馬來西亞議會三分之一議席；

三、三邦除了國防、外交，其他一切權力自主。

阿札哈里表示，東姑告訴他：「我可以同意你這些的意見，不過，你先把這些提給調查委員會，由他們決定。」

談話告一段落後，阿札哈里拉林清祥到一旁，問他：「上次我叫你拿錢和軍火支持汶萊武裝政變，為什麼你不幫忙？」

另外，根據〈大馬計畫方面〉所記，阿札哈里曾把東姑答應他的條件，告訴馬來亞社陣主席阿末．布斯達曼。阿末．布斯達曼不以為然，而且認為阿札哈里有問題，公開地告訴阿札哈里：「如果拉曼接受你全部的意見，那再好不過。祝你好運。」

在與大家交談時，阿札哈里不斷地提「華人沙文主義」，連賽．札哈利都受影響，讓在場的人覺得，右派挑動的種族主義，讓馬來左派也立場動搖。

阿札哈里與賽．札哈利的立場不穩定，讓林清祥等人著急。因為四月中旬汶萊蘇丹到麥加朝聖，將經過馬來亞；如果阿札哈里投靠東姑，汶萊蘇丹和東姑將會發表支持馬來西亞計畫的談話。林清祥等想派人到汶萊「鼓一鼓士氣」，最後沒去成。後來汶萊蘇丹路過馬來亞，沒公開談馬來西亞計畫。不過，阿札哈里回汶萊後便發表親馬來西亞的言論。

〈大馬計畫方面〉也引用馬歇爾的話：「阿札哈里是個騙子。」今年（一九六二）之前，阿札哈里因失信被控，請馬歇爾為辯護律師，所以，馬歇爾對他有所了解。

假設〈大馬計畫方面〉的資料可靠，馬共當時認為阿札哈里「或者已被收買，投靠過去」，最戲劇性的是，馬歐爾說：「阿札哈里是個騙子。」

197. 林清祥拒絕李光耀的安排，自我流放到印尼或其他國家，第三度入獄。

從一九五五年二十二歲當上議員，到一九六三年三十歲，沒人意料到的——提早結束其政治生涯。林清祥在政壇上不過八年，如果扣除一九五七年十月自一九五九年六月，坐林有福政府二十個月的牢，實際活動時間不超過六年，卻成為新加坡建國期間不可被忽略的政治人物。

《林清祥與他的時代》收有〈林清祥生平年表與時代背景紀略〉。根據紀略，林清祥一九六六年在獄中健康「已開始惡化」，監獄配給他的藥「只能治標，無助康復」，「據監獄方面對外界宣稱，林清祥精神抑鬱，有高血壓症」。兩年後（一九六八），林清祥的健康「繼續惡化」，特別是長期服用監獄方配給的藥物，「導致他的情緒失控，精神沮喪」。一九六九年，林清祥「帶著多病的身體」到倫敦，出發前辭去所有社陣的職務，並脫離新加坡政壇。

在英國，為了生活，林清祥當過搬運工人、工廠散工、棧房管理員，最後在一家水果蔬菜店當助手。林清祥也與新加坡同去的女友黃翠雲在英國結婚，育有兩名孩子。林清祥後來考進倫敦大學經濟系，因健康的關係停學。

一九七九年，去國十年後，林清祥回新加坡，不再參與政治活動，只與昔日同志聚會。

一九九六年，林清祥因心臟病爆發逝世，終年六十三歲。

二十一、十年核武

（五十二）新加坡及其核武基地（一九六二）

198.

在汶萊叛變、新加坡各政黨為合併鬧翻天的一九六二年，英國在各國不知情的情況下，將新加坡基地的武裝配備升級至最高級別。

二〇〇〇年十二月三十一日《週日泰晤士報》報導，英國首相麥克米倫在一九六二年簽發指令，部署火神轟炸機（Avro Vulcan Bomber）。在新加坡的登加中隊於一九六三年底開始進行低空核轟炸演習，火神轟炸機一直留在東南亞，直至一九七〇年。登加中隊擁有核武器的裝備有多久則不清楚。

傅樹介在其回憶錄裡引用英國一九六一／六二年的檔案《新加坡的軍事重要性》（*The Military importance of Singapore*），說明英國在遠東的戰略：

一、英國支持東南亞條約組織和其他組織，以防止共產黨，特別是中國共產黨擴大，對整個區域的影響；

二、與澳洲和紐西蘭保持聯繫，特別是在《澳紐馬條約》（Anzam Treaty）下，成為軍事防衛前線；

三、為履行與馬來亞的防務協議義務，促使馬來西亞成立；

四、獨立提供核武器設施，以對抗中國；

五、捍衛英殖民地的內部安全，以及保衛馬爾地夫對外的軍事防衛；

六、維持英國在海上和空中的軍事基地和通訊安全。

英國的遠東戰略，主要還是「防止共產黨，特別是中國共產黨擴大」，所以，「獨立提供核武器設施，以對抗中國」。

另外，中國的《環球時報》二〇〇六年七月四日報導，英國國家檔案館於六月三十日解密一批一九五七至一九六一年間的絕密檔案。檔案透露，英國於一九六二年將「紅鬍子」（Red Beard）核飛彈運到新加坡登加機場，裝載核飛彈的轟炸機也進駐登加機場，進行模擬原子彈投擲訓練。此外，也在檳城的北海空軍基地修建核武器儲存設施。

隨著中國於一九六四年成功研製原子彈，英國也結束向中國使用核武器的計畫。

英文維基百科的《新加坡戰略》（Singapore Strategy）則透露，一九六二至一九七一年之間，多達四十八枚「紅鬍子」核飛彈密藏在登加空軍基地，以供V型轟炸機——勇士（Valiant）、火神和勝利者使用。

一九六三年，印尼與馬來西亞對抗，英國派勝利者轟炸機（Handley Page Victor）和火神轟炸機支隊到遠東來。在接下來的三年中，四架V型轟炸機永久駐紮在登加空軍基地。

英國空軍元帥約翰·格蘭迪爵士（Sir John Grandy, 1913-2004）報告，V型轟炸機「為大規模進行對抗提供寶貴的威懾力量」。

印馬對抗結束後，V型轟炸機於一九六六年撤出新加坡。一九七一年，英國從新加坡撤軍，

「紅鬍子」核飛彈也運返英國。

三份資料顯示，英國於一九六二年在新加坡部署核武器，並於一九七一年撤除，結束新加坡的「核武時代」。

二十二、印馬對抗

（五十三）印菲不滿大馬及其衝擊（一九六三）

199.
區域間的「恐怖平衡」不允許有任何擅動，否則將引來動亂。英國人的馬來西亞計畫不只在汶萊引起叛變，也引起兩個國家——印尼與菲律賓的不滿。三角關係中，馬來亞和菲律賓還是區域內防止共產勢力擴張的東南亞條約組織的成員國。

一九六三年一月二十日，「冷藏行動」尚未行動，印尼外交部長（一九五七－一九六六）蘇班德里約（Subandrio, 1914-2004）在日惹的學生軍成立典禮上，指責馬來西亞為新殖民地及新帝國主義者的代表，印尼政府將採取對抗（Konfrontasi）政策，但這並不表示是戰爭。

一九六二年九月李光耀突然訪問莫斯科，蘇聯也說馬來西亞為純粹的新殖民地主義產品。這是當時共產社會對馬來西亞的普遍看法。

蘇班德里約的這番話，也是印尼與馬來西亞對抗（Indonesia–Malaysia confrontation，印馬對抗）之始。

東姑第二天回應：「那是個嚴重的聲明，等於直接攻擊馬來亞。」

印尼總統蘇卡諾（Sukarno 1901-1970）反對馬來西亞，他在二戰前便主張「大印尼」，不可能讓後來者在帝國主義撐腰下，分化馬來人，將馬來亞與北婆羅洲從大印尼分化掉。

蘇卡諾是印尼民族獨立運動領袖，二戰後對抗想重新殖民的荷蘭人；在美國干預下，印尼於一九四九年十二月二十七日獨立，蘇卡諾出任首任印尼總統（一九四五－一九六七），並利用右翼軍人與左翼勢力鞏固權力。印尼成功的獨立，鼓舞本區域的民族主義者。

蘇卡諾看準英國不能維持長期的軍事對抗，美國也不想他投向共產勢力，準備通過系列的軍事衝突，阻擾馬來西亞的成立。

馬來亞政府於一九六三年二月十三日表示，將「不惜一切代價」以防衛國家。此時，菲律賓也宣布擁有北婆羅洲領土主權。菲律賓南部的蘇祿蘇丹王國（Sultanate of Sulu）擁有婆羅洲北部和東部部分土地；菲律賓代表於一月二十八日到倫敦與英國政府談判，但是英國明確指出，北婆羅洲主權屬於英國。

一月二十九日，菲律賓第九任總統（一九六一－一九六五）馬卡帕加爾（Diosdado Pangan Macapagal, 1910-1997）在國會的國情咨文中說，馬來西亞是個新組成的「殖民地國家」。

局勢似乎不利於馬來西亞的成立，已投入越戰的美國不希望海洋東南亞赤化，國務院於一月三十日表示，贊成馬來西亞成立，認為是東南亞安全「最佳希望」，「將結束該區的殖民地主義」。

雖然美國施壓，馬來亞、印尼與菲律賓複雜的三角關係仍要三年後才結束，在這樣的情況下，新馬合併的進程自然受影響。

200.

印尼與菲律賓反對馬來西亞的成立，身為馬來西亞一員，新加坡只能眼睜睜地看著其他國家決定新加坡的命運。

馬來亞與印尼的緊張關係持續四個月後終於有轉機，蘇卡諾和東姑於一九六三年五月三十一日在日本舉行一小時的會談。

新加坡自由社會黨秘書長梁蘇夫人自稱撮合兩名領袖會晤，她告訴媒體，印馬對抗一開始，她便寫信給兩國領導人，也先後會見了蘇卡諾和東姑，促成兩人會面，整個過程歷經四個月。

蘇卡諾和東姑的會談，催生了六月七日至十日在馬尼拉的三國——加入菲律賓——外長會議。

菲律賓總統馬卡帕加爾在馬尼拉的會議上宣導，按聯合國的決議案，讓沙巴和砂拉越人民舉行強迫性質公投。這是馬尼拉協定（Manila Accord）的初稿。馬卡帕加爾也建議三國組成邦聯（Confederate）——鬆散的國家聯盟；印尼外長蘇班德里約將三國的英文名字Malaya、Philippines和Indonesia，取其首音，創造Maphilindo——馬菲印聯盟。就是馬來亞沒有動作。

（五十四）砂沙民調及其關鍵作用（一九六三）

201.

新馬合併的最後一哩路，不只受印馬對抗影響，新馬內部繼續在簽署合約前，爭取每一項權利。

按照新加坡執政黨盤算，「冷藏行動」後簽署馬來西亞協議，並在獨立前舉行大選。這是單方面的理想，東姑有他的進程。李光耀於「冷藏行動」後十天（二月十一日）告訴薛爾克，東姑「可能以為『冷藏行動』已經消除威脅，合併不再是那麼緊迫的事」。李光耀直言：「我同東姑談判的最大障礙在於，我要合併，他卻不要。」新馬存在最大的問題是，馬來亞財政部長陳修信要求新加坡繳交百分之六十的總稅收，因為新加坡百分之四十的出入口貿易依靠馬來亞。

到了一九六三年六月中旬，吉隆坡提出新加坡加入馬來西亞的條件：贈於婆羅洲三邦五千萬元。李光耀告訴馬來亞：「新加坡太窮，當不起聖誕老人，撥不出五千萬元贈款作為加入聯邦的入會費。」

六月二十六日，新馬領導人帶著一籮筐的問題到倫敦談判，希望英國調解，汶萊蘇丹也列席。經過十天談判，七月五日達成協議。《南洋商報》第二天的封面頭條報導：

新馬昨日達致協議

聯邦成立前着議會立法／鳌定共市細則設關稅局／新將以貸款方式援婆沙／百分之四十稅收歸中央政府

大馬可如期成立／（副首相）敦那昔（拉薩）昨電請東姑赴英／俾下週一與英相簽協定

李光耀在回憶錄中表示：「將近拂曉時分，雙方終於同意，為了應付跟印尼『對抗』的局面，國防開支增加，我們將交出『國家稅收』的百分之四十或總歲入的百分之二十八給聯邦政府。給婆羅洲的贈款五千萬元，改以貸款一億五千萬元取代，其中一億元免息五年。共同市場將在十二年內逐步實現，轉口貿易的最主要商品，新加坡仍不徵稅。」

協定原本於東姑喜歡「八」的七月八日簽署。李光耀說，簽署時已是七月九日凌晨。七月二十六日，英國上議院一致通過馬來西亞法案。

《南洋商報》七月十日報導：「李光耀感情奔放地說，無論是變好變壞，新加坡將遵守協定。」李光耀則在回憶錄裡坦言：「英國人實際上站在我這一邊，他們有許多王牌，我沒有。除了恐嚇要一切作罷，讓共產黨人接管之外，我不可能採取什麼重要的行動。」

列席的汶萊也在這次談判時決定，不加入馬來西亞。

202.

新馬簽署馬來西亞協約，立刻引起蘇卡諾不滿，兩天後（七月十一日）蘇卡諾指責東姑不信守承諾，恢復對馬來亞的對抗。

印尼是海洋東南亞老大，大哥不滿，這個區域肯定沒好日子。因此，大家仍指望七月底的馬印菲領袖峰會，蘇卡諾與東姑都會出席。

六十二歲的蘇卡諾與小他兩歲的東姑終於在七月二十九日先後抵達馬尼拉，出席為期四天的會議。東姑在馬尼拉說了一句新加坡人關心的話：「馬來西亞必定會依期於八月三十一日成立。」東姑故意向蘇卡諾喊話，這麼說其實是沒信心。

八月五日，三國領袖簽署《馬尼拉協定》、《馬尼拉宣言》和《馬尼拉公報》。聯合公報宣布，將邀請聯合國派調查團到砂拉越和沙巴做民意調查，但未提馬來西亞成立的日期。三國領袖都知道，調查團無法在一個月內完成兩地的調查。李光耀在《回憶錄》直言，「東姑於八月六日同意改變成立馬來西亞的日期」，是對峰會的正確解讀。這次峰會，新加坡與英國都期待不會被放鴿子。《李光耀回憶錄》披露，桑迪斯怒不可遏，要東姑定下明確的日期。

東姑在簽約後飛往曼谷才說到重點：「蘇卡諾未說放棄對抗。」印尼第二天（八月六日）宣布，對馬來亞將從對抗到協商。東姑也說：「聯合國可能於兩週內完成砂拉越和沙巴的民意調查。」

可能嗎？

203.

當蘇卡諾與東姑出席三國領袖峰會時，一九六三年七月二十九日，李光耀在新加坡議會提出歡迎馬來西亞協議動議，八月一日議會最後一天，動議以二十五票贊成，十七票反對通過。贊成票全來自人民行動黨；反對票包括社陣十三票、人民統一黨三票、馬歇爾一票。棄權的有林有福領導的新加坡聯盟七票（人民聯盟四票、巫統三票）和無黨籍許春風一票。

馬來西亞協議在新加坡國會通過，但馬來西亞幾時會成立，還待區域兩大國商榷。這是新加坡的焦慮。因此，李光耀於八月七日重申，馬來西亞須於八月三十一日成立。《南洋商報》報導：「據可靠消息披露，李總理反對馬來西亞日延期，不因這將影響新加坡，而是這可能引起北婆各邦的關懷，以及中央政府受到口頭威脅，將日子延期。」不知「可靠消息」來自何處，「中央政府受到口頭威脅」倒很清楚。

東姑也在這一天表示，聯合國在砂拉越和沙巴的調查工作，如果在八月三十一日前完成，馬來西亞將如期成立。東姑之前談這事時，都沒有加「如果」。

倒是宗主國態度堅持，但是英國報章與駐新加坡官員都不樂觀，而且無法斷定印尼今後的態度。

馬來西亞能否按協約成立，《馬尼拉協定》簽署三天後「謎底」揭曉。八月八日，聯合國秘書長（一九六一－一九七一）宇丹（U Thant, 1909-1974）致電馬來亞政府，民調要九月七日才能完成。其實，大家——馬來亞、印尼、菲律賓——在提出民調的第一天就知道，調查肯定會超過一個月，只是讓宇丹背書。

準備加盟馬來西亞的三州領袖，這期間都在做最後的努力與布局。李光耀於八月八日到吉隆坡會東姑。他強調：「我的工作是看住馬來西亞於預定日期實現。」兩天後李光耀回新加坡，堅持從法律的觀點談問題：「倫敦的協議清楚地說明，馬來西亞應在八月三十一日成立。我知道東姑現在覺得這個日期有伸縮的必要，因為他要盡一切力量，表明馬來西亞是個愛好和平的國家。但是，我們認為，應該使人相信，馬來西亞的存在，是要保護地方性與民族性的利益。我們不願意給人吞掉，因此認為，馬來西亞還是應該在八月三十一日成立。」

再過兩天（八月十二日），馬來西亞無法於八月三十一日成立成了事實。《南洋商報》報導，馬來亞國會下議院今天（十二日）辯論馬來西亞法案時，首相將提出動議，修正實施日期，以使馬來西亞成立日期有伸縮性，將原來的「法案將於一九六三年八月三十一日生效」，加上一句：「或是一個政府決定的日子」。

李光耀應該在八月八日會東姑時就知道吧？

二十三、逮捕李光耀（三）

（五十五）合併展延及其十五天獨立（一九六三）

204.

馬來亞國會修正馬來西亞成立日期，李光耀與沙巴、砂拉越領導人則繼續向東姑施壓，三地領袖堅稱反對馬來西亞展延。八月二十四日，殖民部大臣桑迪斯到吉隆坡，五地——英國、馬來亞、新加坡、沙巴與砂拉越——負責人終於一晤。

第二天（八月二十五日），李光耀回新加坡時告訴記者，馬來西亞成立的正式日期須待首相東姑宣布。在這同時，「八月三十一日，新加坡、砂拉越與沙巴必須在政治與憲制上有新的進展……一定要朝向較獨立自主的道路邁進。」

李光耀在《回憶錄》裡坦言：「我和同僚討論，如果馬來西亞再次延期成立，會有怎樣的風險。我們不希望社陣因為聽說合併可能流產，又變得振奮起來。他們可能決定採取直接的行動，希望蘇卡諾干預，把東姑嚇倒。因此，我們決定依照原定計畫，在八月三十一日舉行新馬合併群眾大會，而且宣布新加坡當天獨立。」

到了八月二十七日，東姑說：「今年的馬來西亞日在九月中旬，今後每年將在八月三十一日慶祝。」

根據桑迪斯八月二十七日的彙報，當天他與東姑會面，談及合併日期時，東姑仍舉棋不定，最後定在九月十六日。東姑顧慮的是，他與印尼於五月分在東京簽署《馬來亞－印尼友好條約》，兩國有義務討論任何可能引起誤解的事件；東姑決定邀印尼外交長到新加坡一起討論。桑迪斯強烈反對並表明，作為馬來西亞協議的締約方及三地領土主權國，他將干預任何進一步的行動。桑迪斯再次敦促東姑，宣布九月十六日為確定日期（引自史托韋爾主編，《英國帝國終結文件·馬來亞卷》）。

李光耀點明，九月十六日「是東姑另一個吉祥日子」，因為八的倍數是十六。

桑迪斯與東姑都應該不知道，今年（一九六三）九月十六日是李光耀四十歲生日。

李光耀於八月三十日寫信告訴桑迪斯，不同意九月十六日合併。他提出新問題，新加坡於一九六二年八月一日通過的馬來西亞協議，包括同年七月分東姑在倫敦承認的各項，以及他在一個信封後簽名的各條目。「只有這些條款獲得認可和履行之後，我才會接受馬來西亞成立的新日期。」他也要求桑迪斯，將外交權交給新加坡政府，以解決新加坡與日本之間的二戰賠償問題。李光耀同時要桑迪斯在九月二日之前予以解決，否則他將辭職舉行大選，以馬來西亞協議為課題。

這一天，馬來亞外交部文告說：「國家元首已簽署，頒布馬來西亞日為一九六三年九月十六日。」

馬來西亞成立日期雖定，但新障礙又出現。

205.

一九六三年八月三十一日，新加坡在政府大廈前舉行「馬來西亞團結日」的慶祝會，李光耀在《回憶錄》表明：「我單方面宣布新加坡獨立。」《南洋商報》報導，李光耀在會上宣布：

從八月三十一日起，新加坡所有的中央權利，如防務和外交等，都由本邦元首掌管，直到九月十六日馬來西亞正式成立為止。在這十五天裡，政府的任務是代中央政府掌管這些權力，政府一定要為全馬來西亞人民的利益行使這些權利。

九月十六日絕對不能再改變。

所以，新加坡從自治邦到成為馬來西亞一州之前，先獨立十五天。李光耀也致電祝賀馬來亞獨立六週年，同時祝賀砂拉越和沙巴自決與自治。桑迪斯未回覆李光耀的信。自八月二十四日之後，他一直留在馬來亞。八月三十一日他在馬來亞海岸一艘馬來亞艦艇「珍珠號」上。到了晚上，李光耀照舊與英國駐東南亞最高專員薛爾克共進晚餐。李光耀說：「他沒有提出抗議。」

東姑自然不滿，馬來亞內閣於九月二日召開緊急會議，指責新加坡政府違反馬來西亞協定，並向英國提出強烈的抗議，要求澄清。

《南洋商報》報導李光耀於同日的回應：「這是令人遺憾的，新加坡絕對不是反對馬來西亞，而是鞏固馬來西亞。英國政府是唯一在法律上有權利、可以聰明並有很好的理由提出告訴的一方，卻保持沉默。這是意義深長的。」東姑與李光耀都是劍橋大學法律系高材生。

第二天（九月三日），李光耀繼續追問桑迪斯，一九六二年七月分東姑在倫敦承諾的各項協議的結果：「從現在到九月十二日，桑迪斯部長還有九天的時間，列出馬來西亞協議的事項，否則他必須面對我們在八月三十一日所宣布的後果，我們主張事實上擁有國防與外交的權利。我們有足夠的文件證明我們的所作所為，不但公正合法，而且更是正確的。」

李光耀挑戰：「倘若某種事情在九月十二日沒有分類列舉出來，桑迪斯部長將發現，他處在一種極端不愉快的反殖民地和新殖民地的爭端中。我們知道桑迪斯是一名強硬的人，但是，我們會和比桑迪斯部長更強硬的人周旋。」

桑迪斯於九月三日與敦拉薩開會，雙方在當晚發表英國與馬來亞的聯合聲明：「英國政府在移交任何權利給新加坡政府時，需要由英女王發出敕令。但是，自馬來西亞協定於今年七月在倫敦簽署後，英女王並未發出這項敕令。」

反對黨新加坡聯盟與馬歇爾都指責李光耀，認為新加坡在九月十六日之前，應保持一九五九年的憲法。

馬來西亞選定新日期成立，也引起印尼與菲律賓的抗議，認為不符合《馬尼拉協定》。

新加坡與馬來西亞都違反憲法與協定。從另一角度，李光耀無意中實現社陣的主張，先獨立再加入馬來西亞。

206.

「獨立」第三天（九月三日），新加坡政府宣布國會即日解散，並定九天後（九月十二日）為大選提名日。

李光耀隔天（九月四日）把他告訴桑迪斯的話，再說一遍讓薛爾克知道：「如果我和東姑之前同意的要點，到提名日仍不受重視，我將以獨立為競選綱領，而且要一些國家從九月十六日起承認新加坡。」

薛爾克向桑迪斯的報告：「我認為他（李光耀）現在正把危急的局勢推動極限。……他深信我們無論如何不會放棄新加坡的軍事基地。他相信自己利用獨立的口號，加上對馬來亞領袖和對我們的尖銳批評，便能贏得大選。這也許是對的。……我相信他基本上還是希望加入馬來西亞的。因此，我們應力促馬來亞領袖在一些尚待解決的小問題上，不妨完全滿足他的要求」（引自《李光耀回憶錄》）。

英國讓駐馬來亞最高專員托里說服東姑身邊的兩名大將——副首相拉薩和內政部長伊斯邁，但是他們都不肯讓步。薛爾克的報告接著說：「他（李光耀）提出的大多數要求並非不合理。這些要求是根據東姑在倫敦對李（光耀）許下的承諾，相當籠統。不過，李（光耀）正設法把這些承諾解釋得對自己非常有利。

「我希望說服馬來亞政府讓步，可能促使李（光耀）默默加入馬來西亞。但是，他會不斷進行恐嚇、威逼和訛詐，直到最後一分鐘，除非我誤解他的性格」（引自《李光耀回憶錄》）。

這一天（九月五日）桑迪斯也發了一通一千八百字，共二十七段的電報給首相麥克米倫，《李光耀回憶錄》引用超過三分之二，主要針對李光耀的性格、作風；他會不會「以獨立為競選綱領」；在這段期間「避免跟李（光耀）發生正面衝突」，並預測李光耀不會宣布獨立。《李光耀回憶錄》指出，「桑迪斯以憤怒的措辭向英國首相麥克米倫提出報告。」

根據《英國帝國終結文件．馬來亞卷》，回憶錄沒有引用的第二段一開始便說：「李光耀（新加坡總理）無恥地剝削馬來西亞的延遲建立，以進一步實現他的個人抱負。政治的勒索或『邊緣政策』（正如他自己向我描述的那樣）是他達到目的的正常方法。」

到了第十六段，桑迪斯的語氣已不只憤怒，語句轉向嚴峻的策略：「如果李光耀想通過選舉，宣布九月十二日獨立，尋求選民支持，我們將不得不公開表示，他單方面的聲明在法律上毫無意義。如果他公開煽動民眾造反，我們非得逮捕他和暫停憲法不可。」

這是英國人第二次說，要逮捕李光耀，上一次是在十四年前——一九四九年。

接著，第十七段很快便恢復理性的判斷：「不過，李（光耀）不會想激怒英國政府在馬來西亞日之前暫停憲法，而表現得無禮，他會盡量避免迫使我們採取行動邁出這一步。」

《李光耀回憶錄》解釋：「我無意破壞馬來西亞計畫，我參加過幾次憲制會談，對新加坡的法律地位瞭若指掌。新加坡一旦加入馬來西亞，不但軍隊和警察受吉隆坡控制，而且吉隆坡有權宣布新加坡處於緊急狀態，通過政令加以統治，因此我要求在憲法或官方文件中，盡量詳細列出保障新加坡權益的條文，越多越好，以免聯邦政府一旦決定做蠢事時，新加坡會吃虧。」

兩天後（九月七日），拉薩同意新加坡的要求，除了拘捕私會黨徒一項以簡單的授權書取代。李光耀在《回憶錄》中說：「我也心滿意足。」

李光耀在《回憶錄》裡承認：「我利用殖民地宗主國協迫馬來亞領導人，引起他們對我的仇視，也為未來的麻煩種下禍根。」

《回憶錄》還說：「東姑和拉薩認定我是一個難搞的人。從此，他們跟我交往，總抱著提防的心理。」

二十四、一黨獨大

（五十六）馬來西亞成立及其立即分裂（一九六三）

207. 大選宣布後，各政黨又活躍起來。一九六三年新加坡人口一百七十九萬，合格選民六十一萬七千六百四十一人，占總人口百分之三十六。

九月七日，東姑宣布：「聯盟將參加新加坡大選，與人民行動黨分庭抗禮。」這意味著，如果聯盟在新加坡大選獲勝，新加坡總理將由東姑委派，結束李光耀在新加坡的時代。新加坡聯盟由人民聯盟、巫統、馬華公會與印度國大黨組成。馬來西亞還未成立，東姑已無暇理會與人民行動黨的關係。

五天後（九月十二日）大選提名，並定投票日為九月二十一日，橫跨九月十六日——馬來西亞成立日；即本屆大選將從新加坡自治邦選到馬來西亞的新加坡州。這是絕對的精算。其實，從國會解散的九月三日一切已算好。九月十六日落在星期一，九月二十一日是同一週的週末。反對黨之前指責執政黨不宣布投票日，行動黨一定鄙視與暗笑。

一九六三年的第二屆大選，八個政黨與無黨籍的獨立候選人共兩百一十人競選五十一區，比一九五九年的大選多十五人。熱鬧中，平均四名候選人競選一區，不可說不多。紅山與安順區最多，六人選一區；五人的選區有十四個。四人選區最普遍，二十六區；李光耀競選的丹戎巴葛區便面對聯盟、社陣、人民統一黨一起競選。兩人競選的只有一區——南部島嶼。女候選人八人，無黨籍獨立人士十六人。

這次選舉，人民行動黨競選全部的五十一區，社陣與人民統一黨競選四十六區，聯盟四十二區。社陣與人民統一黨競選的四十六區裡，有四十三區兩黨交手；這兩個以講華人語言為主的政黨，雖一左一右，但選票仍有重疊。選後證明，兩黨分薄對方的選票，讓第三者獲選。

聯盟競選四十二區，證實東姑實踐他於九月七日說的，「聯盟將參加新加坡大選，與人民行動黨分庭抗禮」。當我們日後回溯新馬分家的歷史，這是火源。

這次大選的看點還有：

社陣主席李紹祖棄原來的女皇鎮選區，到梧槽區挑戰人民行動黨主席杜進才，形成主席之戰。

聯盟主要政黨人民聯盟主席林有福與新加坡巫統主席哈密．裕末都不參與競選，是主席之末路。他們都在這次大選後逐漸淡出政壇。

除了他們，行動黨與社陣都有四名舊議員沒參選。時代在變，與上一屆相比，這一屆更重視文化與教育水準。

十五名南大畢業生參加大選，分別屬於社陣、人民行動黨、人民統一黨；九人是社陣的候選人，這也為另一次政治逮捕行動埋下伏筆。

208.

南洋大學執委會主席，六十六歲的陳六使（一八九七－一九七二）於提名日隔天（九月十三日）接受記者訪問時說，非常高興南大畢業生參與競選，呼籲民眾全力支持他們。陳六使曾於三月間南大畢業生歡送會上說，希望學生們畢業後參加競選，為社會服務。過一天（九月十四日）陳六使為光華學校新校舍舉行奠基儀式後，再度呼籲民眾支持南大學生競選，保障華文教育前途。

到了九月十九日，《南洋商報》報導，李光耀於九月十八日的群眾大會上說，陳六使已經就南大問題發表兩次談話，這是不聰明的；陳六使給共產黨利用。他警告：「在大選時陳六使必須小心，我們保護教育問題，在這方面有自主權，但共產黨問題，則由中央政府控制。我說話一句算一句。」

《南洋商報》同一版也報導陳六使的新聞。陳六使在九月十九日第三度呼籲，支持南大畢業生候選人。他也就上一回談話被指挑撥種族團結，發表書面說明。他認為，支持南大畢業生競選，挽救華文教育危機，不是種族主義。

人民行動黨在一九五九年執政後，對陳六使委任左翼的莊竹林為南大校長，以及在南大學位不受承認的情況下，繼續增加招生人數不滿。李光耀在《回憶錄》中直言：「當時我們還沒有條件加以干預，除非付出高昂的政治代價。我也把這件事記在心裡——時機到來，我會對付陳六使。」

是的，時機到了。

[209] 在區域，懸而未決的馬來西亞問題，終於在九月十四日有了答案。聯合國秘書長宇丹宣布，沙巴和砂拉越超過百分之七十的人民贊成加入馬來西亞；他也譴責馬來西亞在聯合國調查期間，宣布成立日期，引起誤會和混淆視聽。

印尼與菲律賓拒絕接受聯合國的調查結果。

馬來西亞的成立似乎不受印尼與菲律賓的反對影響，一股隱秘的反撲力量正在醞釀中。困在越戰泥淖中的美國，於九月十四日派遣副國務卿詹森（Lyndon Johnson, 1908-1973）參加慶典，為馬來西亞歡慶，更為自己打氣。美國需要更多東南亞盟友，卻也進一步刺激左翼的印尼領導人。

馬來西亞成立日適逢新加坡總理李總理四十歲誕辰，新加坡廣播電臺將播送特備節目《時代與領袖》。

馬來西亞成立前一天，宗主國英國送來女王祝賀。

這期間，印尼不斷有反馬來西亞示威。東姑於十五日召回駐印尼與菲律賓大使館人員。

[210] 九月十六日，李光耀四十歲生日，新國家——馬來西亞誕生。李光耀總理在新加坡慶典上宣讀宣言：

> 每一個國家的人民都應該有最莊嚴、神聖，絕不能轉讓的獨特權利，以擺脫外國的統治，追求獨立自主，選擇自己的政府。
>
> 從今天直到永遠，新加坡已經為這個——永遠追求較公平合理的社會，永遠追求國家民族福利、獨立民眾的馬來西亞的一部分。

美國總統甘迺迪（John Kennedy, 1917-1963）通過《美國之音》祝馬來西亞誕生：馬來西亞將對整個東南亞肩負時代使命，為這地區的人民帶來安樂與繁榮。

這一天，三十七歲的英女王伊莉莎白二世（Elizabeth II, 1926-2022）也宣布有喜，這是她的第四胎，將在明年春天分娩。一九六四年三月十日愛德華王子（Prince Edward）出生。

從一九六一年五月二十七日，東姑在新加坡提出「大馬來西亞」計畫，到一九六三年九月十六日，馬來西亞幾經困難，歷經兩年近四個月，終於成立。

馬來西亞成立後，馬來西亞領導人東姑和新加坡領導人李光耀職銜都是Prime Minister；馬來西亞是君主制國家，國家的最高行政首長華文稱為「首相」；新加坡採用一般的華文詞語，國家的最高行政首長、政黨或社團領導人都可稱作「總理」。所以，兩地領導人表面的華文稱謂並不突兀；在英殖民背景下，同時有兩個Prime Minister，是很有趣的事。反觀沙巴與砂拉越的領導人，都是Chief Minister（首席部長）。東姑非常在意這一點，這也是導致新馬後來分家因素之一。

阿都拉．阿末的〈與東姑的對話錄〉引述東姑的話：「我讓新加坡獨立時，他（李光耀）非常想被稱為Prime Minister。你很清楚，沒有一個國家可以有兩個Prime Minister，但我允許了兩年，因為我從來沒有打算留住新加坡。」

馬來西亞成立第二天（九月十七日）宣布，與印尼、菲律賓斷絕外交關係。印尼與菲律賓過後撤回在新加坡大使館的人員，印尼還關閉國家銀行與航空公司。

原本就不被看好的《馬尼拉協定》自動失效。

211.

在歡慶馬來西亞成立之時，新加坡的大選也進入激戰，馬來亞各政黨都越過長堤為友黨助陣，包括東姑。

《南洋商報》報導，慶典進入第三天，全島仍籠罩在節日熱鬧的氣氛裡，畢竟航空表演、花車遊行罕見。

東姑也於慶典第三天（九月十九日）來到新加坡。他說不是為新加坡大選而來，但希望聯盟在大選中獲勝。東姑聲稱，來屆的新加坡政府，無論右派、左派、中立派執政，都可以與中央合作。

第二天（九月二十日），穆爾向倫敦報告：「他（李光耀）對東姑昨天到新加坡介入競選活動大為震怒」（引自《李光耀回憶錄》）。

李光耀認為：「東姑親自出席聯盟的群眾大會，並在會上講話，是事態最嚴重的時候。不管他個人的意願是什麼，巫統領導層和本地馬來人的引力使他迅速介入新加坡的政治。而且，幾個月前，拉薩曾與薛爾克談起，有沒有可能『通過選舉產生一個取代李（光耀）的替代政府』。這意味著巫統不打算讓新加坡州像雙方先前同意的那樣，自己管理內部的事務。這樣我們就須要盡快投入馬來亞的政治，以便維護我們的利益。我本來希望把這場較量至少推遲一屆，如今看來不可能了。」

此刻，新加坡和馬來亞才合併第三天。

212.

新加坡大選投票日為九月二十一日，在成績揭曉前，不妨先從一些資料了解一九六三年的新加坡。九月八日《南洋商報》譯刊自《遠東經濟評論》（*Far Eastern Economic Review*, 1946-2009）的一篇文章〈行動黨執政下新加坡〉，或能看見實際的新加坡：

李光耀總理的人民行動黨政府，並不是亞洲最謙虛的政府，它的政敵及局外人有理由指責他的自大。然而，人民行動黨政府確是今日世界中，效率最高，活力充沛的政府之一。人民行動黨也承襲一些難題，包括屋荒、失業、過分依賴貿易、工業蕭條、未得私人商業的信任，在政治上孤立。

屋荒問題已大致解決，商業信心也很高，目前正全力應對失業問題。單靠貿易的日子已過去，工業化基石已奠定，經濟情況將改觀。

一九六二年資料顯示，購買奢侈品的人逐漸增加：汽車增百分之八、電冰箱增百分之六、收音機增百分之八、攝影機增百分之二十七、酒類增百分之七。

建屋局能在三個月內完成一座十層樓的組屋。過去三年，建屋發展局已完成兩萬兩千三百三十六個組屋單位，可容納約十萬人。

過去四年，已完成三十一所學校，二十七所學校仍在施工中，有十一萬新學生入學。

文章可能配合大選，但不是這份獨立的時事雜誌的路線，而且它過後還與新加坡政府有過好幾回的官司。另外，資料不能造假，一如一九六三年三月二十七日，元首尤索夫在第四屆立法議會開幕時，發表施政方針演說的資料。

213.

一九六三年的大選，也是人民行動黨與社陣的對決。「冷藏行動」後，社陣難得有機會正式挑戰執政黨，肯定得把握機會，確保必勝。

社陣在一線菁英被捕後，以南大畢業生填補。《白衣人》說，李光耀察覺大學畢業生正在崛起：「他們都到在全民投票時，投空白票的選區。受教育較低的議員則『犧牲』到以英文為主的中產階級選區。」社陣黨內一些受教育較低的議員，因新血加入得讓位。

社陣失去一線菁英，在基層基礎深耕下，訴諸悲情與領袖牌，以被拘禁的領袖為海報，特別是林清祥的肖像。人民行動黨也以李光耀為賣點，只用一款競選招貼——李光耀的肖像。新加坡的這場選舉無形中再度成為李光耀與林清祥之戰。

陳六使因不滿政府不承認南大文憑，蹚了這灘渾水，往後九年將被消失，直至一九七二年逝世。他去世四十七年後（二〇一九），陳六使徑（Tan Lark Sye Walk）終於在他倡議創辦的南洋大學，取代原本的南洋谷（Nanyang Valley），出現在校園裡。如果要銘記前人貢獻，一道柏油徑無法通往記憶深處鐫刻的印記。更甚者，雲南幾番風雨，風也瀟瀟，雨也瀟瀟，「賣花人已非江南口音」，笑問客從何處來。

人民行動黨在馬來西亞成立後，民眾仍在歡慶的歡愉中，營造有利氛圍；掌握政府機器，宣傳無孔不入。社陣菁英被捕是雙面刃，對手弱了，但過分打壓，令人反感，像芳林區補選對王永元的打壓。

歡慶中的新加坡面對印馬對抗，社陣在這個時候支持印尼，將支持者推給行動黨。

《李光耀回憶錄》指出：「這時候（投票前夕），馬華公會知道他們無法取勝，寧可讓社陣進入議院，好讓吉隆坡中止州憲法，實行直接的統治，全面接管新加坡——這是他們對一個異常複雜的問題，提出的簡單天真的解決辦法。」

對於大選可能出現的結果，穆爾於九月二十日向倫敦報告：「我預測人民行動黨仍會贏得多數席位，但是，那些我重視的人卻不太樂觀，他們認為，行動黨的議席應該在二十至二十四席之間。不排除社陣獲得多數席位」（引自《李光耀回憶錄》）。

吳慶瑞也告訴《白衣人》，他不樂觀，這是人民行動黨自一九六一年分裂後一直想避開的大選。「如果沒有合併課題，我們還得應對華文教育、語言、文化、工會等課題，我們會輸。」

李光耀則告訴《白衣人》：「很多人擔心我們會輸給社陣。他們把社陣的領導人被拘留，以及所謂我們『把新加坡出賣給馬來西亞』當成選舉的重要課題。」

214.

大選成績在一九六三年九月二十二日凌晨三時揭曉，結果再次重寫新加坡政局。人民行動黨獲得三十七席，社陣十三席，人民統一黨只主席王永元獲一席，其他五黨——特別是派出四十二名候選人的聯盟——和十六名無黨籍候選人全軍覆沒。如果比較之前在國會的議席，行動黨從二十六席增加到三十七席，添十一席；社陣則保持同樣的十三席。

社陣十三名新議員為林煥文、王連丁、李思東、蔣清潭、巴尼、盧妙萍、陳清動、謝太寶、陳新嶸、高棋生、傅孫力、顧泱與黃信芳。當中，林煥文、傅孫力和謝太寶皆為南大畢業生。

社陣主席李紹祖在大選成績揭曉第二天發表文告，指責人民統一黨分散選票，讓社陣失去至少七個選區，連李紹祖在梧槽區也以八十九票輸給行動黨主席杜進才。行動黨另有兩名部長被社陣擊敗，四名部長險勝社陣，包括文化部長拉惹勒南，只以兩百二十票險勝陳仁貴。以無黨籍身分參選的馬歇爾，在安順五人選戰中，排行第四，只獲四百一十六票。

這次大選，六十一萬七千六百四十一名合格選民中，有五十八萬四千四百三十三人投票，投票率為百分之九十五。行動黨獲二十七萬兩千九百二十四票，得票率為百分之四十七；社陣獲十九萬三千三百零一票，得票率為百分之三十二；但是，行動黨獲三十七席，社陣卻只得十三席。這說明在選票上，行動黨贏得不多，社陣輸得不多，輸贏在戰略。

東姑對巫統候選人失敗感到震驚，對新加坡馬來人不再支持巫統感到不解。他說：「新加坡巫統黨員中，必定有一些叛逆分子，使得那裡（新加坡）的馬來人改變心意。」

若干年後，李光耀告訴《白衣人》，這次勝選是「所有的馬來人、印度人和受英文教育的人都投票支持行動黨，因為他們希望合併，而且認為另一邊是親共的」。

又一個新時代開始。前兩任首席部長馬歇爾與林有福正式結束他們的政治生涯，社陣主席李紹祖與人民統一黨主席王永元也近尾聲。李紹祖「告別的年代」將苟延至一九八八年。

未來，獲得三十七席的人民行動黨在議會擁有超過三分之二的席位，開始其一黨獨大至少半世紀（計至二〇二〇年大選）。社陣已成為弱勢反對黨，在其主席操作下，將自取其亡，雖然它一九八八年才解散。聯盟與其成員黨——人民聯盟、巫統、馬華公會與印度國大黨一起玩完，證明東姑無法越過新柔長堤。

人民行動黨經歷各種不利因素跌到谷底，再從谷底爬上來，期間多有做工粗糙，遭遇惡評。但是，「革命不是請客吃飯……不能那樣雅緻……文質彬彬，那樣溫良恭儉讓……」一九二七年，三十四歲的毛澤東如是說。

（五十七）陳六使的公民權及其悲劇（一九六三－一九六四）

215. 新時代從釐清舊帳開始，亦是承諾的實現。

選舉於一九六三年九月二十一日落幕，第二天（九月二十二日）政府宣布，取消陳六使的公民權。五百七十字的文告重點包括：

- 他（陳六使）曾經積極與堅持地，和南洋大學的反國家共產黨活動隊伍合作，這群人以前是共產黨控制的新加坡華文中學學生聯合會的鼓動者。他曾經公開地與大肆叫囂地干預這次選舉，簽發由這些共產黨以社陣候選人身分起草的聲明，抨擊政府，以他的所謂保護華文、文化和教育當藉口。

● 陳六使給這些親共隊伍的適時合作已很久。他曾經故意地，繼續給這些危險、顛倒性的反國家分子掩護，使他們通過種族社會跟種族偏見來引起災禍。陳六使曾以為他的財力跟共黨力量，對於他和共產黨的輕率與危險性的合作，會得到豁免權利。本政府已決定，不管任何人財富和社會地位如何，都不能夠讓他泰然地成為共黨的傀儡，危害新加坡的安寧與繁榮，以及馬來西亞的和諧與團結。

既然文告認為，南洋大學出現「反國家共產黨活動隊伍」，也預告這些「危險、顛倒性的反國家分子」將被逮捕。

據知，陳六使於一九五五年歸化為英籍民，一九五八年獲新加坡公民權。

《南洋商報》記者在政府宣布取消陳六使公民權的當晚與第二天走訪陳六使，陳六使對公民權的事不表示意見。

人民統一黨第二天（九月二十三日）發表文告，認為政府「太過分，但亦譴責政客利用陳氏，使南大犯介入政治過錯」。

教育部長楊玉麟在這一天（九月二十三日）會見南大理事會成員，但十人沒到場，包括陳六使。楊玉麟說：「上星期，一輛又一輛的巴士將整批學生載去幫社陣宣傳。陳六使雖然一再強調，不讓南大學生搞政治。可是，這次大選，南大學生已捲入政治。」楊玉麟強調，政府誠心要解決南大問題，使南大不再讓人利用作為政治宣傳。

這一天晚上，李光耀與二戰死難者日本索償委員會開會。談起南大問題時，他說：「南大問題有二，一為華文教育問題，一為小部分共產分子的顛覆活動問題，兩個問題必須分開處理。政府支持南大，並非意味著害怕陳六使的力量。」

兩天後（九月二十五日），李光耀於浮爾頓廣場上舉行的午餐群眾大會演講，談到南大問題時說，南大是訓練幹部重要的養育所，陳六使在大選期間的行動是一個計算好的行動與一場賭博。李光耀透露，陳六使在選前將華僑銀行和華聯銀行的股票全賣掉，並且準備離開；他也將財產轉交給孩子。

《李光耀回憶錄》則表明：「我們決定對一些知名人士採取行動，以期收懲一警百之效。這批人曾替共產黨人出面做事，他們以為憑自身的財富和他們在說華語或方言社群中的地位，就可以免受懲罰。在我們的名單裡，陳六使名列榜首。……我心裡早就盤算著，一旦政府具備政治實力，將會找他算帳。」

216.

一九六三年九月二十五日李光耀在浮爾頓廣場的群眾大會上，也談到馬共全權代表。他說，馬來西亞內政部長伊斯邁曾三次問過他，全權代表的身分，東姑也曾問過一次。現在，內政權握在馬來西亞手中，他必須告訴伊斯邁全權代表的身分。李光耀在會上說，在他透露全權代表的身分之前，他給全權代表兩個星期離開這個國家。

不過，《李光耀回憶錄》糾正：「全權代表在全民投票不久，便離開新加坡到印尼廖內群島去，然後通過信使指揮新加坡的地下部屬。」

根據黃明強口述文章，方壯璧於一九六二年十一月——全民投票兩個月後，離開新加坡到印尼去。這不禁讓人想起，一九五七年新加坡馬共領導人余柱業，在北京向馬共國外局書記章傳慶彙報新加坡的情況後，章傳慶讚賞人民行動黨反殖民地政府，並給予全力支持，「全權代表」因此產生。

一九六四年年底，余柱業籌組馬來亞民族解放同盟（Malayan National Liberation League），方壯璧真的成了全權代表，負責星洲工委會。一九六六年五月中，中國掀起文化大革命，方壯璧同時在其印尼小圈子搞文革，對付之前不滿他後被辭職的黃明強，直至一九七〇年，方壯璧到北京，陳平要他停手。一九七四年，方壯璧離開印尼。

全權代表雖然於一九六二年離開新加坡，但他與李光耀還是在往後的歲月有三次的聯繫。全權代表還真的習慣以「點式」突擊的方式與李光耀聯繫。第一次是在一九九〇年，這是兩人於一九六一年最後一次見面的二十九年後再聯繫，方壯璧通過他過去的上司余柱業轉告李光耀，希望兒子能回新加坡。李光耀答應。

不久，方壯璧通過一名新聞工作者，交給李光耀一封信，表示「尋求和解」，李光耀不做反應。沒多久，方壯璧又來信，希望能回新加坡。李光耀於一九九二年三月回信，他已不當總理，而且，馬共成員回新加坡都有條件，包括與馬共斷絕關係，交代過去在馬共的活動，直到內政部滿意為止。方壯璧表示很失望，不能接受。

兩人最後一次見面是在一九九五年八月二十三日。一九九五年李光耀訪問中國，在北京的方壯璧通過新加坡大使館寫信給李光耀，要求見面。七十二歲的李光耀在釣魚臺賓館見了小他一歲的昔日對手，形容他「垂垂老矣，身形略胖，跟當年雄心勃勃和瘦削的他，已截然不同」。他們以華語交談，三十四年前方壯璧請李光耀喝啤酒，這回李光耀問他要啤酒、葡萄酒或茅臺，方壯璧以健康為由，選擇中國茶，並感謝李光耀讓他兒子回新加坡。李光耀察覺，「談話的時候，他表現得彷彿他的地位如五〇年代」。方壯璧要求跟李光耀談他和另外三十多名同志回新加坡的條件，「在採取溫和的方式未能達到目標後，他的語氣變得強硬起來。」告別前，方壯璧要求跟李光耀、李夫人合照。李光耀說：「我樂得跟這個神秘的地下領袖合照留念」，「他曾叫我感到畏懼，摘下地下活動的威力和神秘面紗，眼前的他看來像個毫無威脅的老人」。

方壯璧的回憶錄封面有兩人握手的照片，內文卻完全沒提到，不想留下這段內容，卻讓李光耀擁有所有的話語權。

方壯璧於二〇〇四年在泰國南部也拉府（Yala）的勿洞（Betong）逝世，終年七十八歲。此時，勿洞已不是神秘的馬共據點，而是以馬共據點發展為旅遊區。

馬共於一九八九年十二月二日與馬來西亞及泰國政府簽署和平協約，最後一批一千一百八十八名馬共成員走出森林，結束馬來亞共產黨五十九的歷史。

有兩對馬共成員夫妻返新加坡定居。

217.

陳六使的公民權被褫奪，南大理事會新主席未產生，一九六三年九月二十六日凌晨二時，馬來西亞中央政府逮捕二十名負責策動南大和華文中學學生的領袖，包括七名畢業生與五名在籍生，其中三人王發祥、林健生、謝醒民五天前曾參與選舉。

馬來西亞警察總署文告說：

警方人員往南洋大學逮捕親共學生，正當最後四輛滿載警員的汽車準備離開學校時，數百名學生上前包圍他們。這些學生在這之前先將該校大門鎖上，並將一座學校看守員的木屋推向前，擋住汽車。學生接著投擲玻璃瓶與石塊，造成兩名司機受傷，汽車遭破壞。學生也放掉汽車輪胎裡的空氣。至此，當局不得不增加警力支援，驅散學生，警車方能離開。混戰中，有數名學生受傷。

新加坡政府也發表聲明，必須把南大的共產黨與南洋大學分開。

學生過後向《南洋商報》記者敘述，約凌晨二時，十二輛警車開進校園，拘捕一批學生。有學生上前干涉，要求通知副校長、院長或其他老師。警方沒接受，一些警車已離開。這時，有學生將校門關上，要求未離去的警員聯繫學校負責人。警車內的警員發現去路被阻，以無線電話向外求救。十五分鐘內，兩輛鎮暴車開到，警方和學生三度對峙約十五分鐘，數名警員和學生受傷。

從凌晨三時到早上六時，鎮暴警隊不停地搜尋，律師馬歇爾也趕到現場，為被捕的學生辦理擔保手續。約六時三十分，警方離開校園。

凌晨四時，南大學生宿舍外，千餘名學生抗議，拉布條寫標語。早上，學生掛起罷課的標貼，副校長莊竹林趕到後，勸學生照常上課。

學生會開會後，致電文東姑，要求立刻釋放學生或公開審訊，並停止逮捕與維護學生安全。

早上十一時過後，校園內的布條與標貼都被拿下，下午照常上課。

這是人民行動黨「南大課業」的開始，直至一九八〇年南大關閉為止；一九八一年，在南大校園原址開辦南洋理工學院，這門「南大課業」方告一段落。一九九一年，南洋理工學院升格為南洋理工大學。

招募南大畢業生加入該黨競選的社陣在九月二十六日發表兩則聲明，一、指取消陳六使公民權，是濫用國家權力一例。二、對三名候選人及南大學生被捕，極力譴責政府鎮壓人民，要求立刻無條件釋放所有被拘捕者。

社陣的時代已過，聲明顯得無力。這次的逮捕讓人聯想到林有福在位時的兩次拘捕行動，只是現在換成馬來西亞中央政府；做壁上觀，坐享漁翁之利的，依然是人民行動黨。

218.

前首席部長馬歇爾在這次逮捕事件中，找到他的角色。

離開政壇後，馬歇爾繼續其律師生涯。在四十三年的律師生涯中，馬歇爾曾辦理多起轟動的刑事案，是著名的刑事案律師；他的正直、謙卑與誠懇是律師界晚輩尊敬與學習的對象。

一九七八年，馬歇爾從法律界退休後，當時的外交部長拉惹勒南委任他為新加坡駐法國大使，開始他十五年的大使生涯，前後派駐法國、西班牙、瑞士和葡萄牙。一九九三年，馬歇爾回國，兩年後（一九九五）因肺癌病逝，享年八十七歲。

219.

幾乎與政府逮捕南大和華文中學學生同個時候，一九六三年九月二十六日與二十七日，加東公園連續兩晚發生神秘爆炸。第一晚在加東公園外的路上爆炸，第二晚在加東公園內。加東公園夜裡是情侶談情說愛的地方，幸好無人傷亡。

人們過後才曉得，這是印尼與馬來西亞對抗，在新加坡放置引爆炸彈之始。

220.

事發後一直不作聲的陳六使於九月二十七日開口了，沒說褫奪公民權的事，而是交代自己在南大的工作移交。他說：「南大的事到本月三十日，全部將交由（副主席）劉玉水先生主持。」他透露，已口頭請辭南大理事會主席，但理事會稱未接獲信件。

陳六使為失去公民權上訴，調查庭十一月一日開庭，直至第二年（一九六四）七月十七日，政府宣布接受調查委員會的建議，褫奪陳六使公民權。整個事件持續近十個月。

調查庭一千字的報告，主要複述李光耀之前的指控，同時「舉出一項有關事實」：「其他政黨雖有南大畢業生作為候選人，但陳六使僅積極協助社陣中的親共集團。」委員會認為：「陳六使出於極端種族主義情感，曾故意任人利用，以促進共產黨在馬來亞的目的。」

調查庭結論：「委員會一致認為，陳六使曾從事妨礙馬來亞安全及妨礙維持馬來亞公共秩序的活動。」

　　這時候，中、西、印、巫商會聯合向新加坡的註冊社團發出消息，將在九月二十九日設宴歡迎李光耀與其他官員，祝現任政府繼續執政。有意派代表參加的團體，可向中華總商會報名。

第八章　第二隻信天翁（二）：種族之亂

二十五、打李悍將

（五十八）巫統尋找「戰犯」及其不祥預兆（一九六三）

221.

對於一九六三年選舉的結果，東姑於九月二十七日來新加坡發表群眾大會，算是對這次選舉的總結。東姑指出：「人民行動黨因共產黨而受惠，它利用人民恐懼共產黨的心理，獲得他們的支持。」

至於巫統的敗選，他重複大選隔天的談話，指責「出賣」巫統的馬來人。東姑也宣布，從當下開始，新加坡巫統屬馬來西亞巫統的一部分，他將親自指揮新加坡支部事務。

他強調：「在馬來亞，我們維持和平與種族和諧，但新加坡有點不同。這是一個將考驗我們的多事局面。絕不要讓華人和馬來人或其他種族之間發生糾紛。……可是我們得當心那些叛徒，他們將設法使華人來對付我們。」

針對新馬關係，東姑表明：「馬來西亞並不意味著吉隆坡統治新加坡或砂拉越。我們同心協力在一起，只有一個目的，就是彼此的安全與繁榮。我們從來沒有意圖要將任何一州化為殖民地。新加坡也許覺得馬來亞九州希望統治新加坡。如果是這樣，馬來西亞可以用武力做到這一點。不過，這並不是我們的目的。如果新加坡覺得它是單獨的，並只顧自身利益。那麼，它當初就不應該加入馬來西亞。」

新馬才於九月十六日合併，新加坡九月二十一日大選。在新加坡敗選的東姑有必要「親自指揮」新加坡的巫統，並說出「如果新加坡覺得它是單獨的」，「當初就不應該加入馬來西亞」的話嗎？這不是分手前夕的戲碼嗎？兩地才合併十天。

東姑過後委任他的親信，農業及合作社部長佐哈里（Mohamed Khir Johari, 1923-2006）整頓新加坡巫統。

多名巫統領袖也在這次大會上，指責人民行動黨在舉辦勝利遊行時，行為放任。巫統宣傳主任賽·加化·阿峇（Syed Jaafar Albar, 1914-1977）為調查這件事來新加坡。他警告李光耀，人民只能受騙一次，不會永遠受騙。他提出巫統支部的要求，人民行動黨及其三個以馬來人為主的選區——南部島嶼、甘榜景萬岸和芽籠士乃的議員道歉。

賽·加化是這時期新馬關係的「打李悍將」，未來他將有更「傑出」的表現。

他透露，李光耀在兩天前（九月二十五日）以電話道歉，但他們不滿意。他將一份包含三項要求的備忘書交給東姑，以便徹查。《李光耀回憶錄》則解釋，他道歉是因為巫統指責人民行動黨黨員在勝選後，恐嚇馬來人，將爆竹丟進他們家裡。後來調查，指責沒有根據。

李光耀也在《回憶錄》記述，賽·加化在九月二十四日來新加坡途中的新山集會上誓言，只要李光耀在馬來西亞的國會露臉，他便會「整」李光耀。賽·加化在新加坡召開的群眾大會，群眾激動與憤怒，燒毀李光耀的模擬肖像。

這是不祥的預兆，人們似乎忘了，合併談判了兩年才換得，現在則回到比原點更糟的局面。

（五十九）社陣罷工失敗及其黨員聲明反共（一九六三）

222.

巫統雖不滿新加坡，來到左翼問題，仍以大局為重。

新加坡三十六個工會團體為抗議政府吊銷註冊與凍結基金，於十月七日召開執行幹事大會，會議一致通過，七個遭政府吊銷註冊與凍結基金的工會，將於十月八日與九日號召屬下五萬名工人罷工。另外，社陣的新加坡職工會聯合總會屬下二十九個職工會也配合，將於十月九日總罷工。

十月八日凌晨二時，新加坡政府突擊逮捕新加坡職工會聯合總會十五名領袖，包括社陣議員巴尼、李思東和盧妙萍。新加坡警察聲稱受中央之命行動。

馬來西亞內部安全部長同時發布文告，逮捕的是共產黨周邊組織領袖，他們計畫在十月八日及九日發動全國性罷工，製造不安的局勢。

新加坡職工會聯合總會的七個工會，在領袖被逮捕後繼續罷工，其他二十九個工會也加入，發動總罷工。罷工影響許多行業，大部分的華人巴士都停業。

三個左翼工會——新加坡商行僱員聯合會、泛星各業職工聯合會和新加坡電車工友聯合會——反對工會領袖利用工人作為政治工具，反對罷工。政府對這三個工會和三十五位代表的立場表示歡迎。

到了十月九日，新加坡職工會聯合總會屬下三十六個工會決定取消罷工，並於十日復工。

一百三十七人因非法罷工被拘捕。

原本說好兩天的總罷工，在經過一輪逮捕後，罷工取消，預告左翼與工會未來的結局。

223.

新加坡政府於一九六三年十月十七日公布州首屆內閣九名部長名單，同時也將在本月二十二日選出十五名中央國會下議院代表，人民行動黨十二人，社陣三人。人民行動黨十二人已選出，除了九名部長，還有三名議員拉欣・伊薩（Rahim Ishak）、黃循文和何思明。社陣的三名中央國會下議院代表為林煥文、高棋生和謝太寶。十五名新加坡中央國會下議員，將於十一月二日赴吉隆坡參加就職典禮。

上議院議員方面，李光耀提議中華總商會會長高德根，東姑則推薦新加坡巫統副主席阿末・哈芝・達夫（Ahmad Haji Taff）。

新加坡州第一屆立法議會議員於十月二十二日宣誓就職，七人缺席，除了人民行動黨兩名議員在國外公幹之外，其他五人都是社陣議員，三人——巴尼、李思東和盧妙萍於十月八日被捕，兩人——陳新嶸與黃信芳「失蹤」。

這是新加坡第一屆，也是最後一屆州議會。這屆議會未滿期，新加坡便退出馬來西亞。

十一月一日，雅加達電臺廣播，一批從馬來西亞逃到印尼的政治犯與其家眷，已允許在印尼居留。這些人包括兩名「失蹤」的議員。三天後（十一月五日），兩名「失蹤」的議員陳新嶸與黃信芳聯名致函立法議會議長，「對中央政府摧殘基本民權感到不安」，他們「決定採取自衛措施，避開警方耳目」，請求議長批准他們「請假缺席」，直到當局保證他們執行反對黨的職務與人身安全為止。

兩名議員的請假於十一月十九日獲代議長巴克批准，議長的回信寄到社陣總部，維多利亞街四三六C。另外，三名被捕的議員巴尼、李思東和盧妙萍亦申請請假，也獲代議長巴克批准。獲准請假的議員，往後可以不必出席立法議會的任何會議，至任期滿。

224.

馬來西亞中央政府於一九六三年十一月二十八日釋放「冷藏行動」中被拘捕的三名社陣成員中委林使賓、法律顧問詹姆斯．普都遮里與副主席兀哈爾。

林使賓在三百字的聲明中說：「最大願望是永遠脫離政治。」三十九歲的詹姆斯．普都遮里則在四百字的華文譯本聲明書中表明：「我再也不願意涉及我所反對的共產主義……我支持馬來西亞……在我來說，最明智的事，是脫離所有政治及職工活動。」三十一歲的兀哈爾以譯成華文後兩百八十字聲明直言：「我要絕對清楚地說，我是反共的。」三人都必須回返長堤以北，不能來新加坡。往後，所有被拘留的人，在釋放前夕，都會在報章上刊登其聲明書，有者甚至上電視接受訪問。

（六十）印尼武裝破壞及其對社陣殺傷力（一九六三）

225.

一九六三年的最後一個月，有三項指標性的事件值得關注。

先是十二月六日，英國兩架可以裝核彈頭的V型轟炸機，飛抵新加坡登加基地。《星洲日報》報導，兩架轟炸機每機有五名飛行員，每架轟炸機的載彈量為一萬七千磅（約七千七百公斤）。

英國皇家空軍基地新加坡發言人否認與馬印緊張局勢有關，此行主要目的為例常飛行訓練。「此類型轟炸機以前也曾飛來新加坡，另有數架轟炸機將在日內抵步。」

「例常飛行訓練」爾後又有「數架轟炸機將在日內抵步」，就是軍事演習。「此類型轟炸機以前也曾飛來新加坡」替日後的報章證實，他們報導的「解密文件」內容無誤。

V型轟炸機抵步如此大動作宣傳，不只警告印尼，也告訴全世界，新加坡擁有核武器。

226.

再來是印尼的武裝分子。

英國V型轟炸機來新加坡「例常訓練」三天後（十二月九日），波東巴西附近的信立新村還是發生爆炸，炸死兩人。這是這一年的第五宗神秘爆炸案。

繼九月二十六日與二十七日兩天的加東公園爆炸案後，十月六日加東公園外馬路又有神秘爆炸，接著十一月二十七日摩綿路也發生爆炸。

從歷史我們知道，最嚴重的爆炸案是在一九六五年三月十日，在麥唐納大廈（MacDonald House）。

馬來西亞成立後，印尼干擾的動作不斷，包括國內反英、反馬示威，婆羅洲的沙巴、砂拉越與印尼的邊境不斷有事故，也有民船遭印尼海軍攔截。為邊境安全，馬來西亞加強海軍武裝巡邏艇，在馬六甲海峽和新加坡海峽做防禦性巡視。

這期間，印尼也將印度洋改名為「印尼洋」，新加坡海峽改名為「峇淡海峽」，馬六甲海峽改名為「蘇門答臘海峽」，先在宣傳上占優勢。

到了十二月十八日，新加坡總理李光耀在國會上透露，中央政府粉碎一個印尼與本地的第五縱隊組織，及時維護新加坡的巴西班讓發電廠、新加坡和柔佛之間的大水管和鐵路等。二十四人遭逮捕，包括五名印尼人，十八名馬來人和一名華人，同時搜獲大量的炸藥與武器。

李光耀透露，去年（一九六二）中有五十名新加坡人和七十名馬來亞人，到印尼參加解放西伊利安（Irian，今巴布亞，Papua）。這一百二十人去年底回馬來西亞，印尼在新加坡和吉隆坡的大使館和領事館一直與這些人保持聯絡。今年四月至九月，他們中一些人到峇淡島西北的實古邦島（Sekupang）受訓。

新加坡水警也在十二月十八日於棋樟山近公海的水域，發現三艘印尼武裝砲艇，它們在追逐兩艘小船，隨時會進入新加坡領海。馬來西亞海軍接獲通報後趕到現場，印尼砲艇回到自己的水域，兩國海軍對峙；四架馬來西亞皇家空軍噴射機隨後掠過新加坡的棋樟山，過後形勢漸緩。

截至一九六三年結束，共三十三名印尼武裝分子被捕，其中兩人是新加坡巫統黨員，一人是印尼總領事館秘書，另一曾參與西伊利安志願軍。

警方也在追緝二十七歲的印尼駐新加坡總領事館新聞處高級官員，他原為海軍上尉，是實古邦訓練營第二號人物，他在印尼領事館關閉後，喬裝為商人在新加坡活動。實古邦訓練營的首號人物為印尼駐新加坡總領事館的海軍參贊萬蒙巴多諾，他也是一名海軍上尉。

歷史告訴我們，蘇卡諾在美國支持下，擺脫荷蘭，獲得獨立。因此，美國此刻的立場是為關鍵。

《李光耀回憶錄》分析，英國外交部估計，美國人擔心英國會被印尼的對抗拖煩，最後迫使美國挑起這副重擔；美國人也害怕蘇卡諾一旦被挫敗，使非共政府名譽掃地，把印尼送給共產黨，將威脅美國在菲律賓的基地。

一 227.

一九六三年結束之前，前首席部長林有福接獲新任務，他將於一九六四年一月十六日出任馬來西亞駐澳洲與紐西蘭最高專員，結束其政治生涯。

離開政壇的林有福人生更精采。他到澳洲一年半後，新加坡獨立，他入籍馬來西亞，留任駐澳洲高級專員。

兩年後的一九六六年六月十一日，一個尋常的星期五，林有福突然失蹤。一名認識林有福的澳洲記者說，林有福使用另一名字，搭乘內陸航班前往雪梨，他身穿運動裝，沒帶行李。馬來西亞官員則透露，林有福兩個月來一直接受醫藥治療。

在澳洲警方和馬來西亞政府全力搜索之餘，東姑也呼籲：「我的好友，回來吧！歡迎你，我樂意讓過去的事成為過去。」似乎有弦外之音。

八天後（六月十九日），林有福意外地在一名雪梨旅店老闆敏森・勞斯（Vincent Laus）的陪同下，回到坎培拉。勞斯聲稱，他在雪梨街頭遇見流浪的林有福，發現他身體不適，把他帶回旅店，才發現警方正在找他。馬來西亞政府則拒絕評論。林有福去世後兩年（一九八六）出版的自傳《反思》（*Reflections*）裡透露，失蹤是與妻子謝金娘（Chia Kim Neo）感情生變，導致情緒崩潰，才選擇到雪梨。

一個月後（一九六六年七月）林有福返回吉隆坡，改任外交部副秘書長（特別職務）。但是，只當了兩年（一九六八年八月）便辭職，馬來西亞政府在他辭職三個月後，摘除他「敦」的頭銜。敦（Tun）是馬來西亞榮譽制度稱謂之一，是獲第一等護國有功勳章（SMN）與第一等王冠效忠勳章（SSM）者的頭銜。

林有福之後搬到馬六甲，接著與妻子的關係破裂。他於一九七二年七月皈依伊斯蘭教，並遷至沙烏地阿拉伯的麥加，改名哈芝・奧馬・林有福（Haji Omar Lim Yew Hock），娶了一名伊斯蘭教華裔女子哈賈・哈絲娜・阿都拉（Hajjah Hasnah Abdullah）為妻。一九八四年十一月三十日突然於家中逝世，終年七十歲。

228. 還是一九六三年，最後兩個月。李光耀有幸，兩次出現於中國《人民日報》，一次是正面的，另一次則是負面報導。

先說負面的。十一月十六日《人民日報》報導，印尼共產黨主席艾迪於十月三十日在雅加達一所學校開學發表談話，新聞寫了簡短的引文後，刊登艾迪兩千字的講話全文。四十歲的艾迪談到反對馬來西亞時說：

> 馬來西亞究竟是什麼？無非是英帝國主義那一套，他們匆匆忙忙地跑，還沒進廁所就屁滾尿流，連解褲帶都來不及解開。拉赫曼（東姑）、拉札克（拉薩）、薩頓（桑迪斯）和李光耀等人，就是這樣從英國的褲襠裡鑽出來的。馬來西亞就是這樣匆匆忙忙和非常勉強建立起來的。

這樣的講話，在本區域肯定沒有人理會。但是，印共作為海外「兄弟黨」，中國必須支持，何況他還在一九五六年見過毛澤東。新聞的標題較溫和：「艾地（迪）主席在印尼中央合作社學校開學典禮上講話／農民或農村問題是關係革命勝敗的問題」，重點導向「農民或農村問題」。

艾迪於一九六五年十一月二十二日在中爪哇被蘇哈托的軍隊殺害，毛澤東寫了一首〈卜算子・悼國際共產主義戰士艾地同志〉：

> 疏枝立寒窗，笑在百花前。
> 奈何笑容難為久，春來反凋殘。

殘固不堪殘，何須自尋煩？
花落自有花開日，蓄芳待來年。

中國對李光耀的印象應該不會太壞，否則便不需要三番幾次準備與他接觸，而且《人民日報》之前已做三次正面的報導。但是，海外「兄弟黨」更重要。

李光耀再上《人民日報》是一九六三年十二月十八日，標題為「新加坡總理就我政府建議覆函周總理」。內容主要是李光耀答覆周恩來，關於全面禁止、徹底銷毀核武器，以及建議召開世界各國政府首腦會議等議題。《人民日報》刊登李光耀覆信全文：

北京中華人民共和國國務院總理周恩來閣下：

貴國政府一九六三年八月二日來函已經收到。由於種種原因，覆信延至今日始能寄出。

新加坡政府認為，一切爭取廢除核戰爭的努力都值得支持。如果能夠消滅一切核武器，從而減除核戰爭的危險，則全人類必將因此而感到萬分欣慰。任何走向此一崇高理想的步驟，必將受到我們積極的回應。

順致崇高的敬意。

新加坡總理　李光耀

一九六三年十一月三十日

中國領導人實在沒有必要寫信給馬來西亞一州的領導人，談禁止與銷毀核武器，比較合乎外交的做法，是將信寫給馬來西亞首相東姑。中國的潛臺詞是，他們知道新加坡擁有核武器，除此，也了解新馬的政治結構。好玩的是，不到一年後（一九六四年十月十六日）中國也在新疆試炸核子彈，並在《新聞公報》聲明：「中國核子試驗成功，是中國人民加強國防、保衛祖國的重大成就，也是中國人民對於保衛世界和平事業的重大貢獻。」

《人民日報》刊登的李光耀覆函通過外國通訊社「出口轉內銷」，於十二月十九日在本地報章刊載。這次形象還是「正面」的，也是李光耀最後一次在《人民日報》上，以「正面」的形象出現，這之後李光耀便成了「帝國主義者的傀儡」，「美帝馴服的走狗」。

《人民日報》要在一九七二年以後，才慢慢改變對李光耀的「形象」，到了一九八〇年，李光耀成了「中國人民的老朋友」。據統計，李光耀在《人民日報》當了九十四次「傀儡」，十二次的「中國人民的老朋友」。

李光耀曾見過六位中國領導人，包括毛澤東、華國鋒、鄧小平、江澤民、胡錦濤與習近平。自一九七六至二〇一五年三十九年間，李光耀共訪中國三十三次。

二十六、盟友與老友

（六十一）行動黨參與馬大選及其折損（一九六四）

229.
成立三個多月的馬來西亞，進入一九六四年已開始倒數。所有的事件都具戲劇性與錯綜複雜的前因，導致這一年的「後果」，以戲劇化的結局結尾。

這一年，馬來亞將舉行第二屆下議院選舉，也是馬來西亞的首屆選舉。一月十七日，拉惹勒南在他的選區——甘榜格南慶祝勝選晚宴上說：「人民行動黨現在應該將自己視為全國性政黨，協助建立一個繁榮、獨立與和平的馬來西亞。」

三天後（一月二十日），李光耀以東姑私人代表的身分，率團訪問非洲。《李光耀回憶錄》憶述，出發當天，行動黨先召開宣傳協調會議，課題包括「人民行動黨參與馬來西亞來屆大選是否有好處」。《回憶錄》說：「如果有（好處）的話，行動黨準備派出幾名候選人象徵性的競選。他們可以等我回來才做決定。」

在李光耀訪問非洲期間，在馬來亞出生的拉惹勒南、杜進才和王邦文都不想缺席選舉，說服人民行動黨中委會，參與馬來西亞大選。

李光耀於二月二十八日返國，第二天（二月二十九日）馬來西亞憲報公布，國會將於三月一日解散。媒體報導，大選將於三月二十一日提名，四月二十五日投票。

三月一日，人民行動黨主席杜進才在新加坡淡米爾報《淡米爾之聲》（*Tamil Murasu*）創刊典禮上宣布，人民行動黨決定參加馬來西亞的大選，但是無意與中央及巫統競爭，目的是與中央及巫統合作，協助促進馬來西亞成功。因此，他們只是在大選中象徵性地競選，目的在於成為一個全國性政黨。

但是，「協助建立一個繁榮、獨立與和平的馬來西亞」，「協助促進馬來西亞成功」的宗旨無法說服吳慶瑞，他反對人民行動黨參加馬來西亞的大選，認為會與中央關係惡化。李光耀則「抱著保留的態度」。他在《回憶錄》裡表明：「我曾經向東姑保證，行動黨不參加馬來西亞的大選；東姑也保證，不參加新加坡的選舉。不過，他已違反諾言，因此我不再受諾言約束，決定遵從行動黨中委會的決策。」

三月十一日，人民行動黨在馬來西亞註冊獲批准，該黨也在吉隆坡成立競選總部。一個星期後（三月十八日），馬來西亞選舉委員會主席慕斯達法・巴卡里（Maustapha Albakri, 1902-1972）警告，非聯邦公民參與選舉屬違法。不過，他隨即在第二天（三月十九日）發表聲明，根據總檢察長意見，新加坡公民即馬來西亞公民，可以在選舉中參與協助工作。

人民行動黨也在三月十九日公布競選宣言：

一、根據社會平等和非種族主義原則，建立統一、民主與社會主義的馬來西亞；

二、制止社陣趁機贏取反對馬華的選票。

此外，宣言也分析社陣與泛馬回教黨參選如果獲勝，以及對馬來西亞帶來的不利。

第一點日後發展成「馬來西亞人的馬來西亞」，只是，這樣的理念在馬來西亞有市場嗎？第二點則一廂情願，人民行動黨參選肯定分散馬華公會的選票，在馬華公會看來，只是老問題新上演——馬來西亞華人代表之爭。

馬來西亞大選於三月二十一日提名，七個政黨包括聯盟、馬來亞社陣、泛馬來亞回教黨（Parti Islam Se Malaysia，今馬來西亞伊斯蘭黨）、人民進步黨、民主聯合黨、人民行動黨、國民黨參與競選。聯盟由巫統、馬華公會與印度國大黨組成；馬來亞社陣則由人民黨、勞工黨與國民議會黨組成。七政黨與四十六名無黨籍候選人共一千零四十六人，兩百八十人角逐一百零四個國會議席，七百六十八人角逐兩百八十二個州議席。這一屆選民共兩百七十六萬人。

人民行動黨派出十七人角逐十一個國會議席和十四個州議席，後來發現兩名分別參選國會與州議席的候選人，對手是巫統候選人，於是退出這四區的競選，變成十五人競選九個國會議席和十二個州議席。

230.

提名日第二天（三月二十二日）晚上，四十一歲的李光耀在吉隆坡人民行動黨的群眾大會上說：

> 一九六四年四月二十五日可能是馬來西亞歷史上，一個大步走向社會變革的新時代。如果馬華在大選中失敗，行動黨如在大選中崛起，一定影響聯邦政府過去的政策。這足以影響馬來西亞數百萬人的命運。
>
> 行動黨在全馬派出九名候選人，加上新加坡原有的十二席，共二十一席。這極可能成為國

> 會中，巫統之外最大的政黨。從我們過去的記錄，你可以想像未來五年，這二十一席構成的威力何等深遠。
>
> 如果他們中選，證明至少城市的人急切須要變革，急切等待更公平合理的社會出現。如果是這樣，四月二十五日之後，即使巫統也不得不接受這種合理的變革。

這番言論讓人聯想起三月一日行動黨主席說，「無意與中央及巫統競爭」，「只是在大選中象徵性的競選」。

第二天（三月二十三日）馬來西亞副首相敦拉薩反駁：「過去四年，變革浪潮已橫掃馬來亞，明眼人都看出馬來亞市鄉人民、社會與經濟的巨大演進。不真正關懷馬來亞的人，覺察不出這種演進。」

到了三月二十五日，巫統「打李悍將」賽．加化發表文告：「李光耀談革命是在走險路，我想問李光耀，什麼是社會革命？書本上對社會革命定義是，與固有的政治、經濟與文化秩序直接對抗。李光耀是否倡議廢除馬來西亞蘇丹？或者他指的是，橡膠園與錫礦國有化？」

進入第二個星期，選情更激烈，言論更刺激。三月二十八日東姑對各反對黨的攻擊做總答覆，針對人民行動黨，東姑說：

> 如果沒有聯盟和馬來西亞，我不相信人民行動黨能夠生存。
>
> 聯盟即使只剩下五個馬華會員或五個印度國大黨會員，我們仍緊緊地站在一起，團結在共

同目標下。其他政黨可能在盟友幫完他後，將盟友投入水中，但巫統絕不會這麼做。新加坡總理的行徑含不當成分。他是馬來西亞一個州的行政首腦，但仍然公開地，以及在競選講臺上，批評聯盟的領導。

在芙蓉，李光耀以華語說我沒有能力領導國家，如果新加坡總理是屬於反馬來西亞的政黨，我能理解他的批評。

第二天（三月二十九日），在居鑾群眾大會上，李光耀否認在芙蓉的演說中傷東姑——說東姑沒有能力領導國家。李光耀說：「東姑令人覺得最可親的特質之一，就是對老友忠誠。馬來西亞現在面對的難題，一半由這些『老朋友』造成；他們很技巧和刻薄地利用東姑的忠誠。為了使本邦不受傷害，我們需要從諸如陳東海與許啟謨上議員、敦林有福所謂『朋友』手中救出東姑。」

陳東海（一九一四－一九八五）生於新加坡，曾任《新加坡虎報》總編輯，時為馬華公會執行秘書、聯盟義務秘書，一九七二年改信回教，改名莫哈末・達希（Mohammad Tahir）。許啟謨（一九一八－一九七二）生於霹靂，曾是林有福政府的政治部主任，時為馬來西亞不管部長，後成為馬華總秘書。

李光耀的「老友說」五年後有人幫腔——馬來西亞未來的首相馬哈迪（Mahathir bin Mohamad, 1925-）。一九六九年五月十日，馬哈迪在馬來西亞第三屆國會選舉失去議席，兩個月後（七月十七日）他寫了一封公開信給首相東姑，要東姑辭職。馬哈迪在信中指出：「東姑的觀點是根據他身邊的人述說的，他們只喜歡述說東姑所要或應聽的。讓我說出民眾的真實情況、想法和意見，以便東姑明白我寫這封信的目的」，「我想表達馬來人對東姑的感覺，不論回教黨或巫統，尤其是失去家園、子女、親戚的人，都憎恨東姑的妥協態度。」

無論是李光耀「老朋友」說或馬哈迪的「身邊的人」說，只是再次證明三人——東姑、李光耀與馬哈迪的性格，前者「對老友忠誠」，後兩人直言直語。只是，揭穿皇帝沒穿衣服的小孩都會被懲罰；李光耀後來被逐出馬來西亞，馬哈迪則在這一年（一九六九）年底被巫統開除。不過，東姑也在隔年（一九七〇）辭職下臺。

回到一九六四年的大選。三月三十一日，人民行動黨政治局主任拉惹勒南於吉隆坡針對社陣，發表《社陣與共產黨》的文告，提出七點質問社陣，第七點指出：

> 共產黨操縱職工會，已破壞工人階級的事業；反馬拉西亞的立場，已成為纏繞親共者及其傀儡頸上的信天翁。

人民行動黨政要真的喜歡以信天翁做比喻。然而，在馬來西亞有多少人明白？

四月三日，賽．加化針對人民行動黨發表文告：「我警告人民行動黨停止敵視馬來人，挑撥他們，否則馬來人將以拳頭教訓人民行動黨。」他也告訴人民行動黨：「巫統挺身為馬華辯護對付行動黨……我們不背叛朋友。」

第二天（四月四日），在馬來西亞選委會推動下，五個政黨：回教黨、人民行動黨、民主聯合黨、社陣與聯盟代表簽下君子協定。選委會沒有說明為什麼推動這個協定，但是，各政黨間刀刀見骨的攻擊，恐怕影響社會氛圍，甚至撕裂社會。

協定共十一點，針對演講方面有三點：

一、各政黨候選人須表現模範性行為；
二、人身攻擊，限政治觀點應與活動；
三、演講者在自己的講臺答對方的指責。

其他是競選宣傳活動的注意事項，日後形成競選條例。

七個競選的政黨，國民黨已加入社陣，人民進步黨則沒派代表出席。

231. 人民行動黨提出的經濟與社會變革不受歡迎，很快便放棄議題，他們攻擊的馬華，卻獲得東姑維護。四月分過後，人民行動黨開始訴諸理性訴求，但立場不變，支持巫統，非議馬華，取代馬華——雖然東姑說過會和馬華「緊緊地站在一起」，攻擊社陣。馬華－巫統、人民行動黨、社陣之間展開三角戰，大家都有弱點，卻同時得一打二。

競選進入第三個星期。四月六日，李光耀在吉隆坡附近沙登的群眾大會告訴支持者，非種族主義的人民行動黨被誤解為種族主義，而且敦拉薩也誤解他提出的市區與鄉區。

他說：「我們這一代人要完全不受種族觀念影響選擇政黨，可能辦不到。因此，我們得接受一個像人民行動黨的非種族政黨，以及一個像巫統的種族政黨合作。但如果我們要保持種族和諧，以及減少種族的衝突，必須致力於融合各族，使它成為一個國家的人民，鼓勵人們少以種族為依歸，多為馬來西亞的國家與經濟利益著想。」這番話如果在三月二十二日作為人民行動黨政見發表會的開場白，接下來的競選氛圍可能不一樣。

同一天（四月六日）馬來西亞財政部長、馬華公會會長陳修信，在馬六甲的群眾大會上，繼續針對人民行動黨發言，最後他說：

> 在馬來西亞，馬來人特權的政策，自英國人統治的時代已形成，它是一九四八年馬來亞憲法的重要原則，也是一九五七年馬來亞獨立憲法規定的。一個政黨要修改憲法，必須在國會及上議院有三分之二的支持票，相信李光耀一定同意，修改憲法不是件容易的事。
>
> 目前的局勢下，我們的問題只有在得到馬來領袖的信託與合作下，才能獲得解決。這一點李光耀絕對辦不到，因為馬來領袖認為他不可靠。
>
> 如果李光耀堅持他的態度，最終可能造成華巫二族的衝突。

競選進入第四個星期，馬華－巫統、人民行動黨、社陣雖互打，但更多是，馬華－巫統、人民行動黨同時打社陣。這期間，最重要的課題是，印尼對馬來西亞的威脅。社陣支持印尼，轉化成選舉語言，便成了不支持馬來西亞、叛國等；加上親共產黨的形象，在馬華－巫統與人民行動黨的猛攻下，社陣無法招架。

李光耀於四月十三日在芙蓉的群眾大會上，繼續其理性訴求：「行動黨明白，而且尊重馬來亞的馬來人有自己的優良傳統，同時也尊重蘇丹。

「行動黨在國會席位不是大多數，因此不能夠『強迫』巫統做什麼。但是，我們卻完全能夠而且一定會根據事實引用資料，促使大家注意，開誠布公地提出什麼時候該採取什麼方法，解決城市的社會與經濟問題。

「我們之間也許政見不同，但是，我們都因馬來西亞的生而生，因馬來西亞的死而死。其實，這對每一個善良的馬來西亞人民來說，又何嘗不是？」

兩天後（四月十五日），巫統秘書長賽．加化在會見媒體時確定地說：「人民行動黨與巫統之間，不存在任何合併的可能……人民行動黨在馬來亞已沒有前途。」

競選進入最後一個星期，人民行動黨策略繼續是支持、拉攏巫統，打擊馬華，警告社陣出賣馬來西亞。

四月十九日，李光耀在檳城的群眾大會上說：「對馬來西亞最好的大選結果是，巫統繼續執政，馬華被揚棄，這就有可能實施社會變革……投馬華一票，等於主張開倒車。」

馬華自然回應。第二天（四月二十日）陳修信批評行動黨許下不切實際諾言，未提出建設性建議。陳修信重申，在社會服務與教育方面，馬來亞遠勝新加坡。

投票前一天（四月二十四日）各報報導，馬來西亞內政部長伊斯邁前天（四月二十二日）發表的《印尼對馬來西亞的意圖》報告書。譯成華文共一萬三千字的報告書揭露，印尼第五縱隊曾策畫謀殺東姑、敦拉薩與李光耀，在新加坡的軍港招募特務，於彭亨森林建立基地，最終目標是控制東南亞。

這樣的消息嚴重的打擊所有左翼或激進的政黨。這一天（四月二十四日）與投票當天（四月二十五日），各政黨和政治領袖紛紛在這兩天發表聲明，爭取版面做最後一擊——為自己澄清，同時繼續攻擊對手。

馬華和人民行動黨都在四月二十四日刊登聲明。馬華文告中的十問很「夠力」，包括質問人民行動黨的勞工部長訪問北京；黨秘書長訪問蘇聯；委任林清祥為政治秘書；准許共產黨全權代表在新加坡工作；准許共產黨全權代表於一九六三年到印尼；與共產黨全權代表維持秘密關係至一九六三年；企圖破壞代表華人的馬華，向代表馬來人的巫統獻媚；分裂鄉村與城市的人民，使華巫不睦；聲稱支持大馬，卻企圖破壞聯盟，削弱政府的力量，進而破壞大馬；分散國家力量，間接幫助蘇卡諾。

人民行動黨的文告像預知馬華的問題，駁斥馬華給行動黨戴共產黨的「紅帽子」和種族主義的「黑帽子」，同時攻擊「馬華、馬青（馬華青年團）一群腦滿腸肥的資本家及官僚政客」，是「腐化無能幼稚無知的政治垃圾」，「一向擎起反共的旗幟，到處招搖撞騙……如果不附和他們的濫調，就會被指責是共產黨」。文告說，李光耀的《爭取合併的鬥爭》已經將人民行動黨與共產黨的鬥爭說得非常詳細；東姑也同意，人民行動黨是組織良好的政治力量。

聯盟的文告則在投票當天（四月二十五日）刊登：「選舉的主題簡單而清楚，我們是否要繼續獨立、自主及繁榮，或者要蘇卡諾來統治？投聯盟一票，就是支持保衛我們的主權及馬來西亞的生活方式。」

處於挨打的社陣以文告反駁該黨親印尼與親共，同時指出：「聯盟代表封建集團，人民行動黨投機變節，泛馬回教黨是狹隘種族主義與宗教色彩濃厚的政黨，民主聯合黨沒有明確的立場，人民進步黨局限在怡保。」

行動黨秘書長李光耀也發表告選民書：「如果你是在鄉村區，應選巫統；在城市請選舉人民行動黨。如果你必須在馬華與社陣之間做抉擇，請不要支持社陣；因為馬華只是個拖累，社陣卻是個禍害。」

長達三十五天的競選累乏了各政黨，也累壞了選民。人民行動黨不在主場，面對完全不一樣的選民，不一樣的政黨，出師不利，又被打成種族主義，甚至親共的政黨。這是始料不及的。李光耀信心滿滿，深信九席中能贏得六、七席。《李光耀回憶錄》說：「根據群眾大會上的群眾反應判斷，一個月來的競選遊說，顯然取得巨大的成功。」

232.

這些年的大選結果都一直令人意外，這回也不例外。

李光耀在《回憶錄》說：「四月二十六日凌晨宣布的大選結果，使我們大感震驚。凌晨四時，聯盟已在一百零四席中贏得八十九席，比上屆的成績更輝煌。每個聯盟的部長，都以更高的多數票當選。行動黨只贏得一席，蒂凡那在孟沙區當選，僅以八百零八票壓倒對手。」

共兩百一十萬選民投票，投票率達百分之七十九。聯盟八十九席分別是巫統五十九席、馬華二十七席、印度國大黨三席；聯盟得票率為百分之五十七。聯盟也取得十州執政權。社陣六十三人，只兩人當選。泛馬回教黨五十四人，九人當選，八席在吉蘭丹，重奪吉蘭丹州政權。民主聯合黨二十七人，只一人當選。人民進步黨九人，兩人當選。

人民行動黨雖然大敗，秘書長李光耀仍於四月二十六日發表文告，向國家與人民喊話：「行動黨再度證明，它不是國家的一股破壞力，而是協助制止印尼的顛覆，以及協助擊敗反國家的社陣。此後，沒有一個國家能質疑，馬來西亞的成立是沙巴、砂拉越、新加坡與馬來亞人民的意願。毫無疑問，由於我們對社陣的暴露與孤立，馬華已『從中獲利』。」

這樣的說詞接近馬共的自我感覺良好。馬華不買帳，第二天（四月二十七日）馬青發表文告，駁斥李光耀的「行動黨使馬華勝利是自欺欺人謊言」，並舉列行動黨分散選票，導致一些地區馬華候選人敗選。

為什麼人民行動黨會失敗？李光耀在《回憶錄》列出三個原因：

一、沒有在馬來亞成立政黨，所以沒有黨支部和當地領導人；

二、沒有在馬來亞的選舉經驗；

三、只是象徵式的參與，無法向選民交代，為什麼要投票給行動黨。

其實，最大的原因是印尼的威脅。杜進才於四月二十七日分析：「這次大選鼓起一股愛國熱潮，使大家都圍繞在愛國主義的旗幟下，擁護聯盟再度執政。」點出這次大選的主旋律：愛國。所以，當人民行動黨在競選第一天就要「走向社會變革的新時代」，馬來西亞選民大概被嚇壞。

即使沒有印尼因素，馬來西亞選民應該也還沒做好準備，不「急切需要變革」。後來行動黨被戴「紅帽子」和「黑帽子」，都是選民害怕的。

「人民行動黨參加馬來西亞大選，是否使得吉隆坡和新加坡的關係惡化？」提問者是李光耀。肯定的。李光耀答。

二十七、或者附錄——神救援（六）：李紹祖

（六十二）社陣錯誤策略及其自取其亡（一九六四－一九八〇）

233. 人民行動黨與巫統關係還沒惡化，社陣內部的關係先惡化。

馬來西亞大選兩個月後，社陣突然鬧分裂，黨主席李紹祖與七名黨員出走，退出社陣。社陣於一九六四年五月五日發表聲明，讓社陣的分裂檯面化。

分裂主因是大家對國民服役登記立場不一。聲明說，黨主席與七同志「經過長時間與黨內同志討論」，李紹祖「不能接受大多數同志的決定，宣布脫黨」。

社陣中委會於三月四日決定支持政府的國民服役登記，三天後（三月七日），李紹祖以「不能接受中委會的決定」辭職，但為中委會所拒，及後李紹祖出席亞非人民團結會議，四月九日回來後答應繼續出任主席，但必須反對國民服役登記，恢復討論。

李紹祖在四月十七日召開記者會，聲明將號召人民不要去登記。可是，這時候中委會還沒有做出決定。社陣決定於四月二十九日召開特別黨大會，大會決定支持國民服役登記。李紹祖因此於五月四日退黨。

重點是，如此羸弱的社陣，還鬧得起分裂嗎？戲劇性的轉變是，十個月後（一九六五年三月九日）李紹祖以勝利之姿重返社陣，並出任主席，現有領導人則承認錯誤。

234.

一九六五年新加坡獨立後，李紹祖一直不願意承認新加坡已獨立，並於獨立半年後的十二月七日宣布杯葛國會，政治抗爭由國會轉向街頭。當國會於第二天（十二月八日）辯論「新加坡獨立法案」和「憲法修正法案」時，社陣議員全缺席。

社陣在國會裡的領袖、社陣中央執委林煥文不認同李紹祖的做法，於這一年的最後一天（一九六五年十二月三十一日）辭去紅山區議員，一個星期後（一九六六年一月七日），另兩名議員巴耶利峇區的高祺生和蔡厝港區的蔣清潭宣布退黨；繼後，仍在牢中的哥羅福區（Crawford）議員巴尼也於一月九日宣布退黨。

一九六六年八月八日，中共中央正式發動文化大革命，新加坡與馬來西亞左派也仿效中國的文化大革命，激進而瘋狂地以文革的言行作為思想與行為指導。

十月七日，李紹祖突然宣布，其餘九名議員——包括兩名坐牢的議員和兩名「失蹤」的議員，全退出國會，他們為謝太寶（裕廊區）、顧泱（湯申區）、王連丁（武吉班讓區）、傅孫力（淡賓尼區）、陳清動（惹蘭加由區）、盧妙萍（合洛區）、李思東（武吉知馬區）、陳新嶸（義順區）、黃信芳（大巴窯區）。但是，「失蹤」的陳新嶸和黃信芳未呈辭職信。

社陣杯葛國會是新加坡政治重要的一天，國會裡就只剩下人民行動黨議員，接下來只等十一區的補選結果。十一區的補選是一次漫長的大選，從一九六六年一月十八日紅山開票，到一九六七年三月七日的湯申開票，前後一年。

這一年內，沒有政黨派出候選人挑戰人民行動黨，這是獨立後的特別現象。所以，如切、裕廊、武吉智馬、武吉班讓、淡賓尼、惹蘭加由和合洛七區，人民行動黨候選人都在沒有對手的情況下當選。紅山只有一個對手，湯申兩個，都是無黨籍候選人，而且只有兩人參選。無黨籍候選人M. P. D.奈爾（Madai Puthan Damodaran Nair）前後競逐紅山與湯申的補選。

M. P. D.奈爾就是李光耀與方壯璧第三次會面（一九五八年五月）時，提到的副內政部長，他也是一名律師。他於一九五二年以無黨籍候選人的身分投入實里達區的補選，一九五五年連任。但在接下來的一九五九、六三、六八、七六、八〇與八四年的大選，他以各種政黨的身分競選，但都沒成功。M. P. D.奈爾於一九八九年去世，終年六十九歲。

新加坡的政治從此進入人民行動黨時代。社陣也於一九六八年抵制大選，此後十二年的三次大選——一九七二、七六和八〇年，都沒有其他政黨能做「零的突破」。

李紹祖宣布社陣議員退出國會第二天（一九六六年十月八日），謝太寶、顧泱、陳清動、王連丁、傅孫力，以及支持者拿布條、喊口號到國會大廈，向國會議長提出辭職。過後，眾議員在謝太寶領導下，進入國會大廈。五議員再出來時，謝太寶說：「社陣退出國會，在國會外進行群眾鬥爭，因為國會民主已不存在。」謝太寶表示，鬥爭可以是任何方式，「包括示威、罷工，得從人民中了解比較恰當的形式。」

十月二十九日，二十三歲的謝太寶在社陣總部被捕，開始其三十二年的牢獄生涯。

這一年社陣慶祝成立七週年，十月二十七日出版的《陣線報》刊登李紹祖的演講：「我們的黨也初步的學習和貫徹了戰無不勝的毛澤東思想。我們進行了兩條路線的鬥爭，使同志們看清了反動派的謬論，提高對兩條路線的覺悟。我們逐步打破『法律』的種種束縛，使同志能進行更勇敢的對敵鬥爭。今天，雲昌定同志與何標同志高度發揚敢鬥敢勝的大無畏精神，就是活學活用毛澤東思想的結果。」十一月十五日，中國的《參考消息》轉載這篇演講。

一九七六年文革結束，許多當年的左翼在往後中共逐漸外傳的資料中知悉真相後，頓時失落，失去依託，至一九八〇年代方尋得生活的重心。一九八〇年代的新加坡已是個高度商業化的社會，以一九八五年為例，人口為兩百七十四萬，人均收入七千美元。

李紹祖於文革結束的一九七六年再戰江湖時已五十九歲。在哪裡跌倒，在哪裡爬起來。一九七六年的大選，李紹祖回到一九六三年挑戰人民行動黨主席杜進才失敗的梧槽區，這一回他仍沒有成功。一九八〇年的大選，李紹祖選擇到文德區挑戰人民行動黨新人廖國斌。他在選舉提名前一天（十二月十二日），於新加坡國立大學政治協會的演講上承認，一九六五年退出國會，走向街頭抗爭，並抵制一九六八年的大選，是一個大錯誤，使人民行動黨控制國會。這番認錯無法改變什麼，李紹祖依然失敗。

一九八四年的大選，終於有政黨在新加坡獨立後的選舉，突破人民行動黨的防守與圍攻，但不是李紹祖。他仍然在文德區輸給人民行動黨另一新人何達堅。兩名勝選的在野黨候選人是工人黨的惹耶・勒南，就是一九五九年「政治禮物」案件中，盤問李光耀的稅務局代表律師。另一位是新人孤鳥，新加坡民主黨秘書長詹時中。

七十一歲的李紹祖屢敗屢戰，一九八八年的大選又重裝上陣，英雄白髮，江湖已換了數次風景，老堂吉訶德的同輩，只剩下當年的對手李光耀。這一年，社陣併入工人黨，創黨主席結束其二十七年的政黨，加入工人黨，參加大選。老英雄預料中的落選，卻在落選候選人中獲得最高票數，過後出任新加坡首名非選區議員，至一九九一年。

左派在李紹祖領導下走向式微，政府逮捕左派時，李紹祖從未被捕，因此傳言，李紹祖為行動黨臥底。李紹祖接受《白衣人》訪問時坦承，他被指責了幾十年。他表明，他沒有被捕因為他不是共產黨。

馬共成員陳新嶸告訴《白衣人》：「我不認為他（李紹祖）有任何不良企圖。在政治上他很幼稚。」陳新嶸也透露，李紹祖之所以會將鬥爭從國會帶到街頭，是「因為他於一九六三年一月三日出席在古巴首都哈瓦那的亞非拉會議時，受約翰・伊峇影響。」亞非拉會議於一月三日至十日，李紹祖於一九六五年十二月二十六日前往古巴，他是馬來亞亞非拉團結委員會主席，也是代表團團長，同行的有謝太寶、阿都・卡林（Abdul Karim）、約翰・伊伯等。

李炯才也向《白衣人》指出，他在一九九六年在泰國合艾見到方壯璧時，方壯璧表示：「李紹祖並沒有聽我們的話，他在古巴會議後，就聽約翰・伊峇的話。」

接受《白衣人》訪問的左翼分子，包括方水雙、賽・札哈利認為，李紹祖是受文革與毛澤東影響。無論如何，李紹祖絕對是繼林有福、方壯璧、莎荷拉之後，人民行動黨的神救援，而且影響往後二十年新加坡的政局。

235. 新加坡政府拘捕政治對手的同時，也無意中製造了多名時代英雄。謝太寶（一九四一－）是其一。

二十三歲的謝太寶於一九六六年十月二十九日被捕後，沒有人——包括新加坡政府——預料到，一名沒沒無聞的堅毅左翼青年，憑個人意志與不屈不撓的精神對抗國家機器，將人生最寶貴的歲月揮灑於牢中。

謝太寶重獲自由是三十二年後的一九九八年十一月二十七日，五十七歲，是全世界服刑最長的政治犯之一。

謝太寶因為無法證明自己在新加坡出生，被捕兩年後（一九六八）失去公民權，在獄裡等待被驅逐，直至一九七六年驅逐令取消，同年再接新拘留令。

一九八二年，在監獄監禁十六年後，四十一歲的謝太寶轉移到政府安排的宿舍監禁，他仍在拘留令下受拘留。一九八五年，新加坡已是亞洲四小龍之一，中國也已開始改革開放數年；當局有意釋放謝太寶，只要他公開承認自己是馬共黨員，並譴責馬共的武裝鬥爭。謝太寶拒絕。

一九八九年，中國爆發六四天安門事件；同年，新加坡政府取消謝太寶的拘留令，四十八歲的謝太寶結束二十三年的拘捕，但他在限制令下住在聖淘沙，並在聖淘沙發展局擔任自由翻譯員。一九九〇年吳作棟出任新加坡第二任總理，一九九二年開始，政府逐漸減少限制令的條件，謝太寶於一九九七年到德國參加漢堡基金會主辦的研究員獎學金計畫，為期一年。一九九八年十一月二十七日，政府取消對謝太寶的所有限制。二〇〇六年，謝太寶獲授予博士學位，時六十五歲。

不只謝太寶失去自由三十二年，在拘留者紀錄中，有發人省思的名單：

一、謝太寶　　三十二年（一九六六－一九九八）

二、林福壽醫生　二十年（一九六三－一九八二）
三、何標　十八年（一九六三年二月－一九八一年六月）
四、李思東　十八年（一九六三年十月－一九八一年六月）
五、傅樹楷醫生　十七年（一九六三－一九七二，一九七六－一九八二）
六、賽・札哈利　十六年（一九六三－一九七九）

二十八、種族暴亂

（六十三）兩次暴亂及其始作俑者（一九六四）

236.

一九六四年的馬來西亞大選過後，最先改變是人民行動黨的身分。過去，在國會裡，人民行動黨議員都坐在政府議席這一邊；大選過後，都坐到反對黨議席去。

除此，如李光耀在《回憶錄》中說的，人民行動黨與巫統部長的關係沒有顯著的變化，直至一九六四年七月二十一日。

種族暴亂還是在新加坡爆發了。

李光耀於七月二十一日晚上十時三十分在電臺敘述暴亂的經過：

> 今天下午五時過後，慶祝回教先知誕辰的兩萬五千人遊行隊伍，經過加冷煤氣廠的甘榜蘇布（Kampong Soo Poo）時，聯邦警察後備隊一名警察，要一批離隊的參與者回到隊伍，離隊者不聽勸，反而攻擊警察。接著，更多人不守秩序，以致造成一連串的騷亂事件，一些路人和旁觀者也牽涉進去。騷亂迅速從加冷蔓延到芽籠士乃的整個芽籠區。到了晚上七時三十分，市區也發生騷亂。

這是最簡潔的陳述。李光耀宣布，從當晚九時三十分至第二天實施戒嚴，學校第二天停課。

戒嚴令持續十三天後（八月二日）才解除。李光耀也在廣播中透露：「一切跡象顯示，有人在幕後組織和策畫，要把這個事件擴大成一場醜惡的種族衝突。」

暴亂第二天（七月二十二日），在美國維吉尼亞訪問的東姑認為，「共產黨或印尼人」想趁他出國時，鼓動騷亂。這一天，副首相兼國防部長敦拉薩飛來新加坡召開記者會，他說：「這次事件與種族糾紛無關，只是個惡作劇。」

七月二十三日，東姑證實是印尼煽動這次暴亂。

《李光耀回憶錄》記述，過去回教先知穆罕默德誕辰紀念日（Maulid Nabi，亦稱聖紀節），馬來人會在這一天選擇於市鎮的曠地集合，再列隊走到他們居住的芽籠士乃。今年，他們選擇在國會大廈前大草場集結。

新加坡國立大學歷史系副教授劉坤華的《新馬政治分家的痛苦時刻》指出，當天下午一時三十分，約兩萬人的遊行隊伍聚集大草場前，他們來自七十三個組織和團體，包括政黨、宗教組織等。隊伍中，一個自稱「新加坡馬來民族鬥爭機構」的組織現場派發傳單，呼籲馬來人一起打倒「代表華人」的人民行動黨政府，否則「二十年後，馬來西亞的馬來人和馬來蘇丹將消失，因為行動黨政府不喜歡馬來蘇丹」。另一張傳單警告，「華人正計畫屠殺馬來人」，呼籲馬來人團結起來，「共同把華人趕出新加坡，否則華人將繼續愚弄馬來人」。

儘管事前已要求演講內容不能涉及政治課題，新加坡巫統宗教事務負責人賽．阿里（Syed Ali）還呼籲：「我們必須讓他們知道，馬來人可以團結一致——我們必須團結奮起！」新加坡巫統秘書長賽．依薩（Syed Esa）也說，如果回教徒「生活的土地和宗教受到干擾，回教徒有義務為國家的安全和利益，犧牲生命和財產……這是回教的教義。」

下午四時，遊行隊伍出發，沿著美芝路、亞拉街和維多利亞街步行到加冷路；隊伍來到加冷路和甘榜蘇布交界處時，暴動最終發生。

人民行動黨的隊伍也參與遊行，隊長為當時的社會事務部長奧斯曼・渥（Othman Wok, 1924-2017），他於三十三年後的一九九七年種族和諧日分享當年的經歷：當天，他帶領七十多人的隊伍走過加冷橋時，事件便發生。幾個年輕人推開人群跑過來告訴他，隊伍前傳來消息，華人跟馬來人打起來。他立即將隊伍轉入加冷機場（今舊加冷機場），把機場大廈大門關上。安頓隊員後，他撥電話給總理李光耀，報告現場情況；說不到兩句話，電話便失靈，再也接不通。他們待在機場，直到外面局勢稍微平靜，他才吩咐隊員三三兩兩離開。

一九九六年獲得政府長期服務獎的一名護士長，五十三歲的賴綺琴說，她最難忘的工作經歷是一九六四年的種族暴動事件；當時不斷有傷者送入醫院，導致病床不足，只好臨時在地上鋪上草席，讓傷者休息（引自《聯合早報》，一九九六年十一月十三日）。

第二任總理吳作棟時二十三歲，剛離開學校在市政廳工作。他在三十一年後（一九九五）憶述：「那時候根本無法回家，每一條路都塞車，巴士爆滿，汽車動彈不得。」他只好走路回返在女皇鎮的住家；走至檳榔路，遇到一個朋友，載了他一程。這時，他的女友——後來的總理夫人——擔心他的安危，已冒險開車到市政廳準備載他回家，讓吳作棟焦慮地在家中等她回來。

這次事件造成二十三人死亡，四百五十四人受傷，被捕的三千五百六十八人中，七百一十五人被控上法庭，九十四人被預防性拘留。

為了紀念這一天，新加坡政府於一九九七年將七月二十一日定為種族和諧日（Racial Harmony Day），提醒新加坡人應不分種族和宗教，融洽地相處。這一天在各校舉辦各項促進種族和諧活動，讓學生明白種族和諧的重要。

237.

一九六四年的種族暴動是結果，馬來西亞巫統與新加坡人民行動黨關係惡化的結果。早一年（一九六三）的新加坡選舉，巫統失敗後開始捉拿「戰犯」。根據《李光耀回憶錄》，到了一九六四年馬來西亞大選時，「打李悍將」賽．加化配合巫統報章《馬來前鋒報》，從五月到七月製造系列假新聞，包括三千名馬來人被新加坡政府驅逐出住家；人民行動黨唆使馬來人放棄馬來人特權；新加坡巫統奉命救助遭新加坡政治迫害的馬來人等。

為了應對攻擊，李光耀決定於七月十七日與新加坡一百一十四個馬來團體會面。巫統卻宣布比李光耀早五天——於七月十二日召開馬來政黨會議，「以討論新加坡馬來人在行動黨統治下的命運和處境」。

綜合中英文報章《南洋商報》、《星洲日報》和《海峽時報》的報導，一百五十個組織參與三小時的新加坡馬來政黨會議。馬來西亞巫統秘書長賽．加化也參加，他是主要發言人，上臺時群眾情緒高漲，熱烈擊掌歡呼。

賽．加化先抨擊新加坡：「新加坡加入馬來西亞後，這裡的馬來人生活不但沒有改善，還比以前更糟。」他要馬來人團結起來，捍衛自己的利益。他咆哮：「如果我們團結，沒有任何力量可以摧毀我們，即使是千個李光耀。」群眾熱烈地回應。接著，他指責李光耀破壞華巫間的感情，使華人對馬來人有恐懼感。他說：「馬來人對政府不滿，不是種族主義，也不是馬來沙文主義，更不是受印尼影響。假如李光耀不了解馬來西亞的民主運動，那叫他下臺。」

賽．加化甚至將李光耀與毛澤東扯在一起：「李光耀的目的是要向毛澤東和華人表明，馬來人要團結以反對華人，使華人相信這是種族主義的概念。」

他表示：「當我們逮捕林清祥時，李光耀卻藏著一個馬共全權代表。馬共全權代表在國外或國內，只有李光耀或政治部才知道。我們有足夠的證據把他捉進監牢裡……李光耀會不會坐牢，時間將能回答。當我們忙著成立馬來西亞時，他卻與毛澤東通信。」

賽．加化將李光耀比喻為一種淡水魚 Ikan Sepat，「只能生活在渾水中，只能生活在充滿緊張的社會中。」

維基百科說，Ikan Sepat 中文名為三斑吻口魚（The three spot gourami，學名 *Trichogaster trichopterus*），得名於其身體兩側有兩點，與眼睛形成三點。原產於東南亞，生活在沼澤、運河和低地濕地，在鄉間主要生活於稻田水間。此魚多骨刺，常用以做鹹魚，馬來人喜愛用它來煮咖哩。馬來西亞雪蘭莪州的 Tanjung Sepat（丹絨士拔）便以此魚種為名。

會議通過賽．加化的提案：

一、新加坡的馬來族及回教教民，對人民行動黨政府給予他們不公平的待遇表示遺憾，並加以譴責。

二、政府若要改善馬來民族的福利，應同參與大會者協商。

大會成立「新加坡馬來人及回教教民行動委員會」，選出二十三人委員會，並號召馬來人杯葛七月十九日李光耀召開的會議。

新加坡的中英文報章都持守新聞道德與自我審查，保留現場的一些報導。李光耀在《回憶錄》裡引用新加坡政府提供暴亂事件後調查委員會，關於賽．加化當天發言的備忘錄：

如果我們團結一致，世界上沒有任何力量可以踐踏我們，也沒有任何力量可以羞辱我們或藐視我們，不論是一個李光耀，或是千個李光耀……我們能把他們幹掉……（會眾鼓掌，高呼「殺死他……殺死他……奧斯曼．渥和李光耀……李光耀……李光耀……奧斯曼．渥」。）

同一天晚上，馬來西亞電視臺播出整個新加坡馬來政黨會議。

由李光耀倡議的會議如期於七月十九日召開，六十三個馬來團體和三百名村長出席約五小時的會議。李光耀在會上說：「自馬來西亞誕生以來，印尼對馬來西亞展開劇烈的宣傳，目的是引起馬來人與華人之間的衝突。由於新加坡是東南亞最多華人的大城市，因此新加坡成為印尼排華宣傳的目標。他們企圖把原來印尼侵略馬來西亞的『對抗』，形容為協助新加坡馬來人自華人手中取回財產與地位的政策。」

馬來西亞電視臺並沒有播出這個會議。

接著，第二天，七月二十一日，回教先知穆罕默德誕辰紀念日，悲劇發生。

238. 為什麼會發生一九六四年七月二十一日的悲劇？

李光耀：有人在幕後組織和策畫。

東姑：印尼人想趁他不在鼓動騷亂。

敦拉薩：只是個惡作劇。

外國使節認為事件另有黑手。

英國駐馬來西亞最高專員（一九六三－一九六六）赫德（Anthony Head, 1906-1983）寫給英國共和聯邦事務部長的信指出：「巫統的這個極端分子（賽・加化）對挑起新加坡的種族暴亂，無疑扮演相當大的角色」（引自《李光耀回憶錄》）。

澳洲駐吉隆坡最高專員公署秘書威廉・史密斯（William Smithies）向坎培拉報告：「新加坡種族暴動主要是賽・加化和他領導的馬來種族極端分子的傑作……他們已經成功刺破一個種族情緒的『蜂窩』」（引自《新馬政治分家的痛苦時刻》）。

美國駐新加坡領事亞瑟・羅森（Arthur Rosen）在種族暴亂後的內部報告指出，政治因素是導致這場種族暴動的主因，是巫統領袖展開長期反人民行動黨運動的「邏輯性結果」（引自《新馬政治分家的痛苦時刻》）。

對於暴亂，《李光耀回憶錄》最後提出一名重要的證人——吳慶瑞。暴亂一個星期後——七月二十八日與二十九日，吳慶瑞與敦拉薩會談，提到賽・加化時，敦拉薩保證，賽・加化和《馬來前鋒報》完全受到控制。吳慶瑞的筆記記錄：

拉薩承認有人徵求他的意見，問他新加坡會出亂子嗎？他認為不會。他承認在判斷上犯錯誤，早知道會發生這樣的事，他應該採取行動。

《李光耀回憶錄》也引用吳慶瑞一九八二年的口述歷史：

這等於承認他（拉薩）涉及整個運動，旨在挑起新加坡馬來人的種族主義和宗教情緒。賽·加化介入新加坡的事務，在新加坡開展運動，以及給《馬來前鋒報》撐腰，都得到拉薩的全力支持，別無其他可能。

無論如何，騷亂事件發生了，拉薩涉及這件事，他的動機顯然就是要把李（光耀）先生拉下臺。這也是賽·加化展開運動的目的。

根據《李光耀回憶錄》，吳慶瑞於七月二十八日不只見了敦拉薩，還見了赫德。赫德認為，巫統領袖知道，如果以意識形態和宗教與人民行動黨競爭，他們將會失敗。吳慶瑞告訴赫德，拉薩建議雙方合作與共存。赫德認為行不通，即使李光耀辭職。

赫德向倫敦提出，要東姑趕快從美國回來，立刻宣布組織新政府，新政府在面對印尼侵略時，反而能加強國民團結。

只是，「新政府」始終沒有成立。

239. 暴亂事件發生一個星期後（一九六四年七月二十八日），負責新加坡巫統，從事發開始就參與協調的佐哈里說：「在新加坡情況恢復正常後，將對這次騷亂進行調查。」第二天（七月二十九日）東姑也說，將徹底調查騷亂的真相。

不過，敦拉薩有不同的意見，他於八月一日說：「不幸事件無須設庭調查，中央將從各方面探討真相，當前急務促進種族和諧。」

六十一歲的東姑訪問美國、加拿大和英國後，於八月十四日回到吉隆坡。在機場的記者會上，談到新加坡暴亂時說：「我屢次告訴人民，各民族間不要存在誤解，但衝突事件竟在我出國時發生了。雖然這事已成過去，但傷痕永遠無法去除。」《南洋商報》報導：「（東姑）講到悲傷與感動處，當場老淚橫流，數度講不下去，並連聲咳嗽，以抑制內心的悲傷。東姑從政以來，還不曾見他有這般的感觸。」

東姑回國四天後（八月十七日），柔佛笨珍發現約四十名印尼軍人登陸；新加坡的巴西班讓也發現可疑小艇隊入侵新加坡海域。

東姑於八月十八日訪新加坡，去了芽籠與甘榜景萬岸兩個主要馬來人居住的地方。他說：「當你想起來的時候，會覺得追究此次衝突的原因有困難。」不過，對於印尼的威脅，他表示：「這次事件是不是他們做的，我不知道。但是事件發生在印馬對抗時，當然不是巧合。」

李光耀則在東姑的歡迎會上說，目前新加坡的情況得由東姑來處理，「因為我們沒有解決這個問題的權力與能力。這是馬來西亞問題，須從馬來西亞概念來解決。」

《李光耀回憶錄》透露，東姑訪新時告訴他，從美國飛到英國，主要是見英國首相（一九六三－一九六四）休姆（Alexander Frederick Douglas-Home, 1903-1995）。休姆告訴東姑，經過暴亂後，馬來西亞要鞏固實力，最好的方法是與人民行動黨組成聯合政府。東姑說，巫統絕對不會接受這個建議，因為拉薩定下的條例是，不許人民行動黨插手馬來世界。李光耀說：「我們並沒有接受。」

兩天後（八月二十日），對於新加坡暴亂的調查，東姑在回程於機場說：「要等待一個適當的時期，才能加以追究。」

馬來西亞政府最終在輿論壓力下成立調查委員會，聽證會於一九六五年四月二十日開始，四個月後新馬分家，聽證會展期，從此不再有人提起。

240.

新加坡與聯邦都等不到「適當的時期」調查暴亂。進入一九六四年九月分，這個成立一週年的國家與它的新加盟州，有兩起相互牽連的事件同時發生。

先是九月二日凌晨近三時，一架印尼運輸機在柔佛州拉美士（Labis），空降大批武裝傘兵，其中三十人過後被捕。這是印尼正式侵入馬來西亞。

當晚，新加坡在發生第一次暴亂四十二天後，再發生騷亂。所幸騷亂沒有立刻惡化或蔓延，報章也以一般意外新聞處理。此刻，李光耀正在比利時首都布魯塞爾，參加社會主義國際一百週年紀念。

綜合報章報導，當晚十時左右，芽籠士乃巴士總站附近，一名五十七歲的三輪車夫在自己的車上遭人刺死。較早前，有兩輛汽車在附近相撞，其中一名司機遭人攻擊，重傷入院。

事發後，在車站候車的搭客和附近的小販都紛紛離開，鎮暴警察接著到場維持秩序。十一時三十分過後，許多經過該區的汽車遭人拋擲玻璃瓶和石頭，警方封鎖現場，凌晨過後，局勢逐漸平靜。

第二天（九月三日），馬來西亞政府致函聯合國安全理事會，要求譴責印尼的侵略。安理會答應在九月十二日辯論此案。不等安理會開會，英國調派兩支航空母艦編隊到來，比安理會更有效、直接地解決問題。

這一天早上，馬來西亞皇家警察總部針對新加坡的騷亂發表文告，證實騷亂只發生於芽籠士乃與如切路；事件造成一死七受傷，死者是一名馬來三輪車夫，被四人圍毆重傷致死。騷亂中兩名傷者被送入醫院；此外還發生一宗縱火案，另兩人企圖縱火案。

東姑也於同一天下午發表文告，透露圍毆三輪車夫的四人，相信是印尼特工，目的是造成種族間的騷亂，轉移政府注意力，忽略印尼軍隊強登馬來西亞。

新加坡政府則在當晚發表文告，懷疑芽籠士乃事件為印尼特工利用歹徒引起華巫糾紛，要人民慎防被利用。

兩地負責人都出來說明，希望民眾了解真相，盡快平息事件。

其實，這一天仍有十七起拋擲石頭、企圖縱火等事件，導致九人受傷，二十二人被捕。

這次的騷亂蔓延九天，以第三天（九月四日）最嚴重，凌晨開始，襲擊、拋擲石頭、縱火事件不斷發生。中央內政部長伊斯邁宣布，新加坡進入危險狀態，新加坡政府也宣布學校放假，警方在軍方協助下，於下午二時實施戒嚴。這一天共發生八十九起各類騷亂事件，七人死亡，近八十人受傷，六十多人被捕。

美國駐新加坡領事向美國國務院報告，參與暴動的暴徒更有組織性，不純粹以其他種族為攻擊目標；他們攻擊警車，甚至威脅軍事電信發報站（引自劉坤華，《新馬政治分家的痛苦時刻》）。

不過，財政部長吳慶瑞還是在九月五日表示，局勢已受控制，總理李光耀不必趕回新加坡。三天後（九月八日）馬來西亞副首相敦拉薩巡視新加坡時強調，此次新加坡騷亂事應由印尼總統蘇卡諾負全責。九月十一日下午四時戒嚴解除，軍方於次日退出。

這次騷亂導致十三人死亡，一百零六人受傷。被捕的一千四百三十九人中，一百五十四人被控上法庭，另兩百六十八人被預防性拘留。

到了九月十七日，安理會通過挪威提議，對印尼傘兵降落馬來西亞表示遺憾。

第九章　第二次分手

二十、分手失敗

（六十四）第一次分家未成及其原因（一九六四－一九六五）

241. 李光耀在布魯塞爾出席社會主義國際一百週年紀念後，於一九六四年九月十三日回新加坡。他在《回憶錄》中稱，此趟歐洲行有「生命中最重要的會晤之一」；他在英國與下議院反對黨領袖威爾遜（Harold Wilson, 1916-1995）會面，兩人談印尼與馬來西亞對抗、新加坡的種族暴亂，四十一歲的李光耀形容：「這是一次熱情如兄弟般的會晤。」四十五歲的威爾遜預測，他的工黨會在大選中獲勝。李光耀坦言：「一旦威爾遜執政，一批出身牛津大學的激進專家登場，東姑會懷疑，他們把他看成一個不合時宜的人物，類似非洲的部落酋長。」

李光耀回新加坡十二天後（九月二十五日），飛到吉隆坡見這位「不合時宜的人物」，兩人同意，將馬來西亞的利益放在第一位，今後兩年聯盟與人民行動黨停止爭執，雙方避免擴大支部和政治活動。李光耀過後到金馬崙度假兩週。

李光耀度假回新加坡這一天，十月十七日，報章刊登國際三大新聞事件：

- 英國大選，工黨勝利；
- 七十歲的蘇聯總理、蘇共中央第一書記赫魯雪夫（Nikita Khrushchev, 1894-1971）突於十月十四日辭去所有職務，由柯西金與布里茲涅夫分別取代；

- 中國試炸原子彈成功，成為世界第五核子強國。

李光耀在《回憶錄》欣喜地說：「威爾遜將成為英國首相，我的處境終於好起來。」東姑則在吉隆坡告訴記者，無論工黨或保守黨執政，英國與馬來西亞目前關係不變。東姑強調「目前」，似有弦外之音。

242.

李光耀的處境沒有「好起來」，接下來的局勢繼續朝著新馬分家發展。

一九六四年十月十七日，李光耀從吉隆坡回新加坡，馬來西亞財政部長陳修信也來新加坡。李光耀在巴耶里峇機場告訴記者，他在吉隆坡與東姑達成的協議。

陳修信則來出席福建會館晚宴，他在致詞時讚揚陳六使對馬來西亞經濟的貢獻，並說馬來西亞今日的繁榮，有賴陳六使們刻苦經營。被褫奪公民權的福建會館主席陳六使致詞時，感謝陳修信的父親陳禎祿力爭創辦南洋大學，形容陳禎祿為南洋大學的接生者。

陳修信主動提起「近來新加坡與馬來西亞分裂的謠言」，認為「這種謠傳大錯特錯，任何一州要脫離聯邦獨立，不僅沒有憲法上的根據，而且違反憲法」。任何一州如果要脫離祖國，須修改憲法，得到國會通過。「新加坡必然不會冒天下之大不韙，獨斷獨行。」

這是馬來西亞內閣核心官員第一次公開談論新馬分家，這也是十月十七日的重要新聞。

李光耀在第二天（十月十八日）鶴山會館二十五週年致詞時說，談論新加坡退出馬來西亞「是件令人遺憾的事」。他指出：「我們不需要談論脫離的問題或憲法上是否有條文允許這麼做。世上沒有一個國家在憲法上有脫離的明文規定，因為沒有一個國家事先就想到政治自殺的不幸事情。」他認為，新加坡人民要聽的，是領導人如何能為馬來西亞的團結一致獻出力量。

243.

東姑與李光耀於九月二十五日達成的協議言猶在耳，一年前被委任來新加坡整頓巫統的佐哈里，一個月後（十月二十四日）在新加坡巫統召開會議，討論新加坡巫統的改革，為下一屆州選舉鋪路。第二天（十月二十五日）佐哈里再以新加坡巫統主席的身分，為五支部主持開幕時說，新加坡聯盟有信心在下一次新加坡大選中獲勝。

新加坡聯盟勝選的潛臺詞是人民行動黨下臺。人民行動黨主席杜進才十月二十六日指責，佐哈里的言論違反兩黨所訂的協議，要聯盟澄清。佐哈里第二天（十月二十七日）發表聲明：「聯盟與人民行動黨的兩年政治停火是件新事，雖然我知道它已談了很久……我認為新加坡聯盟應組成一個有效率的機構，可以加強新加坡的民主、自由與公平。」

佐哈里摧毀協議，「加強爭取公平和正義」是人民行動黨的強項，杜進才、拉惹勒南、王邦文和李炯才開始聯繫聯邦的朋友圈，讓馬來亞的人民行動黨「組成一個有效率的機構」。

十月三十日，李光耀在蒙巴登區的種族親善聯歡會上透露，蘇卡諾最近派人與他接觸，「希望新加坡退出馬來西亞。如果我們這麼做，印尼將不會轟炸新加坡。」他在《回憶錄》更進一步透露，與他接觸的是一名華族商人。

新加坡國會於十一月十二日開始辯論，李光耀表明，新加坡交給中央百分之四十的稅收，事實上應該是約百分之三十，新加坡多給表示加入馬來西亞的誠意。新馬財政終於提到檯面上。

到了十一月二十四日，聯邦國會財政辯論，財政部長陳修信宣布提高稅收，包括百分一點五的營業額稅與百分之二的總薪金稅。《李光耀回憶錄》強調：「受這個措施打擊最重的是新加坡。我們須要提供更多的工作職位；勞動力成本增加，將使勞工密集工業的投資家不敢來投資。」同時，「新加坡將須繳交百分之二十五的營業稅和百分之四十的薪金稅。」

李光耀向東姑交涉，東姑要李光耀讓陳修信了解。陳修信回覆，他希望新加坡最終繳交給中央的是百分之六十稅收，不是百分之四十。

最後都是錢的問題。

244.

佐哈里與陳修信的談過話後，東姑於十二月九日在新加坡大學醫學院的晚宴上做總結，第一次公開提到新加坡脫離馬來西亞。

他說，新加坡「充滿政治花招」，「新加坡比馬來西亞其他地方較少和諧的氣氛……這就是我當初不急於把新加坡引進馬來西亞的原因。」

對於稅收，東姑說：「如果覺得哪一種稅收看起來行不通，我們可以修改……如果新加坡各種色彩和閃光（指人民行動黨）的政治人物不同意我的見解，唯一的解決辦法便是脫離馬來西亞，但這對新加坡和馬來西亞都是天大的災難。」

十二月十九日李光耀到吉隆坡見東姑。這是一次決定性的會晤，東姑終於把話講清楚，也是兩人第一次談論新馬分家。

《李光耀回憶錄》有詳細的記述：東姑用嚴肅的態度講了半小時，而且直截了當，第一次建議對憲制「重新進行安排」。東姑告訴李光耀，他與內閣核心人物拉薩、伊斯邁、陳修信和佐哈里談過，防務對他生死攸關，貿易和商業可以像往常一樣，但新加坡一定要協助負擔防務開支。新加坡跟馬來西亞「建立夥伴關係，新加坡獨立，但屬於半島的一部分」，新加坡和馬來西亞都加入聯合國。這些變革預定下一次財政預算前完成，期間李光耀不妨思考有關問題。

李光耀說，只要東姑還在世，他能夠約束各種不同的力量。

東姑回：「新加坡的華族沙文主義者和華族共產分子太多。由於新加坡是個華人的州，你（李光耀）必須替華人做許多事，這不免會引起馬來亞的某些反應。（副教育部長）李孝友想要在馬來亞設立一所華文學院。一旦分開，你們就可以有不同的做法……我們想清楚之後，可以通知英國。」

李光耀於一九六四年的最後一天（十二月三十一日），與東姑身邊的人中較談得來的伊斯邁會面。伊斯邁只告訴李光耀：「他想由你替他照顧新加坡。」不肯透露太多。

245.

新加坡與馬來西亞在分手階段進入一九六五年。歷史告訴我們，這時距獨立只有八個月，兩地領導人也開始在媒體上交鋒。

李光耀在新年獻詞中說：「一九六五年如果我們重蹈一九六四年的覆轍，馬來西亞將會因內部分裂瓦解，不是外來侵略。」

他仍在探索雙方如何在聯邦的範圍內，做較寬鬆的安排。一月二十五日，李光耀的備忘錄建議，大家回到合併前的狀況，過去屬於新加坡政府的權利，現在歸還。中央政府一樣負責國防與安全，但中央政行動前，須與新加坡政府磋商。李光耀於一月三十一日到吉隆坡與東姑討論。

東姑不滿意備忘錄內容。《李光耀回憶錄》表示：「我的結論是，他已經改變立場。現在他決心要把我們逐出聯邦國會。」《回憶錄》引用東姑的話：「如果你們退出國會，我們可以成為朋友。這樣會比較好。如果你們留在國會，總是會批評這批評那。」一旁的伊斯邁補充，東姑的意思是，新加坡將具有自治的地位。

李光耀告訴東姑，如果新加坡負擔國防開支，就應該留住國會，既然繳稅，就應該在國會有代表權。但是，東姑態度堅決。

《李光耀回憶錄》說，他告訴東姑，未必能說服同僚。「東姑以激烈的語氣大聲叫：你告訴他們，我不要新加坡，就這麼簡單。」

一九六五年的華人農曆新年在二月二日，馬來人的開齋節（Hari Raya Puasa）則在二月三日。李光耀在二月一日給這兩節日發表獻詞：「在亞洲地區中，一千一百萬馬來西亞人吃最好的東西，穿最好的衣服，此外，享有最好的公路、公共建築……只要經濟福利基礎——各民族和諧共處，國家保持和平，並在一個互相容忍的社會中努力建設，我們可以繼續享有這一切。如果我們以極端主義取代容忍，以衝動、憂慮取代和平與信心，我們將在瞬間像印尼人一樣吃雜糧。」

東姑於二月三日開齋節廣播中回擊：「國內還有許多窮人，好的政府必須改善他們的生活。因此，我們必須請有能力的人出錢襄助，想出最好的方法向他們徵稅。可是，在新加坡政府領導下，馬來西亞發生喧嚷，抗議政府提高稅收。

「馬來西亞的一些政客，腦子顯然是歪曲的、玷汙的。他們談到馬來西亞都帶著悲觀的態度，認為未來將有混亂和困苦，動亂和流血，預言馬來西亞正走向破壞與毀滅，可是當初是他們贊成馬來西亞的；他們身居要職，應談和平幸福，以及馬來西亞人民之間的親善友好。在這多事之秋，他們的論調是愚笨，而且危險的，他們應該自知可恥。」

李光耀於二月五日在一個聯絡所的春節與開齋節的聚會上間接地回應：「過去十年，我們已經習慣自由的社會和公開的辯論。……人民認識到，強硬的路線——不惜代價達致個人目的，不聽取其他人的意見——不是導向和平、繁榮及成功的道路。

「我希望大家對各方的善意都有信心，以創造出足夠的團結力，面對馬來西亞內部的難題——那些因對抗被強調的難題。」

《李光耀回憶錄》也說：「在雙方繼續公開猛烈爭論時，我和慶瑞跟東姑、拉薩、伊斯邁進行了私下會談。」

這才是政治。

國防委員會於二月九日開會時，敦拉薩告訴吳慶瑞：「合併是一種錯誤，在合併之前應該有過渡期，所以目前有必要成立一個較鬆散的邦聯。」

吳慶瑞重申李光耀的立場：「我們應當回復到馬來西亞成立前的地位。」

敦拉薩同意根據這個方針尋求解決方法。

第二天（二月十日）英國海軍元帥蒙巴登——就是二戰結束後英國軍事政府領導人到訪。五天後（二月十五日）蒙巴登離開新加坡，李光耀、杜進才、林金山跟東姑一起打高爾夫球。談起新加坡退出聯邦，東姑又有新想法，就是回到一開始李光耀的備忘錄。東姑要李光耀起草寫信給英國首相威爾遜，關於兩人的協議。

李光耀的結論是，英國人無論是首相威爾遜、海軍元帥蒙巴登，或駐馬來西亞最高專員赫德，都希望馬來西亞不要冒險，鬆動化與新加坡的關係。這會是蘇卡諾重大的勝利，鼓勵蘇卡諾繼續與馬來西亞對抗。這時印尼面臨經濟困難，一般相信對抗不會撐太久。

顯然地，英國人得到消息，新馬正在談論分家，英國人不想看見這樣的局面，向東姑施壓。五國聯防的另兩成員澳洲與紐西蘭也反對，《李光耀回憶錄》說，澳洲駐馬來西亞最高專員克里奇利（一九五五－一九六五）甚至建議，人民行動黨關閉在聯邦的支部，以換取中央兩個部長的職位。李光耀沒答應，除非巫統停止在新加坡的活動。

就這樣，第一回的新馬分家談判，因為英國介入，不了了之。

（六十五）李光耀訪澳紐及其特權說（一九六五）

246.

新馬關係的轉機不斷接受考驗，考驗的方式無新意，雙方延續自己的做法，一方如東姑說的，繼續「批評這批評那」，另一邊的人當然不服氣，解釋，警告，或者加碼；也可能就是看你不順眼，無中生有，見縫插針，或扭曲事件，甚至製造假新聞。事端由誰開始，不一定，有時言者無心。有些事件不了了之，有些不幸不斷演化，節外生枝。最後都在考驗東姑的能耐——李光耀說過，只要東姑還在世，他能夠約束各種不同的力量——如何在馬來人與新加坡之間做最終的決定。

李光耀於一九六五年三月五日至四月二日訪問澳洲與紐西蘭。《李光耀回憶錄》說明開啟此次訪問的原因：「由於吉隆坡與新加坡之間的公開爭論，使澳洲與紐西蘭感到不安。」兩國最高專員安排李光耀訪問澳洲與紐西蘭。這一次訪問也是新馬關係的一個新轉捩點，李光耀的「批評這批評那」再度掀起風波。

247.

在李光耀訪問紐西蘭的三月十日，下午三時十分，印尼特工在新加坡烏節路的麥唐納大廈（MacDonald House）安置的炸彈爆炸，造成三死七重傷，二十六人輕傷，是印尼與馬來西亞對抗以來，新加坡最嚴重的爆炸案。

麥唐納大廈以英國駐東南亞最高專員麥唐納命名。
兩名印尼特工於三月十三日潛逃回印尼時，在西海岸被捕，其中一人屬「新加坡馬來回教革命解放軍」，兩人隨即被控謀殺，於十月二十日被判死刑。兩名囚犯於一九六六年八月三十日上訴，同年十月五日上訴駁回；接著兩人於一九六七年六月八日再向英國樞密院上訴，一九六八年五月二十二日被樞密院駁回。兩名被告於同年十月十七日在新加坡被處決。整個案件歷經三年半。

248.
李光耀繼續紐澳行程。一九六五年三月十五日，李光耀從紐西蘭飛往澳洲雪梨，第二天（三月十六日）再飛澳洲首都坎培拉，馬來西亞駐澳洲大使林有福竟然「因事有約，已離開坎培拉」。
李光耀當天在澳洲報業俱樂部演講時說：「馬來西亞領導層越高談論馬來民族主義時，非馬來人便會更懷疑自己的前途。」他分析，如果新馬發生崩解，後果有三種可能：
一、馬來西亞為別國併吞或征服；
二、其中一個種族地位超越其他種族；
三、馬來西亞分裂。
「三種局面都令人害怕。」李光耀於三月二十六日在墨爾本接受電臺訪問時再說，馬來西亞已無倒退的可能，萬一失敗，就只有上述的三種可能。
三月三十一日，李光耀在阿德萊德與馬來西亞學生會面，被問及馬來人特權時指出：「我認為當前的問題不在那幾則有關馬來人的特權。問題在於，外來種族與土著及馬來人之間的經濟發展不平衡。外來種族到馬來亞，因為當時英國要開發馬來亞，發現馬來人不準備在園丘或礦場受拘束當勞工。馬來人找不出停止種田與捕魚的理由，他們願意繼續過著相當滿意的田園生活。

「當大批華人與印度人經歷種種不同的經驗後，具備高度的競爭性，他們捉住賺錢的機會，懂得財富經濟的作用，百年內便形成這種局面：大多數馬來人仍居住在鄉村，華人和印度人卻經營銀行、保險公司，開店鋪，辦大學。假如這些外來移民看不出問題，假如我不能領會馬來人的處境，那麼，他們將很快就會表示不滿，整個國家將陷於混亂。

「我不責怪憲法，但認為這些特權不能解決問題。讓一百或兩百戶馬來人獲得巴士執照，開設巴士公司，就能解決馬來人貧窮的問題嗎？馬來人多數是農民，在澳洲和紐西蘭，農民都是富翁；在馬來西亞，農民卻都是窮人。為什麼？因為我們沒有農業研究，沒有選種，改善肥料，或改良兩次收割的技術。但是，馬來人卻開始到城市找工作，他們望著明亮的燈光，一心要找尋刺激，想過好的生活，這一切都產生問題。

「給馬來人特權不能解決問題，你必須教育他們，提高他們的水準和謀生能力。中央政府與新加坡政府之間的政策不同在此。新加坡的馬來人沒有特權，憲法雖沒有明文規定，但是，我們還是讓每一個馬來人受免費教育。我們認為，在這種情況下，他們將來會有更多的收入，而且能做較好的夥伴」（引自〈新加坡文化部政治聯絡秘書嘉查里〔Ghazali Ismall〕闡明馬來人特權問題〉，《南洋商報》，一九六五年四月七日）。

李光耀在紐西蘭與澳洲的談話，引起許多馬來人非議。三月二十九日，東姑分別在柔佛的兩個巫統大會上語重心長的說，新加坡政府應該避免加重與中央的歧見，否則敵人會將它當作宣傳工具。他直言，我們應該拯救新加坡，否則新加坡將淪為第二個古巴。

接下來是吳慶瑞和大他兩歲的二表哥陳修信，對新馬經濟發展的理念發生衝突。根據規定，新加坡必須把準備來新加坡投資的申請書，讓馬來西亞批准，才能獲得十年的免稅優惠。問題是，從一九六三到六五年，六十九份申請書只有兩份獲批准，其中一份定了種種限制，等於拒絕。陳修信還要所有的投資者到新加坡投資之前，先與中央磋商，以免估計錯誤而失望與產生誤會。他還強調：「新加坡專家做出的保證書不一定可行。」

馬來西亞也準備接收新加坡全部的紡織品配額，卻沒有工廠與機器。最後最高專員赫德出面，擺平陳修信的要求。

這讓吳慶瑞對馬來西亞不存在任何幻想。

這樣的關係，不存在幻想的不只吳慶瑞。

249.

巫統在新加坡是反對黨，所以在新加坡發起聯盟；人民行動黨在馬來西亞是反對黨，所以也在馬來西亞發起聯盟。

馬來西亞的反對黨聯盟由李光耀與民主聯合黨領袖林蒼佑於一九六四年十一月倡議。五個反對黨：人民行動黨（新加坡）、民主聯合黨（檳城）、人民進步黨（霹靂）、人民聯合黨（砂拉越）、卡達山統一機構（沙巴）籌備成立「馬來西亞人民團結總機構」（Malaysian Solidarity

Convention）。

東姑知道後，於一九六五年四月二十四日出席霹靂的團結大會上說：「現在又有一個大集團組織反對聯盟的行動，這個集團以李光耀為首。人們在全力支持這樣的行動前，應該好好研究這個人。聯盟與李光耀曾為建立馬來西亞合作，馬來西亞成立後，我們發現很難再繼續合作。

「反對黨申訴的，主要是已列入憲法的特權。大家必須記住，這個國家的全部商業、貿易和財富，都操縱在非馬來人手中。我很了解他們關心，如果馬來人分享國家的財富，進行貿易，或者馬來人在商貿中占二十至百分之三十的職位，情形便不同。事情並不是如此，經商的馬來人不到百分之一，在國內外大學的馬來學生不到百分之十五。如果連這一點保留都被剝奪，馬來人在自己國內還有什麼希望？

「如果馬來亞沒有這點保障，他們將會加入極端的一夥，過一些時候，馬來西亞將併入印尼。那時，其他在這個國家生活的人，又有什麼希望？」

東姑的談話，算是回應李光耀在澳洲的兩場演講的論述。

負責新加坡反對黨聯盟的杜進才，被迫於四月二十七日宣布反對黨大聯盟的事。

東姑怎麼會知道反對黨的計畫？

250.

杜進才宣布反對黨大聯盟的同一天（一九六五年四月二十七日），李光耀起訴巫統秘書長賽．加化和《馬來前鋒報》誹謗。

兩項起訴為：

一、一九六四年三月二十三日，賽・加化在吉隆坡的大選群眾大會上，指李光耀是馬來西亞的敵人與印尼特工。《馬來前鋒報》分別於當年三月二十四日和二十五日報導。一九六五年三月二十六日，賽・加化在一次集會上，指李光耀是共產黨和印尼的特工。《馬來前鋒報》於三月二十七日報導。

二、賽・加化於一封給英國《觀察家報》（*The Observer*）遠東首席記者鄧尼斯・蒲德華（**Dennis Bloodworth**）的公開信，在《馬來前鋒報》發表，其中一段說：「如你所知，馬來人如今在新加坡的日子不好過，正受人民行動黨壓迫。李光耀不斷發表挑釁性的聲明，刺激他們的民族情緒。儘管如此，一九六四年發動暴亂的不是馬來人；暴亂是密探搞出來的，他們甚至可能拿了李光耀的錢。李光耀目的是在馬來人慶祝穆罕默德先知誕辰時，在新加坡製造混亂，以便世人產生馬來人已經受印尼影響的印象。」

李光耀的律師於四月十五日發律師信給賽・加化與《馬來前鋒報》，要兩者在七天內道歉。賽・加化於四月二十五日對記者說，已收到李光耀的律師信，準備抗訟。他也說：「有什麼好道歉的？我準備面對一切後果。」

巫統支持賽・加化。

李光耀於四月二十七日正式起訴賽・加化、《馬來前鋒報》與其總編輯馬蘭・阿都拉（Melan Abdullah）誹謗。案件於一九六七年開審時，新加坡已獨立。

節外生枝的是，賽・加化不同意新加坡脫離馬來西亞，辭去巫統秘書長。有說是國會表決讓新加坡脫離馬來西亞時，賽．加化沒投票便離開，違背黨的政策。東姑沒留人，讓賽．加化辭職。這是賽．加化的悲哀，也是所有政治「急先鋒」的悲哀。新加坡獨立，賽．加化已完成政黨階段性發展任務，沒有了李光耀，賽．加化便失去角色。何況，巫統須確保其形象。這是政治配套，也是政治生態，各司其職；下一回再需要「急先鋒」，自有其人。

一九六七年九月二十二日，賽．加化與《馬來前鋒報》承認，對李總理的指責為無稽之談，公開道歉並賠償訴訟費。

251.

一九六五年四月二十五日還有另一件事值得注意。

馬來西亞股票交易所召開常年大會，發布一九六四年度的報告。報告書透露，新加坡股票市場受印尼對抗影響；七月分的暴動，引起市場廣泛性衰退；九月分的第二次騷亂，市場再受傷害。

交易所主席峇拉斯（Jacob Ballas, 1921-2000）透露，去年（一九六四）十一月二十四日，財政部長陳修信提出實施資本盈利稅後，股票市場已陷於停頓狀態。股票大跌，許多已失去實際市場價格，股票交易量是一年前的百分之二十。他說：「我們明白應該徵收額外稅，以協助馬來西亞對付印尼的侵略。但是，這種徵稅法卻是我們反對的。」

252. 究竟是誰告訴東姑，反對黨在籌備聯盟？

《李光耀回憶錄》披露，是沙巴卡達山統一機構主席唐納・史提芬（Donald Stephens, 1920-1976），他也是沙巴內定首席部長。所以，一九六五年五月九日馬來西亞人民團結總機構成立時，少了卡達山統一機構，換成砂拉越的馬欽達黨（Machinda Party）。

《南洋商報》標題報導：「五政黨代表會議後，聯合發表馬來西亞人民團結總機構宣言：決心努力建立全民馬來西亞，邀集政治領袖重新檢討各種問題，如何使種族性與非種族性政黨間，民主競爭進行不致引起種族間仇恨的惡化。」內容報導說：「宣言中指出，馬來西亞成立的基本原則，一言以蔽之，就是『一個民主的馬來西亞人的馬來西亞』。」

不過，這時候李光耀已不在新加坡，他於五月五日到印度孟買參加亞洲民主社會主義會議。

三十、逮捕李光耀（四）

（六十六）李光耀論馬來人及其風暴（一九六五）

253.
李光耀於一九六五年五月分做了兩次演講，結束了新馬關係。東姑不再容忍他的發言，決定讓新加坡脫離馬來西亞。

五月三日，李光耀在人民行動黨的公開講座上發表演說，華文稿約五千字，《南洋商報》和《星洲日報》分別連載三天（五月六日至八日）。《南洋商報》擬的題目為〈馬來西亞是屬於什麼人的馬來西亞〉，《星洲日報》題為〈馬來西亞人民在馬來西亞命運〉。

李光耀在講座上說：「按照歷史記載，一千多年前，馬來半島、新加坡、沙巴、砂拉越可能都沒有馬來人、華人和印度人，只有少數目前還住在森林裡的土著。今天，土著占百分之零點五，約七十萬人。

「可能在七百年前，馬來人才開始移民到馬來半島。今天，馬來人占全國總人口的百分之三十九，這裡邊有很多在英殖民地統治後，才從印尼移民過來。所以，有三分之一是在近一百年內才移民到這裡。

「華人占全人口的百分之四十二，三分一在這裡已有三、四代。四分之一的華人在中國出生後到馬來西亞，其餘四分之三在本地出生，與中國沒有往來。印度人、巴基斯坦人和錫蘭（斯里蘭卡）人占全國百分之十，他們一半是在那些國家出生。好了，現在我們要問，馬來西亞究竟屬於誰的國家？」

李光耀指出，他訪問紐西蘭時問當地人：「紐西蘭屬於誰的國家？」答案是：「屬於紐西蘭人的國家。」不是毛利人或英國人。澳洲也一樣。但是，澳洲的土著沒跟上其他種族，所以人口越來越少；紐西蘭的毛利人與英國人在一起，慢慢進步。李光耀說：「那麼，『誰是馬來西亞的主人？』答案：『馬來西亞公民。』『新加坡公民呢？』答案：『自動成為馬來西亞公民。』」

李光耀進一步分析，他在訪問澳洲與紐西蘭時提出關於馬來西亞分裂的三種可能：

一、如果利用種族分裂或鬥爭，看誰占優勢，國家的下場一定很悲慘。如果沒有其他國家干預馬來西亞內部的問題，馬來西亞一定會有很大的改變。最後，很難說誰是馬來西亞的主人，可能馬來西亞會分裂。

二、由於種族衝突，引起不安，漸漸地，種族界線會顯示；比如非馬來人會南下到新加坡，新加坡地方不夠，或者會遷到新山。馬來西亞可能分為北馬、南馬與新加坡，以及沙巴和砂拉越，各成為一個國家。那就慘透了。

三、如果馬來西亞經常發生動亂，將會給其他勢力吸收，那馬來西亞就完了。

李光耀說，如果馬來西亞人能夠互相容忍，按照民主的方式，以及根據憲法磋商，國內問題將能解決，這就意味著馬來西亞是馬來西亞人的國家。

五月五日，李光耀赴孟買參加亞洲社會主義陣線會議前，在電視臺舉行的華文報記者會上說，三個星期（四月十四日）來，國內形勢大體上有理想的進展。現在國家的基本問題是：「馬來西亞是為了誰？」「馬來西亞是屬於誰的國家？」三個星期前雖然很多人關心，但沒有提出來公開討論。今天報章刊載了，相當樂觀，總算有許多人醒悟這個問題的重要性。

在[254]馬來西亞，賽·加化與馬來西亞語文出版局主任賽·納西（Syed Nasir Ismail, 1921-1982）也在五月五日反駁李光耀，馬來人不是馬來西亞原住民的說法。賽·加化說，這是對馬來人的侮辱，如果政府不採取行動制止這類言論，馬來人將不再容忍。

賽·納西引用人類學家的見解，第一批原始馬來人在西元前三千年的新石器時代，便出現在馬達加斯加至太平洋群島，他們來自亞洲大陸；第二批原始馬來人於西元兩千年前來到東南亞，他們後來與原住民相混。西元二世紀，馬來半島北部已出現馬來王國狼牙修（Langkasuka）。馬來西亞的馬來人，是群島馬來民族歷史的部分。賽·納西說：「李光耀可能迫使馬來人採取種族性思想方式，這比李光耀這些日子認為的危險更危險。」

李光耀於五月六日飛往孟買前，在機場反駁賽·加化與賽·納西的談話。李光耀說：「我們加入馬來西亞時，從憲法中了解的是，我們跟其他馬來西亞公民有同等的權利，決定馬來西亞的命運。」他直言：「令我感到荒謬的是，來自馬來群島的人，就馬上成為這裡主人的原理。」

李光耀的談話立刻於第二天（五月七日）在聯邦引起不滿。已轉為教育部長的佐哈里指責李光耀，在澳洲發表不負責任的言論，連東姑都不能容忍。巫統機關報《默迪卡》（*Malaya Merdeka*）要中央政府檢討新加坡在馬來西亞的地位。

兩名當事人賽·加化與賽·納西則分別發表文告說明。賽·加化說，李光耀是馬來西亞團結諮詢委員會備忘錄簽署人之一。根據第十三節條文，李光耀同意「馬來亞聯合邦現享有的一切權利，將轉移到馬來西亞憲法內」。他表示：「李光耀在爭取個人權力中，摧毀了本國和平的權利。」

賽．納西要李光耀參閱憲法第一百六十條，並找出馬來人的定義。他說：「依李光耀的言論，顯然他已企圖分裂馬來人與華人，現在他又想分裂馬來人，最終摧毀馬來西亞人的真正團結。」

根據維基百科，馬來西亞憲法第一百六十條定義馬來人為：「一個出生在馬來西亞的公民，普遍上使用馬來語，信奉回教與遵行馬來風俗習慣，同時居住於馬來西亞或新加坡。」

再過一天（五月九日），副首相敦拉薩說，李光耀關於土生人民的言論「有害與危險」。李光耀攻擊一個種族，已經造成嚴重的局勢。敦拉薩不認為聯盟能與李光耀正常的合作，他說：「我們關心新加坡人民的利益，如果他們要和我們維持關係，必須另找一名真誠的領袖。」

對於媒體報導，李光耀企圖爭取馬來西亞政權，五月十日在香港訪問的東姑表明，馬來西亞人民不會把政權交給李光耀。他說：「祝他好運，我很累。如果他能成功，讓他接管吧！但我不認為他能。」

巫統於五月十五日的大會上則一致通過，促請中央採取實際行動，防止人民行動黨領袖最近言論可能引起流血事件。內政部長伊斯邁警告，如果行動黨領袖言論超越憲法，他將被迫採取強硬措施。他說，目前他還不能做什麼，因為政治問題應該從政治上去解決。

英國駐馬來西亞最高專員赫德也在五月十五日報告上司英聯邦關係大臣（一九六四－

一九六六）博頓利（Arther Bottemley, 1907-1995）：「一些巫統成員希望使局勢變得熾熱，以便藉口『對付』李光耀，意思是把他關起來。我強調，李光耀現在享有一定的國際威望，要『對付』他除非有令人信服的理由，否則將給馬來西亞造成嚴重的損害。雖然東姑什麼都沒說，我感覺他們心懷鬼胎」（引自《李光耀回憶錄》）。

李光耀在曼谷訪問的第二天（五月十六日）回應，巫統沒建議將他逮捕之類蠢事，讓他感到高興。他反問：「如果因一個人的意見不同而逮捕他。那麼，接下來要做什麼？難道要拔出手槍？」

東姑則在第二天（五月十六日）的巫統大會說：「我從不把李光耀當敵人，或一個具有敵人資格的人，我並不很注意他說什麼，雖然我知道他最近的聲明傷害了許多馬來人。」東姑說，他關心的是共產黨在越南與寮國的擴張政策，以及接管印尼。這一天，報章也刊載，中國於五月十四日發射第二顆原子彈。所以，東姑說：「這更加重我的恐懼。」

大會有人要求改變新加坡總理的稱呼。東姑說，那是在倫敦談判時，不想傷害李光耀的情緒，所以保留下來的。

五月十七日《南洋商報》的標題報導，巫統代表大會會場充滿反李光耀聲浪，各代表疾呼逮捕李光耀，質問內長何不採取行動。

在英國，首相威爾遜在五月十七日看完赫德的報告最後一句話——雖然東姑什麼都沒說，我感覺他們心懷鬼胎——下畫線，並寫：「對上面所引的話，如果有陰謀，希望東姑意識到，這將意味著我們將對局面做痛苦的重新評估」（引自《李光耀回憶錄》）。

255. 李光耀出席在孟買的社會主義者大會後，續程訪問緬甸、寮國、柬埔寨與泰國，於五月二十一日返新加坡。他在機場發表談話時，號召所有人民堅定立場，為「馬來西亞人的馬來西亞」奮鬥到底。他說：「我們是否要建立一個多元種族的馬來西亞，應該現在決定。如果我們要建立一個多元種族的馬來西亞，我們可以繼續合作。否則，公開說明，那我們再尋找別的辦法。」

兩天後（五月二十三日），李光耀為在機場的談話做進一步的解釋，「尋找別的辦法」不存在新加坡脫離馬來西亞的想法。他說：「任何其他安排，必須是前進，而不是後退。」

這一天，李光耀也接受澳洲墨爾本《先驅報》記者與美聯社記者訪問。談到新加坡脫離馬來西亞時，李光耀強調：「那是愚蠢的想法。報章認為我在機場的話是在暗示脫離馬來西亞。不，我們不會那麼愚蠢，不會恢復原來的狀態。」李光耀也透露：「他們早就要求逮捕人民行動黨領袖，包括我。這問題也許稍展延，也許六個月，到事態更趨尖銳化，國內外開始發生。」

李光耀隔天（五月二十四日）接受華文媒體訪問時，解釋「其他安排」的想法：「如果要重新安排，我們可以設一個模式：馬來西亞聯邦可以分為兩部分，一個是屬於要『馬來西亞人的馬來西亞』，另一個是屬於不要『馬來西亞人的馬來西亞』，這兩個部分成為一個邦聯與聯邦合作。」

被李光耀控告誹謗的賽．加化，也在五月二十四日於檳城巫統慶祝會上促請中央採取行動對付李光耀，否則以後可能會太遲。《星洲日報》報導，約千人參與這個慶祝會；四百字的報導以新聞點為主，四平八穩的處理。

《李光耀回憶錄》特地引用《馬來前鋒報》對檳城巫統慶祝會的「現場報導」：「李光耀如果真的是男子漢，發表談話就不應該拐彎抹角，應該勇敢地說：『我要退出馬來西亞，因為我不滿意。』他是張大眼睛加入馬來西亞的，現在的馬來西亞跟他支持的沒有兩樣。賽．加化提高聲音問：『為什麼過去他沒想過這一切反對的理由？為什麼現在才後悔？為什麼？聽眾回答：『粉碎李光耀！粉碎李光耀！』幾個聲音喊：『逮捕他！把他像動物內臟醃起來！』賽．加化笑了一下，然後說：『喊大聲一點！讓伊斯邁醫生（內政部長）聽到人民的憤怒。我要確保人人都聽到人民的憤怒。』」

（六十七）李光耀議院辯論及其促成分家（一九六五年五月二十七日）

256.

五月二十五日馬來西亞下議院開幕，李光耀和杜進才飛往吉隆坡出席議會。

第三任最高元首（一九六〇－一九六五）東姑．賽．布特拉（Tuanku Syed Putra, 1920-2000）致辭，演講稿譯成華文約三千五百字，主要針對印尼的對抗和國家的發展。《南洋商報》標題報導，最高元首御詞指出，國防及發展開支經形成過度負擔，政府已推行節約運動削減非必要支出，將向友邦借款並在國內發行國防公債。

最高元首在演講結束前說：「現在國家正面臨外交的挾制，國內又不幸遭顛覆分子滲透。這些對國家安全與民主制度的存亡是莫大的威逼，讓我們向上蒼禱告，協助我們克服困難，戰勝敵人的威脅。」

吉打州哥打士打（Kota Setar）南區議員，三十歲的馬哈迪醫生第二天（五月二十六日）在感謝元首御詞動議時，對最高元首的「敵人的威脅」做了引申：「外來的威脅大家都知道，但是內部的威脅卻是多方面的，可惡的爆炸、邪毒的宣傳是；勞工的糾紛、爭權奪勢也是。」他猛烈地抨擊人民行動黨和社陣為種族主義政黨。他說：「人民行動黨比社陣更具種族主義色彩，更老練，更加會掛起非種族招牌，其實骨子裡卻是沙文主義。」

馬哈迪質疑：「人民行動黨並未規定，國語何時成為新加坡的官方語言，新加坡政府也沒有規定，國語是求職的資格。在一些警署中，華語是官方語言，有些紀錄以華文記載。所以，在一些非華人公民看來，他們像置身中國而不是馬來西亞。……在工業方面，人民行動黨鼓勵馬來人當工廠工人，並未給予馬來人投資的設施。」

對李光耀在澳洲和紐西蘭期間的談論，馬哈迪最不滿：「這是人民行動黨宣布的全面戰爭，更證明在這片土地上，享有特權的馬來人住在小屋裡，弱勢華人住在宮殿裡，乘坐大型汽車，享受生活中最美好的事物。」

馬哈迪還分析華人的類別：「馬來西亞的華人有兩種，一種是渴望和其他民族和平共處，他們多數是幾個世代以來，曾與原住民族共同生活；馬華公會及其支持者，就是這一類華人。另一種是自私及傲慢的華人，李光耀就是典型的例子，他們不曾越過長堤，也不甘願被馬來人統治。他們是中國第一，馬來西亞其次。」

257. 下議院議會第二天（五月二十七日）輪到李光耀發言，《李光耀回憶錄》有詳細——約兩千字——的記述，他認為這是他在馬來西亞國會「最重要的一次發言」。《南洋商報》報導，李光耀「發表長篇演講」，「到今晚，下議院對馬哈迪醫生的原動議及李光耀總理修正動議的辯論尚未結束」。李光耀的發言整理成文字，英文約一萬字，華文有一萬五千字。

李光耀的演講從元首御詞開始。他說，元首御詞中提及「在國內，我們正面對內部的威脅」，「但是，沒有說明內部威脅來自何方。很明顯，這一定是指下議院的某個部分。是伊斯蘭黨嗎？他們的領導人因與印尼人共謀被捕；或是三名來自新加坡的社會陣線成員？」他質疑：「我們留下這個疑問，我不知道意圖是什麼，希望首相對這番言論的文本承擔全部的責任。」

接著，李光耀引用五月二十五日《馬來前鋒報》的標題：「李（光耀）是馬來西亞人民的敵人」，間接回應元首的「內部的威脅說」，並追溯一年來《馬來前鋒報》和巫統領袖——主要是賽．加化對他的抹黑與攻擊。李光耀問：「我或我的同事，或者馬來西亞人民團結總機構的其他成員做了什麼，值得被譴責為『人民的敵人』？」

李光耀也引述馬哈迪昨天的談話一一反駁。對於「弱勢華人住在宮殿裡」，李光耀只輕輕回應：「我可以向馬哈迪醫生展示，新加坡住在小屋裡的華人數目。」針對「兩種華人」與「海外中國人」說，李光耀反問：「這是什麼意思？這不是匆忙說出來的，而是經過準備和精緻的宣讀，如果我們要從中得出含義，答案很簡單，就是馬來西亞不會成為馬來西亞人的國家。這樣說等於現在就告訴我們，為什麼要浪費五年十年努力建設這個國家？」

這是李光耀與馬哈迪第一次交鋒。馬哈迪分別出任馬來西亞第四任（一九八一－二〇〇三）和第七任（二〇一八－二〇二〇）首相，擔任首次首相長達二十二年，兩人也交手了二十二年，甚至一九九〇年李光耀卸任之後，兩人仍「偶有佳作」。

李光耀在議會上引用馬來西亞憲法第二部分的基本自由，提醒其他議員，個人擁有的基本自由包括行動、言論、集會、結社、宗教信仰自由等。他也發誓，維護憲法第一百五十二條與第一百五十三條，即維護國家語言；保留馬來人的服務、許可證等配額。

根據維基百科，《馬來西亞憲法》第一百五十三條規定，保護馬來半島的馬來族與沙巴州和砂拉越州的原住民的特殊地位，以及其他民族的合法權益。

李光耀強調對憲法的維護與信心，在回應攻擊者的同時表明他的立場。他表明人民行動黨的態度：「我們沒有絲毫的意圖要退出馬來西亞，退出馬來西亞是一項叛國行為。」

對於馬來領袖的政治恐嚇，李光耀提醒，不理性最終的可能：

一、根據憲法規定的民主程序；

二，不按照憲法，使用額外的憲法能力，以及警察和軍隊的管理。

他透露：「我們在參加馬來西亞前，曾小心考慮，因此我們必須接受後果。讓我們說出這種後果。明顯的，馬來西亞沒有能力武力統治，這是非常簡單的事實。因此，如果要用武力統治，必須借助外國力量，這些國家可能是英國、澳洲、紐西蘭。我可以肯定地說，澳洲或紐西蘭都沒有能力扮演美國在南越的角色。我們認為，英國有能力負起這項任務。當我們不顧憲法時，這種武力統治一定是長期的，英國人民同意嗎？」

李光耀的發言來到關鍵時刻，他的《回憶錄》記載：「談到發言中最敏感的部分，要暴露巫統種族政策的膚淺時，我決定說馬來語。我的馬來語固然沒有英語好，跟其他非馬來人議員相比，還是流利的。」

他開始在下議院以馬來語發言：「憲法第八條第（二）款或第十二條第（一）款中寫明，不得禁止或使新加坡的任何州法律條文無效，以促進馬來人的進步；也不得根據新加坡公共服務職位第一百五十三條的規定，為馬來人預留職位，所有職位將由新加坡招聘或在新加坡經營任何商業貿易的許可證或執照來填補。但是，我們也接受所有馬來西亞公民在服務、許可證等方面保留配額的義務。

「我們必須同意，國語是團結人民的媒介。但是，如果要人們相信，到了一九六七年，馬來語成了唯一的官方語言，在法庭與商場以馬來語代替英語，就可以提高馬來社會的經濟，那是很危險的。難道講幾句國語，或寫馬來文信給部長，就可以促進馬來稻農的生產，改良稻種，增加市場或獲得應有的生產配備？其實，我們的憂慮不是憲法第一百五十三條。

「過去十年來，城鄉人民貧富懸殊越來越嚴重，財政部長有這些資料。我們的證據表明，馬來亞人正從甘榜遷移到吉隆坡的城鎮，成了郊區的棚戶。他們也來新加坡找工作。去年，馬來亞有一萬名二十至二十五歲的年輕人來新加坡找工作，超過三千五百人是馬來人。難道僅以憲法第一百五十三條，就可解決一切難題？」

從經濟發展來到商業與就業，李光耀繼續以馬來語發言：「即使是華人和印度人，老闆或股東也只占百分之零點二至百分之零點三。以巴士公司為例，假設一家巴士公司有二十名股東，兩千個工人，包括售票員、司機、技工等。馬來人有四百五十萬，伊班人、卡達山人等有七十五萬。我們創造百分之零點三的老闆或股東，問題解決了嗎？鄉村的馬來人要如何進入現代化？他們都成為百分之零點三的人的僕人，擦鞋、開車門。

「農業部去年的預算是一千八百萬元，其中九百萬元用於支付工資，從工人到部長；另外九百萬元用於農業部的一般用途。但是，去年的總預算接近十四億元。我們有超過一億元用在規畫和開發，但百分之八十以上用於橡膠研究，以造福橡膠園主，當然還有一些馬來人園主。誰得到好處？」

李光耀接著再間接地抨擊聯盟的老闆級成員——巫統與馬華：「當然，也有華人百萬富翁擁有大車、大房子。但是，所謂馬來人特權，就是製造幾個擁有大車、大房子的馬來百萬富翁。這是答案嗎？那怎麼解決基層的問題？告訴馬來巴士司機，他應該支持他的馬來董事的政黨，再告訴華人剪票員，加入他的華人董事的另一政黨。這樣如何提高他們的生活水準？」

他警告：「如果我們欺騙他們，相信他們貧窮是因為沒有馬來人的特權，或者因為反對派成員反對馬來人的特權，我們將何去何從？你讓住在鄉村的人相信，他們窮是因為非馬來人不會說馬來語，因為政府文件不用馬來文，他們會期待一九六七年奇蹟發生。如果我們都說馬來語，奇蹟卻沒有出現，那會發生什麼事？

「同樣的，每當經濟、社會和教育政策失敗時，就有人會重複說，哦！這些邪惡的華人、印度人和其他反對馬來人權利的人。其實，華人和印度人都不反對馬來人的權利。作為馬來西亞公民，馬來人有權達到更具競爭力的社會，非馬來社會所產生的培訓和教育水準。

「我們拭目以待，十年後，新加坡將培育出受過教育的一代馬來人，他們了解科學和現代工業管理的技術。」

演說結束前，李光耀說：「我想補充並通過修正案的方式，對感謝最高元首的動議，增添下列文字」：

但遺憾的，最高元首陛下的御詞沒有向國家保證，馬來西亞將根據其民主憲法，朝著馬來西亞人的馬來西亞邁進。相反地，御詞增加對現任聯盟政府的意圖，以及不曾質疑政府在失去多數民眾支持時，將採取的措施。

李光耀在《回憶錄》中說：「這大概是我一生中用馬來語發表的最重要，影響力最大的演講……發言時沒有講稿，衝擊力更大。會場鴉雀無聲，人們都愣住了。」《回憶錄》記述：「東姑和拉薩臉色最難看。」

二十五年後，巴克在新加坡獨立紀念日接受訪問時說：「他（李光耀）講了約半小時……我想就是在那個時候，東姑和他的同僚覺得最好還是把新加坡和李光耀踢出去。」

李光耀也在《回憶錄》中披露：「我沒料到，那次發言對於東姑決定把新加坡逐出馬來西亞，起了舉足輕重的作用。」

作為新加坡的反對黨，二十四歲的社陣議員謝太寶看著馬來西亞巫統與人民行動黨的炮火互射，於五月三十日在辯論中表示，不支持聯盟的動議，也不支持人民行動黨的修正動議；他重申新加坡社陣的立場——反對馬來西亞。他說：「希望巫統與人民行動黨停止玩火，不能為了自私的目的，玩弄種族主義。」

（六十八）逮捕李光耀及其關鍵時刻（一九六五）

258.

一九六五年六月，離新加坡獨立只七十天，新馬關係進入關鍵時刻，馬來西亞下議院的辯論繼續；英國駐馬來西亞最高專員赫德與其上司英聯邦關係大臣（Secretary of State for Commonwealth Relations, 1964-1966）博頓利緊密聯繫，談論新馬時局。

六月一日，聯盟與人民行動黨的議會辯論，從早上十時開始至晚上九時三十分休會仍無法表決，李光耀也沒有機會答覆各議員的批評。

根據《李光耀回憶錄》，同一天，赫德向英國報告，他與東姑談起當時的局勢，兩人對談如下：

赫德：是否還能跟李光耀談判，使局面緩和。

東姑：不能，我完全不相信李光耀，永遠不再嘗試跟他談判。

赫德：那這一切要怎麼了結？

東姑：我了解自己的職責，會毫不猶豫地履行。

赫德：英國政府聽說報章上討論要把李光耀關起來，非常擔心。你說的是不是這件事？

東姑：是。

赫德：除了叛國活動，以任何其他理由把李光耀關起來，英國政府會大為驚震，而且為難到極點。如果沒有適當的理由採取這樣的行動，英國可能會重新認真評估對馬來西亞的態度。

東姑：好吧！我應該跟印尼講和……

赫德的電報說，跟東姑會面一小時後，李光耀去他的住所找他。赫德說：「我發現李光耀激動萬分。」赫德告訴李光耀，他很擔心當前的事態發展，除非採取主動，否則局面會朝兩個方向發展：

一、政治仇恨越來越深，最後導致種族衝突；

二、聯邦政府為了不讓局面惡化，可能會扣留李光耀。

赫德建議，想一個辦法避免現有局勢繼續發展下去，以及它看來免不了會導致的後果。

李光耀說，現在是爭取建立不受馬來人支配的馬來西亞的時候。如果聯邦決定把他關起來，他會歡迎，這會加強他的地位。

李光耀直言，忍耐和拖延下去的時間已經過去，他已經走得太遠了，無法採取這樣的做法。

赫德在報告裡指出：「不幸的是，李光耀的答覆既是真話，也具說服力……」

最後赫德說：「除非採取行動，使現有局面降溫，否則我們現在的做法，最終會導致嚴重的麻煩。」

259.

第二天（六月二日）最高元首誕辰，國會休息一天。元首通過廣播告訴人民，激烈的國會辯論不足為憂，憲法保證人民的自由發言權，大家都有責任維護民主制度。

六月三日國會復會，李光耀要求回覆部長與議員們的批評。議長（一九六四－一九七四）尤索夫（Chik Mohamad Yusuf, 1907-1975）說，本想讓李光耀在昨天發言，但因慶祝最高元首誕辰，國會休息一天，所以不批准李光耀發言，這引起許多議員反對。五十八歲的議長說：「這是我的裁奪，你不能打斷副首相的發言。」李光耀過後召開記者會，表示遺憾與提出強烈的抗議，議長在第二天說明，須把時間讓給執政黨議員會，之後把時間給一直沒有機會發言的部長。

副首相敦拉薩總結下議院辯論，總結詞很長，《南洋商報》的報導有六千字。敦拉薩說，馬來西亞的內在敵人是共產黨，以及在與印尼對抗下，與共產黨和印尼合作的人。首相東姑要他代向李光耀解釋，最高元首御詞中的「內部威脅」不是李光耀或其政黨。他說，李光耀是新加坡首席行政官，會收到情報局所有關於元首御詞中，被稱為外在敵人和內在敵人的活動報告。「李光耀要首相解釋，解釋什麼？很明顯的，他在製造麻煩。」

他警告李光耀：「雖然我們維護種族和平，但是，如果由於他的冒進，在馬來西亞引起麻煩，我們認為他要負全責；我必須要求人民行動黨的其他同事——其中有一些我認識，小心考慮其領袖正帶著他們走危險的道路。」他不客氣地說：「我們並不認為李光耀有那麼重要，成為聯盟的威脅。我們有能力對付他，合乎民主與憲法地跟他抗爭。」

敦拉薩透露，不久前李光耀向首相建議，由人民行動黨取代馬華公會。李光耀的建議被首相拒絕後，便轉向「馬來西亞人的馬來西亞」計畫。敦拉薩說：「建立一個『馬來西亞人的馬來西亞』，正是成立馬來西亞的目標，也是憲法的目標。」

敦拉薩四兩撥千斤，順勢將「馬來西亞人的馬來西亞」從李光耀手上拿過去，李光耀樂得這個他十五年前（一九五〇）留學英國的主張不再視為破壞馬來西亞的種族和諧。最重要的是，馬來西亞反對黨推動的馬來西亞人民團結總機構得以正名。

這一天，四十歲的馬六甲首席部長嘉化・峇峇（Ghafar Baba, 1925-2006）也有同樣的說法。他突然跳出來發表文告，指斥李光耀的「馬來西亞人的馬來西亞」概念膚淺，五百年前馬六甲人已有這個概念，當時華人與馬來人生活融洽，沒有種族糾紛。嘉化將在一九八六至九三年出任第六任馬來西亞副首相。

「馬來西亞人的馬來西亞」擊中巫統要害，所以大家都急著化解這個主張，甚至占為己有。下議院經五天激辯，以一百零八票對十四票否決李光耀的修正動議，通過感激元首御詞；馬來亞社陣和回教黨九票棄權。整個辯論共花二十七個小時，反對黨議員占十四個小時；執政黨與反對黨議員的比例是四比一。

260.

敦拉薩在下議院辯論總結的同一天（六月三日），英聯邦關係大臣，五十八歲的博頓利致電文赫德：「如果李光耀被捕，新加坡未必會默默地接受。東姑可能發出其他指示。依我們看，新加坡大亂的風險很大，可能會影響婆羅洲地區……李光耀被捕後局面如果惡化，需要在新加坡動用英軍，要爭取英國輿論了解和支持是難上加難」（引自《李光耀回憶錄》）。

第二天（六月四日）赫德向上司報告他與東姑的會談：「從字裡行間揣摩到言外之意，東姑顯然已叫手下查問，是否有可能從人民行動黨領導層裡去掉李光耀，讓一個著名的人替代接管。李光耀已知道此事並告訴我。我告訴東姑，我不指望這樣的計謀會成功。他說：『叫你的政府別擔憂，這是內部的情況，我必須處理。你們不能介入我們的內政。美國人在越南介入內政，到頭來搞得一場糊塗。』」（引自《李光耀回憶錄》）。

六月五日，赫德收到電報：

（英國）首相看過六月一日九六〇號電報……他詢問兩件事：

一、他該不該拍電報給東姑？

二、最高專員該不該悄悄向李光耀建議，他最好消失（出國）一、兩個星期？我們不希望他在英聯邦首長會議召開前被關起來（引自《李光耀回憶錄》）。

261.

馬來西亞下議院議會之後，第一屆馬來西亞人民團結大會於六月六日在新加坡召開。《李光耀回憶錄》憶述：「那是個充滿希望的大會。馬來亞、新加坡和砂拉越五個政黨的領袖，在把心中的恐懼在國會裡表露之後，不再感覺拘束，自由地暢談種族與多元種族社會的問題。這些課題是人們從來就不敢談論的。」這次「自由地暢談」，也在「東姑決定把新加坡逐出馬來西亞」，起了另一個「舉足輕重的作用」。

李光耀致詞時說，敦拉薩已在國會承認，他們不是顛覆分子，贊成「馬來西亞人的馬來西亞」。因此，他們將有權繼續民主、和平的鬥爭。

李光耀從人口結構看馬來西亞的種族問題。百分之三十九馬來人，百分之四十二華人，百分之十印度人與巴基斯坦人，百分之七的伊班人（Iban）、卡達山人（Kadazan）、加央人（Kayan）、加拉必人（kelabit），其他還有歐亞裔和錫蘭人（斯里蘭卡），可見任何人都很難控制其他人。

不僅如此，亞洲也一直在變化。李光耀說：「整個亞洲，部落社會的封建制度已崩潰，印度的土王已不存在，非洲的酋長也不存在，他們的隨從已開始站起來。在馬來西亞，這現象也開始了，甘榜的人民正在受教育，他們收聽電臺節目，同時開始思考。當他們開始這麼做時，便是我們的勝利，我們信仰的勝利：一個馬來西亞人的馬來西亞。」

（六十九）東姑生病及其最終決定（一九六五）

262.

李光耀在下議院的發言，東姑一直沒有公開回應，直至一九六五年六月十一日，準備到倫敦出席共和聯邦首長會議前，才在官邸的記者會上，解釋為何未在國會發言：「我要扮演一個父親的角色。其實，我已準備好講稿，最後仍決定不發言。」

東姑也回答李光耀在馬來西亞人民團結大會的說話：「有些人現在談論種族的百分比，這在新加坡加入馬來西亞前便知道了，為何現在要加以利用？而且，憲法並沒有改變。」他直言：「談及王室的傳統與統治者的威信，這是最不聰明與極壞的。」

東姑質疑：「李光耀提的問題，都是舊問題。過去，為了馬來西亞的問題，我們曾不分晝夜，詳細討論過。可是，現在為什麼卻又要提出這些問題而爭執呢？為什麼提出不必要的爭論呢？」

對於「內部威脅」，東姑進一步說明：「馬來西亞的顛覆分子，第一是共產黨，第二是潛伏的親印尼分子，第三是馬來西亞人民團結總機構，它的趨勢是製造惡劣的感情、敵意、懷疑與仇恨。這三種現象都存在著，政府將盡一切力量，以減輕他們的危險性。」

東姑過後乘皇家空軍專機到新加坡，在新加坡機場的記者會上表示，願意與李光耀討論新馬的問題，「尋求什麼」，使李光耀對馬來西亞放心。

李光耀沒有接機，沒聽到這番話。他出席芳林區聯絡所的四週年慶祝會。芳林區是李光耀的前市長、現在的對手王永元的選區。所以，聯絡所雖然只成立四週年，卻慶祝三天。東姑於傍晚六時三十分抵達，慶祝會晚上七時三十分開始。不過，李光耀還來得及晚上十時三十分送機。李光耀於第二天（六月十三日）知道東姑願意與他討論新馬的問題，表示高興與歡迎，等東姑從英國回來，會與他談中央與新加坡政府間存在的任何問題。

六月十二日馬來西亞財政部長陳修信也在新加坡。他告訴記者，新加坡的中國銀行將在八月結束營業，馬來西亞銀行法令規定，一家銀行不能有超過百分之五十的資金由外國政府控制。

263.
新馬關係仍在僵局中，有人在這時候突然出手。

新加坡立法會於一九六五年六月十六日開會，四十歲的王永元突然宣布辭去芳林區的議席。王永元在給媒體約兩千五百字的辭職信副本裡說：「在人民面對最困難的處境，不能幫助他們，我繼續留任立法議員沒有用處。我不願意同流合汙，貽笑世人。執政黨藐視立法會，我覺得最光榮的辦法就是辭職，把自身和欺騙人民的行為脫離關係。」

人民行動黨則發表文告，指王永元的辭職是「表演政治切腹的最後一幕」。王永元「留任立法議員沒有用處」是「官方答案」。他究竟為什麼要辭職？

兩天後（六月十八日），王永元宣布不參加補選。芳林是王永元的鐵票區，他在芳林區四次的選舉（一九五七、一九五九、一九六一與一九六三）都獲勝；並在一九六一年的補選與一九六三年的大選中，擊敗人民行動黨候選人。他究竟在盤算什麼？

人民行動黨相信，「王永元是在聯邦政府影響下辭職的」。李光耀在《回憶錄》裡說：「聯邦政府通過一名馬華公會會員跟王永元搭上，他是王永元在擔任市長期間的政治秘書。他們希望這次補選能考驗行動黨，究竟有多少選民支持。」王永元擔任市長期間的政治秘書是王晉華。

社陣則在同一天（六月十八日）宣布，派主席李紹祖參加補選。社陣質疑：「人民行動黨至今未宣布補選日期，提名日會否訂在李紹祖出席阿爾及利亞的亞非會議期間？」李紹祖將於六月二十三日以觀察員身分出席亞非會議，期間有三個星期不在新加坡。

社陣率先宣布候選人，也間接告訴其他反對黨，沒有這個分量，別來湊熱鬧，擺明是社陣與行動黨的局。

政府隔天（六月十九日）公布，補選令將在下週發出。也在這一天（六月十九日）阿爾及利亞發生軍事政變，國防部長推翻第一任總統。

李紹祖第二天（六月二十日）在社陣的群眾大會上說：「補選與亞非會議相比，可說是小事。」他認為，補選是地方性問題，不影響馬來西亞的局勢，亞非會議是重要的國際會議，將會參與。不過，社陣會參與補選。

社陣公布兩天後（六月二十二日），雖然阿爾及利亞局勢不明，李紹祖仍將在明天（六月二十三日）晚上八時飛阿爾及利亞。

新加坡國家發展部長林金山則於六月二十二日早上便飛英國，準備在倫敦與東姑一起參加亞非會議。由於阿爾及利亞政變，林金山將在倫敦等待局勢明朗再做決定。這期間，他將與東姑一起參與英聯邦首長會議。

六月二十三日政府宣布，芳林補選六月三十日提名。李紹祖沒有留下來，按照行程出發，人民行動黨贏得選前預賽。

264.

在倫敦的東姑突然患上帶狀皰疹（俗稱「生蛇」）入院，林金山抵達倫敦後到醫院探望他，第二天（六月二十三日）寫信給李光耀：「他（東姑）身邊時刻圍滿人，我總算與他談上兩句。他仍然在考慮重新安排（新馬事宜），卻不知道要採取什麼形式。與此同時，他認為事情不急，可以在（印馬）對抗結束後進行。」

265. 芳林區補選提名日前一天（六月二十九日），新加坡聯盟宣布不參加，讓補選簡單化，也落實人民行動黨說的，「考驗行動黨，究竟有多少選民支持。」

這一天，李光耀飛到吉隆坡見敦拉薩，因為敦拉薩傳話想見李光耀。《李光耀回憶錄》載錄，他投訴巫統玩兩面把戲，巫統高層與人民行動黨達成協議，在政治上休戰，第二級領袖卻繼續在《馬來前鋒報》發出仇恨的聲音。今後任何協議必須是書面的，同時讓所有人知道，否則沒有意義。與敦拉薩交談過程中，李光耀認為敦拉薩最重要的話是：「你要同我們合作還是鬥爭，必須由我們判定。」《回憶錄》說，兩小時的會談，雙方都極不舒服，雙方沒有共同點可言。

阿爾及利亞的亞非會議展期，林金山於六月二十九日返新加坡，李紹祖訂不到飛機票，要七月四日才回來。

林金山回來後向李光耀報告東姑的情況。《李光耀回憶錄》指出，東姑曾經告訴林金山：「可以告訴你的總理，他可以用自己的身分出席下屆首長會議。」

十六年後（一九八一），李光耀在做口述歷史錄音時，談起六月二十三日林金山寫給他的信時，認為「早在一九六五年六月二十三日，東姑便考慮同新加坡完全分家」。

根據《白衣人》的資料，東姑是在一九六五年六月二十九日決定讓新加坡脫離馬來西亞。《白衣人》引述東姑一九七五年四月七日發表在馬來西亞《星報》（*The Star*）的專欄文章：

我躺在床上，想著的是李光耀……我反覆思考，最終得到唯一的結論：把新加坡從馬來西亞切割出來。

東姑的專欄透露，叫他不能忍受的是，李光耀對最高元首沒向人民保證朝向一個「馬來西亞人的馬來西亞」的目標邁進表示遺憾。

266.

芳林區補選提名日（六月三十日），人民行動黨派出四十一歲的總理政治秘書李炯才（一九二四—二〇一六），社陣則派出二十八歲的組織秘書王清杉。兩人都在一九六三年的大選中落敗。補選宣傳期只有九天，投票日為七月十日，選民一萬兩千人。

李紹祖於七月四日趕回來助選，人民統一黨秘書長王永元於兩天後（七月六日）表示，願意積極為社陣助選；巫統領袖也呼籲新加坡人民投票給社陣。但是，社陣立場仍是「反對馬來西亞」，人民行動黨則堅持「馬來西亞人的馬來西亞」。

這場補選最後無論結果如何，都牽動新馬今後的政局。

267.

在芳林補選活動期間，發生一則看似與政治無關但具指標性的新聞。

一九六五年七月六日，馬來西亞政府驅逐自由撰稿通訊員阿歷·佐西——就是在一九五七年安排李光耀訪問中國的英國人，要他在兩個星期內（七月二十日之前）離開馬來西亞，理由是阿歷・佐西的報導「詆毀馬來人」。

《南洋商報》報導，五十五歲的阿歷・佐西在新加坡，與文化部長拉惹勒南同住在彰思禮巷（Chancery Lane）的寓所，但沒訪問到阿歷・佐西。

《星洲日報》則報導，阿歷・佐西告訴記者，他在下午三時二十五分在住所接到中央政府的離境令，信由內政部長伊斯邁簽署，但沒有寫明理由，他對此感到驚奇。《星洲日報》提供的資料顯示，阿歷・佐西從事新聞工作四十年，一度為英國工黨黨員，曾是西方數國報章駐新加坡的通訊員。

《海峽時報》的報導提及，阿歷・佐西在李光耀出國訪問時，經常以兼職受僱，協助李光耀。

兩天後（七月八日），新加坡副總理杜進才、財政部長吳慶瑞、國家發展部長林金山與律政部長巴克召開記者會，針對中央政府驅逐通訊員阿歷・佐西發表聲明。除了聲援阿歷・佐西，聲明也指出：「（中央政府）另一項要求是拘捕李光耀。」在五月的國會與六月的馬來西亞團結大會過後，「經有訓示發出，著令找出罪名，以便逮捕李光耀」，「我們促請中央政府不要以為李光耀被排除後，行動黨政府的部長對他被拘留會默然順從。聯盟的領袖必須明白，如果採取任何壓迫行動，馬來西亞將會破裂。」

七月十日，敦拉薩反駁新加坡部長的聲明：「人民行動黨的話太狂妄與惡意。我們沒有充分的利益或根據，不會隨便捉人，只有違背法律者才會受到制裁。」

七月十四日新加坡政府發表文告，感謝東姑在倫敦針對李光耀的事做出聲明。東姑的聲明認為：「就我所知，我們沒有證據足以逮捕或扣留他（李光耀）。」新加坡政府的文告透露：「我們知道，在東姑七月十一日前往倫敦前，聯邦內閣開會討論逮捕李光耀的事項。」

如果東姑真的於六月二十九日決定新加坡與馬來西亞分家，芳林補選與逮捕李光耀都不重要了。

268. 英國首相威爾遜在其著作《個人記錄：一九六四－一九七〇年的工黨政府》（*A Personal Record: The Labour Government, 1964-1970*）也談及他在一九六五年六月五日提出兩項詢問後的行動：「三、四個月前，我便接到警告，馬來西亞首相東姑・阿都・拉曼政府對其國會同僚新加坡領袖李光耀感到不耐煩，以致李（光耀）可能會被捕下獄……在共和聯邦會議前數星期，我們接獲消息，一場危機即將出現，涉及反對李光耀和他的同僚的政變，我覺得有必要讓東姑知道，要是他採取這類行動，到共和聯邦會議露臉是不理智的」（引自《李光耀回憶錄》）。

「逮捕李光耀」近半世紀後繼續是話題。二〇一三年九月十六日，建國總理李光耀九十歲誕辰。政策研究所所長詹達斯・迪文（Janadas Devan）在一個會議上，以〈英勇的「園丁」〉講題發表演講，《海峽時報》於九月二十一日轉載。

迪文透露，新加坡的領導人當時已制定應急計畫，李光耀將接受逮捕，其他領導人逃到柬埔寨，建立流亡政府，然後到英國及世界其他地方，繼續戰鬥。

李光耀於一九五〇年從英國回新加坡，至一九六五年與馬來西亞政府交手，共有四次在逮捕名單上，每一次都具一定的概率。不是每一個人都如此「好運」，也說明李光耀對每一個事件發展的把握與對事件評估的精準。

269.

芳林區補選於一九六五年七月十日投票，李炯才以六千三百九十八票（百分之五十四）對四千三百四十六票（百分之三十六點七）擊敗王清杉，廢票一百六十一張，總票數一萬一千八百三十七張，兩人相差兩千零五十二票（百分之十七）。

投票的結果呈三輸一贏的局面。贏家是人民行動黨，兩次失敗後，終於取下這個講華語與華人方言的選區，預示著人民行動黨已爭取到這族群，它也說明選民支持「馬來西亞人的馬來西亞」的理念；馬來西亞巫統則仍無法越過新柔長堤。最大輸家是王永元，他為什麼要辭職，以致從此退出政壇。另一輸家是社陣，連在講華語與華人方言的選區都輸了，社陣如何再站起來？人民行動黨獲勝，除了是熟練的政治運作，更多的是經濟與國家硬體的建設看到成績。

人民行動黨進一步鞏固其在新加坡的地位，卻與馬來亞的關係越走越遠。一個月後，巫統將把人民行動黨逐出馬來西亞。

三十一、不流血政變

（七十）吳慶瑞與拉薩及其歷史性決定（一九六五）

270.

一九六五年七月中旬開始，新加坡獨立進入沙漏計時，談判的是吳慶瑞。

吳慶瑞因肝病，於一九六五年五月二十一日赴西德治療，七月四日返國後，開始代表李光耀跟敦拉薩談改善兩地關係的各種可能，《李光耀回憶錄》和《吳慶瑞傳略》都有具體的記載。《吳慶瑞傳略》稱，吳慶瑞回國後，敦拉薩請吳慶瑞到他家作客，伊斯邁和賽．加化也在場。敦拉薩即席說：「我們不能這樣繼續下去。」問吳慶瑞有什麼意見。吳慶瑞回應：「最好大家同意結束吵吵鬧鬧，我們應該分道揚鑣。」

敦拉薩要吳慶瑞盡量說。吳慶瑞提議：「我們脫離馬來西亞，成為獨立的國家，你們便沒有這一切麻煩，我們也一樣。這一切緊張關係、種族關係將成為過去。我們各自顧自己的。」敦拉薩建議吳慶瑞試探李光耀的意思。

七月十五日，吳慶瑞從吉隆坡回新加坡後向李光耀彙報。《李光耀回憶錄》載：「他（吳慶瑞）說，拉薩要討論重做安排的事，避免雙方發生嚴重的衝突。」於是，李光耀與吳慶瑞「討論了一切可行的辦法，認定只要能避免種族衝突，什麼方法都值得嘗試」。

五天後（七月二十日），吳慶瑞再赴吉隆坡，會議在敦拉薩的辦公室召開，在場的還有伊斯邁，算是正式談判的會議。

《李光耀回憶錄》記述，吳慶瑞告訴他們，雙方談論的內容只有李光耀、林金山和巴克知道。杜進才與拉惹勒南因介入馬來西亞人民團結總機構太深，不會考慮重做安排。他向敦拉薩保證，如果處理得當，將能說服人民行動黨，但是，風聲走漏就難說。

吳慶瑞回來向李光耀報告，敦拉薩要新加坡完全脫離（total hiving-off），並提出兩點：

一、吳慶瑞必須證實李光耀贊成。吳慶瑞說：「沒問題，在李光耀承擔與介入馬來西亞人民團結總機構不太深之前，趕快行動。」《李光耀回憶錄》說：「拉薩看來既鬆一口氣，又不敢相信。」

二、脫離行動須互相配合，人民行動黨必須支持。

敦拉薩建議，聯邦與新加坡一起告訴英國，只要大家立場堅定，英國會同意。吳慶瑞不同意，今年二月間的「重新安排」讓英國人知道後，被他們徹底挫敗。吳慶瑞建議，八月九日馬來西亞國會重新開會時，才把既成的事告訴英國。但新加坡獨立的憲法須先完成，國會三讀也在同一天完成。

伊斯邁贊成，敦拉薩非常高興地說，這或許是最好的辦法。吳慶瑞提議，禮貌上應該在八月九日獨立法案提出前半小時，讓赫德知道。敦拉薩沒有意見。接著是起草兩份文件，一份是修改憲法，讓新加坡脫離馬來西亞；另一份是法案，根據憲法修正案，讓新加坡獨立。吳慶瑞建議，由新加坡律政部長巴克，設法在十天內完成兩份文件的初稿。

整個商議過程只半小時，過後他們花了二十分鐘聊天，因為拉薩覺得吳慶瑞不應該太早離開。拉薩也安排一輛警車送吳慶瑞到機場，以避免碰上記者。

《吳慶瑞傳略》七月二十日的會議內容多了吳慶瑞的說法：「新加坡須以主權獨立的國家脫離馬來西亞，這是避免另一輪流血的唯一途徑。」但沒提到「敦拉薩要新加坡完全脫離」。

李光耀在《回憶錄》裡透露，他遲至一九九四年要寫回憶錄，參考吳慶瑞的口述歷史資料才知道，吳慶瑞並沒有完全按照他的意思去做，即在與敦拉薩談判時，提出他們討論的「一切可行的辦法」，盡量使敦拉薩對兩地重新做出較鬆動的安排；吳慶瑞直接遵照馬方的意思談分家。李光耀說，吳慶瑞知道敦拉薩要的是分家。

大家一拍即合，就這樣，新加坡和馬來西亞分家的事定下來。

271.

李光耀沒有這麼樂觀。他除了要巴克起草兩份獨立文件，還外加一份獨立宣言。巴克參考西印度群島聯邦分裂的例子。西印地亞斯島聯邦（West Indies Federation, 1958-1962）是英國對加勒比海殖民地的一次整合。

巴克完成初稿後，李光耀不滿意，將稿件交給太太——擅長辦理產權轉移的柯玉芝，要她加入柔佛州的水供協約。

這時期，報章上兩地的氣氛仍不佳。

吳慶瑞七月二十日赴吉隆坡與敦拉薩、伊斯邁談分家的事時，還在報章上與中央財政部長陳修信，就新加坡向聯邦繳稅問題隔空過招。新加坡每年向中央繳交百分之四十稅收，中央要增加，新加坡不肯。還有，中央要關閉新加坡的中國銀行，勢必影響新加坡的經濟。

接著，七月二十四日與二十五日敦拉薩訪問新加坡。第一天在新加坡大學演講時，敦拉薩說馬來西亞憲法下人人平等，現在有人大談「馬來西亞人的馬來西亞」，不知用意何在。「新加坡的問題與其他州完全不一樣……但是，我們目標已定，就是建立一個統一團結的國家。」

李光耀第二天回應，歡迎敦拉薩重申馬來西亞公民一律平等，呼籲人民和諧共處，彼此幫助互相容忍，建立一個繁榮馬來西亞。這些都是舊話重說。

敦拉薩第二天到南部島嶼訪問時，再說：「中央政府如果要充分地幫助南部島嶼人民，須取得新加坡政府的合作。人民行動黨一向反對中央政府，致使中央政府不能充分地幫助南部島嶼人民。」南部島嶼以馬來居民為主。

新加坡政府於七月二十六日表態，對敦拉薩說人民行動黨一向反對中央政府「感到意外」。「新加坡政府歡迎中央改善馬來人或其他種族的生活」，「不過，我們未聞中央有發展南部島嶼的計畫。」

李光耀在《回憶錄》裡指出：「這種帶不良意圖的不必要行動使我疑惑，吳慶瑞認為拉薩真的要讓新加坡脫離，這看法是否正確？他們可能在玩什麼把戲，試探反應，以便終止實施憲法，委任一名首長管理新加坡？還是策畫另一些不愉快的事？」已知道歷史發展的後人只能說，敦拉薩真的太不喜歡李光耀或人民行動黨。

李光耀說他壓力太大了，將到金馬崙度假，也觀望東姑是否會改變主意。

272.

改變主意的是敦拉薩。

吳慶瑞七月二十七日又飛到吉隆坡與敦拉薩開會。在赴吉隆坡之前，《李光耀回憶錄》說，吳慶瑞要求李光耀書面授權，讓他繼續跟拉薩和伊斯邁討論，並達成他所能做的重新安排——包括脫離（hiving-off）聯邦。

吳慶瑞到吉隆坡後，發現敦拉薩的確在重新考慮讓新加坡脫離馬來西亞。敦拉薩還向吳慶瑞抱怨他睡不著，精神憂鬱沮喪。

敦拉薩的問題為：

一、他已於七月二十三日向東姑彙報上回會談的結果，一切由東姑定奪。東姑八月四日回來，他質疑獨立法案能否在八月九日提出。《李光耀回憶錄》指出，最重要的是，獨立法案涉及各方權益，如蘇丹的權益，需要磋商。

二、新加坡獨立意味著蘇卡諾獲勝。「我們難道要給他打氣？為什麼不能部分地解除合併的約束？」

敦拉薩的疑問，其實就回到今年（一九六五）二月間新馬第一次談論分家時，談論的「對憲制重新進行安排」。吳慶瑞說新加坡願意，但是新加坡的地位在英聯邦國家的支持下，正在日益加強。《李光耀回憶錄》表示：「這時拉薩更加憂鬱。」

吳慶瑞提醒敦拉薩，他必須在新加坡還能扭轉馬來西亞人民團結機構的承諾之前做決定。敦拉薩又提出若干問題，最後問吳慶瑞能否再提出另一個建議。吳慶瑞說沒了。

《吳慶瑞傳略》記載，李光耀授權書於七月二十六日簽署，並載有李光耀的授權內容：

> 我（李光耀）授權吳慶瑞同敦拉薩、拿督伊斯邁和其他在中央政府與這些事務具類似權力的相關聯邦部長，討論馬來西亞憲制安排的任何提議。
>
> 如果任何（消息）洩漏，他將否認任何協議的主張。
>
> 如遇有關聯邦部長們同意在國會通過憲法修正，以使這類重新安排生效，新加坡認可的附帶條件是，以如果有關程序是在盡可能最短的時間內，並以最低的洩漏風險（為準）。

《吳慶瑞傳略》同時記載，吳慶瑞準備幾天後再到吉隆坡與敦拉薩開會，敦拉薩叫他「在得到許可前不要來」。

還記得穆爾嗎？四十四歲的英國駐新加坡副專員穆爾，將於八月一日調回英國。他於七月三十日向李光耀辭行。李光耀說：「這次道別我非常激動……他一直非常了解和支持我。我必須確保不會露出蛛絲馬跡，以免穆爾看出我們正在秘密談判。」第二天，李光耀到吉隆坡參加人民行動黨支部週年紀念，然後按原定計畫到金馬崙度假。

273.
進入一九六五年八月分，新加坡獨立倒數第九天。

李光耀到金馬崙度假，也在等待吳慶瑞的消息。

八月三日，吳慶瑞再見敦拉薩，敦拉薩說東姑贊成分家，條件是：

一、新加坡必須在軍事上為兩地防務做出貢獻；

二、任何條約如果違背上述協議的宗旨，他都不會簽。

吳慶瑞記下討論過程的所有細節，包括成立防務委員會，新加坡的軍隊在行動時由統一指揮部指揮。《李光耀回憶錄》說，吳慶瑞估計聯邦要限制新加坡軍隊的人數，要控制發言權。吳慶瑞告訴敦拉薩，新加坡養不起龐大的軍隊，敦拉薩很高興。李光耀指出：「總指揮的問題不明確，印馬對抗結束後，新加坡軍隊在和平時期的地位問題沒有提出來，後來發生麻煩。」敦拉薩滿意兩份初稿的內容，只要求加入防務的部分。

吳慶瑞建議，他和巴克將草案擬好後，於八月六日帶回吉隆坡，讓敦拉薩提出反建議，八月七日完成，八月八日簽署，到了八月九日談判結束。

第二天（八月四日）新加坡的報章補發了一則消息：「李總理本月二日起告假一週，至本月九日國會開幕為止。」

274.

出國五十五天的東姑，原定八月四日回國，因飛機在孟買發生故障，延至八月五日凌晨抵達新加坡。前去歡迎的新加坡巫統支持者都在胸前掛著反對李光耀的牌子，包括「捉拿李光耀」、「李光耀是叛徒」等，並高呼：「馬來西亞之父萬歲！」林金山則代表新加坡政府接機。已同意新馬分家的東姑對支持者說，他要照顧各民族人民的利益，不是單一的民族利益。民主國家會聽到激烈的言論，只要不超過法定的界線。東姑過後在記者會上說，一定會見李光耀。

東姑先在新加坡休息，下午一時回到吉隆坡。在吉隆坡的記者會上東姑說：「我將盡早與李光耀舉行談判，謀求解決新馬政府間的歧見。」問及會談的結果，他信心十足地說：「我相信任何開誠布公的談判下，任何問題都得以解決。」

第二天（八月六日），東姑還召開特別內閣會議，過後對外界說，關閉中國銀行是基於銀行法令，將保障存戶利益。「銀行關閉後，政府將採取步驟，使新加坡的經濟影響減至最低。」與中國的貿易則不受影響。

八月六日對新加坡政府是重要的一天。這天早上，李光耀從金馬崙出發，到吉隆坡時已是下午，吳慶瑞和巴克將脫離馬來西亞的文件交給李光耀。李光耀過目批准後，兩人去見敦拉薩、伊斯邁和總檢察長（Attorney General，也稱司法部長）卡迪．尤索夫（Kadir Yusof, 1917-1992）。傍晚，巴克打電話告訴李光耀，陳修信要在文件加入，「馬來西亞不再擔保新加坡向國際貨幣基金與世界銀行貸款」的內容。李光耀同意。午夜過後，吳慶瑞和巴克才回到新加坡政府在吉隆坡擁有的洋房新加坡之家（Singapore House）。

巴克回憶，在等候修改內容打字時，在場的人都醉了，除了他比較清醒。簽署文件前，他想多看一遍，敦拉薩卻說：「Edmund（巴克），這是你起草的稿，最後的文件由你們的人打字，幹嘛要看？」所以，巴克沒看便簽了。

吳慶瑞則告訴《吳慶瑞傳略》作者：「巴克說我們繼續喝酒，一直到午夜。當我知道事情已搞妥，我是多麼寬慰；我大量流汗，雖然冷氣開著。拉薩也非常寬慰，傳送飲料慶祝。他發現我流汗時，說：『好吧！送你這件襯衫。』我當場換衣，感覺像在最後一分鐘獲得赦免的死囚。時至今日，我還保留著那件襯衫。」

吳慶瑞回新加坡之家後倒頭便睡，巴克看過文件，交給李光耀。李光耀看了文件對巴克說：「Edmund，我們成功地發動一場不流血的政變。」

接著，李光耀分別打電話給杜進才和拉惹勒南，要他們天亮時到吉隆坡來。

（七十二）東姑最後的短箋及其意義（一九六五）

275.

天亮，新一天開始。八月七日。

杜進才和拉惹勒南分別到來，拉惹勒南由奧斯曼．渥開車載他來。大家談分家的事，杜進才和拉惹勒南一直不肯簽名。

中午，李光耀去見東姑，先等了三、四十分鐘——東姑在開會，接著兩人談了約四十分鐘。《李光耀回憶錄》有他們臨別的對話：

李光耀：我們花了多年成立馬來西亞，從一九五四到一九六三年，我成人生活的大部分歲月都用來成立馬來西亞。馬來西亞成立至今不到兩年，你真的想讓它分裂？難道不認為恢復我們被英國人擋下來的計畫——成立一個關係比較鬆散的聯邦或邦聯——會更明智？

東姑：不，這個階段已經過去，現在沒有別的辦法。我打定主意：你們走你們的路，我們走我們的路。只要你們在任何方面跟我們掛鉤，我們都難以成為朋友，因為我們會介入你們的事務，你們會介入我們的事務。明天當你們離開馬來西亞，我們不再在國會或選區裡爭吵後，會再度成為朋友。我們彼此需要，會互相合作。

李光耀強調，他不知如何應對杜進才、拉惹勒南等有家庭在聯邦的部長。東姑說，這問題李光耀得自己處理。李光耀要求東姑幫忙，見一見他們。東姑答，沒有必要。

李光耀回去告訴杜進才和拉惹勒南，兩人仍不為所動。李光耀於是要杜進才去見東姑，杜進才答應。午後，李光耀再去見東姑，東姑拒絕見杜進才和拉惹勒南。李光耀只好要求東姑寫幾個字回覆他們。東姑寫了封信給杜進才：

> 親愛的進才：
>
> 寫這封信告訴你，我非常認真地考慮過與新加坡分家的事，發覺為了我們的友誼，以及馬來西亞總體的安全與和平，絕對沒有其他出路。如果我有足夠的影響力，能完全控制局勢，也許可能延遲採取行動。由於我的影響力不足，在還能勸人們容忍與忍耐的時候，以這樣的友善方式解決彼此的歧見，是唯一的出路。我最誠摯地要求你的同意。
>
> 東姑・阿都・拉曼　謹啟

李光耀說，他離開首相官邸時，遇見陳修信。李光耀忍不住告訴陳修信：「今天你贏了，我輸了。五到十年內，你肯定會感到悲哀。」陳修信得意地笑。

回到新加坡之家，李光耀將東姑的信交給杜進才。李光耀說：「直到那時候，杜進才和拉惹勒南才發現我們已經非分家不可。」

李光耀告訴杜進才，要是多數人決定不簽名，不願意脫離馬來西亞，他會服從。但是，杜進才和拉惹勒南須負責任，如果暴亂流血，他將問心無愧。不久，杜進才簽了，拉惹勒南也簽了。

接著是這麼一大票人，怎麼回新加坡？李光耀告訴東姑這難題，東姑出動一架小型螺旋槳軍機將他們送回新加坡。

二〇一五年三月二十九日，李顯龍在其父李光耀的葬禮儀式致悼詞時說，他記得那天新加坡之家擠滿從新加坡北上的部長，「我們幾個小孩就睡在父母房間裡的地板上」，「夜裡，我父親反覆起床寫東西，然後又躺下。那天是一九六五年八月七日，也就是新馬分家前的兩天。」

漫長的一天。

（七十二）李光耀泣不成聲及其歷史定格（一九六五）

276.

李光耀於八月八日早上回到新加坡，要還沒簽名的內閣成員來簽名，午後讓軍機將兩份分家文件送交東姑。

內政部常任秘書史坦利．史都華監督政府公報的印刷，政府印刷局局長與他的手下被鎖在印刷廠裡開始印刷，不讓他們與外界接觸，直到八月九日（星期一）早上十時。李光耀也安排在金馬崙的家人回新加坡，並在官邸過夜，以防第二天宣布獨立時新加坡暴動。

在吉隆坡，根據《吳慶瑞傳略》，原本要在八月九日才告訴赫德分家的事，赫德卻在八月八日獲知消息，他在吳慶瑞、伊斯邁等人吃晚餐時，怒氣沖沖地闖進來，暴跳如雷地指責他們，弄得伊斯邁也生氣。

吳慶瑞說：「就像我們，他們（伊斯邁等）也覺得像獲得釋放的囚犯。這證明我們使彼此緊張不安的程度。所以，當雙方都決定彼此受夠了，沒有任何力量可以把他們拉回去。」

277.

八月九日早上十時，新加坡所有電臺的節目中斷，廣播員播報新加坡總理的獨立宣言。約四百字的華文宣言分五段，最後一段說：

現在，本人李光耀，以新加坡總理名義，代表新加坡人民與政府，宣布從一九六五年八月九日開始，在自由，正義，公平的原則下，新加坡將永遠是一個自主，獨立與民主的國家，在更公平，更合理的社會裡，誓必永遠為人民大眾追求福利與快樂。

同一個時間，馬來西亞國會也宣布新馬分家。

李光耀說，昨晚他時睡時醒，半夜爬起來好幾次，記下種種要做的事。早上很早就起床，他決定不自己宣布獨立，他有好多事要做。

正午十二時，李光耀在新加坡電視臺會見記者。記者要求李光耀概述導致獨立的原因，李光耀談及杜進才因為是馬來西亞團結總機構主席，不願簽字時說：

我告訴東姑，除非東姑讓他相信，沒有其他辦法——我不知道杜博士是否要公開這封信，他最終必須公開這封信——但是，東姑只簡單地告訴他，沒有其他辦法，如果我們堅持下去，必定有很多紛亂……每一次，我們回顧這一個時候，我們簽署這協議，讓新加坡脫離馬來西亞的時候，對我來說，這是一個痛苦的時刻，因為，我們的一生，一生……我都相信兩地的合併和統一……

李光耀的聲音顫抖，接著補充：

我們通過地理、經濟和親屬關係聯繫在一起，它打破了我們堅持的一切……你們不介意我們稍停片刻。

李光耀泣不成聲，記者會未完，歷史已在這裡定格。

這樣的畫面，無端端教人想起，一九五九年三十七歲的蒂凡那在廣州火車站，擁抱著小他十歲陳貢元告別時，緊握著他的手，熱淚盈眶地用馬來語激動地向他保證：

「Kita mesti boleh berjumpa lagi di-bawah matahari tanah ayea kita。」

我們一定能在祖國的陽光下再見！

第十章　也許導讀

三十二、創造價值

（七十三）半世紀後回首及其意義

278. 新加坡獨立不在一片全民歡騰中進行，而是在一片冷寂、愴然中宣布，第二天的《海峽時報》在第一版，以四公分高，三十六公分寬打出粗黑的標題：

SINGAPORE IS OUT

一九六五年，李光耀四十二歲，杜進才四十四歲，吳慶瑞四十七歲，拉惹勒南五十歲，林金山四十九歲，巴克四十五歲，王邦文三十六歲。新加坡是紐約，不是華盛頓。這群平均年齡四十五歲的中年人，面前是一片「落得個白茫茫大地真乾淨」。

是絕地，才會逢生。

半世紀後，當我們仍在談論新加坡的建國，關鍵在於它獨立後二十年內創造自身的價值，這價值回饋前三十年的努力。

翻譯機成功地讓新加坡人「演變成一個不同的民族」，「是整個價值觀、態度，對事物好惡的總改變」。然而，二十五年後證實，這樣的演變與改變沒有什麼不好。李光耀在二〇一三年出版的《李光耀論中國與世界》中說：「雖然新加坡和中國都學習核心的儒家思想，但新加坡在過去四十年間努力把英語確立為第一語言，把華語作為第二語言。為什麼？肯定不是偶然的，也不是沒有激起強烈的反對。我們這麼做是為了向世界開放自己，使我們接觸並利用那些促進發現、發明與創造力的主要力量，這些力量不僅存在於英語中，還存在於英語的思維方式中。」

所以，一九八八年在澳洲感歎，「我不知道它的長期後果，以及未來新加坡人將付出的代價」，顯然是過慮了；雖然翻譯機單向操作，無法回譯，也無法回憶。

第十一章　第三隻信天翁

三十三、三隻手指

（七十四）納瓦霍族及其俗語

279.

美國原住民納瓦霍（Navajo）族人說：

當你用一隻手指向著別人時，三隻指著自己。

〇、不確定的國家及其百年焦慮（二〇〇四－二〇一五）

0.

二〇〇四年，離澳洲談話已十六年，八十一歲的李光耀此刻是內閣資政。在十二月二十日的外國駐新加坡通訊員協會晚宴上，仍有外國駐通訊員對一百年後的新加坡的話題感興趣。

李光耀答：「我們在一百年後會是什麼模樣，要看這個世界一百年後有什麼改變。」他分析，如果世界不斷進步，新加坡將順應調整，以迎合變化，並繼續扮演同樣的角色，甚至加以改進，擴大角色的範圍。但是，如果世界退化，或氣溫上升、冰山逐漸融化等天災人禍，新加坡就難以倖免。

百年後新加坡還會存在嗎？這是幾代新加坡人的集體焦慮。屆時他們已不在，仍盼這片土地依然喚作新加坡，子孫仍繼續生活在這裡。於是，這個題目成了訪問李光耀的必要問題。

到了二〇一三年，建國總理李光耀新書《李光耀觀天下》（*One Man's View Of The World*）出版。書中訪問員果然再問李光耀，新加坡百年後還會存在嗎？

九十歲的李光耀說：「我不是很肯定。美國、中國、英國、澳洲，這些國家百年後還會在。但新加坡直到最近，從來就不是一個國家。」

一年後（二〇一四）的十一月七日，人民行動黨慶祝建黨六十週年，九十一歲的李光耀最後一次公開露面。一九五四年十一月二十一日，人民行動黨成立，李光耀三十一歲。

三個月後的二〇一五年二月五日，李光耀感染嚴重肺炎入住中央醫院，十天後（二月十五日）移往加護病房。這一年三月二十三日或更早一點，李光耀意識清醒的最末一瞬，也許在想親友，也許在想新加坡，也許在想生命與其局限。

也許。

江山如此多嬌，引無數英雄競折腰。
惜秦皇漢武，略輸文采；唐宗宋祖，稍遜風騷。
一代天驕，成吉思汗，只識彎弓射大雕。
俱往矣，數風流人物，還看今朝。

——毛澤東（一八九三—一九七六），〈沁園春・雪〉（一九三六）

意外的功課：搬字過紙
——也是後記

不知幾時，看〈後記〉總希望作者爆料。真是趕上時代。

書寫當下，搬字過紙，心裡小劇場天天上演心虛劇碼。後來知悉以色列作家阿摩司・奧茲（Amos Oz）說過：「剽竊一本書是抄襲，剽竊十本書是學者。」開心爆表，抄下來為自己解套——其實心裡有數，也覺得對不起學者們——也與同溫層共用：歡迎引用。

此書是連串意外的結果。寫完長篇小說《建國》想寫《立國》，《立國》構想中會穿插桌面日曆，為新加坡開埠兩百週年，書寫二十位新加坡歷史人物，讓讀者選十二人，作為自己的歷史人物桌面日曆。

這時——彼時，二〇一九年年初，世紀瘟疫前夜——國立臺灣大學中國文學系教授高嘉謙有一課程，問來講一趟如何？答應了，現炒現賣，還賣到花蓮東華大學。講完後，高教授又問，把二十位新加坡歷史人物結集成書，如何？又答應了，繼續現炒現賣。

然後瘟疫來了，閉門造車。寫到李光耀時，超過預定的字數，要高教授別等，單把李光耀寫完再說。寫畢已是後瘟疫時期。一個意外的旅程。感謝嘉謙、金倫和秉修，從構想中的「月曆」到書本出版，一起度過又一個意外的旅程。

一個意外的旅程書寫一個意外的國家，重溫一個新加坡人必修的一課。非新加坡讀者不妨關注，一個年輕人如何在一段意外的旅程中意外地建立一個國家，乃至九十歲時對新加坡百年後的存否仍說：「我不是很肯定。美國、中國、英國、澳洲，這些國家百年後還會在。但新加坡直到最近，從來就不是一個國家。」

二〇二三年四月

資料引用

報章

《人民日報》
《南洋商報》
《南僑日報》
《星洲日報》
《海峽時報》
《馬來亞論壇報》
《週日泰晤士報》
《新明日報》
《環球時報》

網路

維基百科

書籍

中文

二十一世紀出版社編輯部編著，《抗英戰爭時期（一）：黨軍文件集》（八打靈再也：二十一世紀，二〇一五）。

二十一世紀出版社編輯部編著，《二十世紀五六十年代新加坡地下文件選編》（八打靈再也：二十一世紀，二○二○）。

方水雙，《方水雙回憶錄》（新山：陶德書香樓，二○○七）。

李光耀，《爭取合併的鬥爭》，《新明日報》，二○一四年十月九日至十一月一日

——，《李光耀回憶錄》（新加坡：聯合早報，一九九八）。

——，《新嘉坡之路：李光耀政論集》（新加坡：國際出版公司，一九六七）。

——口述，格雷厄姆．艾利森（Graham Allison）、羅伯特．D. 布萊克威爾（Robert D. Blackwill）、阿里．溫尼（Ali Wyne）編，蔣宗強譯，《李光耀論中國與世界》（*Lee Kuan Yew: The Grand Master's Insights on China, The United States, and the World*）（北京：中信，二○一三）。

林清如，《我的黑白青春》（新加坡：脊頂圖書，二○一四）。

阿成（單汝洪），《我肩負的使命：馬共中央政治委員阿成回憶錄之四》（八打靈再也：二十一世紀，二○○七）。

原不二夫（Hara, Fujio）著，張泰永譯，《共產國際檔案關於馬來亞共產黨的記錄》（*The Malayan Communist Part As Recorded in Comintern Files*）（八打靈再也：二十一世紀，二○一七）。

陳加昌，《我所知道的李光耀》（新加坡：玲子傳媒，二○一五）。

陳平著，伊恩沃德（Ian Ward）、諾瑪．米拉佛洛爾（Norma Miraflor）譯，《我方的歷史》（*My Side of History*）（新加坡：Media Masters Pte Ltd，二○○四）。

陳淑珊著，李成葉譯，《吳慶瑞傳略》（新加坡：八方文化創作室，二○一○）。

陳劍主編，《浪尖逐夢：余柱業口述歷史檔案》（馬來西亞：策略資訊研究中心，二○○六）。

傅樹介著，孔莉莎、黃淑儀編，伍德南譯，《生活在欺瞞的年代：傅樹介政治鬥爭回憶錄》（馬來西亞：策

略資訊研究中心：人民歷史中心，二〇一六）。

馮仲漢專訪，《新加坡總理公署前高級部長拉惹勒南回憶錄》（新加坡：新明日報，一九九一）。

葉添博、林耀輝、梁榮錦著，李慧玲等譯，《白衣人：新加坡執政黨秘辛》（*Men in White: The Untold Story of Singapore Ruling Political Party*）（新加坡：海峽報業控股，二〇一三）。

葉鍾鈴，《戰後星洲馬共重要人物志》（馬來西亞：策略資訊研究中心，二〇二〇）。

賽・札哈利（Said Zahari）著，賴順吉譯，《人間正道：賽・札哈利政治回憶錄》（*Meniti Lautan Bergelora*）（吉隆坡：朝花企業：社會分析學會INSAN，二〇〇一）。

藤布爾（Turnbull, Constance Mary）著，歐陽敏譯，《新加坡史》（*A History of Modern Singapore, 1819-2005*）（上海：東方出版中心，二〇一三）。

英文

Abdullah Ahmad. *Conversations with Tunku Abdul Rahman: 1982-1984* (Singapore: Marshall Cavendish International, 2016).

Bellows, Thomas J.. *The People's Action Party of Singapore: Emergence of a Dominant Party System* (New Haven, Conn.: Yale University Southeast Asia Studies, 1972).

Chan, Heng Chee. *A Sensation of Independence: David Marshall, A Political Biography* (Singapore: Times Books International, 2001).

Drysdale, J. G. S.. *Singapore: Struggle for Success* (Singapore: Times Books International, 1984).

Lau, Albert. *A Moment of Anguish: Singapore in Malaysia and the Politics of Disengagement* (Singapore: Association for Asian Studies, 2000).

Lee, Kuan Yew. *Lee Kuan Yew: The Man and His Ideas* (Singapore Press Holdings, 1998).

—. *Lee Kuan Yew: Hard Truths to keep Singapore Going* (Singapore: Straits Times Press,2011).

—. *One Man's View of the World* (Singapore: Straits Times Press, 2013).

Tan, Kevin Y. L.. *Marshall of Singapore: A Biography* (Singapore: Institute Of Southeast Asian Studies, 2008).

文章：

Tan, Ronnie, Goh Yu Mei. "Iron Spearhead: The Story of a Communist Hitman," *Biblioasia* 14.4 (Jan-Mar. 2019).

拉惹・古瑪，〈林清祥在新加坡歷史的地位〉，收入馬來西亞歷史的另一面編委編著，《林清祥與他的時代：《林清祥與新加坡的故事》》（吉隆坡：朝花企業：社會分析學會INSAN，二〇〇二）。

林恩河，〈馬歇爾訪華之旅：與中國總理周恩來的會談〉，《怡和世紀》四四期（二〇二〇年十一月）。

〈林清祥生平年表與時代背景紀略〉，收入馬來西亞歷史的另一面編委編著，《林清祥與他的時代：《林清祥與新加坡的故事》》（吉隆坡：朝花企業：社會分析學會INSAN，二〇〇二）。

林福壽，〈欲加之罪，何患無辭？我絕不輕易苟同拘禁我的正當性！〉，收入傅樹介、陳國防、孔莉莎編，《新加坡一九六三年的冷藏行動：五十週年紀念》（馬來西亞：策略資訊研究中心：人民歷史中心，二〇一三）。

哈珀（Tim Harper）著，〈林清祥與「新加坡的故事」〉，收入馬來西亞歷史的另一面編委編著，《林清祥與他的時代：《林清祥與新加坡的故事》》（吉隆坡：朝花企業：社會分析學會INSAN，二〇〇二）。

韋杰夫，〈「冷藏行動」——現代新加坡在建國道路上經歷的重大事件〉，收入傅樹介、陳國防、孔莉莎編，《新加坡一九六三年的冷藏行動：五十週年紀念》（馬來西亞：策略資訊研究中心：人民歷史中心，二〇一三）。

張泰永，〈我們初三班的「領軍人物」——盧業勛〉，收入黎亞久編，《砥柱止中流：星洲人民抗英同盟會傳奇人物》（香港：足印，二〇一三）。
羅家成整理，余逸涵譯，〈李思東專訪記錄——既是藍領工人，也是工運激進分子〉，收入傅樹介、陳國防、孔莉莎編，《新加坡一九六三年的冷藏行動：五十週年紀念》（馬來西亞：策略資訊研究中心：人民歷史中心，二〇一三）。

網路文章

于東，〈汶萊人民黨「一二・八」武裝政變歷史研究史料〉，https://sahabatrakyatmy.blogspot.com/2014/04/128-3.html。
史托韋爾，安東尼（Stockwell, Anthony）主編，〈英國帝國終結文件・馬來亞卷〉（British Documents on the End of Empire, Vol 8 Malaysia），https://core.ac.uk/download/pdf/33337446.pdf。
李奕志，〈論二戰後新加坡華僑爭取公民權運動——以中華總商會的領導及策略為中心的討論〉，https://core.ac.uk/download/pdf/41453589.pdf。
馬來西亞二十一世紀網站，〈馬共優秀幹部——陳夏同志逝世〉，http://m.wyzxwk.com/content.php?classid=16&id=311513。
陳貢元，〈我有回憶〉，《人生路短話往事：新加坡PAP五十年代奪權真相》，http://xingmarenmin.com/projectsF0405.html。
陳新嶸，〈談談李光耀和我〉，https://news.seehua.com/?p=35138。
陳漱渝，〈民盟史上的一篇珍貴文獻——兼談胡愈之在南洋的革命活動〉，cpc.people.com.cn/GB/85037/8293034.html。
劉曉鵬，〈愛屋及烏——北京與李光耀的友誼，一九五四－一九六五〉，http://140.119.184.164/view/561.php。

不確定的國家：李光耀與新加坡

The Uncertain Republic: Lee Kuan Yew and Singapore

作　　者—謝裕民 Chia Joo Ming
「浮羅人文」書系主編—高嘉謙
文藝線主編—何秉修
特約編輯—蔡宜真
校　　對—謝裕民、Vincent Tsai、蔡宜真、胡金倫
責任企畫—陳玉笈
美術設計—倪旻鋒
內頁排版—立全電腦印前排版有限公司

總 編 輯—胡金倫
董 事 長—趙政岷
出 版 者—時報文化出版企業股份有限公司
一〇八〇一九 台北市和平西路三段二四〇號七樓
發行專線—（〇二）二三〇六六八四二
讀者服務專線—〇八〇〇二三一七〇五
（〇二）二三〇四七一〇三
讀者服務傳真—（〇二）二三〇四六八五八
郵撥—一九三四四七二四時報文化出版公司
信箱—一〇八九九臺北華江橋郵局第九九信箱

時報悅讀網—www.readingtimes.com.tw
時報文藝／Literature & art臉書—https://www.facebook.com/readingtimesLiterature
法律顧問—理律法律事務所 陳長文律師、李念祖律師
印　　刷—家佑印刷有限公司
初版一刷—二〇二三年五月二十六日
定　　價—新台幣五八〇元
（缺頁或破損的書，請寄回更換）

時報文化出版公司成立於一九七五年，
一九九九年股票上櫃公開發行，二〇〇八年脫離中時集團非屬旺中，
以「尊重智慧與創意的文化事業」為信念。

不確定的國家：李光耀與新加坡 = The uncertain republic : Lee Kuan Yew and Singapore / 謝裕民作. -- 初版. -- 臺北市 : 時報文化出版企業股份有限公司, 2023.05
面; 14.8×21公分. -- (歷史與現場 ; 341)

ISBN 978-626-353-752-1(平裝)

1.CST: 李光耀 2.CST: 傳記 3.CST: 新加坡

783.878　　112005408

ISBN 978-626-353-752-1(平裝)
Printed in Taiwan